Die Freiheitsstatue
hat Schuhgröße 1200

Die Freiheitsstatue hat Schuhgröße 1200

Die neue Dosis unnützes Wissen

Bekannt aus Facebook

riva

Bibliografische Information der Deutschen Nationalbibliothek
Die Deutsche Nationalbibliothek verzeichnet diese Publikation in der Deutschen Nationalbibliografie; detaillierte bibliografische Daten sind im Internet über http://d-nb.de abrufbar.

Für Fragen und Anregungen:
freiheitsstatue@rivaverlag.de

1. Auflage 2013

Nymphenburger Straße 86
D-80636 München
Tel.: 089 651285-0
Fax: 089 652096

Herausgeber: Pulpmedia GmbH, Linz
Unnützes Wissen auf Facebook: https://www.facebook.com/unnutzeswissen
Redaktion: Caroline Kazianka, München
Umschlaggestaltung: Maria Wittek, München
Umschlagabbildung: Patrick Schmid, Pulpmedia GmbH
Innenabbildungen: Patrick Schmid, Pulpmedia GmbH
Satz: Grafikstudio Foerster, Belgern
Druck: CPI – Ebner & Spiegel, Ulm
Printed in Germany

ISBN 978-3-86883-244-0
ISBN E-Book (PDF) 978-3-86413-268-1

Die Erde dreht sich schneller, wenn im Herbst die Blätter fallen.

Blauwale können bis zu 188 Dezibel laut singen.

Die Dinosaurier waren schon ausgestorben, bevor die Rocky Mountains und die Alpen überhaupt entstanden.

Im Februar 2018 wird kein Vollmond die Nacht erhellen.

Ketchup wurde in den 1830er-Jahren als Medizin verkauft.

Das Pendant zur Falknerei ist in der Fischerei die Kormoranfischerei.

Gott ist bei den Simpsons die einzige Figur mit fünf Fingern.

Für einen Mantel werden ungefähr 24 Katzenfelle benötigt.

Doga ist eine Form von Yoga, bei der Hunde entweder als Requisite verwendet werden oder selbst Übungen durchführen.

Werden Seegurken angegriffen, speien sie einen Teil ihrer Organe aus, um sich zu verteidigen.

Frauen machen 49 Prozent der Weltbevölkerung aus.

Die walisische Gemeinde Llanfairpwllgwyngyllgogerychwyrndrobwllllantysiliogogogoch hat seit 1980 eine Städtepartnerschaft mit der französischen Ortschaft Y.

Mit einer Gesamtgröße von 1 717 854 Quadratkilometern wurde Alaska im Jahr 1867 von Russland an die USA für 7,2 Millionen Dollar verkauft. Dieser Kauf war mit einem Quadratmeterpreis von nur 0,0004 Cent einer der billigsten Landkäufe der Geschichte.

Bei einer Sportsiegerehrung in Kuwait wurde versehentlich die Borat-Titelmelodie statt der kasachischen Nationalhymne gespielt. Danach sah sich die kasachische Regierung gezwungen, mehr Aufklärungsarbeit über ihr Land zu betreiben.

Reinhold Messner kann nicht schwimmen.

Die nur in Kalifornien um Santa Cruz vorkommende Bananenschnecke (*Ariolimax dolichophallus*) hat mit circa 30 Zentimetern Länge den zur Körpergröße verhältnismäßig längsten Penis im Tierreich. Sie selbst misst circa 15 Zentimeter.

Nur in 2 Jahren seiner Basketballkarriere verdiente Michael Jordan unter 4 Millionen US-Dollar.

Angela Merkel saß während des Mauerfalls in der Sauna.

Der Fußballclub Queens Park Rangers aus London musste erst acht Jahre nach der Vereinsgründung nach über 60 Spielen das erste Gegentor hinnehmen.

Die Freiheitsstatue sollte ursprünglich in Port Said in Ägypten gebaut werden.

Raucher brauchen für denselben Effekt mehr Koffein als Nichtraucher.

Die Chinesen beschimpfen sich mit Zahlen bzw. Zahlenkombinationen wie etwa »205«, was so viel wie »Idiot« bedeutet.

Das derzeit größte Lebewesen der Erde befindet sich in Oregon und ist ein Pilz, eher gesagt, ein Hallimasch mit einer Größe von über 880 Hektar und einem geschätzten Gewicht von ca. 600 Tonnen.

1918 entwickelte die Firma Sears, Roebuck and Company einen Vibrator, der an ein Universalküchengerät angeschlossen werden konnte, da er auch über Adapter für einen Mixer, Aufschäumer und Ventilator verfügte.

Man kann aus einem einzigen Ei 24 Liter Mayonnaise machen.

Der aus Gemüse gefertigte WorldFirst-Rennwagen fährt mit Sprit aus Schokoladeabfällen und Pflanzenöl.

Während der Kulturrevolution in China (1966–1976) gab es Bestrebungen, die Ampeln umzuschalten, da die Farbe »rot« für Kommunismus und somit für Fortschritt steht. Die Autofahrer sollten also nicht bei Rot halten, sondern fahren. Die ersten Versuche führten zu einem absoluten Verkehrschaos, und so stellte man die Ampeln wieder um.

Bender aus *Futurama* wohnt im Apartment Nr. 00100100. Umgewandelt in ASCII, entspricht dies dem Dollarzeichen.

1971 hat eine Henne in New York ein Ei gelegt, das neun Eidotter enthielt.

Um Weihnachten herum werden, statistisch gesehen, die meisten Kinder gezeugt – denn im September werden die meisten Kinder geboren.

90 Prozent aller Tierarten sind kleiner als ein menschlicher Fingernagel.

Disney wollte Hannah Montana zuerst Alexis Texas nennen. Weil so aber eine amerikanische Pornodarstellerin heißt, wurde der neue Name gewählt.

Betrogene Ehefrauen dürfen in Hongkong völlig legal ihre Männer töten, jedoch ausschließlich mit bloßen Händen.

Der FC Bayern München hat eine eigene Schachabteilung.

Zzyzx ist eine Region in der Mojavewüste in Kalifornien und beheimatet das Wüstenforschungszentrum der California State University.

Die Hälfte der weltweiten Bananenpflanzen wird in Afrika angebaut.

Den Gelbfärber-Regenfrosch (*Diasporus citrinobapheus*) haben Forscher im dichten Regenwald von Panama aufgespürt. Warum der nur etwa zwei Zentimeter große Frosch bei Berührung seine Farbe abgibt, ist den Wissenschaftlern allerdings noch ein Rätsel.

Die ersten Feuerwehrschläuche wurden aus den Innereien und der Blase von Rindern gemacht.

Die Ostküste Mexikos versinkt jährlich um etwa fünf Zentimeter im Meer.

Es gibt 29 verschiedene Subgenres von Heavy Metal. Neun dieser Genres haben weitere Subgenres, sodass man von insgesamt 50 verschiedenen Arten der Metal-Musik sprechen kann.

In dem Tarantino-Film *Kill Bill Vol. 1* geht Beatrix Kiddo (Uma Thurman) in Japan an einem Plakat vorbei, das für Red Apple wirbt, dieselbe fiktive Zigarettenmarke, von der sich Butch (Bruce Willis) in *Pulp Fiction* ein Päckchen samt Streichhölzern in einer Bar kauft.

Die durchschnittliche Nutzungsdauer einer Bohrmaschine beträgt im gesamten Leben eines Menschen nur circa 13 Minuten.

Kerzen tropfen nicht mehr, wenn man sie 24 Stunden vor Gebrauch in Salzwasser legt.

In New Mexico gibt es eine Stadt namens Truth Or Consequences.

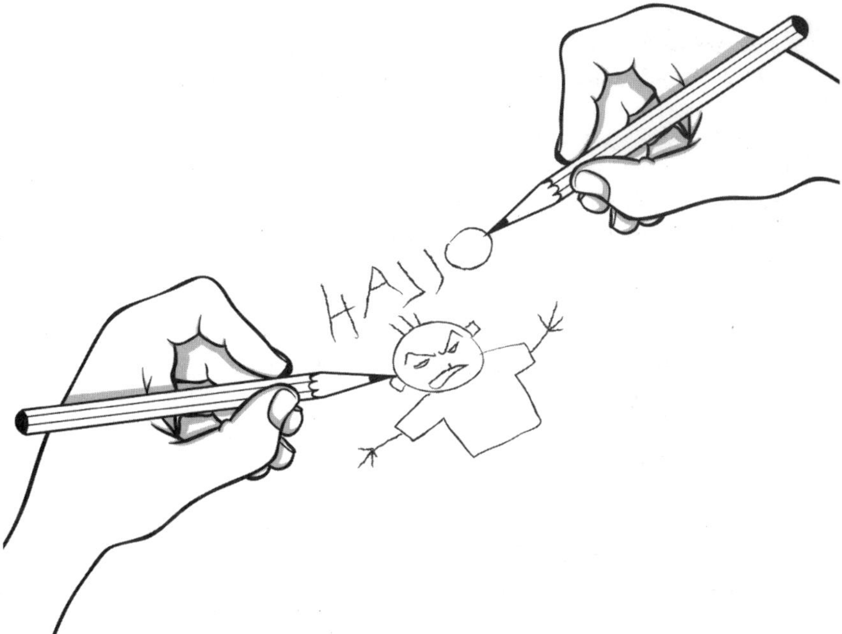

Leonardo da Vinci konnte gleichzeitig mit einer Hand schreiben und mit der anderen zeichnen.

Das japanische Word für »Wolf« bedeutet übersetzt »Großer Gott«.

Kinder erlangen erst mit etwa fünf Jahren die Fähigkeit zum Mitgähnen.

Sätze, die alle Buchstaben des Alphabets beinhalten, nennt man Pangramm, zum Beispiel: Zwölf Boxkämpfer jagen Viktor quer über den großen Sylter Deich.

Ein Kronkorken hat in Amerika 23 Zähne, aber in Deutschland nur 21.

Fruchtfledermäuse sind auch als Fruchtvampire bekannt.

Die meisten Scheunen sind rot, da die Farmer sie ursprünglich mit einer Mischung aus Leinöl und Blut gestrichen haben.

Ein Chorknabe im Stimmbruch wird als Mutant bezeichnet.

Verheiratete Frauen und ledige Männer trinken mehr Alkohol als ledige Frauen und verheiratete Männer.

Das BCC in E-Mails bedeutet Blind Carbon Copy, Blindkopie. Das CC für Carbon Copy kommt von dem früher benutzten Durchschlag mit Kohlepapier.

Der in Japan praktizierte Anwesenheitsschlaf »Inemuri« wurde von den Samurai erfunden, um gleichzeitig wachen und schlummern zu können. Heute gilt in Japan ein Nickerchen am Arbeitsplatz als Beleg besonderen Eifers, denn »Inemuri« erfolgt stets nach herausragender Leistung.

Von Ende des 19. Jahrhunderts bis Mitte des 20. Jahrhunderts war die Briefmarkensprache eine beliebte Form der Botschaftsübermittlung zwischen Liebespaaren. Durch die Anordnung von einer bis zwei Briefmarken auf dem Kuvert können bis zu 70 verschiedene Botschaften ausgetauscht werden.

Das Jahr 2013 ist seit 1987 das erste Jahr, in dem keine Ziffer doppelt vorkommt.

An Heiligabend wird in Spanien nach dem Essen die »Urne des Schicksals« auf den Tisch gestellt. Darin befinden sich viele kleine Geschenke, aber auch Nieten.

Von Petting nach Fucking sind es 37 Kilometer.

Wenn man 6 Jahre und 9 Monate durchgehend furzt, produziert man genug Gas, um die Energie einer Atombombe zu erzeugen.

Krähen und Raben können wie Papageien menschliche Geräusche nachmachen.

Die Anzahl der Worte, die Arnold Schwarzenegger in *Terminator* (1984) spricht, ist geringer als die Anzahl des Wortes »fuck« in *Pulp Fiction* (1994).

Die Hunde von Gaby Köster heißen Urlaub, Bitte, Taxi, Toffifee und Tussi. Eine mittlerweile verstorbene Hündin hieß Frau Doktor.

Die Heilige Schar, eine Eliteeinheit der antiken thebanischen Streitkräfte, bestand aus 150 männlichen Liebespaaren.

Ein Liter Druckertinte von Hewlett Packard kostet mehr als ein Liter Chanel No. 5.

Ein Gesetz in Frankfort, Kentucky, verbietet es, die Krawatte eines Polizeibeamten abzuschießen.

Das Wort »Kondom« geht auf den englischen Hofarzt Dr. Condom zurück, der 1655 für seine Idee, Kondome aus Hammeldärmen herzustellen, zum Ritter geschlagen wurde.

Die *Titanic* wurde mit drei Millionen Nieten zusammengehalten.

Der erste Deutsche, welcher mit einer Guillotine hingerichtet wurde, war der Räuber Schinderhannes im Jahre 1803.

In Texas gibt es eine Stadt namens Merkel.

Der Mensch geht durchschnittlich etwa sechsmal am Tag auf die Toilette.

Die älteste Stadt der Welt, Jericho, wurde Ende der Altsteinzeit erstmals besiedelt. Hier wurden die ersten Steinhäuser und Treppen gebaut, und seit über 10 000 Jahren ist Jericho ohne Unterbrechung bewohnt.

Man atmet ungefähr 13 0,3-Liter-Gläser voll Luft pro Minute ein.

Die Google-Earth-Karte würde ausgedruckt und aneinandergelegt etwa eine Länge von 400 Kilometern und eine Breite von 200 Kilometern betragen.

Der Weltrekord im Öffnen von BHs mit einer Hand liegt bei 56 Exemplaren in einer Minute und wurde von Thomas Vogel aufgestellt.

In Venedig wurde 1094 erstmals eine Gondel erwähnt.

Frösche können mit ihren Augen denken.

Das größte bekannte regelmäßige Vieleck, das mit Zirkel und Lineal konstruiert werden kann, ist das 65537-Eck.

Wissenschaftler fanden heraus, dass 65,1 Prozent der Menschen beim Nasenbohren den Zeigefinger benutzen, 20,2 Prozent den kleinen Finger und 16,4 Prozent den Daumen.

Eine Kleinsche Flasche ist ein geometrisches Objekt, bei dem Außen- und Innenseite nicht unterschieden werden können. Es besitzt also nur eine Seite.

Die erste Erfindung der Menschen, die die Schallmauer durchbrechen konnte, war die Peitsche.

Die beiden höchsten IQs, die je nach Standardtests ermittelt wurden, gehören Frauen.

Die Filmgesellschaft Metro-Goldwyn-Mayer schloss sich 1924 mit Goldwyn Picture Corporation zusammen und übernahm deren Logo, das vor jedem Film abgespielt wurde – ein brüllender Löwe, umgeben von einem Filmband. Der Löwe hieß offiziell immer Leo, aber in Wahrheit waren es im Laufe der Zeit mehrere Löwen, ihre Namen waren Slats, Jackie und Tanner. Tanner ist zwar nach wie vor auf dem Logo zu sehen, aber sein Gebrüll wurde künstlich verändert und seine Mähne am Computer größer gemacht.

Perlen schmelzen in Essig.

Am Ende des Freizeichens, welches erklingt, wenn man jemanden über Skype anruft, hört man im Hintergrund nach jedem zweiten Tuten eine Katze miauen.

Die Statisten, die in *Star Trek II: Der Zorn des Khan* die Anhänger von Khan spielten, arbeiteten zu diesem Zeitpunkt alle auch als Chippendale-Tänzer.

Max Mustermann heißt auf Englisch Sam Sampleman.

Mit 12 262 Metern hält eine wissenschaftliche Bohrung auf der russischen Halbinsel Kola den Weltrekord als das tiefste Loch der Welt.

Die erste öffentliche Telefonzelle wurde 1908 in Nottingham aufgestellt.

Die Serie *Roseanne* basiert auf den Aufzeichnungen der Hauptdarstellerin Roseanne Barr über ihre Familie. Nur die letzte Staffel beruht auf ihrer Fantasie.

Die maximale Anzahl an Dateien in einem Ordner (NTFS) beträgt 4 294 967 295 (2^{32} minus 1 Datei).

Eine Bienenkönigin legt an einem Tag bis zu 2000 Eier.

Die Risikoparameter im Investmentbanking nennt man »Griechen«. Das rührt aber weniger von der aktuellen Marktsituation als von den griechischen Buchstaben her, welche als Namensträger für die diversen Marktschwankungen verwendet werden.

Der etwa 569 Meter hohe Steinhirt in Baden-Württemberg ist der Zentralhügel eines rund 15 Millionen Jahre alten Einschlagkraters.

Freitagmorgen ist der beliebteste Tag für Banküberfälle.

Kühe und Rehe stehen nach Osten ausgerichtet, wenn gutes Wetter kommt, und Richtung Westen, wenn sich schlechtes Wetter nähert.

Es ist möglich, eine Fernbedienung mit nur einer Batterie zu verwenden.

Die Niedrigfrequenzrufe der Buckelwale sind die lautesten von Lebewesen aktiv verursachten Geräusche.

Der englische Name für Schmetterling – »Butterfly« – entstand aus Versehen. Ursprünglich hießen die schönen Insekten »Flutterby«, was so viel bedeutet wie »flattert vorbei«.

Das Genom eines Reiskorns besteht aus etwa 400 Millionen DNA-Bausteinen mit mehr als 37.500 Genen.

Die Aussage »Das geht auf keine Kuhhaut« stammt daher, dass im Mittelalter auf Pergament aus Schafs-, Ziegen- oder Kalbshaut geschrieben wurde. Ein aus einer Kuhhaut gefertigtes Pergament war wesentlich größer – was nicht mal da draufpasste, musste also wirklich viel sein.

Die Jagdwaffen (Pfeil und Bogen, Speer) vom Volk der San in Südafrika haben nur eine kurze Reichweite. Daher müssen die Jäger sich sehr nahe an ihre Beute heranschleichen. Wenn die San Pech haben, werden sie dabei von einem »Go-away-Bird« beobachtet. Der Vogel warnt das Wild mit seinem durchdringenden »Going!«-Ruf, dem dann »gaarr-waarr«-Rufe folgen, die wie raues Gelächter klingen.

Duplo-Steine sind im Maßstab 1:2 vergrößerte Legosteine.

Bei japanischen Emoticons muss man den Kopf nicht zur Seite neigen.

Zu Ehren Poseidons ertränkten Seefahrer manchmal als Opfergabe für eine sichere Überfahrt weiße Pferde im Meer. In der griechischen Mythologie gilt er als Gott des Meeres, und Pferde sind ihm heilige Tiere.

Bis 2002 war der Käfer das meistverkaufte Auto der Welt.

Eine Zelle der Wurzelspitze einer Gartenbohne braucht 19,5 Stunden, um sich zu teilen, eine Hornhautzelle einer Maus 102 Stunden und eine embryonale Bindegewebszelle eines Menschen 17 Stunden.

Die Stadt Bikini Bottom – Heimatort von Spongebob Schwammkopf – liegt am Meeresgrund des Bikini-Atolls, wo in den 1940er- und 1950er-Jahren etliche Kernwaffentests durchgeführt wurden.

Schauspieler Sylvester Stallone war unter anderem einmal ein Löwenkäfigreiniger.

Ein früherer italienischer Pornostar wurde Politiker und drehte weiterhin Erwachsenenfilme, während er Mitglied des Parlaments war.

Die größte Pyramide der Welt steht in Cholulu de Rivadahia in Mexiko und ist 54 Meter hoch.

»Lange rote Stumpfe ohne Herz« ist eine Möhrensorte, »Französisches Ochsenherz« eine Fleischtomatensorte.

Die Euler'sche Formel wurde zur schönsten mathematischen Gleichung gewählt.

Auf Korfu heißen über 50 Prozent der Männer Spiro.

Der Ausdruck »Scheißtage« bezeichnete im 18. und 19. Jahrhundert zusätzlich zu verrichtende unbezahlte Arbeitstage von Knechten, mit welchen sie die durch den Stuhlgang verlorene Arbeitszeit wieder gutmachen sollten.

Moskitos werden besonders vom Geruch eines Menschen angezogen, wenn dieser zuvor Bananen gegessen hat.

Irische Wissenschaftler haben herausgefunden, wieso die Gasbläschen des Guinness-Bieres nach unten sinken. Der Grund ist die typische Form des sich nach oben hin weitenden Guinness-Glases. Das irische Bier wird unter hohem Druck gezapft, weshalb sich sehr kleine Gasbläschen bilden. Diese Bläschen, die sehr leicht durcheinandergewirbelt werden können, steigen in der Mitte nach oben und werden im Randbereich nach unten gezogen, weil dort auch ihre Konzentration viel geringer ist. Dies nennt sich das Guinness-Phänomen.

In Wasser mit einem Schuss Wodka bleiben Schnittblumen länger frisch.

Elche können nicht nur sehr gut schwimmen, sondern tauchen sogar bis zu 5 Meter tief, um die Pflanzen vom Grund eines Sees zu fressen.

Seit Februar 2007 kann man die Mercedes-C-Klasse in der 3-D-Welt Second Life virtuell Probe fahren.

Das Wort »Armbrust« hat nichts mit einem Arm oder einer Brust zu tun. Es kommt vielmehr vom lateinischen Wort »arcubalista«, was »Bogenschleuder« oder auch »Arkuballiste« bedeutet.

Amerikanische Geschworene können ein Gesetz aufheben, indem sie es ignorieren und den Angeklagten freisprechen.

Die Fellstreifen eines Tigers sind so einzigartig wie ein menschlicher Fingerabdruck.

Rund ein Viertel aller Knochen des Menschen befinden sich im Fuß.

1966 verirrte sich ein Beluga-Weißwal in den Rhein bei Duisburg. Der Direktor des Zoos von Duisburg wollte den Wal fangen, fand aber kein Netz, das groß genug war. Daraufhin lieh er sich von mehreren Tennisvereinen Netze, band sie zusammen und versuchte so, den Wal zu fangen, doch alle Versuche scheiterten. Nach fast einem Monat im Rhein schwamm der Wal von selbst zurück in die Nordsee.

Die Bezeichnung Avocado geht auf das Nahuatl-Wort »ahuacatl« zurück, das auch Hoden bedeutet.

Yoda spricht die Sätze nicht falsch aus, sondern gemäß japanischer Grammatik, 1 : 1 übersetzt.

Die medizinische Abkürzung für Herpes ist HSV.

Das weibliche Nilpferd aus dem Frankfurter Zoo nimmt die Pille.

Säugetiere haben in der Regel sieben Halswirbel, sowohl Giraffen als auch Menschen. Bei Vögeln kann die Zahl zwischen zehn und 26 variieren.

Jack Nicholson dachte, bis er 38 Jahre alt war, dass seine Großmutter seine Mutter und seine Mutter seine Schwester sei.

In Österreich wird Darts als Glücksspiel und Schnapsen als Geschicklichkeitsspiel gewertet.

Der medizinische Fachausdruck für Magenknurren lautet *Borborygmus*.

Die Dakotas glauben, dass Selbstmörder nach ihrem Tod ewig den Baum mit sich herumtragen, an dem sie sich erhängt haben.

Afrika ist der Kontinent mit den meisten Französisch sprechenden Menschen.

Die Sportart Extrembügeln, bei der unter anspruchsvollen Bedingungen mit handelsüblichem Bügeleisen und Bügelbrett die Wäsche gebügelt werden muss, umfasst die Disziplinen Rocky Style, Water Style, Urban Style, Forest Style, Air Style, Synchronbügeln und Freestyle.

Die Afterraupe ist die Larve einer Pflanzenwespe.

Sowohl Hitler als auch Napoleon hatten nur einen Hoden.

Eine Katze, die aus dem siebten Stock eines Gebäudes fällt, hat eine geringere Überlebenschance als eine, die aus dem zwanzigsten Stock fällt.

Die meisten Giraffen sind bisexuell.

Mitglieder des Privy Council des Vereinigten Königreichs und des (heute nicht mehr aktiven) Kronrats von Nordirland, Earls, Viscounts und Barone (inklusive Peers auf Lebenszeit) und ihre Ehepartner sind berechtigt, die Anrede The Right Honourable als Namenszusatz zu verwenden.

An der Washington National Cathedral in Washington, D. C., gibt es einen Wasserspeier mit dem Kopf von Darth Vader.

Der Geruch nach Regen an einem warmen Tag wird Petrichor genannt.

Die reichste Katze der Welt heißt Blackie. Sie erbte 15 Millionen Pfund von ihrem Besitzer Ben Rea.

Amerikanische Studentinnen haben einen Fußball entwickelt, der beim Fußballspielen Strom erzeugt. 15 Minuten Kicken reicht, um eine kleine Lampe drei Stunden lang leuchten zu lassen.

Die Stadt mit dem längsten Namen Europas ist Llanfairpwllgwyngyllgogerychwyrndrobwllllantysiliogogogoch in Wales (GB).

Kürzlich zeigte eine Studie des *Journal of Positive Psychology*, dass wir Montage gar nicht besonders hassen. Wir hassen alle Wochentage bis auf Freitag, Samstag und Sonntag.

Der Filmregisseur Darren Aronofsky verwendete für die Dreharbeiten zum Film *Pi – System im Chaos* ein echtes menschliches Gehirn.

Die zwölf hellsten astronomischen Objekte von der Erde aus sind, beginnend bei dem hellsten: Sonne, Mond, Venus, Jupiter, Mars, Merkur, Sirius, Canopus, Saturn, Arkturus, Alpha Centauri und Wega.

Die kürzeste Entfernung zwischen Russland und den USA beträgt vier Kilometer. Und zwar zwischen der Großen (RU) und Kleinen (USA) Diomedes-Insel in der Beringstraße. Beide Inseln sind bewohnt.

Al Pacino hat die Rolle von Han Solo in *Star Wars* abgelehnt.

Das Auge gehört entwicklungsgeschichtlich zum Gehirn, weshalb auch der Sehnerv als ein Teil des Gehirns betrachtet werden kann.

Das Hau-Sheng-Hospital in Taiwan gilt als das erste Hello-Kitty-Krankenhaus der Welt. Die Entbindungsklinik hat alles auf die Figur Hello Kitty umgestellt – angefangen von der Einrichtung über die Arbeitskleidung der Schwestern bis hin zu den Geburtsurkunden.

In den Lungen von Bienen leben kleine spinnenartige Tiere.

Ein Bienenvolk muss für ein Pfund Honig zwei Millionen Blüten besuchen und dabei insgesamt etwa 88 000 Kilometer zurücklegen.

Fledermausmännchen haben entweder ein großes Hirn oder große Hoden. Beides zusammen geht nicht.

Wer in Italien weniger als fünf Euro Bargeld bei sich hat, kann als Landstreicher verhaftet werden.

LSD ruft die gleichen Halluzinationen hervor wie jene, die Nonnen im Mittelalter durch Fasten bekamen.

Slitscan ist eine Aufnahmetechnik im Bereich Film und Fotografie. Der Film wird an einem schmalen Streifen oder Schlitz vorbeibewegt und durch diesen belichtet.

Gemäß § 33 des deutschen Einkommenssteuergesetzes (EStG) ist es möglich, Lösegeldzahlungen als außergewöhnliche Belastung steuerlich abzuschreiben.

In einer Minute werden 13 Stunden Film auf YouTube hochgeladen.

Die Schwerkraft ist schuld an der postmortalen Erektion. Dieses Phänomen kann auftreten, wenn der männliche Leichnam in vertikaler oder hängender Position oder mit dem Gesicht nach unten stirbt und so verbleibt.

Der Gipfel des Chimborazo in Ecuador ist der Punkt auf der Erdoberfläche, der am weitesten vom Erdkern entfernt ist.

Die Otohime, auch Geräuschprinzessin genannt, ist eine japanische Erfindung, die das Geräusch der Toilettenspülung nachahmen kann. Grund dafür war, dass viele japanische Frauen während des Toilettengangs ununterbrochen die Spülung betätigten, um unliebsame Geräusche zu übertönen. Mithilfe der Otohime kann nun dem Wasserverbrauch Einhalt geboten werden.

Jährlich schlägt der Big Ben 8760-mal.

Der Chirurg Serge Voronoff verjüngte seine (meist wohlhabenden) Patienten durch das Einpflanzen von Schimpansen- oder Pavianhoden.

In China dürfen ertrinkende Menschen nicht gerettet werden, da nicht in ihr Schicksal eingegriffen werden darf.

Der Kult um *Herr der Ringe* und sein immenser Erfolg wurden erst durch die Taschenbuchausgabe ausgelöst. Der amerikanische Verleger Donald A. Wollheim von Ace Books erschlich sich die Druckrechte durch ein Schlupfloch in den Urheberrechten. Zuvor verwehrte Tolkien ihm die Druckrechte mit der Begründung, er wünsche keine Ausgabe seines Werkes in derart degenerierter Form.

Ursprünglich bedeutete »funky« verraucht bzw. schlecht riechend.

Der Hai ist der einzige Fisch, der mit beiden Augen zwinkern kann.

Berlin hat, wenn man den königlichen Schuldschein von 1562 in die heutige Währung umrechnet, mehrere Milliarden Euro Schulden bei der Stadt Mittenwalde. Vor rund 440 Jahren hatte sich Kurfürst Joachim II. genau 400 Gulden von der brandenburgischen Stadt geliehen. Dabei wurde ein Jahreszins von sechs Prozent vereinbart - ob es sich dabei um Zinseszins handelt, ist jedoch nicht geklärt. Würde die komplette Summe mit Zins und Zinseszins beglichen, würde Mittenwalde den Spitzenplatz unter den reichsten Städten der Welt einnehmen.

Der 18. US-Präsident, Ulysses S. Grant, wurde in der Lobby des Willard-Hotels ständig von verschiedenen Interessenvertretern umgarnt. Er bezeichnete diese daher als »lobbyists«.

Tonic Water leuchtet wegen des Chiningehaltes unter UV-Licht bläulich.

In Venezuela kostet der Liter Benzin 3 Cent und ist somit 53-mal billiger als in Deutschland.

Die Oberfläche des Pluto ist etwa so groß wie Russland.

Wissenschaftler des Wright Laboratory forschten um 1994 an einer nicht tödlichen Waffe (»Sex Bomb«), welche die gegnerischen Soldaten in sexuelle Ekstase mit großer Wollust zu sexuellen Handlungen miteinander bringen sollte. Diese dann wohl nicht mehr kampffähigen Soldaten wären leicht zu überwältigen gewesen, ohne sie töten zu müssen.

Der längste Linienflug der Welt dauert 18 Stunden und 35 Minuten. So lange fliegt man bei der Direktverbindung Singapur - New York.

Im 9. und 11. Jahrhundert ist der Nil zugefroren.

Krokodile haben meistens bei Gewitter Sex.

Einer ARD/ZDF-Onlinestudie aus dem Jahr 2010 zufolge nutzten in Deutschland im Jahr 2000 nur 4,4 Prozent der über 60-Jährigen das Internet. 2012 sind es bereits 28,2 Prozent.

Die NASA führt eine Abteilung, die nach dem *Star-Wars*-Roboter C3PO benannt wurde. Der vollständige Name der Abteilung lautet: Commercial Crew & Cargo Program Office.

Lord Voldemort aus *Harry Potter* heißt in Dänemark Romeo G. Detlev Jr.

Pro Tag werden durchschnittlich 2,7 Milliarden Facebook-»Likes« geklickt.

Auf der ganzen Erde gibt es in etwa 6800 Sprachen. Alle zwei Wochen stirbt eine Sprache aus.

Humor ist lateinisch und heißt übersetzt »Feuchtigkeit«.

Tiramisu bedeutet so viel wie »Zieh mich hoch«.

Bei Beachvolleyballerinnen darf das Höschen an der Außenseite des Oberschenkels nicht breiter als sieben Zentimeter sein, ansonsten droht die Disqualifikation.

Jedes Jahr am St. Patrick's Day, dem 17. März, wird der Chicago River in Chicago mittels eines speziellen Farbstoffes grün gefärbt.

Ein Highschool-Lehrer aus Arizona wurde für 20 Kinderpornofotos zu 200 Jahren Gefängnis verurteilt.

Der Däne Ole Bentzen hat sich tatsächlich totgelacht, als er sich den Film *Ein Fisch namens Wanda* ansah.

Die nauruische Fußballnationalmannschaft hat eine Siegesquote von 100 Prozent.

Die Amerikanische Unabhängigkeitserklärung wurde auf Hanfpapier geschrieben.

Morgens haben Bäume einen dickeren Stamm als abends.

Beim Essen einer Tafel Schokolade verbrennt man vier Kalorien.

Die fünf platonischen Körper Tetraeder, Würfel, Oktaeder, Dodekaeder und Ikosaeder sind aus regelmäßigen Vielecken zusammengesetzt.

Pornovideos machen 30 Prozent des Datenverkehrs im gesamten Internet aus.

Die Entsprechung des Billy-Regals von IKEA heißt bei Mömax Killbill.

Frauen haben größere Pupillen als Männer.

In einem Buch von Andrew S. Tanenbaum über Betriebssysteme steht, dass »Ratten (für psychologische Laborexperimente) ... als zeichenorientierte Ein-/Ausgabegeräte angesehen werden können«.

Auf den Färöerinseln sind nach offiziellen Regeln beim Elfmeterschießen drei Spieler zugelassen. Der Torwart, der Schütze und gegebenenfalls ein Spieler, der den Ball am Elfmeterpunkt festhält, damit er nicht vom Wind weggeweht wird.

Hinter dem Erzfrachter mit dem liebreizenden Namen Oriental Nicety *verbirgt sich der ehemalige Öltanker* Exxon Valdez, *der 1989 vor Alaska eine Umweltkatastrophe auslöste.*

Die Version des Songs »Don't Worry, be Happy« von Bob Marley wurde 7 Jahre nach dessen Tod veröffentlicht.

Betrachtet man einen 5-Dollar-Schein, kann man die Zahl 172 in den Büschen am Boden des Lincoln Memorials erkennen.

Shakespeares Hamlet *wurde in die* Star-Trek-*Sprache Klingonisch übersetzt und als Buch veröffentlicht.*

Quallen und Seesterne sind keine Fische.

Die kleinste Fliege der Welt legt ihre Eier in die Körper von Ameisen. Die Larven ernähren sich von deren Gehirnen, wodurch allmählich der Kopf abfällt.

Wenn man 30 Minuten in blaues Licht schaut, ist man so wach wie nach drei Tassen Kaffee.

Leckt man heimlich am Ellbogen einer anderen Person, merkt diese das nicht.

Wenn die gesamte Familie übergewichtig ist, ist es der Hund in der Regel auch.

Das Wort »Kacke« leitet sich wohl vom altgriechischen »kakos« ab: Das bedeutet »schlecht«, »schlimm«, »böse«.

Wegen exzessiven Alkoholkonsums im russischen Olympiateam 2008, der auch für die schlechten Leistungen der Teilnehmer verantwortlich gemacht wurde, verhängte die russische Regierung offiziell ein Alkoholverbot für Olympia 2012.

Dr. Pepper ist die älteste Softdrink-Marke und wurde 1904 auf der World Fair Exposition vorgestellt.

Das meiste Filmblut wird aus einem Teil Wasser, drei Teilen Sirup und roter Lebensmittelfarbe zubereitet. Es schmeckt also ziemlich lecker.

Der Autor Kurt Vonnegut hat die Zigarettenmarke Pall Mall verklagt, weil die Zigaretten ihn nicht umgebracht haben.

Karate wurde in Japan erst 1916 bekannt.

Ein gewöhnlicher Strohhalm hat ein Fassungsvermögen etwa 10 Millilitern.

Der richtige Name des Schauspielers Jean-Claude van Damme ist Jean-Claude Camille François Van Varenberg.

Wenn man weiblichen Borstenwürmern das Gehirn entfernt, werden sie zu Männchen.

Pflanzentriebe, die sehr schnell wachsen, aber keine Blüten bekommen und somit nicht fruchtbar sind, bezeichnet man als Geiltriebe.

Botulinumtoxin, auch bekannt als Botox, ist ein Fäulnisgift.

Hawaii bewegt sich mit einer Geschwindigkeit von 10,2 Zentimetern pro Jahr auf Japan zu.

Stadtbäume wachsen schneller als Bäume auf dem umliegenden Land.

Max Planck hieß eigentlich Marx Planck.

Der Knall- oder auch Pistolenkrebs zeichnet sich dadurch aus, dass er mit seiner Knallschere ein Geräusch erzeugen kann, welches der Lautstärke nach einem startenden Düsenjet entspricht.

Affen haben oft Tuberkulose, Hepatitis und Herpes B.

In 100 Jahren hat Facebook 500 Millionen Accounts von Toten.

90 Prozent unseres Körpers besteht aus Wasserstoff, Sauerstoff, Kohlenstoff und Stickstoff.

Der 1886 gebaute Dampfer Hertha *war Namensgeber für den Fußballverein Hertha BSC.*

Als sehr guter Universalkleber, um Stein mit Holz zu verbinden, hat sich das Birkenpech erwiesen. Damit wurden in der Steinzeit Waffen und Werkzeuge hergestellt.

Jede Flasche Absolut Vodka wird vorher mit Absolut Vodka gesäubert, um die Reinheit der Flasche zu sichern.

Für einen Schritt müssen über 200 Muskeln in Gang gesetzt werden.

Das 39. Pokémon war Pummeluff.

Im Koran ist die verbotene Frucht eine Banane, kein Apfel.

Adolf Hitler wurde im Jahr 1939 vom schwedischen Sozialdemokraten Erik Brandt für den Friedensnobelpreis nominiert.

Als George Lucas auf einer *Star-Wars*-Pressekonferenz den Satz »May the force be with you!« sagte, übersetzte dies der Dolmetscher von ntv mit »Am 4. Mai sind wir bei euch!«.

Der natürliche pH-Wert ist 7.

Der photische Niesreflex führt dazu, dass etwa jeder fünfte Mensch niest, wenn er in die Sonne blickt.

Der Peitschenknall entsteht durch die Geschwindigkeit der Peitschenspitze, die beim typischen Peitschenhieb Überschallgeschwindigkeit erreicht.

Die ersten Frisbee-Scheiben waren runde Kuchenbackformen aus einer Bäckerei namens »Frisbie« in Connecticut.

Venus und Uranus sind die einzigen zwei Planeten unseres Sonnensystems, die im Uhrzeigersinn rotieren.

Der größte Feind des Delfins ist der Mensch.

Der Steigbügel im Innenohr ist mit drei Millimetern der kleinste Knochen im menschlichen Körper.

In der Hölle ist es – sofern sie existiert – 444,72 Grad Celsius heiß. Laut der Bibel gibt es in der Hölle kochenden Schwefel, und der Siedepunkt von Schwefel liegt bei 444,72 Grad.

Die australische Sprache Dyirbal ist nahezu ausgestorben. 2001 gab es nur noch sechs Sprecher, die alle bereits über 65 Jahre alt waren.

In Wichita, Kansas, ist die Misshandlung der Schwiegermutter kein Grund für eine Scheidung.

30 Prozent der gesamten Biomasse der Erde entfallen auf unterirdisch lebende Mikroorganismen.

Bis zum Jahr 1984 bestand bei Eiern in Europa überhaupt keine Salmonellengefahr. Erst nachdem viele europäische Länder im gleichen Jahr billiges Fischmehl aus Afrika an Hühner verfüttert hatten, kamen die Salmonellen in die Eier. Salmonellen findet man bis heute allerdings nicht im Ei, sondern an der Eischale.

Ratten sind kitzelig, sie geben sogar lachähnliche Geräusche von sich, wenn man sie kitzelt.

McDonald's erwirtschaftet 40 Prozent seines Gewinnes durch den Verkauf des Happy Meals.

Ein Blitzschlag erzeugt Temperaturen, die fünfmal höher sind als die 6000 Grad auf der Sonnenoberfläche.

Bei Fahrstühlen passiert laut Statistik erst alle 160 Millionen Kilometer ein Unfall, was sie zum sichersten Fortbewegungsmittel macht.

Miss Piggy war in der Muppet Show *eigentlich nur als Nebenfigur gedacht. Bereits nach den ersten Sendungen war ihre Fangemeinde aber so groß, dass ihre Rolle weiter ausgebaut wurde. Ab der zweiten Staffel bekam sie viel mehr Kleidung, trug Schmuck, und die Haare waren viel gestylter.*

Sumoringer verzehren täglich 20 000 Kalorien.

Die letzten Worte von Albert Einstein sind unbekannt, da die Krankenschwester kein Deutsch konnte.

Hirohito, Japans Kaiser während des Zweiten Weltkrieges, war einer der angesehensten Quallenexperten der Welt. Er taufte fast 400 Quallenarten.

Der Eichener See in Baden-Württemberg ist ein Karstsee ohne oberirdischen Zufluss und daher nur bei sehr hoch stehendem Grundwasser gefüllt.

Die Gene von Menschen und Hefepilzen sind zu 30 bis 40 Prozent identisch.

Im Death Valley gibt es auf einer staubtrockenen Ebene wandernde Steine. Diese sind Hunderte Kilogramm schwer und hinterlassen bei ihrer Wanderung Spuren. Es wird vermutet, dass der Wind für diese Bewegungen verantwortlich ist.

Janis Joplin wurde auf der Uni in Texas zum hässlichsten Jungen der Schule gewählt.

Die letzten Worte des Serienkillers Carl Panzram bei seiner Hinrichtung waren: »Beeil dich, du Bastard! Ich hätte in der Zeit schon 10 Männer umgebracht!«

Die Bundeswehrsoldaten in Afghanistan sind per Anordnung dazu verpflichtet, ihren Müll zu trennen. Dieser wird danach von den afghanischen Behörden abgeholt und wieder zusammengekippt.

Der Urvater oder die Urmutter der Blauäugigen (und in weiterer Folge Menschen mit hellen Haaren und heller Haut) lebte vor 6000 bis 10 000 Jahren im Nahen Osten oder in der Region nordwestlich des Schwarzen Meers. Bei dieser Person hat sich ein Gen massiv verändert, und alle Menschen mit blauer Augenfarbe stammen von ihr ab, wie dänische Wissenschaftler vermuten.

Eine Katze hat 230 Knochen im Körper, aber kein Schlüsselbein. Somit passt sie durch jede Öffnung in der Größe ihres Kopfes.

Am 18. August 2006 machte Suri Cruise ihr erstes »Häufchen«. Papa Tom Cruise und Mama Katie Holmes waren davon so begeistert, dass sie es in Bronze gießen ließen. Später wurde die Skulptur bei eBay versteigert.

Zur Abwendung von Gefahren für die Allgemeinheit wurden in Österreich bis 2001 Rinder, die an schwer zugänglichen Stellen gestorben waren, gesprengt.

Am 1. Januar 2017 wird das Urheberrecht des Liedes »Happy Birthday to You« endlich ablaufen.

Nach Harrison Ford sind zwei Insekten benannt.

Die millionste Nachkommastelle von Pi ist 1.

Wenn man eine Erbse inhaliert, kann sie sprossen und in der Lunge wachsen.

Der Spruch »Ist mir Banane« kommt aus dem Türkischen: »bana ne« heißt »ist mir egal«.

Forscher der Universität von Surrey in Guildford in England untersuchten in einer Studie 104 Büroangestellte über einen Zeitraum von vier Wochen. Das Ergebnis: Blaues Licht macht leistungsfähiger, hebt die Stimmung und verbessert die Konzentration.

Katzen haben ungefähr 20 155 Haare pro Quadratzentimeter.

Felix Salten, der Autor von *Bambi*, schrieb außer Kinderbüchern auch erotische Literatur.

Fledermäuse werden bis zu 30 Jahre alt.

Aldi-Nord-Besitzer Theo Albrecht wurde im Norden eines Essener Friedhofs begraben, sein Bruder und Aldi-Süd-Besitzer Karl Albrecht hat eine Grabstelle im Süden des Friedhofs gekauft.

Fruchtfliegen besitzen ein Gen, das nach Kenny aus der Fernsehserie *South Park* benannt wurde.

Die Avocado ist mit etwa 220 kcal pro 100 Gramm die fett- und kalorienreichste Frucht.

95 Prozent aller Neugeborenen lutschen am rechten Daumen.

Nach dem Kinostart von *Jurassic Park* stieg der Marktpreis von Bernstein um das Zehnfache an.

Mr Burns aus den Simpsons *sagt beim Abheben des Telefons »Ahoi Hoy«. Dies war die übliche Antwort von Alexander Graham Bell beim Klingeln des Telefons.*

Bei jeweils 25 Prozent der männlichen Geschlechtsteile tritt entweder eine Rechts-oder eine Linkskrümmung auf. Die restlichen 50 Prozent sind nahezu kerzengrade.

Las Vegas verbraucht im Jahr mehr Strom als ganz Peru.

Das norwegische Wort für Tablet-Computer ist »Nettbrett«.

Ein Joch ist die Fläche, die von einem Ochsen beziehungsweise einem Ochsengespann an einem einzigen Tag gepflügt werden kann. Sie entspricht in der Regel 43 560 Quadratfuß, was 4046,8564224 Quadratmeter sind.

Der Gangster Al Capone richtete während der großen Depression in Chicago die ersten Suppenküchen für Arbeitslose ein.

Tatiata Kozhevnikova hat die stärkste Vagina der Welt. Sie stemmt bis zu 14 Kilogramm mit ihrer Vaginalmuskulatur und sicherte sich so den Eintrag ins Guinnessbuch der Rekorde.

Hunde, Katzen sowie die meisten Raubtiere (reine Fleischfresser) können Süßes nicht schmecken.

In Deutschland zahlen 90 Prozent der Menschen mehr Zinsen, als sie je durch Sparen generieren können.

Der Wostoksee ist der größte der 150 bekannten Seen unter der Eisschicht der Antarktis. Er liegt in 4000 Meter Tiefe und ist 250 Kilometer lang.

Die schwedische Feministengruppe Bara Bröst kämpft seit 2007 für das Recht der Frauen, sich in öffentlichen Bädern mit freiem Oberkörper zeigen zu dürfen.

Für umgerechnet 650 Millionen Euro wurde in China das österreichische Dorf Hallstatt nachgebaut, als Luxusstadtteil der Stadt Boluo. Um alles so originalgetreu wie nur möglich zu gestalten, wurden extra Berge aufgeschüttet (als Nachbau der Alpen) und ein künstlicher See angelegt. Abgesehen von den Palmen vor der Kirche und einer englischen Telefonzelle auf dem Dorfplatz gleicht das chinesische Hallstatt komplett dem österreichischen Vorbild.

Major Tom wurde von David Bowie für seinen Song »Space Oddity« erfunden und kam seitdem in zahlreichen Songs anderer Künstler vor.

Das S in Harry S Trumans Namen war keine Abkürzung, sondern der vollständige zweite Name des ehemaligen US-Präsidenten.

Der Tobleronen-Weg ist eine Verteidigungslinie, die in den 1930ern nahe Gland im Kanton Waadt in der Schweiz gebaut wurde und die ihren Namen erhielt, weil die Form der zum Bau verwendeten Betonblöcke der der gleichnamigen Schokolade ähnelte.

In der deutschen Fassung des Filmes The Shining *wird der Hoteldirektor (gespielt von Barry Nelson), der Jack Nicholson für den Winterdienst anstellt, von Joachim Kerzel synchronisiert. Dieser wurde später zur Synchronstimme von Jack Nicholson.*

Die erste Lotterie wurde in Deutschland im Jahr 1494 eingeführt.

Raucht man täglich eine Schachtel Zigaretten, verliert man durchschnittlich alle zehn Jahre zwei Zähne.

Beim »Salto de la cabra«, einem regionalen spanischen Brauch, wird eine Ziege vom Kirchturm geworfen.

Die Soaps *Gute Zeiten, schlechte Zeiten, Verbotene Liebe, Unter uns* und *Alles was zählt* werden von der gleichen Produktionsfirma produziert.

Im Kern unserer Sonne wird pro Sekunde eine Kraft von etwa zehn Millionen Wasserstoffbomben freigesetzt.

Die Eltern eines Babys versäumen in den ersten beiden Jahren durchschnittlich bis zu sechs Monate an Schlaf.

Der gefährlichste Beruf der Welt ist Fischer. Es kommen pro Tag rund 70 Menschen bei dieser Tätigkeit um.

Drei Tage YouTube-Konsum verbrauchen so viel Strom wie die Produktion einer DVD.

Die Lichtstärke einer Kerze beträgt 1 Candela (cd).

Laut Knigge ist das Kommentieren eines Niesens mit »Gesundheit« eine Dramatisierung des körperlichen Verfalls und daher unangebracht.

Der Astronom, der den Uranus entdeckte, ist auch bekannt für die Komposition mehrerer Symphonien.

1904 war Sackhüpfen eine olympische Disziplin. Von 1912 bis 1948 zählten Malerei, Bildhauerei, Architektur, Literatur und Musik zu den olympischen Disziplinen.

Druckertinte ist teurer als menschliches Blut.

Als »October Surprise« wird im amerikanischen Politikjargon eine überraschende Wendung von Geschehnissen unmittelbar vor einer Wahl bezeichnet, die die Wahl maßgeblich beeinflussen kann.

Die Insel Lavongai nahe Papua-Neuguinea hieß früher Neu-Hannover.

Wird auf der Inselgruppe Spitzbergen ein Eisbär erschossen, führt das automatisch zu einem Verfahren. In diesem übernimmt die Behörde die Rolle des Verteidigers des erschossenen Eisbären.

Alte-Welt-Affen haben 32 Zähne, Neue-Welt-Affen haben 36.

In Zürich gibt es sogenannte Sexboxen, in denen Männer ihre Autos parken können, um darin, ohne Aufmerksamkeit zu erregen, Sex mit Prostituierten haben zu können.

In Finnland machen die Familien zu Heiligabend einen gemeinsamen Saunabesuch und essen dann »gebackenen Schweden«, ein Gericht mit Schweinefleisch.

Im Film *Das fünfte Element* fragen in der deutschen Fassung die Mondoshawan-Aliens: »Sind Sie von der Erde?« und in der originalen englischen Fassung: »Are you German?«

Vögel schützen ihre Küken im Nest mit ihren Flügeln und ihrem Bauchgefieder vor Kälte, Regen und anderen Umwelteinflüssen. Dies bezeichnen Vogelkundler als Hudern.

Mit 832 Einwohnern (Stand Juli 2011) beträgt die Bevölkerungsdichte des Vatikanstaates etwa 1900 Einwohner pro Quadratkilometer.

Die Staatskarosse der britischen Königin Elizabeth II. fährt bei Paraden mit einer Durchschnittsgeschwindigkeit von 14 Stundenkilometern.

Barbie hat vier Schwestern: Skipper (1964), Stacie (1992), Kelly(1995) und Krissy (1995).

Tokio war früher als das Fischerdorf Edo bekannt.

67,5 Prozent der deutschen Männer bevorzugen normale Unterhosen gegenüber Boxershorts.

Die Szene der Krankenhausexplosion im Batman-Film The Dark Knight *war von Heath Ledger improvisiert, nachdem die Detonation nicht funktioniert hat.*

Balu aus dem Dschungelbuch ist ein Lippenbär.

Die Luftmenge, die der Bugatti Veyron pro Minute bei der Höchstgeschwindigkeit von 407 Stundenkilometern ansaugt, würde ausreichen, um vier Tage lang atmen zu können.

Mit den Fingern zu knacken ist nicht schädlich für die Knochen oder Gelenke. Das Geräusch entsteht durch zerplatzende Gasbläschen.

Weihnachtsmannbärte werden aus den Schwänzen tibetischer Yaks hergestellt.

Die Kreditkartennummer von Homer Simpson lautet 6784 3653 4341 0709.

Der Mentalist Vincent Raven heißt mit richtigem Namen Andreas Plörer.

Delfine schalten während des Schlafes abwechselnd immer nur eine Gehirnhälfte aus, da sie sonst ersticken würden.

Der Staat Florida ist größer als England.

Die Nabelschnur eines Babys ist immer linksdrehend verdrillt.

Der Weltmännertag findet immer am 3. November statt.

Es gibt 51 verschiedene Meisenarten, doch in den Großstädten findet man meistens nur Kohlmeisen, Blaumeisen und Tannenmeisen.

Der Staat Monaco passt zehnmal in den Frankfurter Flughafen.

Wenn ein Katerfrühstück nicht mehr ausreicht, kann in Las Vegas der Service »Hangover Heaven« geordert werden. Durch intravenös verabreichte Vitaminlösungen wird der Kater schnell gelindert.

Die *Sesamstraße* hat nur bis zum Alter von drei Jahren positive Auswirkungen auf die Wortschatzentwicklung von Kindern.

Kohlmeisen heißen auf Englisch »great tits«.

Nicht einmal Spürhunde erkennen einen Unterschied zwischen eineiigen Zwillingen.

Eine Grille verliert bei der Ejakulation ein Viertel ihres Körpergewichts.

Die Antarktis ist der einzige Kontinent, auf dem keine Reptilien oder Schlangen leben.

»Str prst skrz krk« ist ein tschechischer Zungenbrecher und heißt »Stecke deinen Finger in den Hals«.

China ist das Land mit dem größten Bierbrauvolumen. Danach folgen die USA, Brasilien, Russland und an fünfter Stelle Deutschland.

Der Schimpanse Congo malte von 1956 bis 1958 mehrere hundert Bilder, die heute in Museen ausgestellt werden. Sein Stil wird als abstrakter Impressionismus bezeichnet.

In der ersten Raumschiff-Enterprise-*Serie der 1960er-Jahre wurde Teleportation aus Kostengründen eingeführt, um in der Produktion aufwendige und kostenintensive Landesequenzen auf fremden Planeten einzusparen.*

Eine englische Statistik besagt, dass jedes Mal, wenn Wales das Grandslam-Rugby-Turnier gewinnt, ein Papst stirbt.

In der Renaissance wurden das erste Mal Brautsträuße verwendet. Der Duft der Blumen sollte den schlechten Geruch in der Kirche, der durch mangelnde Hygiene und Weihrauch auftrat, übertünchen und so die Braut vor Ohnmachtsanfällen schützen.

Mit den Maßen einer Barbie könnte eine Frau nie überleben. Die Organe hätten bei der schmalen Taille nicht ausreichend Platz und wären so in ihrer Funktion eingeschränkt. Da bei dem schmalen Körperbau kaum eine Bauchatmung möglich ist, würde eine Frau nur sehr schwer Luft bekommen. Außerdem würde diese Frau mit sehr großer Wahrscheinlichkeit keine Kinder bekommen können. Durch einen Mangel an Geschlechtshormonen, die aufgrund des mangelnden Fettgewebes nicht produziert werden, würde der Eisprung ausbleiben.

Wenn man von 1 bis 1 000 000 000 zählen wollte und für jede Zahl nur eine Sekunde bräuchte, wäre man 32 Jahre 24 Stunden am Tag beschäftigt.

Der Mensch besteht in etwa aus 10 Quadrilliarden Atomen (eine 1 mit 28 Nullen).

Eine Studie der York-Universität hat ergeben, dass Pharmaunternehmen doppelt so viel Geld für Werbung ausgeben wie für Forschung.

Im Jahr 11 vor Christus gab es zum letzten Mal den 30. Februar.

674 000 Amerikaner sind registrierte Sexualstraftäter. Das ist mehr als die Bevölkerung von drei US-Staaten.

Am 27. Juni 1965 verursachte Johnny Cash durch einen defekten Auspuff seines Wohnmobils ein Großfeuer, das 205 Hektar Wald vernichtete.

Der Halbbruders Etzels (auch Attila genannt) aus der Nibelungensage hieß Blödel.

Als »Suppenkoma« wird jener Zustand bezeichnet, der meist in den frühen Nachmittagsstunden auftritt, wenn der Körper das Mittagessen verdaut und das Gehirn daher weniger mit Blut und Sauerstoff versorgt wird.

Nach der japanischen Erstausstrahlung der Pokémon*-Episode »Denno Senshi Porygon« wurden 685 Menschen mit Verdacht auf einen epileptischen Anfall ins Krankenhaus eingeliefert.*

Um die Rangreihenfolge in der Gruppe zu dokumentieren, pinkeln sich Kapuzineräffchen gegenseitig auf die Füße.

Der Buckingham-Palast hat 602 Räume.

Wenn sich Katzen ausschließlich von Fleisch ernähren, müssen sie nichts trinken, weil ihre Nieren so effizient arbeiten.

Beim Poker (Texas Holdem) gibt es 19 600 mögliche Flop-Kombinationen.

Weniger als 5 Prozent der jamaikanischen Bevölkerung sind Rastafari.

Forscher in den USA schätzen das Datenvolumen im Internet auf knapp 10 Exabyte.

Der genetisch bedingte Hang zum Alkoholismus wird durch das Gen »Cheap Date« ausgelöst.

Die drei Buchstaben (C, M, B), die die Sternsinger jedes Jahr an die Tür schreiben, stehen nicht, wie viele irrtümlich glauben, für die Namen der drei Könige Caspar, Melchior und Balthasar, sondern für »christus mansionem benedicat«, also »Gott segne dieses Haus«.

Man muss 130 Tassen Schwarztee trinken, um an einer Überdosis Koffein zu sterben.

James Fixx, der Erfinder des Wortes »Jogging«, starb während des Joggens.

Jeder dritte Deutsche spült, noch während er auf der Toilette sitzt.

Ohrenschmalz soll Insekten daran hindern, in das Ohr zu krabbeln.

In Romani, der Sprache der Roma, unterscheidet man zwischen einem lauten Furz (»ril«) und einem lautlosen Furz (»khaj«).

25 bis 33 Prozent der Bevölkerung müssen niesen, wenn sie ins Licht schauen.

Die Potenz eines Mannes kann man offenbar an der Form seiner Finger ablesen. Eine Vielzahl von Studien konnte nämlich den erstaunlichen Zusammenhang belegen: Je länger sein Ringfinger im Vergleich zum Zeigefinger ist, desto potenter.

Wenn man ein Blatt Papier (theoretisch) 42-mal falten könnte, entspräche seine Dicke der Entfernung von der Erde zum Mond.

70 Prozent der Menschen halten beim Küssen ihre Nase nach rechts.

Dunkle kann im Gegensatz zu weißer Schokolade zur Blutdrucksenkung beitragen.

Der Viehhändler David Drew ließ an seine Herde Salz verfüttern und die Tiere dann unmittelbar vor dem Markt, auf dem sie nach Lebendgewicht verkauft wurden, trinken. Drew wurde einer der erfolgreichsten Wall-Street-Spekulanten und soll zur Prägung des Begriffes »Verwässerte Aktien« angeregt haben.

Eine Frau kann Zwillinge von zwei verschiedenen Vätern gebären. Dieses Phänomen nennt sich Heteropaternale Superfekundation.

Bei Siegen ihres Teams randalieren Hooligans häufiger als bei Niederlagen.

Die Queen besitzt keinen eigenen Pass. Es reicht, wenn sie ihre eigene Identität mündlich bestätigt.

Der italienische Name für die Seegurke, »Cazzo di Mare«, heißt übersetzt »Meerpenis« und kommt vom optischen Eindruck, der entsteht, wenn die Seegurken ihre Geschlechtsprodukte aufrecht stehend direkt ins Wasser abgeben.

42 geteilt durch π (Pi) ergibt 13,37.

Die meisten Fotos der ersten Mondbegehung zeigen Buzz Aldrin, weil Neil Armstrong die Fotos gemacht hat.

Die amerikanische Seite der Niagarafälle wurde 1969 für fünf Monate trockengelegt und der Fels mit Beton verstärkt, um der Erosion vorzubeugen.

Der Reifenhersteller Goodyear war der erste kommerzielle Produzent von Kondomen.

Plexiglas ist kein Material, sondern ein eingetragener Markenname.

In Kalifornien gibt es einen Arzt, der braune Augen dauerhaft blau färben kann.

Kaffeebohnen werden aus Steinfrüchten verschiedener Pflanzenarten aus der Familie der Kaffeegewächse gewonnen.

Ab einer Geschwindigkeit von etwa 140 km/h könnte ein Formel-1-Fahrzeug wegen des Drucks des Spoilers von oben und des Unterdrucks unter dem Bodenblech (dem sogenannten Venturi-Effekt) kopfüber an der Decke entlangfahren.

Eine Briefmarke ist nach dem Anlecken 0,3 Gramm schwerer. Wenn ein Postbote am Tag 300 Briefe austrägt, 48 Wochen im Jahr sechs Tage die Woche arbeitet und nach 40 Jahren in Rente geht, dann hat er eine Tonne Spucke herumgetragen.

Das Insekt des Jahres 2011 ist die Große Kerbameise.

Der Durchschnittsmann kennt sein Auto besser als seinen eigenen Körper: So wissen 91 Prozent, wie viel ihr Auto verbraucht, allerdings kennen nur 58 Prozent ihre Blutgruppe und nur 43 Prozent ihren Cholesterinwert.

Terence Hill war für die Rolle von *Rambo* im gleichnamigen Film im Gespräch.

50 Prozent der Personen in Kentucky, die erstmals heiraten, sind Jugendliche.

In den USA gibt es 2 382 500 Menschen mit dem Namen Smith.

Neue Mitarbeiter bei Google müssen an ihrem ersten Freitag im Unternehmen eine Propellerkappe tragen.

Der sechsjährige Junge, der die Synchronstimme für Bambi übernahm, wurde später der jüngste Drill Instructor der Marines und bestritt drei Einsätze im Vietnamkrieg.

Die Rollen von Misty aus *Pokémon* und die von Lily Aldrin aus *How I met your Mother* werden von derselben Person deutsch synchronisiert.

Wollte man alle deutschen Biere durchprobieren, indem man jeden Tag ein anderes trinkt, bräuchte man dafür über 13 Jahre.

Der Ausdruck »Piefke« geht auf den Preußen Johann Gottfried Piefke zurück. Er war in den Augen der Österreicher ein typischer Deutscher.

26 Prozent der Bauteile eines iPhones stammen von Samsung.

Ein Wiener Würstchen hat einen inneren Widerstand von fünf Megaohm.

Das Eis am Stiel wurde durch Zufall von einem Elfjährigen in San Francisco erfunden. Frank Epperson ließ in einer sehr kalten Nacht sein Glas Limonade mit einem Rührstab auf der Veranda stehen. Am nächsten Tag war das Eis am Stiel geboren.

Die Allianz Arena in München darf wegen der Ablenkung der vorbeifahrenden Autofahrer und des dadurch erhöhten Unfallaufkommens nicht mehr in Farbkombinationen wie Rot-Weiß und Blau-Weiß leuchten. Außerdem muss das Stadion für mindestens eine halbe Stunde in derselben Farbe leuchten.

Ein vier Stunden dauernder Stromausfall zur »Prime Time«, also um 20.15 Uhr, verursachte im Jahr 1965 in New York neun Monate später einen Babyboom. Man sprach sogar von bis zu 35 Prozent mehr Geburten.

Mutter heißt auf Schwedisch »mor«, Großmutter »mormor« und Urgroßmutter »gammelmormor«.

Laurel und Hardy synchronisierten die meisten ihre Filme selbst in verschiedenen Sprachen. Sie bekamen dazu Texte in Lautschrift.

Die Nationalhymne von Griechenland besteht aus 158 Strophen, es werden meist jedoch nur zwei davon gesungen.

Wenn man einen Goldfisch längere Zeit in einen dunklen Raum stellt, kann es sein, dass er sich weiß färbt.

Mufasa aus *Der König der Löwen* und Darth Vader haben im Original den gleichen Sprecher – James Earl Jones.

Bei kaltem Wetter wird man dadurch leichter krank, dass das Immunsystem mancher Organe durch die Kälte beeinträchtigt wird und somit anfälliger für Bakterien und Viren ist.

Der Choreograf Bruce Darnell war sechs Jahre lang Fallschirmjäger bei der US-Army.

Picassos voller Name war Pablo Diego José Francisco de Paula Juan Nepomuceno Maria de los Remedios Cipriano de la Santisima Trinidad Ruiz Picasso.

Statt »Bier auf Wein, lass es sein« sagen die Engländer »beer after wine and you'll feel fine«.

1995 veröffentlichte Volkswagen den vollelektrischen Golf »City Stromer«.

Ein Quantensprung ist eine winzige Niveauänderung im atomaren Bereich auf einen zumeist niedrigeren Wert, die sich qualitativ kaum auf ein System auswirkt. Umgangssprachlich wird der Begriff genau anders verwendet, nämlich als besonders große Veränderung.

Laut Statistik sind »love«, »oh«, »just« und »let« Erfolg versprechende Wörter beim Eurovision Song Contest. Ein »Oh, just let me love you« in einem Beitrag brächte höchstwahrscheinlich den sicheren Sieg.

Goethe schrieb 64 Jahre lang an seinem Faust.

Bei 90 Prozent des E-Mail-Verkehrs handelt es sich um Spam-Mails.

Blaue Augen sind besonders lichtempfindlich.

McDonald's ist der größte Arbeitgeber in Brasilien.

Pinguine schubsen ihre Artgenossen ins Wasser, um zu sehen, ob dort Seelöwen lauern.

In die Fontana di Trevi, den größten Brunnen Roms, werden jährlich in etwa 600 000 Euro geworfen. Die herausgefischten Münzen werden gespendet.

Pythagoras hat eine Religion gegründet, deren Mitglieder keine Bohnen anfassen durften.

In Deutschland, Österreich und der Schweiz »googelt« man, in Litauen und Polen heißt es »pagooglinti« bzw. »googlowa«, in Finnland »googlata«, in Japan »guguru« und in Kroatien »googlati«.

Der Honda Fit sollte eigentlich Fitta heißen. Der Name musste jedoch geändert werden, da Fitta in einigen Sprachen »Möse« bedeutet.

Durch die 360 Dimples in Golfbällen – die kleinen Vertiefungen – wird der Luftwiderstand um fast 50 Prozent reduziert und der Ball kann so viermal so weit fliegen wie ein glatter Ball.

Nach Eintritt in den englischsprachigen Markt wunderten sich die Manager des zweitgrößten japanischen Reiseveranstalters, der Kinki Nippon Tourist Company, über die ungewöhnlich hohe Nachfrage nach außergewöhnlichen Sexreisen. Als ihnen bewusst wurde, dass ihr Firmenname übersetzt »Reiseagentur für perverse Japantouristen« bedeutet, wurde dieser schleunigst geändert.

Manche Szenen des Marvel-Kinofilms *The Avengers* wurden mit einem iPhone 4 gefilmt.

Das grönländische Wort für »Klimawandel« bedeutet sinngemäß so viel wie »Wetterbesserung«.

Wilson Gonzalez Ochsenknecht hat 2009 den Diva Award gewonnen.

Japan besteht aus mehr als 3900 Inseln.

12 Hasselbladkameras wurden aufgrund von Treibstoffmangel auf dem Mond gelassen.

In Paraguay sind Duelle erlaubt, wenn beide Gegner registrierte Blutspender sind.

Titan ist der größte Saturnmond. Auf ihm sind erdähnliche Erscheinungen wie Seen, Meere, Flüssigkeit und Regenwolken vorhanden. Jedoch ist es aufgrund der niedrigen Temperatur von minus 180 Grad Celsius unwahrscheinlich, dass sich dort Leben bilden kann.

Eine Suchanfrage bei Google verbraucht genauso viel Strom, wie eine Energiesparlampe benötigt, um eine Stunde lang zu leuchten.

Die Taliban kauft Kinder ab 7 Jahren als Selbstmordattentäter. Der Preis für ein Kind liegt zwischen 7000 und 14 000 US Dollar.

Es dauert zwischen 10 000 und 170 000 Jahre, bis Energie aus dem Sonneninneren an die Oberfläche dringt und als Licht abgestrahlt wird.

Ein Durchschnittsgähnen dauert sechs Sekunden, und der Mund öffnet sich etwa vier Zentimeter.

Das menschliche Auge hat 576 Megapixel.

Die Sucht nach gesundem Essen nennt man *Orthorexia nervosa*.

Da eine Banane sehr viel radioaktives Kalium-40 enthält, entspricht der Verzehr von 600 Bananen der radioaktiven Belastung eines Brustkorbröntgens.

In manchen Krankenhäusern werden Maden für die Wundreinigung verwendet, wenn Antibiotika nicht wirken.

Der FC Chelsea ist nicht in Chelsea beheimatet, sondern in Fulham.

Die Angst vor Wasser heißt Aquaphobie.

In der Ausgabe des Micky-Maus-Magazins *vom 10. Februar 2012 legt sich Hundepräsident Wuff mit Chefredakteur Kai Quiekmann an, um die Berichterstattung über einen fragwürdigen Kredit im Enten-Kurier zu verhindern.*

Harry Jackson war der erste Verbrecher, den Scotland Yard 1902 aufgrund seiner Fingerabdrücke überführen konnte.

Die Ureinwohner Papua-Neuguineas glauben, dass es der Gesundheit schadet, an zwei aufeinanderfolgenden Tagen zu arbeiten.

Die Luftgeschwindigkeit kann beim menschlichen Niesen bis zu 160 Stundenkilometer erreichen.

Pablo Picasso gehörte 1911 zu dem Kreis der Verdächtigen, die die Mona Lisa gestohlen haben sollten.

Programmiertechnisch am aufwendigsten am ersten Computerspiel Pong war die Anzeige des aktuellen Punktestandes.

Die Titulierung eines Polizisten als »Oberförster« stellt keine (strafbare) Beleidigung dar.

Das Spielfeld des Computerspiels *Minecraft* hat die unglaubliche Länge von 64 000 Kilometern.

Wale extrahieren Wasser aus ihrer Nahrung und können sogar Fett in Wasser verstoffwechseln. Reicht das alles nicht aus, können sie aufgrund ihrer effektiven Nieren sogar Meerwasser trinken.

Eine deutsche Briefmarke ist so reichhaltig wie ein Tic Tac (zwei Kalorien).

Von den etwa 200 Millionen ejakulierten Spermien schaffen es nur einige Hundert bis zur weiblichen Eizelle.

Paare, die sich die Hausarbeit teilen, haben zehn Prozent mehr Sex als jene, bei denen die Hauptlast bei den Frauen liegt.

Ein Kanarienvogel kann auch als Harzer Roller bezeichnet werden.

Einer Legende nach würden das Königreich und die gesamte Monarchie zugrunde gehen, wenn keine Raben mehr im Tower of London gehalten würden.

Der Schrei von Godzilla ist das verlangsamte Geräusch, das ein harzüberzogener Gummihandschuh macht, wenn man ihn über die losen Saiten eines Kontrabasses zieht.

In Schweden gibt es kein Steuergeheimnis. Jährlich erscheint der Taxeringskalender, *der nach Postleitzahlen sortiert ist und in dem jeder Bürger nachschlagen kann, welches Einkommen und Vermögen sein Nachbar oder Chef, ein prominenter Politiker oder Manager tatsächlich versteuert.*

Friedrich der Große, König von Preußen, ließ seinen Kaffee mit Sekt aufbrühen.

Würfelquallen verfügen über ähnliche Sehorgane wie Wirbeltiere, obwohl sie kein Gehirn besitzen. Reize wie Dunkelheit und Helligkeit können dennoch verarbeitet werden.

Dem Schweden Roger Tullgren wurde 2007 wegen Heavy-Metal-Sucht richterlich Arbeitsunfähigkeit bestätigt und eine Invalidenrente zugesprochen.

Nach dem Verzehr von mehr als 20 Bananen hat man eine Blutalkoholkonzentration von mehr als 0,5 Promille und ist somit nicht mehr fahrtüchtig.

In Houston, Texas, leben die meisten übergewichtigen Menschen der USA.

Auf der Website von Art Garfunkel ist jedes Buch aufgelistet, das er seit Juni 1968 gelesen hat.

Es gibt etwa 1000 arabische Wörter für »Kamel«.

***Consecotaleophobia* ist die Bezeichnung für Angst vor Essstäbchen.**

In Österreich muss man laut Luftfahrtgesetz eine Genehmigung einholen, wenn man mehr als 50 Luftballons steigen lassen will.

Fünf von 100 Männern kaufen erst am 24. Dezember Weihnachtsgeschenke.

In der Sprache der Roma gibt es kein Wort für Liebe.

In Finnland gibt es Schneedeponien. Der gesammelte Schnee wird dann später in die Ostsee gekippt.

Der Google-Pagerank wurde nach seinem Erfinder Larry Page benannt und heißt nicht etwa so, weil er der Seitenrang ist.

Laut *National Geographic* werden Menschen mit roten Haaren bis zum Jahr 2060 ausgestorben sein.

Truthühner sind durch Jungfernzeugung (Parthenogenese) in der Lage, ohne Befruchtung durch einen Truthahn gesunden Nachwuchs zu zeugen.

Zur Linderung ihrer Menstruationsbeschwerden ließ sich Queen Victoria von England Marihuana verschreiben.

Kokoswasser, also das Wasser aus dem Inneren der Kokosnuss, wurde im Zweiten Weltkrieg an der pazifischen Front als Ersatz für Blutplasma eingesetzt.

München heißt auf Italienisch Monaco.

In einer Viertelstunde können Kamele bis zu 200 Liter Wasser trinken.

Frankreich ist mit circa 80 Millionen Besuchern pro Jahr das meistbereiste Land der Welt.

Der Napoleon-Komplex beschreibt den Minderwertigkeitskomplex kleiner Männer.

Hugh Hefner, der Gründer des *Playboy*, ist der Cousin elften Grades des früheren US Präsidenten George W. Bush.

In Schweden heißen Handys »Ficktelefon«.

In Japan gibt es am 8. Februar bzw. 8. September einen buddhistischen Feiertag für abgebrochene Nähnadeln.

Die meisten Flugzeuge können nicht rückwärts fliegen.

Dinosaurier bedeutet eigentlich »Schreckenechse« oder »schrecklich große Echse«.

Mit dem Druck, der sich während des Schnäuzens im menschlichen Kopf aufbaut, könnte man – passendes Ventil in der Nase und großen Schnupfen vorausgesetzt – einen normalen Autoreifen aufpumpen.

Dem vormals bekannten Planeten Pluto wurde 2006 der Planetenstandard aberkannt. Pluto sei zu klein und kreuze überdies die Umlaufbahn des Nachbarplaneten Neptun. Seither zählt er wie Eris zu den Zwergplaneten.

Während Micky Maus und Donald Duck in den deutschen Comics beide in der Stadt Entenhausen wohnen, leben sie in den Originalcomics in verschiedenen Städten (Mouseton und Duckburg).

Die Firma Carglass heißt in England Autoglass.

Zeus soll nach seiner Geburt 7 Tage lang gelacht haben.

Prachtexemplare des Senkelwurms können bis zu fünfeinhalb Meter lang werden.

Seepferdchen sind die einzigen Fische, die aufrecht schwimmen.

Schneeglöckchen produzieren selbst Wärme bis zu acht Grad Celsius, sodass rund um die Wurzeln und Blätter der Schnee schmilzt.

Die Wahrscheinlichkeit, am Vortag der Lottoziehung zu sterben, ist 1835-mal höher als die, den Jackpot zu knacken.

Erst seit dem 18. Jahrhundert gibt es Hausnummern. Zuvor wurden Häuser mit bunten Bildern oder Namen gekennzeichnet. Die Gründe für die Einführung von Hausnummern waren zahlreich, so etwa: Steuer- und Versicherungsangelegenheiten.

Der Großdiamant Beau Sancy wurde verpfändet, um die Schulden der Maria Henrietta Stuart zu begleichen, bevor sich die preußischen Königinnen 180 Jahre lang mit ihm schmückten.

Eine der am längsten seit Gründung in Originalbesetzung spielende Band der Welt, die weiterhin auf Tour ist, ist ZZ Top.

In Deutschland gibt es 350 regionale Bezeichnungen für das Anfangs- oder Endstück eines Brotes (z. B. Bäätsch, Fietze, Gnuscht, Ränftchen).

Bei seinem ersten Bundesligaspiel ließ Oliver Kahn 4-mal den Ball ins Tor.

Es werden mehr Menschen von Affen getötet als bei Flugzeugabstürzen.

Für das Schälen von 10 Kilogramm Kartoffeln benötigt man rund eine Stunde.

Der Begriff »Killerapplikation« wird im Marketing auch als Schlagwort gebraucht, um Eigenschaften eines Produktes zu definieren, mit dem man sich gegen konkurrierende Produkte durchsetzen kann.

Der sibirische Baikalsee ist mit 1642 Metern der tiefste und mit 25 Millionen Jahren auch der älteste Süßwassersee. Der Großteil der dort vorkommenden Tier- und Pflanzenarten sind endemisch, also ausschließlich dort zu finden.

Neuesten Schätzungen zufolge liegt der Wert des Gemäldes Mona Lisa zwischen 400 Milliarden und einer Billion Euro.

Die ersten antiken Socken waren für Sandalen gemacht.

Die Europäische Union hat mehr als 1100 Chemikalien aus Kosmetika verbannt, die Vereinigten Staaten nur zehn.

Ein Eisbär kann sich bis zu 150 Kilogramm Fett auf Vorrat anfressen.

Eine heiße Tasse Tee mit zwei Löffeln Zucker hat etwa die gleiche Energie wie ein übliches Jagdgeschoss, mit dem man zum Beispiel Elefanten oder Wildschweine schießen darf – zwischen 2000 und 4000 Joule.

Ein Neptun-Jahr dauert 164,79 Erdenjahre.

Hätte die Erde einen Durchmesser von 1 Millimeter, dann hätte die Sonne entsprechend einen Durchmesser von etwa 10,9 Zentimetern und der größte bekannte Stern VY Canis Majoris einen Durchmesser von 200 Metern.

Pro Sekunde produziert ein Mann circa 1200 Spermien. Das sind rund 104 Millionen am Tag.

Männer bekommen öfter Schluckauf als Frauen.

Wäre die Erde so groß wie eine Bowlingkugel, dann würde sie sich auch genauso glatt anfühlen.

Die Detonationsgeschwindigkeit von TNT beträgt 6900 Meter pro Sekunde.

Bienen halten in ihrem Stock die Temperatur im Winter durch Zusammenrücken und Zittern konstant.

Im mittelalterlichen Japan wurden Vereinbarungen unter Gentlemen durch das Kreuzen des Urinstrahls besiegelt.

Mark Twain arbeitete bereits mit zwölf Jahren als Gehilfe eines Druckers.

Der Wissenschaftler Bill Nye gewann 19 Emmys.

Der Zigarettenhersteller Philip Morris hat sich bereits alle möglichen Kombinationen aus den Wörtern Marlboro und Marihuana markenrechtlich schützen lassen, für den Fall, dass Cannabis irgendwann legalisiert werden sollte.

Der rechte kleine Finger des Schauspielers Denzel Washington steht krumm nach außen ab.

Nach Einsteins berühmter Formel $E = mc^2$ wiegt eine zusammengedrückte Schraubenfeder ein klein wenig mehr als dieselbe Feder im entspannten Zustand.

Der Sänger Julio Iglesias ist in Spanien ein zugelassener Rechtsanwalt.

Ramón Barrero war bekannt dafür, dass er die kleinste Mundharmonika der Welt spielte. Er erstickte 1994 auf der Bühne, als er das Instrument versehentlich inhalierte.

Im Durchschnitt werden pro Tag 250 Millionen Fotos auf Facebook hochgeladen. Das entspricht 10,4 Millionen Fotos pro Stunde, 174.000 Fotos pro Minute bzw. 3000 Fotos pro Sekunde.

Wenn man sich auf YouTube das Video »Annoying Song 10 Hours« komplett ansieht, hat man danach das Verlangen, etwas Gelbes zu kaufen.

Wenn man genau einen Liter reinen Alkohol mit genau einem Liter Wasser mischt, erhält man nicht genau zwei Liter eines Wasser-Alkohol-Gemisches, sondern nur 1,93 Liter. Das ist so, weil die Wassermoleküle so gut in die Zwischenräume der Alkoholmoleküle passen.

Das Gen für Ohrenschmalz liegt auf Chromosom 16.

Der australische Boab-Baum ist so groß und hohl, dass er bei den Aborigines als Gefängnis genutzt wurde.

Filibuster bezeichnet eine Taktik im Senat der USA, bei der eine Minderheit durch ununterbrochenes Dauerreden einen Beschluss durch die Mehrheit zu verhindern oder zu verzögern versucht. Dabei wird auch gerne aus Gesetzesbänden oder Kochbüchern vorgelesen, um die Rede am Laufen zu halten.

3000 Rosen, 4000 Nelken, 500 Gartenwicken und 1000 »Red Charm«-Pfingstrosen neben aus dem Commonwealth eingeflogenen Blumenspezies schmückten die 70 Meter lange *Spirit of Chartwell,* auf der die englische Königsfamilie die Schiffsparade zur Feier des Thronjubiläums abnahm.

Der Presseraum des Weißen Hauses liegt über dem Indoor-Swimmingpool.

Eine Pferdestärke bezeichnet die Leistung, die benötigt wird, um in einer Sekunde ein Kilogramm 75 Zentimeter anzuheben. Ein durchschnittliches Pferd leistet etwa 24 PS.

St. Johann war der einzige der 12 Apostel, der eines natürlichen Todes starb.

Für einen Liter Mäusemilch muss man zwischen 4000 und 4500 Mäuse melken.

Von der Weinbruderschaft Commanderie du Clos Montmartre wird in einem ehemaligen Pariser Wasserspeicher seit 1983 gelegentlich Wein ausgeschenkt.

Es gibt Frauen, die allein durch das Zusammenziehen ihres Unterleibes einen Orgasmus bekommen können.

Europa und Nordamerika bewegen sich mit einer Geschwindigkeit von zwei Zentimetern pro Jahr voneinander weg.

Missratene, großklumpige Spätzle werden auch Raben, Störche, Rappen, Nachtigallen, Großvater oder Adler genannt.

Marx ist eine alte deutsche Schreibweise von Markus und nach wie vor ein standesamtlich zugelassener Vorname.

Der wissenschaftliche Begriff für den Haarball einer Katze lautet Bezoar.

Der Honigdachs frisst am liebsten Honig. Auf der Suche nach Honig bekommt er Unterstützung vom Honigkuckuck, der den Honigdachs mit lautem Gezwitscher auf sich aufmerksam macht und ihn zum nächsten Bienennest führt. Der gegen Bienenstiche unempfindliche Dachs bricht dann das Nest auf und frisst den Honig, der Honigkuckuck bekommt die Bienenmaden, die er am liebsten frisst.

Die Zeitspanne zwischen dem Bau der großen Pyramiden von Giseh und dem Leben Königin Kleopatras ist größer als die Zeitspanne zwischen dem Leben Königin Kleopatras und heute.

Das Loch in der Mitte der CD-ROM hat die Größe einer alten niederländischen 10-Cent-Münze. Diese hatten die Entwickler von Philips ständig in ihrem Geldbeutel.

In Dragonball Z *wird gesagt, dass »Piccolo« »andere Welt« bedeutet. Eigentlich ist es italienisch und heißt »klein«.*

Wer während des Zwiebelschneidens einen Kaugummi kaut, muss nicht weinen.

Das vor etwa 740 000 Jahren ausgestorbene Kreta-Zwergmammut gehörte mit einer Schulterhöhe von etwa 1,10 Metern zu den kleinsten bekannten Vertretern der Elefanten.

Menschen, die in Städten leben, haben längere und dickere Nasenhaare als Dorfbewohner.

Der 86 Jahre alte Bluesmusiker B.B. King spielt jährlich immer noch über 100 Shows.

Es gibt 8,4 Billionen Kombinationen, die Tabelle der Fußballbundesliga zu belegen.

»I am« ist der kürzeste korrekte englische Satz.

Ein Golfball, der in 2000 Meter Höhe abgeschlagen wird, fliegt 10 Prozent weiter als auf Meereshöhe.

1000 Tonnen Zucker, abgewogen in Panama bei Tag, wiegen in Hamburg nachts bei Neumond um etwa 10 Tonnen mehr. Der Grund dafür sind die unterschiedliche Distanz vom Äquator und die Anziehungskraft der Sonne.

Pro Minute werden weltweit etwa 9000 Flaschen Becks-Bier getrunken.

Wenn man einmal um die Erde geht, legt der Kopf eine circa 10 Meter längere Strecke zurück als die Füße.

Vor 1800 gab es keine unterschiedlich gefertigten linken und rechten Schuhe.

1982 biss Ozzy Osbourne einer Fledermaus den Kopf ab.

Neuseeland ist weltweit das einzige Land, in dem jede Klimazone vorkommt.

Otto Normalverbraucher heißt: John Doe in den USA, Joe Blow in Australien, Ivan Horvat in Kroatien, Marko Markovic in Bosnien und Herzegowina, Jan Janssen in Belgien, Chan Siu Ming in China, Matti Meikäläinen in Finnland, Jean Dupont in Frankreich, John Smith in England, Yamada Taro in Japan, Juan dela Cruz auf den Philippinen, Jan Novák in Tschechien und Fulanito (de Tal) in Spanien.

Brian Adams war im Sommer 1969 neun Jahre alt.

Spezielle und hinsichtlich der Küche wertvolle Haie werden vor allem in Europa unter anderen Namen verkauft. Die Industrie vermarktet den Fisch vorsichtig, daher wird er oftmals unbewusst konsumiert. Beispiele sind etwa die Bezeichnungen Seeaal und Schillerlocke für Dornhai-Zubereitungen und Saumonette und Rocksalmon für Katzenhaie. Rochen werden in Europa vor allem im Mittelmeerraum genutzt.

Bankzinsenluder ist ein Anagramm von »Bundeskanzlerin«.

Mr. Bean sollte ursprünglich Julian heißen. Doch die Idee wurde verworfen.

Es kostet fast 3-mal so viel, einen Präsidenten ins Weiße Haus zu wählen (circa 6 bis 7 Milliarden US-Dollar), wie einen Rover auf den Mars zu schicken (circa 2,5 Milliarden US-Dollar).

Koro heißt die Wahnvorstellung, dass der eigene Penis schrumpft.

Der sogenannte Zombiepilz kann eine Ameise infizieren, ihr Hirn steuern und sie töten, nachdem sie den Pilz zu einem fruchtbaren Platz gebracht hat, wo er wachsen kann.

Seedorf in Schleswig-Holstein hat einen Ortsteil namens Berlin, das bereits 1215 urkundlich erwähnt wurde und somit das älteste Berlin ist.

Im ersten Jahr nach der Eröffnung von Disney World zählte man 10 000 Besucher. Heute sind es 10 000 pro Stunde.

Das TS in der Bezeichnung von Burgern, wie zum Beispiel beim Royal TS, steht für Tomate-Salat. Jeder Burger ohne diese Bezeichnung ist weder mit Tomate noch mit Salat belegt.

Der amerikanische Sexualforscher Alfred C. Kinsey war ursprünglich Insektenkundler.

(1773) Rumpelstilz, (5535) Annefrank, (17744) Jodiefoster, (216) Kleopatra, (2598) Merlin, (130) Elektra, (16) Psyche, (498) Tokio, (3317) Paris und (3362) Khufu sind Namen von Asteroiden in unserem Sonnensystem.

Bitches ist eine Gezeitenwelle im Südwesten von England.

Man kann durch Luftanhalten keinen Suizid begehen.

Schauspieler, Sänger und Drag Queen Harris Glenn Milstead alias »Divine« war Vorlage für die Meereshexe Ursula aus *Arielle die Meerjungfrau*.

Inuit essen keine Eisbärenleber, denn sie enthält so viel Vitamin A, dass es für den Menschen giftig wäre.

Eine Woche hat 10 080 Minuten.

Weiße Löwen sind keine Albinos, sondern eine genetische Besonderheit, die nur an einem einzigen Ort auf dem Globus auftritt: in Groß-Timbawati. Seit der Westen sie entdeckt hat, wurden die weißen Löwen und diejenigen Löwen, die das einzigartige Gen tragen, gejagt und mit Gewalt aus ihrer ursprünglichen Heimat verschleppt. Der letzte weiße Löwe in der Wildnis wurde 1994 gesichtet, danach waren sie in der Wildnis de facto ausgestorben.

Man kann sich mit Salz die Zähne putzen.

Igel spucken sich auf die Schulter, wenn sie neue Gerüche wahrnehmen.

Hunde haben drei Augenlieder. Das dritte Lid, welches das Auge schützt und befeuchtet, wird als Nickhautmembran bezeichnet.

Von 1986 bis 2004 veröffentlichte Reinhard Mey seine Studioalben im Zweijahresrhythmus, jeweils im Mai.

Die Figur des Otto Normalverbraucher stammt aus dem deutschen Spielfilm *Berliner Ballade* (1948), in dem Gert Fröbe einen Wehrmachtssoldaten mit diesem Namen spielt, der nach Kriegsende in seine Heimatstadt Berlin zurückkehrt.

Kraken haben einen Lieblingsarm.

In Südamerika gibt es am Amazonas ein Labor, in dem jungfräuliche Luft untersucht wird, also Luft, die völlig frei von Umwelteinflüssen wie z. B. Autoabgasen ist.

Beim PS3-Spiel Gran Tourismo 5 kann bei der Nürburgring-Nordschleife neben zahlreichen anderen Parametern auch die Abflussgeschwindigkeit des Regenwassers eingestellt werden.

Eine Attosekunde ist die kürzeste Zeitspanne, die bisher gemessen – also tatsächlich gestoppt und nicht berechnet – werden konnte.

Eric Clapton hat sein eigenes Drogenrehabilitationscenter.

Glaziologie ist die Wissenschaft von Formen, Auftreten und Eigenschaften von Eis und Schnee.

Georges Perecs verzichtet in seinem Roman *La Disparition* aus dem Jahr 1969 auf die Verwendung des Vokals e. In der deutschen Übersetzung *Anton Voyls Fortgang* von Eugen Helmlé wird ebenfalls auf diesen Buchstaben verzichtet.

Bevor die Nazis Paris besetzten, wurde der Louvre ausgeräumt, und die Gegenstände wurden an wohlhabende Franzosen verteilt, um sie zu verstecken.

Die ISBNs von deutschen Büchern beginnen alle mit 978-3.

Weil George Lucas davon überzeugt war, dass *Star Wars* (1977) an den Kinokassen floppen würde, erschien er nicht zur Premiere und war gemeinsam mit Steven Spielberg in den Ferien. In dieser Zeit entstand die Idee zu *Indiana Jones – Jäger des verlorenen Schatzes*.

In den letzten 4000 Jahren wurden keine neuen Tierarten domestiziert.

Männer mit Hungergefühl finden mollige Frauen attraktiver als satte Männer.

Englische Wissenschaftler haben herausgefunden, dass allein durch das Anstarren leicht bekleideter Damen das Gehirn des Mannes wächst. Er kann klarer und schneller denken und Entscheidungen fällen.

Helium erhöht die Stimmlage, und Schwefelhexafluorid senkt sie.

Blau ist die Marienfarbe und wurde jahrhundertelang den Frauen zugeschrieben. Das aggressive Rot bzw. das etwas weichere Rosarot war hingegen die männliche Farbe. Im frühen 20. Jahrhundert hat sich diese Zuweisung der Farben zu den Geschlechtern umgekehrt.

Es sind 1 929 770 126 028 800 verschiedene Farbkombinationen auf einem Rubik Zauberwürfel möglich.

*Die Erkennungsmelodie der Telekom ist folgende Tastenkombination im MFV-Wahlverfahren: ***91.*

Die Bevölkerung von Neuseeland hat sich zwischen 1956 und 2006 verdoppelt.

Es gibt eine Norm, die eine Norm beschreibt.

Pferde können den emotionalen Zustand von Menschen an deren Stimme erkennen.

Als Petersilienkrieg wurde der Grenzkonflikt zwischen den Ländern Marokko und Spanien im Jahre 2002 bezeichnet. Namensgebend war die Petersilieninsel, welche einen Durchmesser von 0,5 Kilometer hat.

Das sogenannte Armstrong-Limit bezeichnet den Bereich in der Erdatmosphäre (in etwa 18 900 bis 19 350 Meter Höhe), ab dem der Atmosphärendruck so niedrig ist, dass Wasser bereits bei Körpertemperatur (37 °C) zu kochen beginnt. Wenn sich ein Mensch ohne entsprechenden Schutzanzug oberhalb des Limits aufhielte, würde er innerhalb weniger Minuten eines qualvollen Todes sterben, da Körperflüssigkeiten wie Speichel, Tränen, Schweiß und die Flüssigkeit in den Lungenbläschen zu kochen beginnen würden. Die Folgen wären schwere innere Verbrennungen und letztendlich Tod durch Ersticken.

Die Zeitspanne zwischen dem Vorkommen des letzten Stegosauriers und des ersten Tyrannosaurus ist größer als die Zeitspanne zwischen dem letzten Tyrannosaurus und heute.

Das Internet hat einen Schutzheiligen, den heiligen Isidor.

Der Amazonas hat circa 1100 Zuflüsse.

Ungefähr 17 Prozent der Menschheit sind Linkshänder. Selbiges gilt auch für Schimpansen und Gorillas.

Lässt man sich von Microsoft Word Synonyme für das Wort »Aberglaube« vorschlagen, erscheint unter anderem »Astrologie«.

Die vier Geier aus Disneys *Dschungelbuch* wurden den Beatles nachempfunden, da diese sie ursprünglich synchronisieren sollten. Aus Termingründen konnte das jedoch nicht realisiert werden.

Walt Disney wollte Mickey Mouse ursprünglich Mortimer Mouse nennen.

Durchschnittlich isst ein Chinese im Jahr nur 100 Gramm Schokolade.

Elefanten benutzen dieselbe chemische Verbindung als Paarungspheromon wie verschiedene Nachtfalterarten.

In Hawaii gibt es Bäume mit regenbogenfarbiger Rinde.

1922 starb der letzte bekannte Sängerkastrat.

Bei Weihnachtsfeiern fordern laut einer britischen Studie 25 Prozent der Belegschaft im Suff eine Gehaltserhöhung, neun Prozent kündigen spontan, und ein Drittel prügelt sich.

Die Monobraue, also zusammengewachsene Augenbrauen, ist in Tadschikistan ein weibliches Schönheitsideal.

Die Tränen, die ein Mensch während seines gesamten Lebens vergießt, würden eine Badewanne füllen.

Das dänische Wort für Moped/Mofa ist »knallert«.

Wird die Grenze von Afghanistan nach China überschritten, muss man die Uhr um 3,5 Stunden vorstellen.

Fast 27 Millionen Amerikaner essen täglich bei McDonald's.

Der längste gemessene Flug eines Huhns dauerte 13 Sekunden.

10 Downing Street ist eng verbunden mit dem größeren Nachbarhaus (Nr. 11), welches die offizielle Residenz des Schatzkanzlers (Second Lord of the Treasury) ist. Wegen der Größe der Familie Blair wohnte diese 1997 bis 2007 in 11 Downing Street und der Schatzkanzler Gordon Brown in Haus Nr. 10.

Jedes Jahr werden in Asien fast 4 Millionen Katzen gegessen.

Katy Perry hält zusammen mit Michael Jackson den Rekord für die meisten Nummer-1-Hits vom gleichen Album.

Schmetterlinge haben ihre Geschmackssinneszellen an den Füßen.

Die Software, die Windows-Anwenderprogramme sowie Internetseiten in die taktile Blindenschrift Braille transferiert, heißt Blindows.

BBC blendete bei einem Bericht zu den United Nations versehentlich das UNSC-Logo (United Nations Space Command-)Logo aus dem Computerspiel *Halo* ein.

Der genetische Fingerabdruck eines Menschen wiederholt sich, statistisch gesehen nur alle 4 633 397 903 570 510 000 Mal.

Der Weltrekord im Hampelmannspringen wurde 1979 von Ashrita Furman aufgestellt und liegt bei 27 000 hintereinander gemachten Hampelmännern.

Neil Armstrong setzte zuerst mit dem linken Fuß auf dem Mond auf.

Auf einer einen Kilometer langen Joggingstrecke hüpft die weibliche Brust insgesamt 84 Meter in die Höhe und wieder zurück - wenn man alle kleinen Bewegungen zusammenzählt.

Moldawien besitzt einen etwa 600 Meter breiten Zugang zur Donau.

Der Name der Handelskette SPAR geht auf das niederländische Wort für »Tanne« zurück.

Der Vielfraß frisst eigentlich gar nicht viel, sein Name ist vielmehr eine Ableitung vom altnordischen »Fjellfräs », was so viel wie »Bergkatze« bedeutet.

Spinat enthält zahlreiche Mineralien, unter anderem auch Eisen. Dass er, wie häufig behauptet, einen besonders hohen Eisenanteil hätte, ist allerdings nicht wahr.

Man kann ein Papier nicht öfter als 9-mal falten.

Tennis for Two *war das erste Computerspiel und ein Vorläufer des im Jahr 1958 produzierten Computerspiels* Pong. *Es wurde auf einem Oszilloskopen gespielt.*

Jim Henson, der Erfinder der Muppets, benannte Kermit den Frosch nach einem alten Schulfreund namens Theodore Kermit Scott. Seinen ersten Auftritt hatte Kermit im Jahr 1955, er ist auch der einzige Muppet, der sowohl in der *Muppet Show* als auch in der *Sesamstraße* zu sehen ist. Er hat einen Stern auf dem Walk of Fame.

Schmutziger Schnee schmilzt schneller als sauberer Schnee.

Nach der Paarung kann das Gürteltierweibchen die Entwicklung des Embryos bis zu drei Jahre lang hinausschieben.

Lebendes Vorbild für den von Dustin Hoffman gespielten Autisten im Film *Rain Man* ist ein gewisser Kim Peek. Er kennt die Vorwahlen und Postleitzahlen aller amerikanischen Städte auswendig.

Mittag beschreibt den Moment, an dem die Sonne den lokalen Meridian überschreitet.

1925 froren die Niagarafälle zu.

Das Passwort, das im Internet am häufigsten benutzt wird, lautet 123456.

Um den Todesstern aus *Star Wars* zu bauen, bräuchte man so viel Stahl, dass man 833 Jahre lang mit der Stahlproduktion beschäftigt wäre. Die Kosten dafür würden sich auf 800 Quadrillionen Euro belaufen.

Bei Konzerten der Band Barenaked Ladies ist es untersagt, Nudeln mitzubringen.

Die Official Monster Raving Loony Party ist eine britische Partei.

In dem Kurzfilm, der kurz vor Beginn des Computerspiels *Sims 1 Deluxe* läuft, sind Möbel, Tapeten, Gartenzäune und Kleidungsstücke zu sehen, die es bei *Sims 1* gar nicht gibt.

Mila Kunis wusste bis zu ihrem siebten Lebensjahr nicht, dass es schwarze Menschen gibt.

Tintenfische können ihre Farbe ändern und der Umgebung anpassen. Selber können sie allerdings keine Farben sehen.

Der kürzeste Krieg dauerte 38 Minuten.

Richard Gere heißt mit zweitem Vornamen Tiffany.

In Langley, Virginia, gibt es das George Bush Center for Intelligence.

Als Bremensien werden vornehmlich Bücher, Schriften und Bilder, aber auch Begebenheiten, Gegenstände und Spezialitäten bezeichnet, die sich speziell auf Bremen und sein unmittelbares Umland beziehen.

Die Firma Angels Flight veranstaltet zum Ableben eines geliebten Menschen ein Feuerwerk aus 210 verschiedenen Raketen und der Asche des Verstorbenen.

Ein kenianisch-neusee-ländisches Forscherduo hat beobachtet, dass die in Kenia heimische Springspinne *Evarcha culicivora* vom Geruch alter Socken angelockt wird.

Im alten Rom wurden Bordelle mit einem Phallus-Wegweiser auf dem Boden gekennzeichnet.

Auf indischen Wahlzetteln gibt es bei der Frage nach dem Geschlecht drei Optionen, die man ankreuzen kann: weiblich, männlich und andere.

Auf der Isle of Man gibt es kein allgemeines Tempolimit. Deshalb werden dort viele Beiträge für das BBC-Automagazin TopGear gedreht.

Rob Trujillo, der Bassist von Metallica, bekam Albträume, als er das erste Mal die Band Black Sabbath hörte.

In Tokio gab es an einigen Brücken und Bahnhöfen den Hinweis, Suizide bitte außerhalb der Rushhour zu begehen, um das Verkehrssystem nicht noch weiter zu belasten. Die Schilder wurden nach unzähligen Protesten wieder entfernt.

Der häufig verwendete Spitzname »Mama« für Mutter kommt aus dem Lateinischen und ist die Bezeichnung für die weibliche Brust.

Albert Einstein hat den Automatischen Beton-Volks-Kühlschrank erfunden, einen unfallsicheren Kühlschrank ohne Pumpe und ohne Elektrizitätsversorgung.

Ursprünglich wurden Marshmallows aus den Wurzeln des Echten Eibisch (*Althaea officinalis*) hergestellt. Ihr Name leitet sich daher von der englischsprachigen Bezeichnung Marsh Mallow (deutsch: Sumpf-Malve) für diese Pflanze ab.

Der höchstgelegene See der Welt ist der Titicacasee auf einer Höhe von 3810 Metern zwischen Peru und Bolivien.

Opossums haben 50 Zähne.

Superfötation beschreibt eine erneute Befruchtung eines bereits trächtigen Weibchens. Sie tritt bei Hasen und Katzen auf.

Ein synodischer Monat, also die Zeit, die der Mond bei seinem Umlauf um die Erde benötigt, um wieder die gleiche Stellung zur Sonne einzunehmen, dauert durchschnittlich 29 Tage, zwölf Stunden und 44 Minuten.

Ab einer Körpertemperatur von 42,6 °C stirbt man durch Denaturierung von Proteinen und Enzymen.

Neil Armstrong machte seinen ersten Flugschein vor seinem Führerschein.

Geparden können in zwei Sekunden von 0 auf 70 Stundenkilometer beschleunigen.

Eine Auswertung von Krankmeldungen der Jahre 2006 bis 2008 ergab, dass an einem Freitag, den 13. drei- bis fünfmal mehr Arbeitnehmer krankgeschrieben sind als im Durchschnitt.

Das Wort »Krieg« stammt aus dem Sanskrit und bedeutet »Wunsch nach mehr Kühen«.

Minigolf kommt ursprünglich aus der Schweiz.

Kaiser Wilhelm II. konnte im Ersten Weltkrieg nicht reiten, da er an einer Hodenverletzung litt, die 1917 operiert werden musste

Es gibt über 200 Bezeichnungen für Marihuana. Einige davon sind Pot, Gras, Weed, Hash, Ganja …

Vor ihrer Karriere in der Filmbranche war Dolly Buster für den Bundesgrenzschutz tätig.

Wenn man den Film *Der Weiße Hai* rückwärts anschaut, handelt er von einem Hai, der so lange Menschen ausspuckt, bis sie eine Strandbar eröffnen.

Eine Einsatzminute eines Rettungshubschraubers der HDM-Luftrettung kostet 50 Euro.

McDonald's bietet ein Studium an der Hamburger University an, das sind betriebliche Schulungszentren an sieben verschiedenen Standorten.

Gin Tonic leuchtet unter Schwarzlicht blau.

Allein in den USA gibt es mehr als 300 000 Fast-Food-Restaurants.

In Quitman, Georgia, ist es Hühnern verboten, die Straße zu überqueren.

Abraham Lincoln und Tom Hanks sind verwandt.

Die Wahrscheinlichkeit für einen Royal Flush beim Poker liegt bei 679 739 : 1.

Auch Männer leiden wie Frauen an einer Art Menopause, nur heißt sie in diesem Fall Andropause.

Eine einzige Fledermaus kann in einer einzigen Nacht bis zu 600 Insekten fressen.

Der US-Präsident Barack Obama ist ein großer Fan der Serie *Mythbusters – Die Wissensjäger*.

Das Maul eines Löwen ist wie ein Fingerabdruck - keine zwei Löwen haben dasselbe Muster von Schnurrhaaren.

Rob Zombie war Produktionsassistent der Kindershow *Pee-wee's Playhouse*.

Elefanten sind die einzigen Säugetiere, die vier Knie haben.

Gold hat die Lebensmittelzusatznummer E 175.

Der wissenschaftliche Name der Schreivögel ist Tyranni.

Die teuerste Währung der Welt ist der Kuwait-Dinar.

Die teuersten Melonen der Welt sind die japanischen Yubari-Melonen, normalerweise kosten sie um die 2800 Euro pro Stück, für ein besonders schönes Exemplar zahlte ein Feinschmecker sogar 17 400 Euro.

Jedes Mal, wenn in *Der Pate* I bis III eine Orange in Szene gesetzt wird, stirbt jemand.

Ein Aufenthalt im Weltall ist schlecht für die Augen.

Mäuse hinterlassen mit ihrem Urin UV-reflektierende Spuren, was Greifvögeln einen Jagdvorteil verschafft.

Im Kommentar zum deutschen Bundesreisekostengesetz heißt es: »Stirbt ein Bediensteter während einer Dienstreise, so ist damit die Dienstreise beendet.«

Die meisten Menschen haben Sex im Schlafzimmer. An zweiter Stelle folgt das Auto.

Eintagsfliegen ernähren sich für die Dauer ihres Lebens von einem Fettkörper am Hinterleib.

Wenn man bei Wikipedia bei irgendeinem Artikel damit beginnt, immer den ersten Link, der nicht in Klammern steht, anzuklicken, gelangt man irgendwann zur Philosophie.

Schachmatt kommt vom persischen Wort »Schah Mat« und bedeutet »Der König ist tot«.

Napoleon Bonaparte, John F. Kennedy und Benito Mussolini verloren ihre Unschuld durch käufliche Liebe.

Die meisten Toiletten spülen in der Tonlage E-Dur.

1996 wollten schwedische Eltern ihren Sohn Brfxxccxxmnpcccclllmmnprxvclmnckssqlbb11116 nennen. Der Antrag wurde schließlich abgelehnt.

72 Prozent aller Männer bekommen Minderwertigkeitskomplexe, wenn sie sich die hübschen Herren auf den Titelseiten von Zeitschriften ansehen.

Die antiken Griechen haben Stellen, an denen Blitze eingeschlagen haben, eingezäunt, damit kein Mensch auf die Erde trat, die von Göttern berührt worden war.

Nördlich von Grönland liegt das nördlichste permanente Festland der Erde. Die Kaffeklubbeninsel ist etwa einen Kilometer lang.

Der englische Begriff für Glühbirne, »light bulb«, bedeutet, wörtlich übersetzt, »Lichtknolle«.

Die olympische Goldmedaille ist gar nicht aus Gold, sondern nur aus Silber mit Goldüberzug.

Die Conch Republic ist eine Mikronation in den Florida Keys, die den USA den Krieg erklärte, allerdings eine Minute später bedingungslos kapitulierte und um 1 Milliarde Dollar für den Wiederaufbau ersuchte.

Der sogenannte Ventilatortod ist ein weitverbreiteter Aberglaube aus Südkorea. Es heißt, ein laufender Ventilator in einem geschlossenen Raum führe über einen längeren Zeitraum zum Tode.

Post, die an »Postfach 555, 1008 Wien« gesendet wird, landet direkt im Müll.

Der Rockmusiker Alice Cooper heißt eigentlich Vincent Damon Funier. 2004 bekam er von der Grand Canyon University in Phoenix, Arizona, den Ehrendoktortitel Doctor of Music verliehen.

Das Innere von 1-, 2- und 5-Cent-Stücken ist silberfarben.

Das Bakterium *Lactobacillus acidophilus*, welches besonders bei Werbung für probiotische Joghurtsorten hervorgehoben wird, kommt auch in der Vagina und an der Harnröhrenöffnung des Penis vor.

Die weltweite Wachstumsrate von Autos ist dreimal so groß wie die Rate des Bevölkerungswachstums auf der Erde.

Bob The Builder, bei uns bekannt als Bob der Baumeister, war mit Can We Fix It *drei Wochen (17. Dezember 2000 bis 6. Januar 2001) auf Platz 1 der britischen Single Charts. Insgesamt hielt sich der Titel 22 Wochen in den Charts.*

Das Wort »Abrakadabra« wird in den meisten Sprachen gleich ausgesprochen.

Der 100-jährige Krieg zwischen England und Frankreich dauerte 116 Jahre, von 1337 bis 1453.

Der älteste Goldfisch lebte 14 975 Tage.

Ganze 23,3 Minuten Zeit nehmen sich die Schweizer für das Vorspiel – im Weltvergleich Platz eins. Es folgen die Mexikaner mit 22,8 Minuten und die Polen, die es auf 20,7 Minuten bringen. Die größten Vorspielmuffel leben in Asien: In Singapur ist alles nach 13,9 Minuten erledigt, in Thailand schon nach 12,3 Minuten, und in Hongkong muss es sogar schon nach 11,8 Minuten zum großen Finale kommen.

In Kanada werden täglich etwa 822 in Russland gefertigte Eishockeyschläger importiert.

Das Gedudel vor und nach Verkehrsfunkmeldungen im Radio heißt »Hinz-Triller«.

In dem Film *The Avengers* wird Scarlett Johansson von russischen Agenten verhört. Im Hintergrund hängt eine Tafel mit einer russischen Aufschrift. In Wahrheit sind es jedoch nur kyrillische Buchstaben, die aneinandergereiht sind, der Text ergibt keinen Sinn.

Die Fingerabdrücke eines Menschen werden bereits im dritten Schwangerschaftsmonat gebildet.

Jeder 120. Amerikaner sitzt im Gefängnis.

Die Summe seiner Teile ist weniger als das Ganze, da dieses auch noch Informationen über die Zusammensetzung der Teile enthält.

Wissenschaftler haben 200 000 Strauße über acht Jahre beobachtet. Kein einziger Strauß steckte in dieser Zeit seinen Kopf in den Sand.

Gouda ist ein zugelassener Vorname für Mädchen.

Die interne Versionsnummer von Microsoft Windows 7 ist 6.1.

Alle Eisbären sind Linkshänder.

Erik Nielsen, der Bruder von Leslie Nielsen (Die Nackte Kanone 1–3) *war, zwischen 1984 und 1986 Vizepremier und Verteidigungsminister Kanadas.*

Die Hautfarbe von Eisbären ist schwarz.

Homer Simpsons Haarbüschel über dem Ohr und das Ohr selbst stellen die Initialen des Erfinders Matt Groening dar.

Die Raumstation Mir hatte eine eigene Poststation.

Der DFC Frankfurt war der erste Damenfußballverein Deutschlands. Er wurde 1930 gegründet.

Mithilfe des Foucault'schen Pendels wird die Erdrotation anschaulich gemacht. Seine Pendelrichtung bleibt gleich, während sich die Erde unter ihm dreht. Von der Erde aus betrachtet, ändert sich allerdings die Pendelrichtung.

Das Kreuzfahrtschiff Queen Elizabeth II *bewegt sich für jede Gallone (3,785 Liter) Diesel, die es verbrennt, lediglich 15 Zentimeter vorwärts.*

Goofy hatte eine Frau und einen Sohn: Mrs Goofy und Goofy jr.

Aus den Unterrichtsblättern für die Bundeswehrverwaltung: »Der Tod stellt aus versorgungsrechtlicher Sicht die stärkste Form der Dienstunfähigkeit dar.«

Kurfürst Friedrich August I. von Sachsen hatte eine große Familie: Mit zahlreichen Geliebten und Mätressen soll er zwischen 250 und 360 Kinder gezeugt haben.

Zur Kontrolle der Qualität von Verbundsicherheitsglas dient unter anderem der sogenannte Pummeltest (aus dem Englischen von »to pummel« = »schlagen«). Der Test zeigt, wie viele Glasstücke bei Bruch der Scheibe an der eingearbeiteten Folie haften bleiben bzw. wie viele sich lösen und damit ein Verletzungsrisiko darstellen.

Eine Studie der Universität in Valencia zeigt, dass bereits fünf Minuten Zusammensein mit einer attraktiven Frau das Risiko des Mannes für Herzkrankheiten erhöht. Bei dieser Studie wurde der Cortisolspiegel gemessen, der dafür zur Verantwortung gezogen werden kann.

Das Jahr 1776 war das letzte Jahr, in dem keine Nation auf der Welt mit einer anderen Krieg führte.

Inder begrüßen sich nicht mit den Worten »Wie geht es dir?«, sondern mit »Wie schwitzt du?«.

In Virginia drohte von 1763 bis 1767 eine Gefängnisstrafe, wenn man sich weigerte, Cannabis anzubauen.

Der Begriff »Elite« bezeichnet eine Gruppe von (angeblich) überdurchschnittlich qualifizierten Menschen, die besonders leistungsstark sind und Führungsqualitäten besitzen. Er stammt aus dem 17. Jahrhundert und wurde ursprünglich für hochwertige und teure Waren verwendet. Auf Märkten gab es zum Beispiel Elite-Gurken und Elite-Kartoffeln, beim Schneider gab es Elite-Nähgarn.

In der DDR wurde ein Skateboard als Rollbrett bezeichnet.

Versetzt man einer Essiggurke einen Stromschlag, leuchtet sie grell grün.

Eine Tarantel kann kein Netz spinnen.

E.T. wurde von einer Frau gesprochen.

Das russische Pendant zu Max Mustermann heißt Iwan Iwanowitsch Iwanov.

Taubheit heißt auf Niederländisch »Doofheid«.

Ein Gartenwurm hat fünf Herzpaare.

Der Guinness-Weltrekord des längsten *The-Simpsons*-Fernseh-Marathons liegt bei 86 Stunden, 6 Minuten, und 41 Sekunden und wurde 2010 von Kevin Coon, Farris Hodo und Victor Lopez aufgestellt.

Es gibt keine Uhren in den Casinos von Las Vegas.

Die Kalifornische Maus (Peromyscus californicus) *ist nach derzeitigem wissenschaftlichen Kenntnisstand die einzige Tierart auf der Welt, die vollständig monogam lebt.*

Die amerikanische Fernsehserie *Twin Peaks* hatte bei der US-Erstausstrahlung keine Episodentitel. Für die deutsche Fernsehausstrahlung dachte sich RTL plus Titel aus, die wiederum bei der Wiederholung der Serie im US-Kabelfernsehen ins Englische übersetzt und später weltweit übernommen wurden.

Ein Sonnenfleck, der bei Aufnahmen von der Sonne schwarz erscheint, ist zehnmal heller als der Vollmond.

1962 waren die Eltern von Neil Armstrong in der TV-Sendung I've got a Secret *und bekamen folgende Frage gestellt: »Wie würden Sie sich fühlen, wenn Ihr Sohn der erste Mensch auf dem Mond wäre?«*

In Island ist es illegal, ein Haustier zu halten.

Das Drahtgeflecht, das den Korken auf Sektflaschen festhält, heißt Agraffe.

Die südindische Zebrarennschnecke kriecht im Dunkeln schneller als im Hellen.

Seit mindestens 1842 steht an einem Fenster der Grabeskirche in Jerusalem eine hölzerne Leiter, die jedoch wegen eines andauernden Streites zwischen den verschiedenen christlichen Glaubensrichtungen bisher nicht entfernt werden konnte.

Ein menschliches Gehirn kann im Wachzustand genug Energie produzieren, um eine Glühbirne von 10 bis 23 Watt leuchten zu lassen.

Im Film Singing In The Rain *wurde für den Regen eine Mischung aus Milch und Wasser verwendet, um ihn besser sichtbar zu machen. Der Anzug von Gene Kelly war übrigens aus Wolle und danach nicht mehr zu gebrauchen.*

Das Kfz-Kennzeichen CH für die Schweiz steht für »Confoederatio Helvetica«.

Nuggeteis sind massive Eisstifte aus gepresstem Brucheis.

Der menschliche Körper enthält genug Karbon für die Herstellung von acht Bleistiften.

Dr. Kelso aus der Serie *Scrubs – Die Anfänger* hat den Namen »Johnny« auf dem Hintern eintätowiert – er ist ein Segelkumpel.

Prof. Robert Smith? ist Mathematikdozent an der Universität Ottawa und besteht darauf, dass das Fragezeichen Teil seines Namens ist.

Eine Libelle kann mehrere Tage ohne ihren Kopf überleben.

John F. Kennedy starb im gleichen Krankenhaus wie sein angeblicher Mörder.

Sowohl das Fell wie auch die Haut sind bei Tigern gestreift.

Mit 85 Metern ist die Landgrenze zwischen Marokko und der spanischen Exklave Peñón de Vélez de la Gomera die kürzeste der Welt.

Elefanten wachsen ihr Leben lang.

Der menschliche Körper produziert täglich etwa 30 Meter Haare.

Zur täglichen Verpflegung der Arbeiter, die an der Erbauung der großen Pyramiden Cheops, Chfren und Mykernios beteiligt waren, gehörten unter anderem zwei Bier.

Katzen können von mehreren Katern gleichzeitig trächtig werden.

Led Zeppelin, REM und Depeche Mode hatten in den USA nie einen Nummer-eins-Hit, Rihanna hingegen schon elf.

Johann Wolfgang Textor war der Großvater von Goethe.

Wenn man einen PC mit Windows hochfährt, ohne die Maus zu bewegen, befindet sich der Mauszeiger genau in der Mitte des Bildschirms.

Haie sind immun gegen Krebs.

Adidas wurde von zwei deutschen Brüdern gegründet, Adi und Rudi Dassler. Nach Unstimmigkeiten verließ Rudi das Unternehmen und gründete PUMA.

Die Bezeichnung Bluetooth ist eine Hommage an den dänischen Wikingerkönig Harald Blauzahn, der für seine Kommunikationsfähigkeit bekannt war.

Schmiert man Honig auf Milchglas, wird es durchsichtig.

1909 betrug das Gehalt des Präsidenten der USA 75 000 Dollar, was unter Berücksichtigung der Inflation heute 1,7 Millionen Dollar entspricht. Das ist 4-mal mehr als das heutige Gehalt des Präsidenten in Höhe von 400 000 Dollar.

Mitte der 90er-Jahre, auf dem Höhepunkt der Serie *Baywatch*, wurde diese in 148 Ländern auf allen Kontinenten außer der Antarktis ausgestrahlt.

Die Tauchtiefe eines Königspinguins kann über 300 Meter betragen, und er kann mehrere Minuten unter Wasser bleiben.

Daniel Düsentrieb machte 180 Erfindungen.

2007 strengte Jonathan Lee Riches einen Prozess an, weil Steve Jobs nicht nur seit mehr als zwei Jahrzehnten O. J. Simpson als Auftragskiller beschäftige, sondern auch ein geheimes Arsenal an Atomraketen auf das Fahrrad von Lance Armstrong gerichtet habe.

Die erste bekannte Kontaktanzeige erschien am 19. Juli 1695 in England in der von John Houghton herausgegebenen Zeitung *A collection for improvement of husbandry and trade* (Sammlung für den Fortschritt in Landwirtschaft und Handel). Die Heiratsannonce lautete: »Ein Herr von etwa 30 Jahren mit ansehnlichem Besitz sucht eine junge Dame mit einem Vermögen von ca. 3000 Pfund.«

Auf Lettisch bedeutet das Wort »Vista« »Hühnchen« oder »Alte Jungfer«. Schlechte Recherche von Microsoft …

Der im Volksmund als Monte Müllo bezeichnete Hügel ist die höchste Erhebung im Stadtgebiet von Hannover. Von 1937 bis 1982 diente er als Mülldeponie.

Ein Fußballtor ist 109,25 Bierdosen breit und 14,5 Dosen hoch. 1584 Dosen würden den Torwart ersetzen und die Torfläche dicht machen.

1913 veröffentlichte die New York World *das erste Kreuzworträtsel.*

Sprite war ursprünglich eine Fanta-Sorte, die sich »klare Zitrone« nannte. Beides wurde in Deutschland erfunden und weiterentwickelt.

Tommy Lee Jones und Al Gore waren Studienkollegen in Harvard.

Der Weltbild-Verlag gehört der römisch-katholischen Kirche.

Als die Frau von Manchester-United-Spieler Wayne Rooney den Oasis-Gitarristen Noel Gallagher um ein Autogramm auf Rooneys Gitarre als Geburtstagsgeschenk bat, schickte der diese neu lackiert in den Vereinsfarben von Manchester City und mit den Worten »Happy Birthday, Spongebob!« zurück.

Die Menschen in Alaska haben beinahe genauso viele Flugzeuge wie Autos.

Einen Pentaflop nennt man 1 Billiarde Rechenoperationen, die der Supercomputer Hermit schafft, der 22,5 Millionen Euro kostet.

Das Wort »Malaria« kommt von dem lateinischen »mala aria«, was »schlechte Luft« bedeutet. Das geht auf den früheren Glauben zurück, dass alle Krankheiten auf schlechte oder dreckige Luft zurückzuführen seien.

Eine Horde von Affen wird als Truppe bezeichnet.

Der Fliegenpilz war in Sibirien vor der Einführung des Alkohols ein Zahlungsmittel für Rentiere.

Die Schweiz ist das einzige Land, in dem es Geschirrspülmaschinen mit Fondue/Raclette-Programm gibt.

Die meisten Punkte, die jemals eine Gruppe beim Eurovision Song Contest erreichte, waren 292: Lordi mit »Hard Rock Hallelujah«.

Bier hat etwa 8000 Inhaltsstoffe, darunter mehr als 400 Duftstoffe. Im Vergleich dazu: Wein enthält nur etwa 1200 verschiedene Stoffe.

Kurt Russels zweiter Vorname ist Vogel.

Ein Hamburger ist dem Preis-Gewicht-Verhältnis nach teurer als ein Kleinwagen.

Die Band Kraftwerk hat in den frühen 70er-Jahren eine Ananas-Symphonie veröffentlicht.

Bernhardiner im Rettungseinsatz tragen gar keine Fässchen mit Brandy und haben es auch noch nie getan.

Die meisten Passagiere, die je in einem Flugzeug befördert wurden, gab es bei einem Evakuierungsflug der El Al von Addis Abeba nach Israel in einer Boeing 747. Auf dem Flug waren 1087 Passagiere an Bord, zwei weitere kamen während des Fluges zur Welt.

Der Zigarrenhai ist der nächste Verwandte des Schokoladenhais.

Unter Anglern wird ein künstlich angelegter Forellenteich als »Forellenpuff« bezeichnet.

Papst Benedikt XVI. lehnte die ihm angebotene Mitgliedschaft im Katholischen Männerverein Tuntenhausen ab.

Eiscreme wurde bereits im Jahr 1620 erfunden.

Die Nordamerikaner (sechs Prozent der Menschheit) nehmen mit einem Durchschnittsgewicht von 80 Kilogramm 34 Prozent der menschlichen Biomasse ein.

Der Verleger Carl Magee erfand 1935 die Parkuhr.

Die Vier-Schanzen-Tournee heißt auf Norwegisch »Hopp uka« – Hüpfwoche.

Die ersten jemals im All gesprochenen deutschen Worte hatten einen sächsischen Akzent und wurden gesprochen vom DDR-Kosmonauten Sigmund Jähn, dem ersten Deutschen im Weltall.

Als Fenstergucker werden im japanischen Arbeitsleben Mitarbeiter bezeichnet, die aufgrund ihrer vertraglichen Beschäftigung auf Lebenszeit nicht entlassen werden können und für die es keine Aufgabe mehr gibt. Dies kann auch Mitarbeiter treffen, die für eine Beförderung nicht infrage kommen und bei denen etwa jüngere Kollegen die bisherigen Aufgaben übernehmen. Fenstergucker sind dazu bestimmt, ihre Zeit am Arbeitsplatz mit dem Gucken aus dem Fenster zu verbringen.

Von 14 Orten, die von sich behaupten, im Besitz der Vorhaut von Jesus Christus zu sein, befinden sich alleine acht in Frankreich.

Beim Einschlafen verlassen einen zuerst das Sehvermögen, dann der Geschmackssinn, danach der Geruchssinn, der Tastsinn und zuletzt das Gehör.

Das Gehirn des Vogel Strauß ist kleiner als sein Auge.

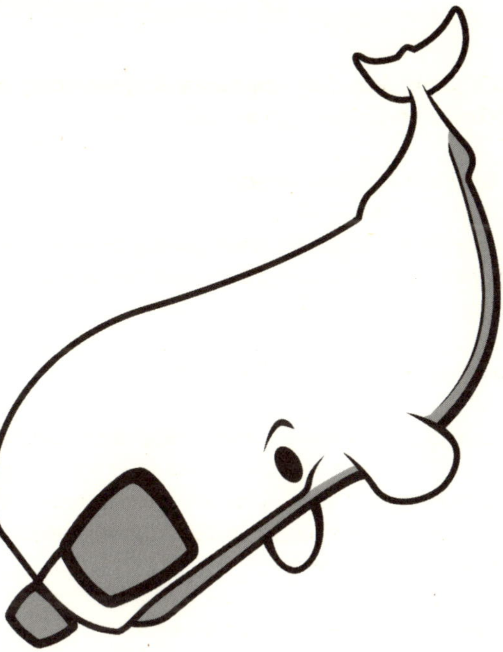

Der Musiker Moby ist der Ururgroßneffe von Herman Melville, dem Autor von *Moby Dick*.

Flüge aus Ländern, die als Ziele von Sextouristen gelten, werden als »Tripper-clipper« bezeichnet.

Australien ist der einzige Kontinent ohne Gletscher.

Der Weltuntergangsfilm *2012* wurde in Korea gesperrt, weil er sich mit dem 100. Geburtstag von Kim Il Sung überschnitt und Korea glaubte, 2012 eine Weltmacht zu werden.

Wegen der Erdanziehungskraft ist es für Berge nicht möglich, höher als 15.000 Meter zu sein.

Eine Katze hat normalerweise 12 Schnurrhaare pro Seite.

Die Maya erfanden in Mittelamerika zwar das Rad, aber nicht für den Einsatz an Wagen zur Fortbewegung.

Es gibt einen eigenen Grapefruitlöffel.

Man überfährt in der Nähe von Roetgen in Nordrhein-Westfalen im Verlauf der Bundesstraße 258 innerhalb weniger hundert Meter sechsmal eine Grenze.

Chicken McNuggets von McDonald's besitzen immer eine von drei möglichen Formen: Fischform, Flügelform und rund.

Von 95 männlichen russischen Raumfahrern tragen 93 ein »witsch« in ihrem Namen. Einzige Ausnahmen sind: Pjotr Iljitsch Klimuk und Waleri Iljitsch Roschdestwenski.

Bei Menschen, die am 8. November Geburtstag haben, ist das Zeugungsdatum höchstwahrscheinlich der Valentinstag.

Der erste 3-D-Porno spielte am Premierentag mehr ein als *Avatar*.

Nilpferdhaut ist etwa vier Zentimeter dick.

Der Vollmond ist neunmal so hell wie der Halbmond.

Die Donaudampfschifffahrtselektrizitätenhauptbetriebswerkbauunterbeamtengesellschaft gilt in verschiedenen Ausgaben des *Guinnessbuchs der Rekorde* als längstes deutsches Wort. Es ist allerdings offenbar nur ein Kunstwort.

Ein Mann aus Deutschland hatte sich geweigert, GEZ-Gebühren zu bezahlen, da er keinen Fernseher oder Radio hatte. Die GEZ ging vor Gericht mit der Begründung, dass die Vorrichtungen trotzdem vorhanden seien. Der Mann beanspruchte nach der Begründung bei der Familienkasse Kindergeld. Er habe zwar keine, aber die Vorrichtung sei ja da.

In Bonn sitzt das UN-Sekretariat zur Erhaltung der europäischen Fledermauspopulation.

Ein Laufmeter Leitplanke einer Autobahn kostet 750 Euro.

Justin Bieber ist mit 5,5 Millionen Followern der gefragteste Promi auf Twitter. Eigens eingerichtete Server bewältigen die Anfragen, da er für drei Prozent des Gesamttraffics auf Twitter verantwortlich ist.

Eine Bienenelfe – eine Kolibriart – ist mit 1,6 Gramm um einiges leichter als eine 1-Cent-Münze (2,3 Gramm).

1896 herrschte zwischen Großbritannien und Sansibar für 38 Minuten Krieg.

Während Sauerstoff das am häufigsten auftretende Element auf der Erde ist, ist es im Weltall der Wasserstoff. Die seltensten Stabilen sind auf der Erde Xenon und im Weltall Tantal.

M&Ms wurden entwickelt, damit Soldaten Schokolade essen konnten, ohne klebrige Finger zu bekommen.

Die Berlinerin Gertrud Dopieralski alias Gerda Sieg war 1909 die erste Frau, die zur »schönsten Frau der Welt« gewählt wurde.

Die Explosion der sowjetischen Wasserstoffbombe AN602, auch Zar-Bombe genannt, war so stark, dass sie noch in 900 Kilometer Entfernung Fenster zerschmetterte. Die von ihr erzeugte Druckwelle war noch messbar, als sie zum dritten Mal die Erde umrundete.

Diplomaten begingen in Berlin 2011 18 886 Verkehrsvergehen. Das entspricht einem entgangenen Bußgeld von 274 590 Euro.

Hirsche haben keine Vorderzähne.

Männer lügen 20 Prozent häufiger als Frauen.

Im Verhältnis zur Größe ist die Zunge der stärkste Muskel im menschlichen Körper.

In der Originalfassung von *Rambo 1* wurde Rambo am Ende von Colonel Trautman erschossen. Ein Testpublikum fand das Ende aber zu deprimierend, weshalb es geändert wurde.

Täglich 90 Gramm reiner zuckerfreier Joghurt wirken besser gegen Mundgeruch als jedes Pfefferminzbonbon.

Antarktika ist der einzige Kontinent, auf dem es keine Eulen gibt.

Die Gründungsurkunde der von Darius 520 v. Chr. errichteten und von Alexander 330 v. Chr. zerstörten altpersischen Metropole Persepolis war eine fünf Kilogramm schwere Goldplatte.

Meisen sind Höhlenbrüter und brüten meistens in Baumhöhlen, Felsnischen oder Vogelhäuschen. Die einzige Ausnahme ist die Beutelmeise, die ein beutelförmiges Nest errichtet, das an Zweigen hängt. Das Männchen baut das Nest, und das Weibchen überprüft, ob es in Ordnung ist. Wenn nicht, muss das Männchen von vorne anfangen.

Die Weimarer Verfassung beinhaltet über 11 000-mal den Buchstaben E.

Microsoft Office wurde ursprünglich für den Mac entwickelt.

Nachdem er versehentlich die Ermordung von John F. Kennedy gefilmt hatte, nahm Abraham Zapruder nie wieder eine Kamera zur Hand.

George Lucas ließ die Figur von Yoda von dem Puppenspieler Frank Oz bauen, der zuvor am Bau der Puppen für die *Muppet Show* beteiligt gewesen war. Frank Oz erfand auch Yodas Art, Sätze grammatikalisch falsch auszusprechen. Bei der *Muppet Show* sprach und spielte Frank Oz Miss Piggy, Fozzie Bär und den Adler Sam.

Auf dem obersten Stockwerk des höchsten Gebäudes der Welt (Burj Khalifa in Dubai, 828 Meter hoch) siedet das Wasser um 2,75 Grad Celsius früher als im Erdgeschoss.

Ein Mäusespermium ist länger als ein Elefantenspermium.

Wombats besitzen einen sehr langsamen Stoffwechsel und benötigen bis zu drei Tage, um eine Mahlzeit vollständig zu verdauen.

Die kleinen Erhebungen auf den Tasten F und J nennen sich Fühlwarzen.

Ein Bürger der Tschechischen Republik konsumiert im Durchschnitt etwa 154 Liter Bier im Jahr (2011). Damit haben die Tschechen den weltweit höchsten Pro-Kopf-Verbrauch an Bier.

Delfine greifen Haie an, indem sie ihnen ihre Schnauze in den Bauch rammen.

Humphrey war ein Kater, der vom Oktober 1989 bis zum 13. November 1997 in 10 Downing Street als Mäusefänger Dienst tat. Bis zu seiner Ausmusterung trug er den Titel Chief Mouser to the Cabinet Office.

Die erste australische Ureinwohnerin, die einen weißen Einwanderer (Sträfling) legal nach britischem Recht heiratete, bekam von der Kolonialregierung ein Rückgaberecht für ihren Ehemann.

Innerhalb der letzten 3500 Jahre gab es in der zivilisierten Welt nur 230 Jahre ohne Krieg.

Bei den australischen Trauerschwänen erreicht der von rein männlichen Paaren aufgezogene Nachwuchs das Erwachsenenalter häufiger als der von gemischtgeschlechtlichen Paaren betreute.

Als Alternative für das Wort »Disco« schlägt Microsoft Word »Bumsschuppen« vor.

Delfine können bis zu 60 Wörter verstehen, aus denen über 2000 Sätze gebildet werden können.

Eine Zahl mit 93 000 000 006 Nullen nennt sich Quindezilliquingentillinillimillion.

Die Kriegsmarine in Großbritannien verwendet für die Kontrolle ihrer Atomwaffen Windows XP.

In der ARD-Fernsehserie *Der Fahnder*, welche von 1983 bis 2001 produziert wurde, hatten alle Fahrzeuge das fiktive Städtekennzeichen G. Dies gab es damals in Westdeutschland noch gar nicht und wurde erst nach der Wiedervereinigung 1990 der Stadt Gera zugeschlagen. Daraufhin wurde das Kennzeichen in den Filmen in GX geändert.

Wenn man Eier in der Mikrowelle erwärmt, explodieren sie.

Eine Feder und eine Bleikugel fallen im Vakuum gleich schnell, da in dieser Situation das Gesetz des Luftwiderstandes außer Acht gelassen wird. Somit ist das Gewicht hier nicht signifikant für die Geschwindigkeit eines fallenden Gegenstandes.

Der Intervision Song Contest war das Ostblockpendant zum Eurovision Song Contest.

Nashornvögel brüten in Baumhöhlen. Sobald das Weibchen das Nest in der Höhle fertig gebaut hat, wird es vom Männchen mit Lehm eingemauert, damit es und die Eier nicht von Raubtieren gefressen werden. Das Männchen lässt nur eine kleine Öffnung frei, um das Weibchen und später auch die Jungtiere füttern zu können. Wenn die Jungtiere fast erwachsen sind, brechen das Weibchen und das Männchen die Höhle wieder auf.

Der Countdown bei Raketenstarts ist eine Erfindung des Regisseurs Fritz Lang. In seinem Science-Fiction-Film Mann im Mond *von 1929 kam ein Raketenstart vor, und um diesen besonders spannend zu machen, ließ er die letzten zehn Sekunden rückwärts zählen.*

Ein Kind muss 500 Kinderriegel verspeisen, um ein Fan-Shirt der deutschen Fußballmannschaft zu bekommen.

Für Bierwerbung wird dem Bier Spülmittel hinzugefügt, damit es stärker schäumt.

Entwöhnten Linkshändern fällt es leicht, in Spiegelschrift zu schreiben.

Das größte Puzzle der Welt, das im Handel erworben werden kann, misst 5,44 x 1,92 Meter und besteht aus 32.000 Teilen.

Ein taubes Gefühl in dem kleinen und Ringfinger einer Hand aufgrund von Fehllagerung und Quetschung des Armnerves im Oberarm wird als »Parkbanksyndrom« bezeichnet.

Häufige Finalteilnahmen und wenige Titel brachten dem Fußballverein Bayer 04 Leverkusen den Namen »Vizekusen« und die englische Bezeichnung »Neverkusen« ein.

Die Einäscherung eines Erwachsenen dauert 1,5 Stunden.

Queen Elizabeth II. ist ausgebildete Automechanikerin und Kraftfahrerin.

Zuckerrüben schmecken roh nach Lehm.

Von 1998 bis 2003 hieß der Trainer des VfL Wolfsburg Wolfgang Wolf.

Der Spitzname des mechanischen Hais aus *Der Weiße Hai* war Bruce.

In Amerika wird in Kalifornien, New York und Florida am meisten Wein konsumiert.

Nach Verzehr der Wunderbeere *(Synsepalumdulcificum)* schmeckt alles süß, sogar Zitronen und Chilis.

Am 17. Januar 2011 schlug der 13-jährige norwegische Schüler Walter Eikrem aus Rakkestad vier Wölfe in die Flucht, indem er das Creed-Lied »Overcome« über die Lautsprecher seines Handys abspielte.

Pinguine scheiden ihren Kot mit einem viermal höheren Druck aus als Menschen und können ihn so etwa 40 Zentimeter weit schleudern.

Der Amerikaner Eugene Polley erfand in den 1950er-Jahren die Fernbedienung.

Stotterer können fließend singen.

Der ehemalige sowjetische Präsident Michail Gorbatschow und Ex-US-Präsident Bill Clinton erhielten 2004 einen Grammy.

Jim Morrison von The Doors war der erste Rockstar, der auf der Bühne verhaftet wurde.

Batman ist eine alte Maßeinheit aus Vorder- und Mittelasien.

In der 41-jährigen Geschichte der DDR gab es nicht einen erfolgreichen Banküberfall.

1955 sprach der DFB das offizielle Verbot von Fußballspielen mit Damenmannschaften aus. In der Begründung hieß es: »Im Kampf um den Ball verschwindet die weibliche Anmut, Körper und Seele erleiden unweigerlich Schaden, und das Zurschaustellen des Körpers verletzt Schicklichkeit und Anstand.«

Das Tragen von Ohrstöpseln wirkt wie ein Brutkasten für Bakterien im Ohr und fördert deren Verbreitung.

Den größten YouTube-Channel besitzt Ray William Johnson mit 5 762 308 Mitgliedern (Stand 27.08.2012, 00:00 Uhr).

Der Bruder des Abraham-Lincoln-Mörders John Wilkes Booth hat einmal das Leben von Lincolns Sohn gerettet.

Zwischen 1911 und 1994 wurden in Indien 16 152 Personen durch Tiger getötet.

Die Queen hat faktisch keine Regierungsbefugnis, trifft sich aber trotzdem jede Woche mit dem Premierminister und lässt sich von ihm über die politischen Geschehnisse informieren.

Bei Fußball-EM-Endrunden liegt die größte Torwahrscheinlichkeit zwischen der 52. und 57. Minute. Die zweithöchste Wahrscheinlichkeit für ein Tor liegt zwischen der 85. und 90. Minute.

Europäische Austern verändern häufig ihr Geschlecht. Sie sind im ersten Jahr vorwiegend – aber nicht ausschließlich – männlich und ändern dann immer wieder ihr Geschlecht, sie sind »konsekutiv rhythmische Hermaphroditen«.

Koreaner können über ihr Innerstes stets nur in der dritten Person reden. So kennt die koreanische Sprache keinen Begriff für das Selbst.

Der Darwin Award wird an Menschen verliehen, die sich versehentlich selbst töten oder unfruchtbar machen und dies auf eine ziemlich dämliche Weise tun.

Bangkok und Los Angeles haben übersetzt den gleichen Namen: Stadt der Engel.

»Bumm«, »Seufz«, »Knall«, »Peng«, »Kracks« sind Onomatopoetika, also Wörter, die bestimmte Laute oder nicht sprachliche Phänomene beschreiben.

Bei der Bananenflanke im Fußball muss der Ball auf etwa 100 Stundenkilometer beschleunigt werden und sich dabei mindestens achtmal um die eigene Achse drehen. Die gekrümmte Flugbahn der Bananenflanke entsteht durch die Rotation des Balls, bei der der Ball Luft mit sich dreht. Die Querkraftwirkung des rotierenden Körpers wird als Magnus-Effekt bezeichnet.

Die Oberfläche einer menschlichen Lunge entspricht in etwa der Größe eines Tennisplatzes.

Der VfB Stuttgart war Zonenmeister in der amerikanischen Besatzungszone in der Saison 1945/46.

Bob Ross von The Joy of Painting *war bei der Air Force.*

Um einen vorgetäuschten Orgasmus zu erkennen, braucht der Mann seine Partnerin nur kurz nach dem Höhepunkt zu kitzeln. Springt sie auf und kreischt und lacht wie immer, hat man sie überführt. Denn unmittelbar nach dem Orgasmus sind alle Muskeln entspannt, und die noch regenerierenden Nerven verarbeiten Reize nur schlecht.

Das Verlangen, kleine Insekten über seine Genitalien kriechen zu lassen, wird als *Formicophilie* bezeichnet.

Bankräuber in England »verdienen« im Schnitt so viel wie ein Durchschnittsbrite mit einem Halbtagsjob in einem Jahr (circa 12 500 Euro).

In den USA leben mehr Tiger bei Privatpersonen als weltweit in freier Wildbahn.

In einer Gummibärchentüte befinden sich 1/3 rote Gummibären, jedoch nur jeweils 1/6 weiße, gelbe, grüne und orange.

Oenophobia bezeichnet die Angst vor Wein.

Das Buch *Mozilla* ist ein hypothetisches Buch der Bibel, aus dem auf einer Bildschirmseite in Form eines Computer-Easter-Eggs zitiert wird.

Bei den Olympischen Sommerspielen 1920 trat nur ein Spieler der italienischen Wasserballmannschaft gegen Schweden an. Dem Rest der italienischen Mannschaft war das Wasser zu kalt.

Laut Disney-Mitarbeitern wurden für den Film 101 Dalmatiner *6 469 952 Flecken auf Hunde gemalt.*

Ein im Dateiformat ».jpg« komprimiertes Bild kann man maximal 2000-mal drehen. Danach ist durch die ständige Neuberechnung und Komprimierung auf dem Bild bis auf ein »Rauschen« nichts mehr zu erkennen.

Es gibt Menschen, die nach einer Geburt die nährstoffreiche Plazenta der Frau essen. Manchmal werden hierfür sogar eigens Partys veranstaltet, in deren Rahmen dies geschieht.

In den 30er-Jahren wurde der Fernseher bzw. das Fernsehgerät als Ferntonkino oder als Telehor, vom altgriechischen »horao« für »sehen«, bezeichnet.

Bei der Phobatrivaphobie hat der Betroffene Angst vor Wissen über Phobien.

Kokain hat den Zolltarifcode 2939910000 und ist demnach zollrechtlich normale Ware, bei deren Einfuhr 19 Prozent Einfuhrumsatzsteuer fällig wird. Beim Kokainschmuggel macht man sich also auch steuerrechtlich strafbar, da die Steuerpflicht auch bei gesetzeswidrigen Rechtsgeschäften anfällt.

Die Haare einer Katze sind eigentlich hypoallergen, lösen also keinerlei allergische Reaktionen aus. Das Problem ist der Speichel der Katze, den sie beim Putzen auf dem Fell verteilt.

Das Wort »Steroide« ist ein griechisches Adjektiv von »stereós«: »fest«, und der Endung »-oeides«: »ähnlich«.

Die deutsche Buchstabiertafel wurde 1934 geändert. So wurde beispielsweise aus Z wie Zacharias Z wie Zeppelin. Nach dem Zweiten Weltkrieg wurden in Deutschland einige Änderungen wieder rückgängig gemacht.

Von 1920 bis 1930 hatte ein Lemur ein eigenes Zimmer im Palast von Henry VIII.

Eine Analyse von knapp 1200 Briefen an den Weihnachtsmann belegt, dass die Kinder im Laufe der vergangenen Jahre immer unhöflicher wurden. Vereinzelt erhält der Weihnachtsmann sogar Todesdrohungen.

Wenn man in die Zeile für die Internetadresse die Zahlenfolge 173.194.39.31 eingibt, wird man auf die Google-Deutschland-Seite weitergeleitet.

Schnarchen und Träumen zur gleichen Zeit geht nicht. Denn man träumt nur in der unruhigen REM-Schlafphase, und geschnarcht wird in der sehr ruhigen und entspannten Tiefschlafphase.

Der englische Autohersteller Morgan Motor Company ist der einzige Autohersteller, der noch Karosserien mit Holz (Eschenholz) fertigt. Der Morgan 4/4 ist das am längsten produzierte Automodell der Welt.

Das größte soziale Netzwerk, Facebook, hat eingeräumt, dass rund 50 Millionen der insgesamt 845 Millionen Nutzerkonten falsch sind. User tragen sich doppelt oder unter falschem Namen ein – gegen die Facebook-Regeln.

Die Lieberoser Wüste ist eine 500 Hektar große sandige Fläche innerhalb der Lieberoser Heide in Brandenburg. Damit ist sie die größte Wüste Deutschlands.

Das Geräusch, das E.T. beim Laufen macht, wurde durch das Zerdrücken von Götterspeise erzeugt.

Der Körper erzeugt und zerstört 15 Millionen rote Blutkörperchen pro Sekunde.

Beim Fußballkrieg handelt es sich um einen militärischen Konflikt zwischen Honduras und El Salvador, der 1969 durch einen Konflikt bei der WM-Qualifikation ausgelöst wurde.

Der erste Strichcode wurde auf einen Wrigley's Kaugummi gedruckt.

Die Lebenserwartung in Kuba ist höher als die in den USA.

2004 gab es eine Reality-Show, bei der die Teilnehmer für eine Woche wach bleiben mussten. Wer die Augen länger als 10 Sekunden schloss, wurde bestraft. Die Siegerin war 178 Stunden am Stück wach geblieben.

Ein ausgewachsener Oktopus passt durch ein zwei Zentimeter großes Loch.

Das One-Shot-Verfahren, Wendeverfahren und das Kaltstempeln sind gängige Verfahren für die Herstellung von gefüllter Schokolade.

Die Meere sind nur zu fünf Prozent erforscht.

Barbie und Ken haben sich im Jahr 2004 nach 43 Jahren wilder Ehe voneinander getrennt. Die stellvertretende Marketingchefin Russell Arons vom Hersteller Mattel hatte die überraschende Trennung damals mit »unüberbrückbaren Differenzen« erklärt. Immerhin: Das Paar beschloss, gute Freunde zu bleiben.

Ratten und Pferde können aufgenommene Nahrung nicht wieder erbrechen.

Weibliche Schildkröten haben einen flachen Bauchpanzer, während die Männchen einen leicht nach innen gewölbten Bauchpanzer aufweisen. Grund: Bei der Fortpflanzung schiebt sich das Männchen von hinten auf das Weibchen auf und passt so besser auf den Panzer des Weibchens.

Wenn man von Sydney nach Los Angeles fliegt, kommt man einen Tag früher an, als man abgeflogen ist, weil man über die Datumsgrenze fliegt.

Wer einen Eisbeutel auf der Stirn hat, gähnt selten.

In der Originalfassung der Geschichte der Meerjungfrau Arielle – *Die kleine Meerjungfrau* von Hans Christian Andersen – stirbt die Meerjungfrau und wird zu Meeresschaum, weil sich der Prinz in eine andere Frau verliebt.

Der Nagel des kleinen Fingers wächst am langsamsten, der Nagel des Mittelfingers hingegen am schnellsten.

Im Jahr 1860 setzte der Präfekt der provisorischen Einheitsregierung von Neapel die Camorra als Bürgerwehr ein, um die öffentliche Ordnung aufrechtzuerhalten.

Das Wort »bimbo« aus dem Italienischen heißt, übersetzt ins Deutsche, »kleiner Junge«.

Wasser ist jene Flüssigkeit, die Wärme am besten speichert.

Der Koala (auch aschgraues Beuteltier) schläft etwa 20 Stunden täglich.

In *Star Wars – Eine Neue Hoffnung* aus dem Jahr 1977 geben Luke Skywalker und Han Solo vor, Chewbacca aus dem Gefängnis Block 1138 in die Gefängniszelle von Prinzessin Leia zu verlegen. Dies ist eine Referenz an *THX-1138,* den ersten Film von George Lucas in Spielfilmlänge. Die Zahl 1138 kommt von da an als Running Gag in unzähligen *Star-Wars*-Werken vor.

Der Vater von Pamela Anderson ist Mitglied in einem Hochbegabtenverein, für dessen Beitritt man einen IQ von mindestens 130 haben muss.

Die Plastikstangen, um die Einkäufe der Kunden auf dem Kassenband voneinander zu trennen, heißen offiziell Warentrenner.

Die Methanemissionen durch die Blähungen der Dinosaurier vor 150 Millionen Jahren entsprachen in etwa dem Ausmaß der heutigen Emissionen.

Das statistisch gesehen sicherste Alter ist das von zehn Jahren.

Durchschnittlich wachsen Nasenhaare im Leben eines Menschen 0,0021336 Kilometer.

Entlang des 60. südlichen Breitengrades kann man ohne Hindernisse um die Welt segeln.

Statistisch gesehen, sind Eselstritte, herabfallende Kokosnüsse, umfallende Getränkeautomaten und knallende Sektkorken lebensgefährlicher als Haiangriffe.

Stonehenge ist 1500 Jahre älter als das Kolosseum.

Die Hunde von Paris Hilton heißen Prada, Dolce, Harajuku Bitch, Marilyn Monroe und Prince Baby Bear.

Der Bart eines Mannes wächst am schnellsten, wenn er Sex erwartet.

Til Schweiger hat eine Schauspielschule besucht und diese erfolgreich mit einer Prüfung abgeschlossen.

Das Erste Deutsche Bananenmuseum in Sierksdorf (Schleswig-Holstein) zeigt mehr als 10 000 Exponate zur Rolle der Banane in der Kunst, Wirtschaft und als Sammlerobjekt.

Der schwarze Marlin ist der schnellste Fisch der Welt. Er schafft die 100 Meter in unter 3 Sekunden.

In Fairbanks, Alaska, dürfen es Bewohner nicht zulassen, dass sich Elche auf offener Straße paaren.

Alufolie hat eine Dicke von 13 My (13/1000stel Millimeter).

Die Rolle des Captain Hook im gleichnamigen Film war ursprünglich für David Bowie gedacht.

Ein Merkur-Tag ist 58,65 Erdentage lang.

Istanbul ist die einzige Großstadt, die sowohl in Europa als auch in Asien liegt.

Wenn Hunde ihrem eigenen Schwanz hinterherjagen, ist das ein Symptom einer Zwangsstörung.

95 Prozent aller Männer haben einen krummen Penis.

Während des Winters gefrieren fast 20 Prozent der Luft auf dem Mars.

Der Sendeturm des Senders Gleiwitz in Polen ist mit 118 Metern der höchste Holzturm der Welt.

Laut der Bibel wurde Jesus unter König Herodes geboren, welcher nach geschichtlichen Angaben 4 v. Chr. starb.

Das Studio wollte eigentlich Matthew McConaughey als Hauptdarsteller für den Film *Titanic*. James Cameron beharrte jedoch auf Leonardo DiCaprio.

In den USA erhalten Tabakbauern finanzielle Unterstützung.

Hunde sehen nicht schwarz-weiß, sondern gelb-blau.

Die Angst vor der Zahl 666 heißt Hexakosioihexekontahexaphobie.

Der Aralsee in Kasachstan und Usbekistan, der vormals viertgrößte Binnensee der Welt, verschwindet zusehends. Grund dafür ist, dass das Wasser der Zuflüsse für die Bewässerung riesiger Baumwollfelder verwendet wird.

Paprikas, Chilis und Peperonis gehören alle zur gleichen Gattung, für die unterschiedliche Schärfe ist das jeweils enthaltene Capsaicin verantwortlich.

Fluchen lindert laut Forschern der Psychologischen Fakultät in Keele/Großbritannien den Schmerz.

Obwohl in The Dark Knight *einige Personen umgebracht werden, sieht man im gesamten Film nur 3-mal Blut.*

Laut einem Gesetz in Arizona beginnt die Schwangerschaft zwei Wochen vor der Empfängnis.

Es ist unmöglich, sich die Nase zuzuhalten und länger als drei Sekunden »Mhhhhhh« zu sagen.

Dr. Frankenstein praktiziert als Hausarzt in Bitterfeld-Wolfen.

Die Straße von Gibraltar zwischen Spanien und Marokko galt im Altertum als Grenze der bewohnbaren Welt, genannt »Non plus ultra« (»nicht darüber hinaus«).

Der Kuhmagnet ist ein Magnetstift, der in den Netzmagen der Kuh eingeführt wird, um Verletzungen zu vermeiden, indem er Metallteile, die mit dem Futter aufgenommen werden, bindet und so deren Weitertransport beim Wiederkäuen verhindert.

Hitler spritzte sich selbst Stiersamen, um seine sexuelle Vitalität zu erhöhen.

In Montreal, Kanada, wird nur an einem einzigen Tag im Jahr umgezogen, weil Mietverträge an ein bestimmtes Datum gebunden sind. Das Chaos lässt sich leicht ausmalen: Wer nicht selbst umzieht, hilft jemand anderem, und monatelang vorher sind bereits alle Transporter, Anhänger etc. ausgebucht. An dem Tag stockt der Verkehr, weil Tausende Ungeübte mit Transportern die Stadt verstopfen.

Die Endorphine, die während des Orgasmus freigesetzt werden, sind als Tranquilizer zehnmal so effektiv wie Valium.

Die Splitter einer berstenden Glasscheibe können eine Geschwindigkeit von 4827 Stundenkilometern erreichen.

Wikipedia gibt's auch auf Boarisch (also Bayrisch).

Inoffizielle Mitarbeiter der Stasi durften sich Decknamen aussuchen, unter denen sie für die Behörde spionierten – nur Judas war verboten.

Im Mittelalter pflegten adlige Damen zum Zeitvertreib Singvögel zu halten. Packte die adlige Dame irgendwann die Lust, so stellte sie als Zeichen für ihren Liebhaber den Käfig mit den Vögeln ans offene Fenster. Nun wusste der Liebhaber, dass er »zu den Vögeln gehen« sollte, musste oder durfte. Irgendwann ließ man den Wortballast fort, statt »zu den Vögeln gehen« hieß es jetzt »vögeln gehen«.

Die Inschrift »YKK« auf vielen Reißverschlüssen steht für »Yoshida Kogyo Kabushikigaisha«, den weltgrößten Hersteller dieses Verschlussprinzips.

Alkohol ist eine wässrige Lösung von Ethanol (mit Aroma- und anderen Zusatzstoffen).

Der Torpedo, die Piramide und der Belicoso zählen zu den nichtzylindrischen Formaten bei Zigarren.

Die beiden Musiker Bryan und Ryan Adams sind nicht miteinander verwandt, haben aber beide am selben Tag Geburtstag (5. November).

Billard wurde zum ersten Mal in Italien im Jahr 1550 gespielt.

Deutschland stand schon sechsmal im Finale einer Fußballeuropameisterschaft und hat dreimal gewonnen.

MasterCard hieß anfänglich MasterCharge.

Eine Stubenfliege summt in F.

Seit 1664 wütet auf dem Jupiter ein Unwetter und ist somit das längste bekannte Unwetter. Zu dieser Zeit wurde dort der Große Rote Fleck entdeckt und hat sich seither nur wenig verändert.

Leichtes Spiel für die Polizei: Ein Bundeswehrsoldat überfiel eine Bank und erbeutete eine größere Summe. Er hatte sich zwar maskiert, dafür aber vergessen, seinen auf seiner Uniform aufgenähten Namen abzudecken.

Krokodile fressen Steine, um tiefer tauchen zu können.

Das Eisbein, ein bestimmter Teil des Schweins, wird auch so genannt, weil früher aus dem Schienbeinknochen Schlittschuhkufen gefertigt wurden.

Der Bleistift müsste eigentlich Grafitstift heißen.

Kunstfurzer (engl.: Flatulists) besitzen die Fähigkeit, die Tonhöhe der Abwinde zu modulieren, und sind in der Lage, die entsprechenden Geräusche so kontrolliert zu erzeugen, dass Akkorde oder erkennbare Melodien entstehen.

Über die Zirprate von Grillen lässt sich die aktuelle Temperatur bestimmen.

Der Schokoriegel Snickers wurde nach dem Lieblingspferd der Familie Mars benannt.

Die Leberwursttaktik bezeichnet eine Taktik der Polizei beim Vorgehen gegen Menschenmengen. Hierbei greifen die Einsatzkräfte mit massiver körperlicher Gewalt in der Mitte der Menge ein, um diese an den Rändern auseinanderzutreiben. Der Begriff wurde durch den Berliner Polizeipräsidenten Erich Duensing geprägt, der die Strategie so beschrieb: »Nehmen wir die Demonstranten als Leberwurst, dann müssen wir in die Mitte hineinstechen, damit sie am Ende auseinanderplatzt.«

Im Amazonas gibt es pinke Süßwasserdelfine.

Das längste deutsche Wort ist: Rindfleischetikettierungsüberwachungsaufgabenübertragungsgesetz.

Der Guinness-Rekord-Halter im Schluckauf ist Charles Osborne (1894–1991). Er hatte von 1922 bis 1991 Schluckauf. Das ergibt rund 430 Millionen Hickser.

Zoophilie bezeichnet die Vorliebe für Sex mit Tieren.

Das Stilb (sb) ist eine veraltete Einheit der Leuchtdichte nicht selbst leuchtender Körper und gilt seit dem 1. Januar 1978 nicht mehr als offizielle Maßeinheit.

Eifrige Zonenforscher erogener Bereiche fanden nach dem G-Punkt (Gräfenberg-Zone/Scheidengewölbe), C-Punkt (Klitoris), U-Punkt (Harnröhrenöffnung) nun auch den A-Punkt (Muttermund).

Die Bankomaten im Vatikanstaat fordern auf Latein das Einführen der Bankomatkarte: »insertio scidulam quaeso ut faciundam cognoscas rationem.«

1969 glaubte Jimmy Carter, ein UFO gesehen zu haben. Es stellte sich heraus, dass es der Planet Venus war.

Christopher Lloyd hatte seine erste Kussszene *in Zurück in die Zukunft 3*, obwohl er zu diesem Zeitpunkt bereits seit über 20 Jahren Schauspieler war.

Es gibt mehr Fernsehanschlüsse in den USA als Menschen in Großbritannien.

Autounfall heißt auf Litauisch »Autokatastrofa«.

Die Lanze wurde von der britischen Armee erst 1927 als offizielle Gefechtswaffe abgeschafft.

Die Videospielfigur Super Mario kommt eigentlich aus Brooklyn, NY. Außerdem heißt er auch Mario mit Nachnamen, da er und Luigi die Mario Bros. bilden.

Palmen haben keine Jahresringe.

Bis 2009 gab es ein Gesetz in der EU, das die Krümmung einer Gurke vorschrieb.

Männliche Fruchtfliegen betrinken sich mit Alkohol, wenn sie keinen Sex bekommen.

Lässt Bill Gates einen 1000-Dollar-Schein fallen, würde er sich in der Zeit, die er zum Aufheben benötigt (etwa vier Sekunden), bereits die 1000 Dollar zurückverdienen.

Tyler Durden (Brad Pitt) aus dem Film *Fight Club* sollte ursprünglich ein funktionierendes Rezept für den selbst gebastelten Sprengstoff rezitieren. Der öffentlichen Sicherheit wegen wurde aber ein fiktives Rezept verwendet.

Im antiken Rom waren Verletzungen durch aus Fenstern geschleuderte Nachttöpfe einer der häufigsten Gründe für Schmerzensgeldforderungen.

Charles Boycott war ein irischer Gutsverwalter. 1880 behandelte er seine Pächter so schlecht, dass niemand mehr mit ihm Geschäfte machen wollte – daher leitet sich der Begriff »Boykott« ab.

Der Charakter von Ace Ventura, der von Jim Carrey verkörpert wird, basiert auf einem Vogel.

Manipulation am »Ken and Barbie«-Gen der Fruchtfliege ist für die fehlende Bildung von Geschlechtsorganen verantwortlich.

Die Blutgruppe von Mr Spock ist T-negativ.

Man kann Seifenblasen mit der Zunge berühren, ohne dass sie zerplatzen.

R2D2 aus *Star Wars* heißt in Italien C1P8.

Katzen können über 100 verschiedene Laute von sich geben, Hunde nur um die zehn.

Das Vaterunser hat sieben Bitten.

Wenn Jesus nur ein Kind in die Welt gesetzt hätte, bestünde heute die Chance, dass jeder Mensch auf der Erde ein Nachfahre von Christus sein könnte.

Die Blackbox in einem Flugzeug ist orange.

Die Kreuzotter ist die giftigste Schlange, die in Deutschland beheimatet ist. Sie ist außerdem die einzige Giftschlange hierzulande.

Auf der Südhalbkugel der Erde dreht sich der Strudel in einer Badewanne nicht andersherum als auf der Nordhalbkugel.

Eine 75-Watt-Glühbirne ist heller als drei 25-Watt-Glühbirnen zusammen.

Kristen Stewart hat eigentlich grüne Augen, trägt für die Rolle der Bella in *Twilight* allerdings braune Kontaktlinsen.

Autisten und Schizophreniekranke sind gegen die Ansteckungsgefahr von Gähnen immun.

In einer südafrikanischen Goldmine stießen Wissenschaftler 1,3 Kilometer unter der Erdoberfläche auf einen tierischen Schatz. Der Teufelswurm ist nach Forscherangaben der am tiefsten lebende mehrzellige Erdbewohner. Der einen halben Millimeter lange Fadenwurm wurde Halicephalobus mephisto *getauft – in Anlehnung an die griechische Bedeutung des Namens Mephistopheles: »Der das Licht nicht liebt«.*

In den späten 80ern war der bekannteste und bestbezahlte Künstler in Frankreich ein professioneller Furzer.

Der Neandertaler hatte ein größeres Gehirn als der moderne Mensch.

Der Weltrekord im Bananenessen liegt bei 81 Stück in einer halben Stunde.

Ein Auszug der chemischen Bezeichnung für Titin (der ganze chemische Name des Proteins enthält in englischer Sprache 189 819 Buchstaben): Methionylthreonylthreonylglutaminylala … ylglutaminylprolylleucylglutaminylsery … lserylthreonylalanylthreonylphenylalan … rylglycylphenylalanylprolylvalylprolyl … lanylarginylaspartylglycylglutaminylva … nylleucylprolylglycylvalylglutaminylis … ylglycylarginylalanyllysylleucylthreon … llysylalanylasparaginylserylglycylargi … eonylasparaginylglycylserylglycylgluta … nylglutamylleucylleucylvalyllysylalany … asparaginylphenylalanylvalylglutaminyl … ylthreonylvalylarginylglutaminylglycyl … utaminylvalylarginylvalylthreonylglycy … lylvalyllysylphenylalanyltyrosylarginy … cylglutaminylserylserylleucylaspartylp … glutaminylglutamylglycylaspartylleucyl … anylglutamylalanyltyrosylprolylglutamy … serylvalylasparaginylalanylthreonylasp … ylthreonylserylthreonylalanylglutamyll … tamylglutamylglutamylvalylprolylalanyl … eucylvalylserylthreonylalanylglutaminy … glutaminylthreonylarginylisoleucylglut … ylhistidylphenylalanylaspartylalanylar … lylglutamylmethionylvalylisoleucylaspa … anylserylmethionylserylalanylglutaminy … lutaminylglutamylserylphenylalanylvaly … rylphenylalanylmethionylglycylisoleucy … lutaminylleucylglutamylserylserylthreo … anylglycylisoleucylarginylglycylisoleu … ylalanylleucylprolylserylaspartylisole … lycyllysylvalylleucylthreonylvalylalan … ylglycylglutamylprolylthreonylprolylgl … ysteinylglycylglycylarginyllysylisoleu … lutaminylglycylarginylphenylalanylhist … eonylaspartylaspartylleucylthreonylthr … nylaspartylvalylglutaminyllysylglutami … lthreonylleucylserylleucylglycylaspara … laspartylserylalanylthreonylvalylaspar … inylserylisoleucine.

Der Hamburger Gruß »Hummel, Hummel«, auf den man mit »Mors, Mors« antwortet, stammt von einem Wasserträger, der in Hamburg wohnte. Während er seine Wasserlast trug, neckten ihn Kinder mit »Hummel, Hummel«, worauf er »Mors, Mors« entgegnete, was auf Plattdeutsch so viel wie »Leck mich am Arsch« bedeutet.

Die Hersteller von C4 sind gesetzlich verpflichtet, Metallstaub und Marzipanaroma in den Sprengstoff zu mischen, damit Metalldetektoren und Spürhunde darauf anspringen.

Japanische Wissenschaftler manipulierten Mäuse dahingehend, keine Angst mehr vor Katzen zu haben.

Auf Afrikaans heißt »selfbewus« unsicher, »bekwaam« tüchtig und »blas« dunkelhäutig.

Super-Mond bedeutet, dass der Mond auf seiner (elliptischen) Bahn um die Erde dieser besonders nah ist (356 960 km) und zur gleichen Zeit auch voll beschienen wird.

J. F. Kennedy ließ sich von seinem Pressesprecher 1200 Havanna-Zigarren besorgen, bevor er das Embargo gegen Kuba unterschrieb.

Leonardo da Vinci erfand 1480 einen Fallschirm.

Toblerone wurde ursprünglich für den englischsprachigen Raum hergestellt und sollte eigentlich »tobler-one« ausgesprochen werden. Die Deutschen, die die Schokolade kauften, sagten einfach Toblerone, das hat sich durchgesetzt.

Ein Atom besteht zu 99,9 Prozent aus nichts.

Es ist kein nachweislicher Fall bekannt, bei dem ein Mensch durch Meteoriteneinschlag getötet wurde.

Für das Knacken der Schale der Macadamianuss benötigt man einen Druck von etwa 135 Kilogramm pro Quadratzentimeter.

Joachim Löw ist gelernter Groß- und Außenhandelskaufmann.

Bis 1949 lautete der berühmte Schriftzug in Los Angeles »Hollywoodland«. Das 1923 errichtete Schild sollte ursprünglich nur für eineinhalb Jahre in den Hollywood Hills stehen. Es diente der Werbung für den Verkauf von Grundstücken in der damals öden und abgelegenen Gegend im Norden von Los Angeles. 1949 wurde das marode Schild restauriert und das »land« am Ende des Schriftzugs entfernt.

Wenn Shakespeare für einen Text nicht das richtige Wort fand, erfand er es einfach. Insgesamt kreierte er über 1700 neue Wörter.

Die Front Deutscher Äpfel parodiert nationaldemokratische Parteien. Sie spricht sich gegen die Überfremdung des deutschen Obstbestandes und gegen faul herumliegendes Fallobst aus.

Bei den Dreharbeiten zu *Der Baader-Meinhof-Komplex* trugen die Darsteller in den Nacktszenen Schamhaarperücken, um die damalige Körperhaarmode authentisch darzustellen.

Elton, der »Showpraktikant« von Stefan Raab, heißt mit bürgerlichem Namen Alexander Duszat.

Die Einheit Donkeypower, also Eselstärken, entspricht 0,3353 Pferdestärken.

Nach einer Studie der Fairleigh Dickinson University in New Jersey sind die Zuschauer des konservativen US-Nachrichtensenders Fox News Channel im Durchschnitt schlechter informiert als Leute, die gar keine Nachrichten schauen.

Austern sind zweigeschlechtlich (Hermaphroditismus).

Würde der Siegertitel der Tour de France 2005 an den Rennfahrer verliehen werden, der niemals positiv auf Doping getestet wurde, würde der Titel an den 23.-Platzierten gehen.

1947 wurden die Uhren von Mai bis Juni um zwei Stunden vorgestellt. Dies nannte man die Mitteleuropäische Hochsommerzeit (MEHSZ).

Henry Ford I., der vor der Gründung der Ford Motor Company Cheftechniker bei der Edison Illuminating Company war, besaß ein Reagenzglas, in dem der letzte Atemzug von Thomas A. Edison, dem Erfinder der Glühbirne, aufgefangen war.

Die Frisur, unter der angehende Glatzköpfe das kahle Haupt verbergen, indem sie das Haar von einer Seite komplett auf die andere Seite kämmen, heißt »Combover«. Für diese Frisur hat der US-Amerikaner Frank J. Smith unter der Nummer 4022227 ein Patent angemeldet.

In Österreich gibt es eine »Luftsteuer«. Sie ist zu zahlen, wenn beispielsweise ein Geschäftsschild vom Gebäude über öffentliches Gut (Gehsteig oder Straße etc.) hinausragt.

Da Metall während des Zweiten Weltkrieges knapp war, wurden in dieser Zeit die Oscars aus Holz gemacht.

Das British Empire war das größte Weltreich der Weltgeschichte und umfasste ein Viertel der weltweiten Landmasse und Bevölkerung.

Bei der Titelmusik des *Tatort* spielt Udo Lindenberg Schlagzeug.

Geschiedene Männer schlafen in Doppelbetten meist auf jener Seite, auf der früher die Ehefrau geschlafen hat.

Die Schauspielerin Margaret Rutherford, die viermal die Rolle der Miss Marple spielte, wurde für ihre schauspielerischen Leistungen 1967 von Königin Elizabeth geadelt und trug von da an den Adelstitel Dame Commander of the British Empire.

In Finnland übersteigt die Anzahl der Saunas die der Autos.

Die Berechnung der Oberfläche Gottes wäre ein Beispiel für eine typische pataphysische Untersuchung.

1936 wurde in Russland ein Computer erfunden, der mit Wasser funktionierte. Am Wasserstand verschiedener miteinander verbundener Röhren konnte das Ergebnis einer Rechnung abgelesen werden.

Goodbye ist die Kurzform von »God be with you«.

Die Mafia wollte ursprünglich die Verfilmung des Filmklassikers Der Pate *verhindern.*

Die Baldwin Street in Neuseeland ist mit 35 Prozent Steigung die steilste Straße der Welt.

Ein Nilpferd kann schneller laufen als ein Mensch.

In Caesiumgas bewegt sich Licht schneller als in einem Vakuum.

Man kann das Geschlecht einer Schildkröte anhand ihrer Laute erkennen. Männchen grunzen, Weibchen zischen.

Wegen seiner drei 125 Meter hohen Schornsteine ist das Heizkraftwerk Linden (Hannover) auch unter dem Spitznamen »Die drei warmen Brüder« bekannt.

Der größte Blasebalg, mit dem bei einer Orgel Luft in die Pfeifen geleitet wird, ist der Doppelfaltenmagazinbalg.

Salpingitis ist in der Medizin eine Nebenhodenentzündung (in Anlehnung an den griechischen Fußballer Dimitrios Salpingidis).

Vom Tre-Skilling-Banco-Fehldruck ist nur ein einziges Exemplar erhalten, es gehört zu den teuersten Briefmarken der Welt.

Das deutsche Reinheitsgebot aus dem Jahr 1516 ist die älteste lebensmittelrechtliche Vorschrift, die heute noch gültig ist.

In den USA gibt es eine Restaurantkette, die »Wienerschnitzel« heißt und Hotdogs verkauft.

Einer Legende nach retteten 387 v. Chr. schnatternde Gänse Rom, indem sie die erschöpften Wächter durch das laute Geräusch alarmierten.

Der Mount Everest hat ein 3G-Mobilnetz. Am Gipfel kann man ohne Probleme im Internet surfen.

Beim Versuch, die TV-Fernbedienung mit dem Fuß zu betätigen, erlitt der irische Stürmer Robbie Keane 1998 einen doppelten Bänderriss.

Für die Strecke von der Erde zum Mond würde man 18 Tage mit dem Flugzeug oder sechs Monate mit dem Auto benötigen.

In Neuguinea gibt es einen Eukalyptusbaum, der auch »Rainbow Tree« genannt wird, weil seine Rinde bunt ist.

1939 ließ der Ingenieur Karl Hans Janke in Berlin das erste Navigationssystem mittels Satelliten patentieren.

Wenn thailändische Polizisten zu spät zum Dienst erscheinen oder falsch parken, müssen sie zur Strafe einen Tag lang ein rosa Hello-Kitty-Armband tragen.

In den Zweiten Weltkrieg waren mehr als 57 Länder involviert.

Der FC Bundestag ist eine Fußballmannschaft, die sich aus ehemaligen und aktuellen Mitgliedern und Angestellten des Deutschen Bundestages zusammensetzt und interfraktionell besetzt ist. Der FC Bundestag tritt bei seinen Spielen mit Genehmigung des DFB in den offiziellen Trikots der deutschen Fußballnationalmannschaft an.

Charlie Chaplin wurde Dritter bei einem Charlie-Chaplin-Ähnlichkeitswettbewerb.

Beelzebub, ein anderer Name für Teufel, stammt aus dem Hebräischen und bedeutet »Herr der Fliegen«.

Atheisten können in South Carolina nicht Gouverneur werden.

Der Däne Peter Schmeichel ist weltweit der einzige bekannte Torhüter, der aus dem laufenden Spiel heraus zwei Tore erzielte. Kurioserweise wurde ein weiteres spektakuläres Tor von Schmeichel im FA Cup 1997 wegen Abseits aberkannt.

Barack Obamas Mutter wurde 2008 von einer mormonischen Gruppierung, der unter anderem auch Mitt Romney angehört, posthum getauft.

Linkshänder können unter Wasser besser sehen als Rechtshänder.

Led Zeppelin spielten ein 4,5 Stunden langes Konzert mit Materialien von einem einzigen Album.

Die Wissenschaft vom Gähnen heißt Chasmologie.

Wenn man in die Zeile für die Internetadresse »wannstirbtstudivz.com« schreibt, landet man auf der Amazon-Seite bei folgendem Buch: Die zweite Chance: So retten Sie Ihr Unternehmen mit dem Insolvenzplanverfahren.

Amerikaner essen über 3 Millionen Tonnen Süßigkeiten jährlich. Fast die Hälfte davon ist Schokolade.

Motten haben keinen Magen.

Bei den Olympischen Sommerspielen 1928 gab es Medaillen für das Herstellen von Medaillen.

Die Informationsübertragung des menschlichen Sehnervs besitzt eine Bandbreite, die der einer DSL-Leitung entspricht.

Zwischen der Tag- und Nachtseite des Merkurs gibt es Temperaturunterschiede von 600 Grad.

Der Mond Triton des Planeten Neptun umkreist als einziger Mond unseres Sonnensystems den Planeten entgegen der Planetenrotation.

Der Gouverneur von Louisiana, Bobby Jindal, hat als Collegestudent einem Exorzismus beigewohnt.

Die chinesischen Brauereien produzierten 2011 etwa 490 Millionen Hektoliter Bier. Allerdings brauen die Chinesen sehr leichte, wässrige Biere, sodass der Hopfenanteil pro Hektoliter Bier der weltweiten Bierproduktion 2011 auf den bislang niedrigsten Stand gesunken ist.

Regenwürmer können bis zu acht Jahre leben.

Der extrasolare Planet PSR J1719-1438b besteht fast ausschließlich aus Diamant.

Von dem Buch *Moby Dick*, geschrieben von Herman Melville, wurden zu Melvilles Lebzeiten nur 3000 Exemplare verkauft. Herman Melville verdiente als Schriftsteller nicht genug und arbeitete deshalb als Zollinspektor am Hafen.

Das Peter-Prinzip besagt: »In einer Hierarchie neigt jeder Beschäftigte dazu, bis zu seiner Stufe der Unfähigkeit aufzusteigen.« Die Arbeit wird also von denjenigen erledigt, die ihre Stufe der Inkompetenz noch nicht erreicht haben. Das Prinzip ist nach seinem Erfinder Laurence J. Peter benannt.

Im Jahr 1647 schaffte das englische Parlament Weihnachten ab.

Der Feind des Silberfischchens ist der Gemeine Ohrwurm (*Forficula auricularia*).

Am 24. März 1965 wurde im internationalen Fußball der Einzug ins Halbfinale der Europapokalsieger der Landesmeister durch einen Münzwurf entschieden. Nachdem alle drei Spiele (Hin-, Rück- und Entscheidungsspiel plus Verlängerung, 0 : 0, 0 : 0, 2 : 2) zwischen dem 1. FC Köln und dem FC Liverpool unentschieden ausgegangen waren und ein Elfmeterschießen damals noch nicht vorgesehen war, warf der belgische Schiedsrichter Schout eine Münze. Beim ersten Wurf blieb sie allerdings senkrecht im Boden stecken. Beim zweiten Wurf entschied sie zugunsten der Engländer.

Die Kong-Berge sind ein fiktives Gebirge, das bis in das frühe 20. Jahrhundert hinein in fast allen Landkarten von Afrika eingezeichnet war.

Das Bakterium *Lactobacillus Helveticus* ist für die Löcher im Emmentalerkäse verantwortlich.

Der Schatten eines Flugzeugs ist immer gleich groß, egal, in welcher Höhe es fliegt.

Nach der Berechnung von Wissenschaftler Gref Laughlin ist die Erde circa 3700 Billionen Euro wert.

Perflubron ist eine mit Sauerstoff angereicherte Flüssigkeit, die anstelle von Luft geatmet werden kann.

Mitglieder der Religiösen Gesellschaft der Freunde, der sogenannten Quäker, produzieren Massen an Trinkschokolade als Alternative zu Alkohol.

Der Twitter-Vogel heißt Larry.

Am 16. Dezember 1811 brachte ein Erdbeben den Mississippi dazu, vorübergehend rückwärtszufließen.

Für eine Studie wollten Wissenschaftler der University of Montreal Männer vergleichen: solche, die schon mal Pornos gesehen haben, und solche, die noch nie welche gesehen haben. Es gab ein Problem: Die zweite Gruppe existierte nicht.

Ein Maiskolben hat immer eine gerade Anzahl an Körnern in einer Reihe.

Den Spruch »Mit Kind und Kegel« gab es bereits im Mittelalter, damals bedeutete »Kegel« allerdings »uneheliches Kind«.

Ein Regenbogen kann nur dann entstehen, wenn die Sonne im Winkel von 40 Grad über dem Horizont steht.

Babys kommen ohne feste Kniescheiben zur Welt.

Die Wahrscheinlichkeit, an seinem eigenen Geburtstag zu sterben, ist 14-mal höher als an allen anderen Tagen im Jahr.

Als im Zweiten Weltkrieg Paris von den Deutschen erobert wurde, zerstörten die Franzosen die Aufzugskabel des Eiffelturms, damit Hitler den Turm über die Treppe erklimmen musste. Dies tat er allerdings nie.

Der Baseballspieler Babe Ruth trug unter seiner Kappe ein Kohlblatt, um sich zu kühlen. Er wechselte das Blatt alle zwei Innings.

Der erste elektrische Fahrstuhl wurde 1880 von Werner von Siemens in Mannheim vorgestellt. Die ersten getriebelosen Aufzüge baute man 1903 in das Beaver Building in New York und in das Majestic Building in Chicago ein.

Ein Popel enthält mehr Energie als eine Erdnuss.

Wenn man auf einem Taschenrechner 707 eingibt und den Taschenrechner umdreht, erscheint das Wort »LOL«. Addiert man dann noch einmal 707 dazu, ist das Ergebnis »hihi«.

Zwiebeln sind für Hunde giftig.

Das erste Produkt der Firma Sony war ein Reiskocher.

Die spanische Nationalhymne hat keinen Text. Inoffiziell singen die Spanier zur Marcha Real einfach »lololo«.

Der Nachname von Jenny aus *Forrest Gump* ist Curran.

Wer weißes Ohrenschmalz produziert, hat keinen unangenehmen Schweißgeruch.

Nett zu sein ist eine evolutionsbedingte Eigenschaft.

Alexander der Große hat als Erinnerung an seinen Hund eine Stadt gegründet und sie nach ihm benannt: Peritas.

1799 wurde der Stein von Rosetta gefunden, mit dessen Hilfe die Hieroglyphen entziffert werden konnten. Er trägt Inschriften in Griechisch, Demotisch und Ägyptisch.

Eine Kakerlake kann noch neun Tage ohne Kopf überleben, dann verhungert sie.

Die mexikanische Nationalhymne wurde von Francisco González Bocanegra geschrieben. Der Text entstand, als ihn seine Verlobte in einen Raum eingesperrt hatte und ihn nicht wieder herauslassen wollte, bis er den Text vollendet hatte.

Der Tagesbedarf an Vitamin B6 ist laut Packungsangabe bereits mit dem Verzehr von 1,3 Kilogramm Nutella gedeckt.

Den größten bisher gemessenen Penis hat der Amerikaner Long Dong Silver mit 48,3 Zentimetern. Sein bestes Stück hat er erfolgreich in Pornofilmen wie zum Beispiel *The Beauty an The Beast* vermarktet.

Arnold Schwarzenegger, John Travolta, Sylvester Stallone, Nick Nolte, John Cleese und Terence Hill haben dieselbe deutsche Synchronstimme.

Das Herz einer Maus schlägt so schnell, dass man es nur als Summen wahrnimmt.

Der erste Raumfahrer Chinas – Yang Liwei – sagte nach seinem Raumflug im Oktober 2003: »Die Aussicht war wunderschön. Aber ich konnte die Chinesische Mauer nicht sehen.« Die chinesische Regierung ließ daraufhin neue Schulbücher drucken, in denen diese Behauptung geändert wurde.

Sudoku wurde im 18. Jahrhundert von einem Schweizer erfunden.

Im 17. Jahrhundert wurden in den Niederlanden Tulpenzwiebeln als Spekulationsobjekt gehandelt. Diese Zeit wurde als Tulpenmanie bezeichnet.

In Frankreich wohnt niemand mehr als 500 Kilometer vom Meer entfernt.

Der Urururgroßvater von Günther Jauch unterschrieb als Bürgermeister von Trier die Geburtsurkunde von Karl Marx.

Der Porno Deep Throat *ist der profitabelste Film aller Zeiten. Er wurde für 25 000 Dollar produziert und spielte 600 Millionen Dollar ein.*

»A Bill Clinton« ist im US-Slang die Bezeichnung für einen Blowjob, den man während eines Telefonats erhält.

Der Kräuterlikör Averna wurde von einem Kapuzinermönch erfunden.

Sprengt man ein Haus, kostet dies nur ein Zehntel von einem Abriss.

Alle Zeichnungen, die Jack (Leonardo DiCaprio) im Film *Titanic* auf seinem Zeichenblock festhält, stammen in Wirklichkeit von Regisseur James Cameron.

Abchasien, Bergkarabach, Südossetien und Transnistrien gehören der Gemeinschaft nichtanerkannter Staaten an.

In einer Dose Coca-Cola sind 10 Stück Würfelzucker.

Paul Beiersdorf erfand bei dem Versuch, ein Heftpflaster zu entwickeln, 1882 den Tesafilm.

Jährlich werden circa 40 000 Amerikaner von Katzen gebissen.

Bis sich ein Plastikbecher aufgelöst hat, dauert es 50 000 Jahre.

Katzen verbringen fast ein Drittel ihres wachen Lebens mit Körperpflege.

Öffentliches Pinkeln in Brügge kostet 760 Euro Strafe pro Liter.

Die finnischen Urväter der Sportart Handyweitwurf und die Vereinigung Deutscher Handywerfer (VHD) bzw. die International Association of Mobile Phone Throwers (IAMPT) wenden unterschiedliche Regeln bei den Wettkämpfen im Handyweitwurf an. Deshalb gibt es mehrere (gleichberechtigte) Weltrekorde. So gilt der Finne Ville Piippo mit 82,55 Metern als Weltrekordler nach der finnischen Variante.

Das ursprüngliche 50-Cent-Stück in Australien war aus Silber mit einem Wert von zwei Dollar.

1971 wurde der Minutenzeiger der Berliner Gedächtniskirche gestohlen.

Das @-Zeichen wird in Israel »Strudel« genannt.

Der Ingenieur Robert Faid aus Greenville, South Carolina, errechnete 1993, dass Michail Gorbatschow mit einer Wahrscheinlichkeit von 710 609 175 188 282 000 zu 1 der Antichrist ist, und erhielt dafür den Ig-Nobelpreis für Mathematik.

Bei der Wattolümpiade kämpfen die Athleten mit einem Fahrradschlauch, gekochtem Reis und einem Vibrator.

1582 folgte durch die Umstellung vom julianischen auf den gregorianischen Kalender auf den 4. Oktober (julianisch) der 15. Oktober (gregorianisch) 1582.

Das australische Great Barrier Reef ist das größte von Lebewesen geschaffene Gebilde.

Mithilfe der Gehirn-Computer-Schnittstelle »iBrain« wollen Wissenschaftler Stephen Hawkings Gedanken digitalisieren.

In den *Matrix*-Filmen macht die Figur Morpheus einige Aussagen, die mit Träumen in Zusammenhang stehen. In der griechischen Mythologie ist Morpheus der Gott des Schlafes.

Im kanadischen Whitby, Ontario, gibt es mehr Donutshops pro Kopf als in irgendeiner anderen Stadt.

In der McMurdo-Antarktisstation gibt es einen Geldautomaten.

Ein Apfel besteht aus 25 Prozent Luft, deshalb schwimmt er im Wasser oben.

Die ersten medizinischen Klebstoffe in der Neuzeit waren die Cyanoacrylat-Klebstoffe, heute besser bekannt als »Superkleber«.

Spiderman heißt in Schweden »Spindelmannen«.

Im April 2011 verzeichnete El Salvador den ersten mordfreien Tag seit drei Jahren.

Analyse der etwa 200 Märchen der Gebrüder Grimm: Es gibt 16 schlechte (Stief-)Mütter, aber nur drei böse Vaterfiguren. Insgesamt 23 Hexen, aber nur zwei männliche Hexenmeister. Außerdem töten oder gefährden 16 Frauen ihre Männer - aber nur ein Mann bringt seine Frau in Gefahr.

Jediismus ist eine in Australien anerkannte Religion, die an den Orden Jedi aus *Star Wars* anknüpft.

Philipp Lahm hat in der gesamten Zeit, die er in der deutschen Fußballnationalmannschaft spielt, in 91 Spielen lediglich fünf Tore geschossen (Stand Juni 2012).

Heringe unterhalten sich, indem sie sich anpupsen. Ein Pups kann dabei bis zu 7,5 Sekunden lang sein.

Der Begriff »White Trash« wurde ursprünglich von afroamerikanischen Sklaven gegenüber armen europäischen Einwanderern benutzt, die wie sie in der Landwirtschaft auf den Feldern arbeiten mussten.

Die Fette in Junkfood lösen im Gehirn ein Hungergefühl aus. Dieser Effekt kann mehrere Tage andauern.

Drakon war um das Jahr 621 ein athenischer Gesetzesreformer, der alle Gesetzesbestimmungen zu jener Zeit aufzeichnete. Er führte auch eine neue Unterscheidung ein: vorsätzliche bzw. versehentliche Tötung.

Die meisten weißen Eier stammen von Leghornhennen mit weißen Ohrscheiben, die meisten braunen von Hennen mit roten Ohrscheiben. Bei einigen Rassen färben Pigmente die Eierschalen erst wenige Stunden vor dem Legen braun (oder sogar zartgrün). Es gibt auch braun legende weiße und weiß legende braune Rassen. Im Geschmack unterscheiden sich die Eier nicht, allerdings ist die Schale brauner Eier meist dicker.

Der Ussher-Lightfoot-Kalender ist eine Chronologie, die auf ein annalistisches Werk von James Ussher aus dem Jahr 1650 zurückgeht. Er versuchte darin unter anderem, das Datum der Schöpfung aus Angaben der Bibel abzuleiten, und ermittelte dafür Sonntag, den 23. Oktober 4004 v. Chr.

Bis zum 16. Jahrhundert gab es keine zweiten Vornamen. Sie wurden erst nach der amerikanischen Revolution eingeführt.

Koalas gehören nicht zu der Familie der Bären, sondern sind Beuteltiere.

Schildkröten können durch ihren Hintern atmen.

Gäste in einer Bar, in der Musik mit einer Lautstärke von 88 Dezibel gespielt wird, trinken mehr Alkohol als Gäste, die Musik von nur 72 Dezibel Lautstärke hören.

Die Schwester des Skirennläufers Bode Miller heißt Genesis Wren Bungo Windrushing Turtleheart.

Die »verdorbensten« Ortsnamen in Deutschland sind Busendorf, Fickmühlen, Geil, Hodenhagen, Kitzler, Möse, Petting, Poppenhausen, Scheidental, Titting,Tuntenhausen, Vögelsen, Wixberg und Kleindingharting/Großdingharting.

Frauen haben durchschnittlich 12,4 Liebhaber, bis sie die große Liebe finden.

Der Schokoladen-Fruchtzwerg ist eine Fledermausart.

Die Raumsonde Voyager I ist das am weitesten von der Erde entfernte von Menschen gebildete Objekt. Ende 2009, also nach 32 Jahren, die die Raumsonde unterwegs war, war sie in etwa ein fünfhundertstel Lichtjahr von der Sonne entfernt oder 112-mal so weit wie die Erde.

Beim Capgras-Syndrom denkt der Betroffene, dass ein naher Verwandter oder ein Freund durch einen identischen Doppelgänger ersetzt wurde.

Es gibt eine Firma, die auf Anfrage von Eltern ihre Kinder entführt.

Der Gangkhar Puensum in Bhutan ist mit 7570 Metern der höchste unbestiegene Berg der Welt. Das unabhängige Königreich verbietet dies nämlich.

Weißer Tequila (40 Prozent vol. Alkohol) kann zu Diamantkristallen verarbeitet werden.

Mormonen glauben, dass Gott eine Frau hat.

Von 1979 bis 2000 starben in Australien 58 Menschen durch Schlangenbisse. In Indien waren es 46 000.

Beim Sex wird Antihistamin erzeugt, welches Heuschnupfen sowie Asthma entgegenwirkt.

Der menschliche Körper kann normalerweise maximal 45 del Schmerzen standhalten. Eine Frau hat bei der Geburt 57 del Schmerzen zu erleiden. Das ist mit 20 Knochenbrüchen zu vergleichen.

Am Meeresboden von Namibia wohnt das größte Bakterium. Es ist eine Schwefelperle, die knapp einen Millimeter groß ist.

Die Durchschnittslaufzeit einer CD sollte zuerst nur genau 60 Minuten betragen. Doch die Vorliebe der Japaner (vertreten durch den Entwicklungspartner Sony) für Beethovens Neunte, *die 74 Minuten dauert und die eine der ersten Veröffentlichungen sein sollte, ergab die jetzige durchschnittliche Laufzeit von 74 Minuten.*

Die Muppetband, die in der *Muppet Show* die Titelmelodie spielt und gelegentlich in der Show auftritt, heißt im amerikanischen Original The Electric Mayhem (das elektrische Chaos), in der deutschen Übersetzung hat die Band jedoch den Namen Die elektronische Selbstverstümmelung. Die Bandmitglieder heißen Dr. Goldzahn (E-Orgel und Gesang), Floyd Pepper (Bass), Janice (E-Gitarre), Zoot (Saxofon) und Das Tier (Schlagzeug).

Am 63. Hochzeitstag feiert man die Quecksilberhochzeit.

In Cleveland, Ohio, ist es illegal, eine Maus ohne eine gültige Jagderlaubnis zu fangen.

Eine durchschnittliche Schönwetterwolke wiegt in etwa so viel wie 80 Elefanten.

Der fliegende Besen von Bibi Blocksberg heißt Kartoffelbrei.

Seinen 10 000. Geburtstag (also den 10 000. Tag seines Lebens) feiert man im Alter von 27 Jahren, fünf Monaten und 17 Tagen (plus/minus drei Tage wegen Schaltjahren und unterschiedlicher Monatslängen). Die milliardste Lebenssekunde erreicht man etwa mit 31 Jahren, acht Monaten und acht Tagen.

Vögel benötigen die Erdanziehungskraft, um schlucken zu können.

Die Pinguine aus *Batman Returns* hatten ihren eigenen Luxusswimmingpool.

Vier ist die einzige Zahl, deren Wert der Anzahl ihrer Buchstaben entspricht.

Die Scoville-Skala ist eine Skala zur Abschätzung der Schärfe von Früchten der Paprikapflanze, die 1912 von dem Pharmakologen Wilbur L. Scoville entwickelt wurde.

1958 stellte man fest, dass Finger-und Zehennägel durchschnittlich 3,06 Millimeter pro Monat wachsen. Eine an 200 Menschen durchgeführte Studie im Jahre 2009 ergab jedoch, dass die durchschnittliche Geschwindigkeit bei 3,55 Millimeter pro Monat liegt. Das heißt, dass sich das Nagelwachstum in den letzten 50 Jahren um 16 Prozent erhöht hat.

Der Luftverkehr fliegt um 10 Prozent langsamer als 1960, um die Treibstoffkosten zu senken.

Das Hairy-Ball-Theorem besagt, dass es unmöglich ist, eine behaarte Kugel vollständig glatt zu kämmen.

Die tiefste Höhle der Welt ist die Lamprechtsofen-Vogelshacht-Höhle in Salzburg, Österreich, mit einer Tiefe von 1632 Metern.

Es gibt Länder, in denen Homosexualität für Frauen legal, aber für Männer illegal ist.

In den USA sind neun Milligramm Rattenkot pro Kilo Weizen erlaubt.

Ein Apfel ist ein besserer Muntermacher als Koffein.

Stirbt ein Chamäleon an Stress, dann ist es zum Todeszeitpunkt knallbunt.

Der Stich der 24-Stunden-Ameise gilt als der schmerzhafteste aller Insektenstiche. Er verursacht ein Gefühl, als würde man bei lebendigem Leib verbrennen. Die Schmerzen dauern 24 Stunden an – daher der Name der Ameise.

Sand ist der Grundstoff für Backsteine und auch für Fensterglas.

Fluoreszierendes Licht summt in B-Moll.

In Südafrika hat 2009 eine Taube gegen das Internet gewonnen. Sie hat es geschafft, Daten im Umfang von 4 GB schneller in eine 90 Kilometer (Luftlinie) entfernte Filiale der Firma zu übertragen, als es mit einer ADSL-Leitung gelungen ist. Die Taube Winston wurde nach dieser Leistung bei der Firma angestellt.

Der Motorway A 38 (M), auch als Aston Expressway bekannt, ist eine kurze Autobahn in Birmingham, England. Er ist nur 3,2 Kilometer lang und hat über weite Teile sieben Fahrspuren ohne Mittelstreifen, deren Benutzung über dynamische Verkehrsbeeinflussungsanlagen geregelt werden kann.

Delfine verwenden ihre Zähne nur zum Greifen von Dingen, nicht zum Kauen. Durch ihre fehlende Backenmuskulatur sind sie dazu nicht in der Lage.

Whoopi Goldberg, Henry Kissinger und Nelson Mandela sind Ehrenmitglieder der Harlem Globetrotters.

Regentropfen von einer Größe von einem Millimeter fallen im Durchschnitt mit einer Geschwindigkeit von 22 Stundenkilometern.

Eine Minute Tagesschau *kostet 2800 Euro.*

Ein 55-jähriger Tierliebhaber ist in Amerika mit einem Zebra und einem Papagei in seinem Pick-up-Truck betrunken am Steuer erwischt worden. Er hatte mit seinen Tieren eine Spritztour gemacht und im 30 Kilometer von seinem Wohnort entfernten Dubuque mit einem Freund etwas in einer Bar getrunken. Auf dem Parkplatz vor der Bar erwischte ihn eine Polizeistreife, als er gerade losfahren wollte.

Mit 2380 Kilogramm Plastik ist *Chicken Run* der animierte Film mit dem höchsten Plastikverbrauch.

Die Autorin Virginia Woolf schrieb alle ihre Bücher im Stehen.

Der Bahnsteig Concorde der Metrolinie 12 in Paris besteht ganz aus weißen Kacheln, die jeweils genau einen Buchstaben oder eine Zahl enthalten. Aneinandergereiht ergeben die Buchstaben den französischen Text der Erklärung der Menschen- und Bürgerrechte.

Die erste Beschreibung eines weiblichen Orgasmus stammt von der Nonne Hildegard von Bingen.

David Hasselhoff wird vom selben deutschen Sprecher synchronisiert wie Kermit, der Frosch.

Der Sirtaki ist gar kein traditioneller griechischer Volkstanz, er wurde für den Film *Alexis Sorbas* erfunden, weil Hauptdarsteller Anthony Quinn Schwierigkeiten hatte, die traditionellen Tänze zu lernen. Also hat man extra für ihn die leichtesten Elemente der Tänze Chasapiko und Syrtos zusammengeworfen.

97 Prozent der Kanadier würden sich keine Zahnbürste ausborgen, wenn sie ihre eigene vergessen hätten.

4 Prozent der Wahrsagungen treffen auch zu.

Erdnüsse gehören zur Gattung der Hülsenfrüchte und sind somit mit Bohnen und Erbsen verwandt.

Daniel Radcliffe hat zu Harry-Potter-Zeiten wild gefeiert und hatte ein Alkoholproblem. Inzwischen rührt er keinen Tropfen mehr an.

In Alaska ist es illegal, von einem Flugzeug aus auf einen Elch herabzuschauen.

Sir Thomas Malory, der berühmte englische Dichter des 15. Jahrhunderts, dessen Artus-Dichtungen die Ideale ritterlichen Lebens verherrlichten, saß achtmal im Gefängnis, unter anderem wegen Vergewaltigung und bewaffneten Raubüberfalls.

General Grievous aus *Star Wars* ist zu 98 Prozent ein Droide.

Durch Zappeln kann man täglich bis zu 350 Kalorien verbrennen.

»S.O.S.« von ABBA aus dem Jahr 1975 war der erste Hit, dessen Titel und Interpretenname ein Palindrom war (von vorne wie von hinten lesbar).

In *X-Men 2* wird Magneto in einer Gefängniszelle aus Plexiglas festgehalten, wo er das Buch *The Once And Future King* von T. H. White liest. In der Novelle ist Merlin in eine Höhle aus Kristall gesperrt.

Tim Berners-Lee hat 1989 am CERN, der Europäischen Organisation für Kernforschung, den Grundstein für das World Wide Web gelegt. Sein Ziel war es, Forschungsergebnisse besser austauschen zu können. Seine Neuheiten waren HTTP als Übertragungsprotokoll, HTML als Beschreibungssprache und URLs als Adresse.

Wegen der inzwischen ausgestorbenen Insektengattung *Pseudopulex* mussten sich früher auch Dinosaurier und Flugsaurier kratzen.

Die Chance, im Lotto zu gewinnen, ist etwa so groß wie die, dass man in einer Großstadt seinen Regenschirm in der U-Bahn verliert und dann eine sechsstellige Nummer anruft und dort derjenige abhebt, der den Schirm gefunden hat.

Elefanten sind entweder »Linksrüssler« oder »Rechtsrüssler«, das heißt, sie bewegen ihren Rüssel eher zu einer Seite.

Lord Jesus Christ wohnt in Belchertown, Massachusetts, und wurde im Mai 2010 bei einem Autounfall leicht verletzt.

Die Goodyear Rubber Company ließ eine Studie durchführen, die zu dem Ergebnis kam, dass sich die Sohle des rechten Schuhs schneller abnützt als die des linken Schuhs.

Das Wort »onanieren« geht auf die biblische Figur Onan zurück.

90 Prozent aller Frauen biegen beim Betreten eines Kaufhauses zuerst nach rechts ab.

Eine an einem einzigen Gen veränderte Fruchtfliege wird bei Temperaturen über 30 Grad Celsius schwul.

Ein Fisch kann ertrinken, wenn nicht genügend Sauerstoff im Wasser ist.

Heidi Klum nennt ihre Brüste Hans und Franz.

Im ersten *Spider-Man*-Film von Sam Raimi steht auf Peter Parkers Diplom der Name Peter B. Parker. Die Tatsache, dass Peter einen zweiten Vornamen hat, kommt nur in einer einzigen Comic-Ausgabe vor (*Web of Spider-Man 19*). Das B steht für Benjamin.

Auf dem Mars befindet sich der größte Berg des Sonnensystems mit einer Höhe von 26 400 Metern.

Einer der bekanntesten Stadtteile von Bremen ist das Schnoorviertel. Das Wort Schnoor kommt aus dem Plattdeutschen und bedeutet übersetzt »Schnur«. Das Schnoorviertel wurde so genannt, weil sich dort viele Seilereien befanden, die die Taue für die Schifffahrt herstellten.

Das Gebrüll eines Löwen in einer Entfernung von bis zu acht Kilometern noch gehört werden.

England liegt mit einem jährlichen Konsum von 2,27 Kilogramm Tee pro Kopf weltweit auf Platz neun. Paraguay liegt mit 13,08 Kilogramm Tee pro Kopf pro Jahr klar an der Spitze. Der durchschnittliche Deutsche konsumiert 1,05 Kilogramm Tee im Jahr.

Kurt Russel bekam für die Rolle in Star Force Soldier *eine Gage von 20 Millionen Dollar. Da seine Rolle eher wortlos blieb, brachte er es im gesamten Film auf 104 Wörter. Das macht stolze 192 307 Dollar pro Wort.*

Neun von zehn Menschen, die von einem Blitz getroffen werden, überleben.

Leuchtkräftige Blaue Veränderliche (kurz LBV, engl. »luminous blue variable«) sind die hellsten und massereichsten Sterne im Universum. Sie haben bis zu 150 Sonnenmassen und leuchten mehrere Millionen Mal so hell wie unsere Sonne.

Eine Eule hat drei Augenlider.

Für das erste Konzert 1982 wurde die Band Die Toten Hosen vom Veranstalter versehentlich als »Die Toten Hasen« angekündigt.

Die Augenfarbe der zwei Geier in Walt Disneys Film *Schneewittchen* von 1937 waren Schwarz, Rot, Gold.

Im Rahmen der »Hire a White Guy«-Strategie mieten chinesische Unternehmen westlich aussehende Ausländer und stellen sie in Meetings mit Vertretern anderer Unternehmen als Mitarbeiter vor, nur um den Anschein zu erwecken, wichtige Verbindungen ins Ausland zu besitzen.

Das Videospiel *Space Invaders* wurde 1978 kurz nach seinem Erscheinen in den Spielhallen in Japan so populär, dass nach kurzer Zeit im ganzen Land die 100-Yen-Münzen knapp wurden.

Papst Johannes Paul II. war Ehrenmitglied der Harlem Globetrotters.

*Die nur 2,3 Millimeter große Taufliege (*Drosophila bifurca*) hält den Rekord für das längste Spermium im Tierreich. Es misst 58 Millimeter.*

Sean Bean starb in 25 seiner Filme bzw. TV-Sendungen. Deshalb bekam er den Namen »Spoiler on two legs«.

Der Fingerabdruck eines Koalabären ist kaum vom menschlichen Fingerabdruck zu unterscheiden.

Die männliche Form der Nymphomanie ist die Satyriasis. Beides sind allerdings nicht mehr die korrekten Bezeichnungen für gesteigertes sexuelles Verlangen oder F52.7, wie es bei der WHO heißt.

Arnold Schwarzenegger durfte in seinen ersten Filmen wie *Hercules in New York* oder *Der Tod kennt keine Wiederkehr* wegen seines Dialektes nie mehr als 100 Worte sagen.

Die Hase ist ein 169 Kilometer langer Nebenfluss der mittleren Ems.

Das sich bei der Eisengewinnung im Hochofen ansammelnde Roheisen heißt Ofensau.

2004 gründete Gunter Sachs den Verein Für das größere Fußballtor e.V.

Auf Rezepten vom Arzt oder Apotheker finden sich oft die Buchstaben »Rp«. Dies ist aber nicht die Abkürzung für »Rezept«, sondern vielmehr ein stilisiertes Symbol für das lateinische Zeichen des römischen Heilgottes Jupiter, den man damit um Hilfe anruft. Jeder Doktor heute betreibt also Kult, oft ohne es zu wissen.

In Rumänien gibt es etwa viermal so viele Hühner wie Menschen.

Die Eltern von Fix und Foxi heißen Paxi und Fixi.

Der Name des Comicbuchverkäufers aus *Die Simpsons* ist Jeff Albertson.

Das Kühlerfigur der Marke Rolls-Royce heißt nicht, wie fälschlicherweise oft angenommen, Emely, sondern Spirit of Ecstasy.

Zitronen enthalten mehr Zucker als Erdbeeren.

Eine Qualle besteht beinahe zu 99 Prozent aus Wasser.

Haie haben keinen einzigen Knochen im Körper. Ihr Skelett besteht komplett aus Knorpeln.

Das Schwesterschiff der *Titanic*, die *Olympic*, ist das einzige Handelsschiff, das jemals ein U-Boot versenken konnte: Im Mai 1918 zerstörte es mithilfe seiner Schrauben absichtlich ein deutsches U-Boot.

Die erste Dotcom-Domain wurde an digital.com vergeben.

1898 trat das erste Cheerleader-Team bei einem Endspiel zwischen den Teams der University of Minnesota und der Northwestern University im American Football in Minnesota auf. Allerdings handelte es sich dabei um eine reine Männergruppe. Erst im Laufe der Zeit wurden auch Frauen zugelassen.

Das Mittel Sex Wax wird zur Rutschminderung nicht nur für Surfboards, sondern auch für Drumsticks verwendet.

Fingernägel wachsen 0,5 bis 1,2 Millimeter pro Woche.

Der Stobber ist das zentrale Fließgewässer der Brandenburger Märkischen Schweiz. Der Bach entspringt auf der Nordsee-Ostsee-Wasserscheide, sodass er zwei Fließrichtungen und Mündungen hat.

Mit etwa 40 Zentimeter Durchmesser sind die Augen des Riesenkalmars die größten im Tierreich.

Als Steve Jobs Bill Gates des Diebstahles an Apple beschuldigte, sagte dieser: »Na ja, Steve, ich glaube, man kann die Angelegenheit von mehr als einer Seite betrachten. Wir hatten beide den reichen Nachbarn Xerox, und ich brach in sein Haus ein, um seinen Fernseher zu stehlen, dabei hattest du ihn doch schon gestohlen.«

Der Bruder von Al Capone war Dorfsheriff.

Die Isolierung des Tanks des BMW Hydrogen 7 ist so gut, dass heißer Kaffee darin über drei Monate heiß bleiben würde.

Der venezolanische Volksheilige José Gregorio Hernández wird vor größeren Reisen um Beistand angefleht, obwohl er selbst bei einem Verkehrsunfall starb.

Von den 206 Knochen eines durchschnittlichen Menschen befinden sich 106 Knochen in Händen und Füßen, 54 in den Händen und 52 in den Füßen.

Der Heavy-Metal-Umlaut ist ein Umlaut, der zum Beispiel einem Bandnamen ein fremdartiges Erscheinungsbild geben soll (wie etwa bei Motörhead). In die Aussprache des Namens fließt der Umlaut jedoch nicht ein.

Wölfe haben nach der Geburt blaue Augen, die sich nach acht Monaten gelb färben.

Ex-US-Präsident Bill Clinton hat in seiner Amtszeit nur zwei E-Mails selbst geschrieben.

Für einen Lippenkuss braucht man 12 Muskeln, für einen Zungenkuss 17.

41 Prozent der Flugzeugpassagiere klatschen bei der Landung.

Die USS William D. Porter *war das erste Schiff der US-Marine, dessen komplette Besatzung 1943 unter Arrest gestellt wurde.*

In etwa 80 Prozent aller Tiere haben sechs Beine.

Kronkorken haben 21 Zacken. Früher waren es 24, aber heute sind die Flaschenhälse kleiner, und eine ungerade Anzahl wurde zur »prozesssicheren Zuführung bei der Füllung« gewählt, weil Deckel bei gerader Anzahl der Zacken schneller verkanten.

Die Unternehmerin Cornelia von Wülfing importierte Heilkräuter aus Ghana nach Deutschland und deklarierte diese als Potenzsteigerungsmittel. Den Erlös ließ sie der Entwicklungshilfe zukommen und wurde schließlich als Dank zur »Königin von Ghana« gekrönt.

Radio Finnland überträgt Freitag und Samstag nachts lateinische Nachrichten.

Die größten natürlichen Brüste der Welt hat die amerikanische Pornodarstellerin Norma Stits (ursprünglich Anna Hawkins-Turner) – bei einem Umfang von 203 Zentimetern bringt sie es auf Körbchengröße ZZZ. Sie steht im *Guinnessbuch der Rekorde* deshalb nicht nur als Frau mit den größten Brüsten, sondern auch als Besitzerin des weltweit größten BHs.

Rechtshänder leben durchschnittlich neun Jahre länger als Linkshänder.

Einer der Gründer von YouTube, Jawed Karim, wurde in der DDR geboren.

Andrew Gallup, Professor an der Binghamton University im US-Bundesstaat New York, behauptet: »Gähnen kühlt das Gehirn.« Seine Kollegen können dies nicht bestätigen. Auch dient das Gähnen nicht der verstärkten Aufnahme von Sauerstoff.

Der Okavango, der nördlich der Kalahari versiegt, ist mit 1700 km der längste Fluss der Erde ohne Mündung.

Wenn man das Essen in der Mikrowelle auf den Rand der Drehscheibe stellt, wird es schneller und gleichmäßiger heiß.

Im Vatikanstaat gibt es durchschnittlich zwei Päpste pro Quadratkilometer. Er ist nämlich nur etwa 0,5 Quadratkilometer groß.

Um 2009 auf die Hyperinflation in Simbabwe aufmerksam zu machen, druckte die Zeitung The Zimbabwean *ihre Werbeplakate auf echten Simbabwe-Dollar-Scheinen.*

Dr. Best aus der Zahnbürstenwerbung war wirklich Arzt.

Die am meisten gewünschte Henkersmahlzeit wäre Cheeseburger, an zweiter Stelle käme gleich das Brathähnchen.

Der Silvesterklassiker Dinner for one *ist die weltweit am häufigsten wiederholte Fernsehproduktion.*

Der Manager von Elvis Presley, Colonel Parker, war diagnostizierter Psychopath. Er aß so lange, bis er über 150 Kilogramm wog, um nicht in den 2. Weltkrieg ziehen zu müssen – mit Erfolg!

Da das lebensgroße Modell des Weißen Hais nur schlecht funktionierte, bekam es lediglich gegen Ende des Films seinen großen Auftritt. Den Rest des Films war nur eine Rückenflosse zu sehen, und es wurde die legendäre dramatische Musik eingesetzt, was die Spannung letztendlich sogar steigerte.

Laut einem königlichen Bericht aus dem Jahr 1868 waren in Schottland 90 Prozent aller Frauen am Tag ihrer Hochzeit schwanger.

Seit etwa 1960 kann man mithilfe der C14-Methode das Alter einstiger Lebewesen und Dinge aus Holz erforschen. Dies bedeutet eine Revolution in der Forschung.

Für einen Liter Olivenöl benötigt man in etwa fünf Kilogramm Oliven.

Die Weltmeisterschaften des Spiels »Schere, Stein, Papier« finden jährlich in Toronto statt.

Vogelspinnen leben in Palmen.

Der Südsudan belegt derzeit Platz 199 der aktuellen FIFA-Weltrangliste.

Napoleon entwickelte seine Kriegsstrategien in einem Sandkasten.

Der österreichische Wander-, Sport- und Geselligkeitsverein war eine verdeckte paramilitärische Geheimarmee in den 50er- und 60er-Jahren.

Die über 5000 Jahre alte Keilschrift der Sumerer wurde zum Kennzeichnen von Gefäßen mit Handelsware erfunden und gilt als die älteste Schrift der Welt.

In Kansas gilt jeder nach dem Gesetz so lange als nüchtern, bis er oder sie nicht mehr aufrecht stehen kann.

Der Planet Merkur umrundet die Sonne mit 173 000 Stundenkilometern in nur 88 Erdentagen.

Audrey Hepburn sprach Englisch, Französisch, Spanisch, Italienisch und Holländisch fließend.

Das Risiko, sich einen Computervirus einzufangen, ist auf religiösen Webseiten dreimal so hoch wie auf Pornoseiten.

Es gibt keine eindeutige Erklärung für die Anziehungskraft von Licht auf Motten.

Salzt man eine Ananas, schmeckt sie daraufhin noch süßer.

Volvo hat einen eigenen Club für Menschen, die von ihrem Volvo gerettet wurden.

Kleinwüchsige Menschen mit einer Körpergröße von 1,39 Metern und darunter erhalten eine Ausnahmegenehmigung, um in Bereichen mit Parkuhren und Parkscheinautomaten gebührenfrei parken zu können.

Der Finne Jussi Salonoja erhielt im Jahr 2003 einen Strafzettel über 170 000 Euro, weil er 80 anstatt der erlaubten 40 Stundenkilometer gefahren war und in Finnland die Strafe nach dem Einkommen berechnet wird.

In Griechenland tragen die Bräute ein Stück Zucker in ihren Hochzeitshandschuhen. Es soll ihr Eheleben versüßen.

Astronauten können nicht rülpsen, da Kohlendioxid in der Schwerelosigkeit nicht nach oben steigt.

Die durchschnittliche Länge der Nase einer europäischen Frau beträgt 5,1 Zentimeter.

Rom erreichte im ersten Jahrhundert eine Einwohnerzahl von einer Million und war damit die erste Millionenstadt.

24 Stunden ohne Schlaf wirken wie 1 bis 1,2 Promille Alkohol im Blut.

Facebooks »Like«-Button sollte ursprünglich »Awesome«-Button heißen.

Weniger als 5 Prozent der Weltmeere sind erforscht.

Alles, was man Siri fragt, wird von Apple analysiert und gespeichert.

Das Kugelmugel ist ein kugeliges Haus in Wien.

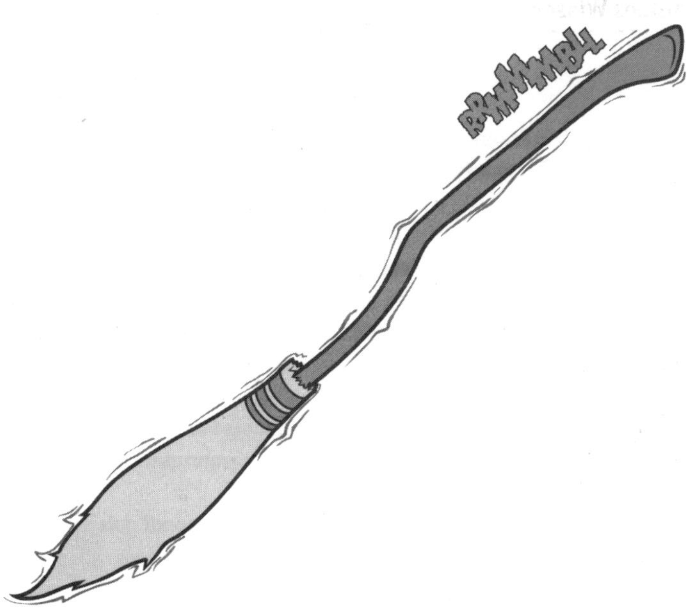

Der Zauberbesen Nimbus 2000 von Matel vibriert, sobald er zwischen die Beine geklemmt wird. Trotz der »befriedigenden« Ergebnisse wurde das Spielzeug wegen Beschwerden besorgter Mütter vom Markt genommen.

Es gibt ein Brettspiel mit dem Namen Anti-Monopoly, *das demonstriert, wie schädlich Monopole für den freien Wettbewerb sind.*

In der 14. Folge der 1. Staffel von *1000 Ways to Die* stirbt ein Mann nach 36 Stunden durchgehenden Lachens über einen Witz.

Das Zeichen »Daumen hoch« hat in einigen arabischen Ländern und im Iran dieselbe Bedeutung wie hierzulande der erhobene Mittelfinger.

Der erste Kosmonaut im Weltall, Juri Gagarin, summte 1961 die Melodie von »O sole mio« während seiner ersten Umrundung der Erde.

Der ehemalige britische Premierminister Tony Blair machte seiner Frau einen Heiratsantrag, während sie gerade auf den Knien das Klo putzte.

Der vollständige Name der südafrikanischen Sängerin Miriam Makeba war Zenzile Makeba Qgwashu Nguvama Yiketheli Nxgowa Bantana Balomzi Xa Ufun Ubajabulisa Ubaphekeli Mbiza Yotshwala Sithi Xa Saku Qgiba Ukutja Sithathe Izitsha Sizi Khabe Singama Lawu Singama Qgwashu Singama Nqamla Nqgithi.

Der Maschinenbauingenieur Louis Réard ist der Erfinder des Bikinis.

Donald Ducks Vater heißt Degenhard Duck.

Die linke Gesichtshälfte ist (unserer subjektiven Empfindung nach) die schönere Gesichtshälfte.

Der Rapper Snoop Dogg hat die Lizenz zum Kiffen. Er ist im Besitz einer »Medical Card for Marijuana«, die den Konsum bei chronischen Krankheiten legalisiert.

Das männliche Schnabeltier produziert zur Paarungszeit ein sehr schmerzhaftes Gift.

Brüllaffen verbringen 80 Prozent ihres Lebens mit Ausruhen.

Ein Luftmolekül bewegt sich pro Sekunde etwa 500 Meter und stößt dabei eine Milliarde Mal auf andere Teilchen. Voraussetzung dafür ist Zimmertemperatur.

Ein Lichtjahr entspricht etwa 236 075 620 Erdumrundungen entlang des Äquators.

Alle Lebewesen benötigen Kalium. Jedes 8550. Kaliumatom ist radioaktiv. Das heißt, von den 360 Millirems Radioaktivität, der unsere Körper jährlich ausgesetzt sind, produzieren wir rund 40 Millirems selbst.

Hure ist eine Gemeinde mit 491 Einwohnern (Stand: 1. Januar 2009) im Département Gironde in der französischen Region Aquitanien. Die Einwohner bezeichnen sich als Hurois oder Huroises.

Bei den ersten Schreibmaschinen kam es häufig zu Verklemmungen der Typenhebel, weshalb sich der amerikanische Erfinder Christopher Sholes 1868 eine andere Anordnung der Buchstaben ausdachte. Häufig verwendete Buchstaben lagen dann nicht mehr so nahe beieinander. Das Ergebnis war das heutige Tastaturlayout (QWERTY bzw. bei uns sehr ähnlich QWERTZ).

Nur im buddhistischen Glauben kommen Ungläubige nicht in die Hölle.

Tuzemak ist tschechischer Rum aus Zuckerrüben.

In der Zeit von 1950 bis 2002 hat bei der Fußballweltmeisterschaft entweder Deutschland oder Brasilien immer am Finale teilgenommen, außer im Jahr 1978, da kam Brasilien nur in das Halbfinale.

Die Menschen in Island lesen pro Kopf mehr Bücher als in jedem anderen Land.

Das menschliche Auge kann 7 000 000 verschiedene Farbnuancen wahrnehmen.

Bei zu starkem Niesen kann man sich eine Rippe brechen.

Minus 40 Grad Celsius ist genauso kalt wie minus 40 Grad Fahrenheit.

Silvio Berlusconi war vor seiner politischen Laufbahn Staubsaugervertreter und Sänger in einem Touristenlokal in Rimini.

Wenn man zwei logische Variablen miteinander verknüpft, sind insgesamt 16 verschiedene Ergebnisse möglich.

In der Nase zu bohren und seine Popel zu essen ist gut für das Immunsystem.

Das koreanische Wort für »Hundefutter« wird »Kebap« ausgesprochen.

Mark Zuckerbergs Hund Beast hat nicht nur eine eigene Facebook-Seite, sondern besitzt auch den Status eines Administrators.

Bauern glaubten früher, dass es regnen würde, wenn Schweine Stöcke, die am Boden lagen, aufhoben und herumtrugen.

Eisfische haben keine roten Blutkörperchen.

Eine kleine Kolonie von Fledermäusen kann über eine Tonne Ungeziefer in einem Jahr vertilgen, das sind mehr als 600 Millionen Insekten und Käfer.

Für die Abstimmung beim Intervision Song Contest (dem Oststaaten-pendant zum Eurovision Song Contest) musste man bei einem Song, der einem gefiel, das Licht einschalten, sodass die Elektrizitätswerke den Stromverbrauch messen konnten.

Alexander der Große (Alexander von Makedonien) war nur 1,50 Meter groß.

In Werbungen für das iPhone steht die Zeit immer auf 9.42 Uhr, da um diese Zeit die Enthüllung des Produktes in der Neuvorstellung erfolgte.

Katzen können beim Ein- und Ausatmen schnurren, Großkatzen jedoch nur beim Einatmen.

Wolfgang Amadeus Mozart lernte 1764 in England den Punsch kennen, der später sein Lieblingsgetränk werden sollte.

Zur Angleichung der ungleichmäßigen, aus der Erdrotation abgeleiteten Universal Time (UTC) an die gleichförmig verlaufende Internationale Atomzeit (TAI) werden die notwendigen Schaltsekunden vom Internationalen Dienst für Erdrotation und Referenzsysteme (IERS) berechnet und in die UTC eingefügt.

Ein 17-jähriges Mädchen fiel bei einem Flugzeugabsturz drei Kilometer tief in die Wälder des Amazonas. Sie überlebte und irrte zehn Tage lang herum, bis sie gerettet wurde. Die restlichen 91 Passagiere starben beim Absturz.

In den USA wurden zwischen 1942 und 1945 nur 150 Autos hergestellt, da die gesamte Industrie auf Rüstungsindustrie umstellte.

»Money for nothing« von den Dire Straits war der erste Song, der am 1. August 1987 auf MTV Europe gespielt wurde.

Weintrauben können einen Sonnenbrand bekommen.

Die gesamte Massentierhaltung in den USA produziert das 130-Fache der Fäkalien der Gesamtbevölkerung – ungefähr 40 000 Kilo Fäkalien pro Sekunde.

Im ersten Jahr der Prohibition in Amerika hat der Verbrauch an Messwein um über drei Millionen Liter zugenommen.

Ohrenschmalz schmeckt sehr bitter.

Dunkelheit breitet sich mit Lichtgeschwindigkeit aus.

Judy Garland musste im Film *Der Zauberer von Oz* ein schmerzhaftes Korsett tragen, damit sie flachbrüstiger und somit jünger wirkte.

Dreifarbige Katzen sind fast immer weiblich.

In Tucson, Arizona, dürfen Frauen keine Hosen tragen.

Das @-Zeichen heißt auf Russisch »sobaka«, das bedeutet »Hund«.

Bugs Bunny sollte ursprünglich Happy Rabbit heißen.

Kuba hieß erst Kuba, dann Juana, dann Ferdinanda und dann wieder Kuba.

Die etwa 900 Millionen Facebook-User verbringen täglich um die 4,7 Milliarden Minuten auf der Social-Media-Plattform. Das entspricht einer Zeit von 9000 Jahren.

Laut einer Studie sind die aggressivste Bevölkerungsgruppe die Zweijährigen.

Ein veraltetes Handy wird umgangssprachlich als »Gurke« bezeichnet.

Physikalisch betrachtet, gibt es keine Kälte, sondern nur das Nichtvorhandensein von Wärme.

Der amerikanische Rapper Waka Flocka Flame posierte nackt in einer PETA-Kampagne gegen die Tötung von Tieren.

Pamela Anderson Lee ist Kanadas Hundertjahrfeier-Baby, also das erste Baby, das zum hundertjährigen Jubiläum der Unabhängigkeit von Kanada geboren wurde.

Jeder Mensch hat auf der Gesichtshaut etwa 75 Millionen Bakterien pro Quadratzentimeter.

Etwa 30 Millionen US-Amerikaner spielen in ihrer Freizeit das internetbasierte Spiel *Fantasy-Football*.

Die höchste Temperatur, die Planck-Temperatur, liegt bei etwa 142 Quintillion Kelvin. Ein Stern, der kurz vor der Supernova steht, erreicht in seinem Inneren gerade einmal 10 Milliarden Kelvin.

In Norwegen gibt es ein Dorf mit dem Namen Homo, es ist allerdings so klein, dass es noch nicht einmal ein Ortsschild besitzt.

Im Central Park in New York befinden sich mehr als 125 Trinkwasserhähne.

Bei Völkern, die aufgrund der geografischen Lage flächendeckend mit Trinkwasser versorgt sind und daher fast jederzeit ihren Durst stillen können, hat sich (so auch in der deutschen Sprache) kein eigener Begriff für das Gegenteil von »durstig« entwickelt. Gegen Ende des 20. Jahrhunderts führte man den Begriff »sitt« ein, der analog zum Begriff »satt« das Fehlen von Durst beschreiben soll.

Um den Adobe Reader downloaden zu können, muss man die Lizenzbedingungen akzeptieren – die allerdings nur als PDF vorliegen.

Die Zitrone ist, botanisch gesehen, eine Beere und die Erdbeere eine (Sammel-)Nussfrucht.

Am 1. Juli 1926 wurde in Österreich von Krone auf Schilling umgestellt. Anlässlich dessen gab es eine amtliche Mitteilung: »Ab sofort muss in Schilling und Groschen abgerechnet werden. Zuwiderhandelnde Personen werden mit 60.000 Kronen bestraft.«

Salz ist eines der wenigen Gewürze, das nur Geschmack und keinen Geruch hat.

Katzen kommunizieren durch Miauen nicht mit anderen Katzen, sondern nur mit Menschen.

In Singapur ist fast jeder fünfte Mensch Millionär.

In der besuchbaren Zone des demilitarisierten Grenzstreifens zwischen Süd- und Nordkorea gibt es nur drei verschiedene Warnschilder: »Rutschgefahr«, »Nicht über das Geländer lehnen« und »Fotografieren nur hinter dieser Linie erlaubt«.

Ein Biber kann die Luft bis zu 45 Minuten anhalten.

Wenn man sich bei Google Maps die Route von China nach Japan berechnen lässt, erscheint unter Punkt 38 »per Jetski über den Pazifik«.

Es gibt in der Karibik einen Kokosnuss-Sicherheitsbeauftragten, denn es sterben jährlich über 150 Menschen, weil ihnen eine Kokosnuss auf den Kopf fällt.

Gemäß der Theorie der Panspermie kam das Leben durch einfache Lebensformen, die sich durch das Universum bewegen können, auf die Erde.

Wenn weibliche Frettchen nicht rechtzeitig gedeckt werden, können sie an überschüssigem Östrogen erkranken oder sogar sterben.

Ein Mann mit 70 Kilogramm Gewicht reicht etwa 40 Kannibalen für eine Mahlzeit.

Als 2008 die Bank Lehman Brothers pleiteging, betrug deren Schuldenstand 200 Milliarden Dollar.

Der menschliche Magen muss alle zwei Wochen seine Schleimhaut komplett neu generieren, ansonsten würde er sich selbst verdauen.

Der im Jahre 1982 vom TIME-Magazin *gekürte »Man of the Year« war der Computer.*

Wenn Frederic, Prinz von Anhalt, Ex-Topmodel-Kandidatin Gina-Lisa Lohfink adoptiert hätte, hieße sie nun Nadja Anna Gina-Lisa Prinzessin von Anhalt, Herzogin zu Sachsen und Westfalen, Gräfin von Askanien.

Nach dem Sieg der Denver Broncos gegen die Miami Dolphins sprang der Footballspieler Tim Tebow nicht vor Begeisterung herum und jubelte, sondern kniete sich einfach hin. Damit war das Tebowing geboren.

Der Schmerz, den ein Insektenstich auslöst, wird im Schmidt-Sting-Pain-Index gemessen. Dazu ließ sich der Insektenforscher Justin Orvel Schmidt von insgesamt 150 Insektenarten stechen und ordnete die Schmerzhaftigkeit auf einer Skala von 1 bis 4. Den schmerzhaftesten Biss hat übrigens die 24-Stunden-Ameise.

Den *Twilight*-Darstellern war es vertraglich untersagt, sich während der Dauer der Filmdreharbeiten zu sonnen.

In der deutschen Sprache gibt es 632 Synonyme für »sterben«.

Eine kuriose Statistik verrät: Menschen mit dem Sternzeichen Stier fahren am schlechtesten Auto, Löwen sind dafür angeblich die besten Autofahrer.

Nauru hat als einzige Nation der Welt keine Hauptstadt.

Wenn Frauen sich bei der Verhütung nur darauf verlassen, dass sie an bestimmten Tagen unfruchtbar sind, spricht man vom »römischen Roulette«, da es die einzige von der katholischen Kirche erlaubte Verhütungsmethode ist.

Als James Bond in Stirb an einem anderen Tag *nach der Nacht mit Jinx aufwacht, läuft ein Insekt über das Bild.*

In Israel ist es verboten, Schweine zu züchten oder zu verkaufen.

In Kanada ist es verboten, ein Flugzeug während des Fluges zu verlassen.

Das Wort »Nerd« kam erstmals als Name einer Kreatur im Buch If I Ran the Zoo *von Dr. Seuss aus dem Jahr 1950 vor.*

Das seltenste Element auf der Erde ist mit einer Gesamtmasse von nur etwa 25 Gramm das stark radioaktive Astat. Es tritt in der Natur nur gemeinsam mit Uran auf.

Die Männchen der Argentinischen Ruderente haben einen außergewöhnlich langen Penis, bei einem Exemplar wurde eine Länge von 42,2 Zentimetern gemessen.

In Inuktitut, der Sprache der Inuit, heißt das Internet »Ikiaqqijjuti«, was übersetzt so viel bedeutet wie »Ein Schamane reist durch eine andere Dimension der physischen Welt«.

Ein Erdrutsch löste 1958 in der Lituya Bay in Alaska eine Flutwelle aus, die bis zu einer Höhe von 520 Metern Bäume wegspülte.

Bei Schimpansen reicht schon eine Animation, die einen Artgenossen mit aufgerissenem Maul zeigt, um sie zum Mitgähnen zu veranlassen. Auch gähnen Hund und Herrchen häufig synchron. Besonders empathische Menschen neigen leichter dazu, ein Gähnen zu erwidern.

Beim Freundschaftsspiel gegen Tschechien am 29. Februar 2012 führte Robert David Keane die irische Fußballnationalmannschaft zum 50. Mal als Kapitän aufs Feld. Er ist damit irischer Rekordspielführer.

In den Niederlanden gibt es ein Käsemuseum.

Eminem ist fast 40.

Spiderman hieße im Lateinischen Homo Aranea.

Bäume können auf der Erde nicht höher als 130 Meter werden.

Ein Mensch ist das einzige Lebewesen, das weinen, lachen und süß schmecken kann.

Ein Koprolith oder Kotstein besteht aus fossilen Exkrementen (Kot).

Die Serie *Desperate Housewives* und P. Diddys Musikvideo »Bad Boys for Life« wurden in derselben Straße gedreht.

Bis 2004 war www.Whitehouse.com eine Pornowebsite.

Eine Katze kann bis zu 49 km/h schnell laufen.

Elefanten stecken sich zur Begrüßung gegenseitig den Rüssel in den Mund.

In der Marktforschung werden ältere Internetnutzer (60+) als »Silver Surfer« bezeichnet.

Die Modelle der M-Klasse von Mercedes Benz werden unter dem Kürzel ML verkauft, da BMW sich schon die Rechte an dem Buchstaben M für seine Sportmodelle gesichert hatte.

Krokodile können ihre Zunge nicht herausstrecken.

Der Mr-Spock-Darsteller Leonard Nimoy schrieb 1977 ein Buch mit dem Titel *Ich bin nicht Spock*. 1995 korrigierte er im Buch *Ich bin Spock* diese Aussage.

Yahoo steht für »Yet Another Hierarchial Officious Oracle«.

Das Triangel (Musikinstrument) gehört in der deutschen Sprache zu jenen Wörtern, bei denen alle drei Artikel verwendet werden können.

Papst Benedikt XVI. trägt Schuhe von Prada und trinkt gerne Fanta.

Mozart schrieb 1782 den Kanon Leck mich im Arsch.

In Frankreich fand die letzte Tötung eines Verbrechers durch die Guillotine 1977 statt.

Weil die Hüttenleute aufgrund der trockenen, kalten Luft im Winter besseren Stahl kochten als im Sommer, lehnten sie James Beaumont Neilsons Winderhitzer für Hochöfen zunächst kategorisch ab.

Die Aldi-Filiale »Berliner Straße » in Potsdam hat eine eigene Bootsanlegestelle.

»Jingle Bells« war ursprünglich kein Weihnachtslied, sondern ein Lied über Pferdeschlittenrennen von Jugendlichen und wurde eigentlich für Thanksgiving komponiert.

Die Ansage »Let's get ready to rumble!« von Michael Buffer vor Boxkämpfen ist urheberrechtlich geschützt und darf nur von ihm verwendet werden.

Wissenschaftler der Universität von Montreal kamen zu dem Schluss, dass eine Stunde Fernsehen die Hüfte von Kindern um 0,047 Zentimeter anschwellen lässt.

Maik Hanke, der Stürmer vom Bundesligisten Borussia Mönchengladbach, hat eine Grasallergie.

Der Hahn auf der Kellogg's-Cornflakes-Verpackung heißt Cornelius.

Dana Carvey (Regisseur und Darsteller von Garth in Wayne's World*) kannte den Text zu »Bohemian Rhapsody« nicht und bewegte daher seinen Mund, so gut er konnte, zum Song. Aus diesem Grund war er nicht besonders zufrieden mit dieser Szene. Gott sei Dank entschloss er sich trotzdem dazu, diese in den Film einzubauen.*

Prinz William und Kate Middleton heirateten am selben Tag wie Adolf Hitler und Eva Braun.

In Chile wird ein Wein namens Meteorito verkauft, der 4,5 Milliarden Jahre altes Meteoritengestein enthält.

Der Schmelzpunkt von Tantalhafniumcarbid liegt bei 4215 Grad Celsius. Es ist somit das Material mit dem höchsten Schmelzpunkt.

Zum Bau eines Bankgebäudes in Vernal/Utah (USA) ließ man sich die dafür benötigten Ziegelsteine per Post kommen (jeweils sieben Ziegelsteine in einem Paket). Das war billiger, als die gesamte Ladung aus Salt Lake City einzuschiffen.

Comicautor Stan Lee fügte bei seiner Figur, dem Spider-Man, einen Bindestrich zwischen »Spider« und »Man« ein, um eine Verwechslung mit Superman zu verhindern.

Die Lehre von der Dummheit heißt Morologie.

Die Benennung von Hurrikans ist durch sechs festgelegte Listen mit je 21 Namen, die im Turnus von sechs Jahren verwendet werden, vorbestimmt. Reichen die 21 Namen einer Liste für die Hurrikans innerhalb eines Jahres nicht aus, werden die nachfolgenden Stürme nach dem griechischen Alphabet benannt, also Alpha, Beta, Gamma und so weiter.

Bären sind krummbeinig. So haben sie einen besseren Griff und eine bessere Balance.

Der Lieferservice Housebites.com bietet Kunden nicht nur an, Essen nach Hause zu bringen. Wer will, kann sich auch schmutziges Geschirr mitliefern lassen. Das schmutzige Geschirr soll als authentische Ausstaffierung in der Küche dienen, falls das gebrachte Essen als selbst gekocht ausgegeben werden soll.

In Deutschland ist am 21. Juni der Tag des Schafes.

Einige Wochen vor Erscheinen dieses Buches betrug die Zahl der Internetadressen, die auf .de enden, 15 136 908.

Vom Mittelalter bis ins 18. Jahrhundert gehörten zu den Aufgaben des lokalen Barbiers auch Zahnheilkunde, Aderlassen, kleine Operationen und Knochenflickerei.

Ein Zitteraal kann Elektrizität bis zu 650 Volt produzieren.

Die Laubheuschrecke hat ihre Ohren unter den Knien.

Wortwörtlich übersetzt, lautet der chinesische Name für den Mondfisch »Umgefallener-Wagen-Fisch«.

Der Dude aus *The Big Lebowski* ist ein Nachkomme des Erfinders des Zauberwürfels von Rubik, von dessen Tantiemen er gut leben kann.

Die Gemeinde Rochefourchat in Frankreich hat nur einen Einwohner.

Laut einer Studie wechseln Besitzer und Besitzerinnen eines iPhones ihre Sexualpartner häufiger als andere Smartphone-User – im Durchschnitt sogar doppelt so oft wie Android-Besitzer.

Der Unicode-Block Glagolitic enthält die Zeichen des glagolitischen Alphabets, das im 9. Jahrhundert vom Slawenapostel Kyrill für die altkirchenslawische Sprache erfunden wurde. Seit dem 10./11. Jahrhundert wurde die glagolitische Schrift von der kyrillischen verdrängt, hielt sich aber in kirchlichen Texten vor allem in Kroatien noch bis ins 19. Jahrhundert, wo sie durch die in weltlichen Texten längst übliche Lateinschrift ersetzt wurde. Heute wird sie vor allem in Kroatien, Tschechien, Mazedonien und Bulgarien gern wieder zu Schmuckzwecken in Logos und Ähnlichem verwendet.

Klammer auf, Unterstrich, Acht, Klammer auf, kleines L, Klammer zu ergibt Homer Simpson.

Julius Cäsar verschlüsselte geheime Botschaften, indem er alle Buchstaben dieser Botschaft um einen bestimmten Wert nach rechts verschieben ließ. Die Methode war vermutlich deshalb erfolgreich, weil die meisten Gegner nicht lesen konnten.

Die Konservendose wurde 1810 patentiert, der Dosenöffner aber erst 1858.

Im Durchschnitt sieht jedes amerikanische Kind jährlich 40 000 TV-Spots. Das sind über 100 pro Tag.

Statistik aus 79 Folgen Raumschiff Enterprise*: 41 x Spocks Nackengriff, 124 x Spocks »faszinierend«, 56 x Spocks »logisch« (35 x »unlogisch«), 16 x McCoys »Ich bin Arzt und kein ...«, 26 x McCoys »Er ist tot, Jim«, 30 tote Rothemden und 19 hysterisch kreischende Frauen.*

Die *Muppet Show* wurde aus dem saudi-arabischen TV verbannt, weil ein Schwein eine der Hauptrollen einnimmt.

Bei den Seepferdchen werden nicht wie gewöhnlich die Weibchen, sondern die Männchen trächtig. Das Weibchen spritzt die Eier in die Bauchtasche des Männchens, wo sie durch das Sperma befruchtet werden.

Ein Welpe ist bei der Geburt blind, taub und zahnlos.

Rund ein Viertel der Fläche der Niederlande liegt unter dem Meeresspiegel und wird nur durch Deiche vor den Fluten geschützt.

Heroin war ursprünglich der Markenname von Bayer für Morphium und wurde in einer massiven Werbekampagne in zwölf Sprachen als ein oral einzunehmendes Schmerz- und Hustenmittel vermarktet.

Das Turnschuhnetzwerk ist ein eher ironisch gemeinter Begriff für den Austausch von Daten zwischen zwei oder mehreren Computern, der nicht über ein herkömmliches Netz, sondern per Datenträger (beispielsweise Diskette oder USB-Stick), die »zu Fuß« von einem zum nächsten Computer gebracht werden, stattfindet.

Der IKEA-Effekt beschreibt die erhöhte Wertschätzung von selbst erzeugten oder zusammengestellten Produkten gegenüber fertig gekauften Produkten.

Coca-Cola hat einen pH-Wert zwischen 2 und 3.

Efeu kann maximal 450 Jahre alt werden.

Greg Lemond, ein ehemaliger amerikanischer Radrennfahrer, der auch Gewinner der Tour de France von 1989 war, wurde von seinem Schwager angeschossen, weil dieser ihn für einen Truthahn hielt.

Der bei der IANA registrierte Sprachcode für die konstruierte klingonische Sprache ist »i-klingon«, der ISO-639-2-Code ist »tlh«. Klingonisch ist also als eine echte Sprache anerkannt.

Die Könige, Damen und Buben des klassischen Kartenspiels stellen wichtige Größen aus der Geschichte oder Religion dar: Kreuz-König (Alexander der Große), Pik-König (David), Herz-König (Karl der Große), Karo-König (Julius Caesar), Kreuz-Dame (Argine, ein Anagramm aus »regina« - lateinisch für »Königin«), Pik-Dame (Pallas Athene), Herz-Dame (Judith - biblisches Ideal der Frömmigkeit), Karo-Dame (Rachel - biblische Figur als Ideal der Schönheit), Kreuz-Bube (Lancelot - Ritter aus der Artussage), Pik-Bube (Hogier - ein Vetter Karls des Großen), Herz-Bube (La Hire - Soldat an der Seite von Jeanne d'Arc), Karo-Bube (Hektor von Troja oder Roland, ein Paladin Karls des Großen).

Milka-Weihnachtsmänner sind immer bis zum 30. April des nächsten Jahres haltbar. Osterhasen bis zum 31. August.

Die Hülle, die an einem Bleistift den Radiergummi umgibt, heißt Ferrule.

Der Co-Moderator von Robin in How I met Your Mother *hieß Don und hatte die Angewohnheit, in Unterhosen zu moderieren. »Don« bedeutet auf Türkisch »Unterhose«.*

Mexiko City sinkt pro Jahr um etwa einen Viertelmeter.

Das Nike-Symbol heißt »swoosh«.

Der Russe Vissarion glaubt die Reinkarnation von Jesus Christus zu sein. Er lebt mit 10 000 Anhängern auf einem Berg in Sibirien.

Pumuckl ist dreihundertzwölfundzwanzig Jahre alt.

Die medizinische Bezeichnung für zwanghaftes Nasenbohren lautet Rhinotillexomanie.

Affen sind scheinbar die besseren Börsenmakler. Ein von einem Affen ausgewähltes Aktienportfolio erwies sich als gewinnbringender als 94 Prozent aller russischen Aktienfonds.

In seinem Leben verliert man als Mensch ungefähr 20 Kilogramm Haut durch Hautschuppen.

Die Geschichte kennt etwa 250 Alphabete, von denen aber nur 50 bis heute existieren.

Mit dem Freundschaftsspiel Estland gegen Frankreich im Juni 2012 hat die kleine Fußballnation Estland einen Europarekord aufgestellt. Es ist die erste Nation, die gegen jedes der 52 UEFA-Mitglieder angetreten ist.

Brieftauben orientieren sich mithilfe ihres rechten Nasenlochs.

Der Iapetus, der drittgrößte Saturnmond, besitzt eine beinahe weiße und eine beinahe schwarze Seite.

Im Originalskript zu Zurück in die Zukunft *war der Hund Einstein ein Affe mit dem Namen Shemp.*

Die Weißrussen wurden für Gold bei den Olympischen Spielen 2012 in London mit einer Prämie von 123 000 Euro und Gratiswurst auf Lebenszeit belohnt. Nigerianische Medaillengewinner bekamen bei Gold 7500 Euro und als Sachprämie ein Jahr lang gratis Milch.

Als Bombage bezeichnet man die Verformung von Konservendosen aufgrund von Gas, das im Inneren der Dose entstanden ist. In sehr alten Konservendosen kann sich das Bakterium *Clostridium botulinum* bilden, welches die lebensbedrohliche Krankheit Botulismus auslösen kann. Die Bombage ist ein Zeichen dafür, dass der Inhalt der Dose verdorben ist.

Hunderte Jahre vor der Guillotine existierten bereits Köpfungsmaschinen in Schottland (»Schottische Jungfrau«) und Italien (»Mannaia«).

Plato sagte einst: »Ein Hund hat die Seele eines Philosophen.«

Das Pferd Incitatus wurde von Kaiser Caligula zum römischen Senator ernannt.

27 Prozent der Facebook-Serverkapazität wird allein für das Kürzel LOL beansprucht.

Elefanten können nicht springen.

Insgesamt wurden 2011 rund 1,9 Milliarden Hektoliter Bier gebraut. Das sind rund 60 Millionen Hektoliter mehr als im Jahr davor.

Wenn man im Facebook-Chat :putnam: eingibt, erscheint das Gesicht von Chris Putnam, einem Facebook-Entwickler, der sich mit einem Easter Egg verewigt hat.

Reproduktionsstecher ist die Bezeichnung für Holz- und Kupferstecher, die vom 16.–19. Jahrhundert mit der Reproduktion von Gemälden befasst waren, also nach Vorlagen arbeiteten.

In den USA gibt es mehr Psychoanalytiker als Briefträger.

Promenade beschreibt die Körperhaltung (nicht die Tanzbewegung!) eines Tanzpaares im Rahmen einer Tanzfigur, bei der beide Partner vorwärts in die gleiche Richtung blicken und ausgerichtet sind.

Bei Ausbruch des Ersten Weltkrieges im Jahr 1914 verbot der russische Zar Nikolaus II. den Ausschank und Verkauf von Wodka. Dies führte zu einem Einbruch der Staatseinnahmen um ein Drittel.

Während bzw. nach einem Hurrikan sind die meistverkauften Produkte bei Wal-Mart Bier und Erdbeertörtchen.

Deutsche verbrauchen 52 000 Tonnen Ketchup im Jahr.

Der Schlusspunkt nach einem Satz besteht aus 1 Milliarde Atome.

Die meisten Puppenspieler, die die Figuren in der *Muppet Show* spielten, waren Rechtshänder. Mit der rechten Hand bewegten sie die Köpfe und Körper, mit der linken Hand die Hände der Puppen, wodurch fast alle Puppen Linkshänder waren.

Auf ihrem Bundesparteitag im April 2012 in Neumünster beschloss die Piratenpartei offiziell, während der Auszählpausen bei Wahlen fortan für die Dauer von bis zu 1337 Sekunden (etwa 22 Minuten) die NyanCat-Animation abzuspielen.

Vor 1950 wurden Crash-Tests mit Leichen durchgeführt.

Heroin, oral eingenommen, verursacht Verstopfungen.

Die Shepard-Tonleiter ist die Illusion einer unendlich ansteigenden oder abfallenden Tonleiter, die niemals die Grenze des eigenen Hörens übersteigt.

Uhren gehen im bekannten Uhrzeigersinn (von links nach rechts), weil Sonnenuhren zuerst auf der nördlichen Hemisphäre verwendet wurden.

Das Empire State Building hat 64 Fahrstühle.

Der Nachgeschmack einer Speise kann nicht süß sein.

Stoolball wird immer noch in Südengland gespielt und ist eine Art Cricket mit Melkschemeln.

Das Wort »Mafia« kommt im Drehbuch zu *Der Pate* kein einziges Mal vor.

Bandwürmer, die in Menschen leben, können bis zu 23 Meter lang werden.

McDonald's hat den Becher von McFlurry tierfreundlich umgestaltet, damit sich Tiere nicht mehr mit ihren Köpfen in der Öffnung verfangen können und so sterben.

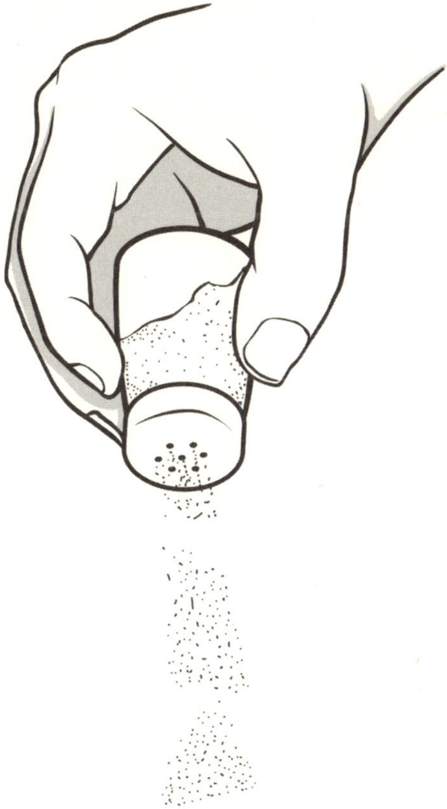

Der Atlantische Ozean ist salziger als der Pazifik.

Die Galvin Manufacturing Corporation baute 1930 das erste kommerziell erfolgreiche Autoradio der Welt und nannte es »Motorola«, eine Wortschöpfung aus Automobil und Victrola, dem legendären Grammofon. Da das Radio so beliebt war, wurde der Name bald als Synonym für den Hersteller verwendet. Das Unternehmen wurde dann auch 1947 in Motorola umbenannt.

Alle Küstenlinien der Erde hätten aneinandergereiht die 13-fache Länge des Äquators.

Prost und Prothese haben die gleiche Wurzel im Lateinischen – »prodesse«, was so viel bedeutet wie »nützen«, »zuträglich sein«.

Die innere Uhr des Menschen hat einen 25-Stunden-Rhythmus.

Die Refrainzeile »Aserejé, ja deje tejebe tude jebere sebiunouba majabi an de bugui an de buididipí« des Hits »The Ketchup Song« (Aserejé) der Popgruppe Las Ketchup ist eine lautmalerische Version der ersten Zeilen des Rap-Titels »Rapper's Delight« der Sugarhill Gang (»I said a hip hop the hippie the hippie/to the hip hip hop, a you don't stop/the rock it to the bang bang boogie say up jumped the boogie/to the rhythm of the boogie, the beat«), wie sie sich für jemanden aus Spanien darstellt, der kein Englisch versteht.

Wenn man 8 Jahre, 7 Monate und 6 Tage ununterbrochen schreien würde, hätte man genügend Energie erzeugt, um eine Tasse Kaffee zu erwärmen.

Aufgrund diverser Pannen bei der Post war ein Brief 40 Jahre lang zwischen Sizilien und Deutschland unterwegs. Als er endlich ankam, waren sowohl der Absender als auch der Empfänger verstorben.

Ein Blauwal kann nur Dinge essen, die maximal die Größe einer Grapefruit haben.

Je nach Härte des Holzes kann ein Biber einen Baum mit einem Durchmesser von 50 Zentimetern an einem Tag fällen. Der vermutlich größte Biberdamm hat eine Länge von 850 Metern und liegt im Wood-Buffalo-Nationalpark in Alberta, Kanada.

Die Schwangerschaft einer Rhinozeroskuh dauert 560 Tage.

Nach Hurrikan Katrina boten Kuba und Venezuela den USA mehr als 5 Millionen Dollar Spendengelder an. Die USA lehnten ab.

Das beste Frauenfußballteam der Schweiz heißt Young Boys.

Beobachtet man den Zerfall von Bierschaum, so stellt man fest, dass der Zerfall näherungsweise exponentiell erfolgt.

Bis heute waren nur neun Präsidenten der USA keine Millionäre.

Sinkt der Wasseranteil im Körper um nur 0,5 Prozent, stellt sich ein Durstgefühl ein.

Der Weltrekord im 100-Meter-Dreibeinlauf ist seit 1896 unangefochten.

Eine sogenannte Keimruhe ist eine Pause von mehreren Monaten in der Entwicklung eines Embryos im Mutterleib. Sie kommt bei Rehwild, Dachs und anderen Säugetieren vor.

Um auch am Sonntag trainieren zu können, brach der junge Arnold Schwarzenegger einmal in ein Fitnessstudio ein.

Batman hieß in Schweden »Läderlappen«.

Der Mensch produziert in seinem Leben durchschnittlich 14 000 Liter Schweiß.

Grammatik, Rhetorik, Dialektik, Arithmetik, Geometrie, Musik und Astronomie werden als die sieben freien Künste der Antike genannt.

Der Europäische Gerichtshof reklamierte das fehlende Gemeinschaftserlebnis in Pornokinos und verurteilte die Verantwortlichen zur Zahlung der vollen Mehrwertsteuer (Kinos haben als Kultureinrichtung normalerweise einen reduzierten Steuersatz).

Der Legende nach erwiderte Lord Kimberley of Kara auf die Frage, wie groß er sein Tor aus ein paar Holzlatten nun haben wolle: »Oh – that's actually a good question ... Hmm, I would say ... I would say, make it actually 20, no 22 or maybe more, let's make it 24 feet. Yes boys, let's do it 24 feet ... and eight feet high. Indeed.« Seit diesem Zeitpunkt (am Ende des vorletzten Jahrhunderts) existieren diese Innenmaße der offiziellen Fußballtore.

1877 wurde in Belgien die Gesellschaft zur Steigerung der moralischen und geistigen Eigenschaften der Hauskatze gegründet.

Die ersten Hängebrücken wurden 100 v. Chr. von den Chinesen gebaut.

Die berühmte Textzeile »I'll be back« von Arnold Schwarzenegger wurde im Skript zum ersten Terminator-*Film als »I'll come back« formuliert.*

Der deutsche Filmregisseur Wolfgang Petersen hat auf seinem Anwesen in Hollywood ein Extrahaus mit Terrasse für Katzen und Mäuse.

Aufgrund seines Quotienten aus Leistung und Gewicht erhält ein Leopard-II-Kampfpanzer nach deutschem Recht eine grüne Umweltplakette.

Das Gerücht, welches besagt, dass Einstein ein schlechter Schüler gewesen sei, ist durch seine erste Biografie entstanden. Dabei wurde das deutsche mit dem schweizerischen Benotungssystem verwechselt.

Tomaten haben mehr Gene als Menschen.

Die Schuhe von Sonic aus dem Computerspiel *Sonic Adventure Battle 2* gibt es wirklich zu kaufen.

Im Iran werden zu Ostern nicht die Eier, sondern die Küken eingefärbt.

Der Kleber auf einer englischen Briefmarke enthält fast sechs Kalorien.

Stephen Hawking hatte in der Schule den Spitznamen Einstein.

In Entenhausen, der Heimatstadt von Mickymaus und Donald Duck, hat keiner der Charaktere Kinder oder Eltern. Alle sind miteinander nur in der Form verwandt, dass sie entweder Cousins/Cousinen oder Onkel/Tanten bzw. Nichten/Neffen sind.

Seit 1900 war jeder gewählte US-Präsident größer als sein nichtgewählter Gegenkandidat.

Roger Moores Tochter Deborah Moore hat einen kurzen Auftritt als Flugbegleiterin in dem James-Bond-Film *Die Another Day*, in dem allerdings Pierce Brosnan die Hauptrolle spielte.

Die Moro Islamic Liberation Front wird mit den Buchstaben MILF abgekürzt.

Menowin Fröhlich (Zweiter bei *DSDS* 2009) und der Rapper Sido sind Cousins zweiten Grades.

Die DNS/DNA eines Menschen und eines Gorillas stimmen zu 99,98 Prozent überein.

2007 landete der Taxifahrer Guy Kewney aus Versehen im Nachrichtenstudio der BBC, er wurde mit einem Experten für Musik im Internet verwechselt, der ebenfalls Guy Kewney heißt. Der irritierte Taxifahrer versuchte, alle Fragen der Moderatorin zu beantworten, und erst nachdem das Interview gesendet worden war, fiel die Verwechslung auf.

Hippokrates empfahl bei weiblicher Unfruchtbarkeit gekochten Hund.

Die Figur und das Outfit des Phillip J. Fry in der Serie *Futurama* basiert auf James Dean.

Der Begriff »Fußballgott« wird im Dänischen mit »fodboldgud«, im Amerikanischen mit »soccer god«, im Französischen mit »(semi-)dieu du foot(ball)«, im Japanischen mit »Kami« und im Spanischen mit »el dios del fútbol« übersetzt.

Unsere Sonne spendet uns noch ungefähr 5 000 000 000 Jahre lang Licht.

Der Vater des Jim-Beam-Whiskeys hieß eigentlich Jakob Böhm und war Deutscher.

Die Photonen (Sonnenlicht), die im Sonnenkern entstehen, brauchen etwa drei Jahre bis zur Sonnenoberfläche, nach Minuten sind sie dann bei uns.

In New York droht Selbstmördern, die vom Dach eines Hauses springen, die Todesstrafe.

Volkswagen Schweden macht Werbung für Fiat. Als der Kamerawagen von Google Street View die schwedische VW-Zentrale in Södertälje aufnahm, parkte ein Cinquecento vor dem Eingangsportal. Erst wenn wieder ein Street-View-Fahrzeug vorbeikommt, gibt es neue Bilder.

Obwohl es über 700 chinesische Familiennamen gibt, teilen sich die meisten Chinesen nur etwa 20 sehr häufig vorkommende Namen. Die Top 5: Wang, Chen, Li, Chang und Liu.

Aus 6,8 Tonnen des Stahlschrotts der zerstörten Twin Tower wurde der Bug des Kriegsschiffes *USS New York* gebaut.

Wenn man auf adidas.de beim Customizen eigener Schuhe beim persönlichen Schriftzug, der auf dem Schuh zu sehen sein soll, das Wort »Nike« eingibt, verweigert einem das System die Ausführung.

Als Kevinismus oder Chantalismus (bei Mädchen) bezeichnet man spaßeshalber die »Krankheit« werdender Eltern, ihren Kindern Namen zu geben, die eher ungewöhnlich sind. Im Rahmen einer Masterarbeit befragte eine Studentin anonym Lehrer, was sie über Schüler mit Namen wie Kevin, Dustin, Justin, Chantal, Jacqueline oder Monique denken würden. Die Umfrage ergab, dass die meisten Lehrer Kinder mit solchen Namen als leistungsschwach und verhaltensauffällig beurteilten.

Michael Jackson hat 1993 in den USA ein Patent zur Antigravitationsillusion angemeldet. Dies umfasst einen speziell für die berühmte Pose des »Anti-Gravity Lean«, bei der Jackson sich mit geradem Körper weit nach vorne beugt, entwickelten Schuh.

Das Katzenfutter Whiskas und das Katzenstreu Catsan werden vom Schokoladenkonzern Mars Inc. hergestellt, der unter anderem die Schokoriegel Mars, Snickers, Balisto und Twix produziert.

Nach der Französischen Revolution 1789 wurde das Verkaufen sauren Weines als Vergehen gegen das nationale Interesse gewertet, und der Händler wurde sofort exekutiert.

Der lauteste je gemessene Rülpser lag bei 118 Dezibel. Zum Vergleich: Ein Presslufthammer erreicht etwa 110 Dezibel.

Die ersten von Marlboro verkauften Zigaretten hatten einen rosafarbenen Filter, damit Lippenstift darauf nicht sichtbar war.

75 Prozent der Amerikanerinnen tragen BHs in der falschen Größe.

Durchschnittlich macht die linke Hand einer Sekretärin 56 Prozent der Tipparbeit.

Mausmakis besitzen die Fähigkeit, bei schlechten Umweltbedingungen wie Trockenheit, geringer Nahrungs- und Wasserverfügbarkeit sowie Kälte in einen kurzzeitigen Starrezustand oder in längeren Winterschlaf, der bis zu zwei Wochen dauern kann, zu fallen.

Seit dem Film Borat *kommen jährlich zehnmal mehr Touristen nach Kasachstan als vorher.*

Die Facettenaugen des Schmetterlings bestehen aus bis zu 6000 Einzelaugen.

Eine Minute *Wetten, dass ..?* kostet 9655 Euro.

Käse ist das meistgeklaute Lebensmittel auf der Welt.

Der Katzenhai heißt auf Englisch »Dogfish«.

Ein Wels hat über 27 000 Geschmacksknospen. Menschen haben nur 7000.

Dreckiges Geschirr schimmelt nicht, wenn man es einfriert.

Um 1900 wurde das Feuerklosett entwickelt, eine Toilette mit integrierter Verbrennung der Exkremente, das eine völlig keimfreie Entsorgung der Exkremente ermöglicht. Es konnte sich jedoch wegen seiner komplizierten Handhabung nicht durchsetzen.

In dem Film *Hotel International* von 1963 spielten viele berühmte Schauspieler dieser Zeit mit, unter anderem Elizabeth Taylor, Richard Burton, Orson Welles und Margaret Rutherford (bekannt als Miss Marple). Als es darum ging, die Wohnwagen für die Stars herzurichten, forderte Elizabeth Taylor für ihren Wohnwagen einen weißen Teppich, innen einen rosa Anstrich und jeden Tag frische Blumen. Margaret Rutherford wünschte sich nur eine Kochplatte, um sich Tee und Rührei mit Speck kochen zu können.

In der Flagge von Mosambik ist eine AK-47 (»Kalaschnikow«) abgebildet.

Die Atmosphäre der Venus besteht beinahe ausschließlich aus Kohlendioxid und ist etwa 460 Grad Celsius heiß. Bei einem atmosphärischen Druck von 90 würde man beim Versuch, auf der Venus zu landen, zerquetscht werden.

Die häufigsten Vornamen für Frauen in Griechenland sind Eleni und Maria, der häufigste Männername ist Kostas. In Griechenland ist der Namenstag ähnlich dem Geburtstag, und an den Namenstagen von Eleni, Maria und Kostas bricht aufgrund der vielen Glückwunschanrufe oft das Telefonnetz zusammen.

Tim Flock ist der einzige Rennfahrer in der Geschichte, der einen Boxenstopp einlegen musste, um einen Affen aus seinem Auto zu entfernen.

In Australien gibt es nur zwei tödliche Spinnenarten. Seit 1981 ist dort niemand mehr an einem Spinnenbiss gestorben.

Das von der Fläche her größte Gebäude der Welt ist das Blumenauktionshaus in Aalsmeer bei Amsterdam.

Der Geruchssinn von Aalen ist um ein Vielfaches besser als der von Hunden.

Täglich nehmen sich 18 Veteranen das Leben.

Laut einer neuen Studie sollen Frauen, die vor der Schwangerschaft unter enormem Stress gelitten haben, eher Mädchen als Jungen gebären.

Tippt man bei der Google-Suche immer gleiche Buchstaben ein, kommen ab dem 5. Buchstaben keine Suchvorschläge mehr. Einzige Ausnahme ist das »x«, denn hier hören die Vorschläge schon bei der dritten Wiederholung auf.

Der erste Artikel, der je bei eBay verkauft wurde, war ein kaputter Laserpointer für 14,83 Dollar. Auf die Frage, warum der Kunde einen defekten Laserpointer gekauft hätte, antwortete dieser: »Ich sammele defekte Laserpointer.«

Tagtäglich treten Meteoriten mit einer Gesamtmasse von ungefähr 40 Tonnen in die Erdatmosphäre ein. Da der Großteil Mikrometeorite sind, verdampft das Gestein, bevor es die Erdoberfläche erreicht.

Ein Ei enthält alle bekannten Vitamine außer Vitamin C.

Giftefeu gehört zur gleichen Familie wie Cashewnüsse und Mangos, nämlich zu den Sumachgewächsen.

Die deutsche Bundeskanzlerin Angela Merkel wollte ursprünglich Eiskunstläuferin werden.

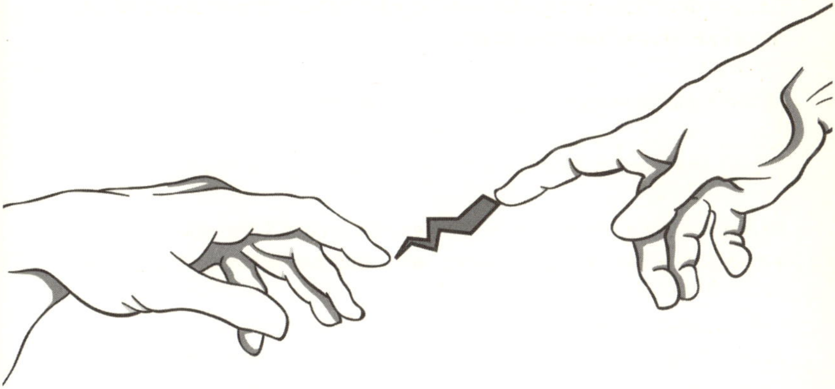

Der Stromschlag, den man bekommt, wenn man elektrostatisch aufgeladen ist und metallische Gegenstände berührt, beträgt zwischen 10 000 und 30 000 Volt.

Beim zweiten olympischen Fußballturnier 1912 schied Deutschland bereits im Achtelfinale aus. In einem Spiel der Trostrunde gelang der deutschen Mannschaft ein 16:0-Erfolg gegen die Mannschaft Russlands. Das Ergebnis ist bis heute der höchste Sieg der deutschen Nationalmannschaft.

Seesterne besitzen zwar ein umfangreiches Nervensystem, aber kein Gehirn.

In Amerika dürfen keine Kinder-Überraschungseier verkauft werden, weil Spielzeug in Kombination mit Schokolade als gefährlich gilt. Auch die Einfuhr ist verboten, da ein Gesetz aus dem Jahr 1938 besagt, dass nichts in die USA eingeführt werden darf, das in etwas Essbarem versteckt wird.

Die Mango ist die weltweit meistverzehrte Frucht.

Für nur 68 US-Dollar kann man ein Louis-Vuitton-Kondom erwerben.

Bayern München ist deutscher Rekordmeister im Schach. Zwischen 1983 und 1995 wurde der Verein neunmal Deutscher Meister.

Coca-Cola und Pepsi Cola enthalten bis zu 0,01 Promille Alkohol pro Liter.

Ist die Tollwut erst einmal ausgebrochen, ist sie die tödlichste Krankheit mit einer Sterblichkeitsrate von fast 100 Prozent.

Kublai Khan hielt in einem Zwinger 5000 Mastiffs als Jagd- und Kriegshunde.

Der Challenger-2-Kampfpanzer der britischen Streitkräfte besitzt einen fest eingebauten Wasserkocher für die Zubereitung von Tee.

Rikki und Vikki Ikki sind amerikanische Models.

44 Prozent aller neuen HIV-Infektionen in den USA betreffen Afroamerikaner, obwohl diese nur 14 Prozent der Bevölkerung ausmachen.

Der »Charson Smile«, auch als »Chelsea Grin« oder »Chelsea Smile« bekannt, ist eine Foltermethode, bei der einer Person die Wangen aufgeschnitten werden. Wegen der Schmerzensschreie reißt die Haut oft noch bis zu den Ohren auf. Es bildet sich dann eine Narbe, mit der jemand aussieht, als würde er von einem Ohr zum anderen grinsen.

Der Renaissancedichter Pietro Aretino musste bei einem Gelage so sehr lachen, dass er mit dem Stuhl umkippte und sich dabei das Genick brach.

Das bekannteste Wort in der Welt ist »okay«. Danach folgt »Coca-Cola«.

Die Vorwahl der Antarktis lautet 006721.

Jährlich werden 13 Personen von umfallenden Geldautomaten getötet.

Der jüngste Papst war elf Jahre alt.

Man kann in Windows keinen Ordner mit dem Namen »Con« erstellen.

Löwinnen erledigen 90 Prozent der Jagd.

Pavlik (»kleiner Paul«) ist der Name des ukrainischen Nachfolgers von Paul, dem Kraken aus dem Sealife-Center Oberhausen, der 2010 alle Fußball-WM-Ergebnisse richtig voraussagte.

Beim Verbrennen einer Zigarette entwickeln sich 2 Liter Rauch.

Die weltgrößte Kuckucksuhr aus Schokolade wurde in Deutschland von der Halloren Schokoladenfabrik aus Halle gefertigt.

Der Magic Roundabout in Swindon, Südengland, ist eine Art der Verkehrsführung, die aus einem großen Kreisverkehr in der Mitte und fünf kleineren, ringförmig um den inneren Kreisverkehr angeordneten Kreisverkehren besteht.

Als Drachenzähne bezeichnet man pyramidenförmige Betonpfeiler, die einen Panzer am Weiterfahren hindern.

Der zweite Vorname von Elton John ist Hercules.

David Duchovny hatte sein Debüt in einem Werbespot für Löwenbräu-Bier.

Ursusagalmatophilia *ist der Fachbegriff für Menschen, die sich sexuell zu Teddybären hingezogen fühlen.*

Die britische Sitcom *The IT Crowd* wird 2012, anstatt mit der angekündigten 5. Staffel fortzufahren, durch ein abschließendes Special beendet. Serienschöpfer Graham Lineham sagte, er habe keine Ideen mehr für eine weitere Staffel.

Buffalo buffalo Buffalo buffalo buffalo buffalo Buffalo buffalo ist ein grammatikalisch korrekter englischsprachiger Satz.

1891 wurden in Nottingham die ersten Fußballtore mit einem Netz bespannt.

Bei einem Überfall auf eine Filiale der BAWAG in Wien am 27. Februar 2007 wurde von einem Anwohner das Lied »Ba-Ba-Banküberfall« lautstark über die ans Fenster gestellte Stereoanlage gespielt, bis die Polizei es unterband.

Gerontophilie bezeichnet die sexuelle Vorliebe für alte Menschen.

Ein Eisbär kann bis zu 150 Kilometer am Stück schwimmen.

Am 13. Februar ist der Welttag des Radios.

Ein Schlag in die männlichen Geschlechtsteile ist zu vergleichen mit 160 Geburten oder 3000 Knochenbrüchen zur selben Zeit.

Die CIA bezahlte Prostituierte dafür, dass sie unwissenden Personen LSD verabreichten.

80 Prozent der männlichen Sowjets starben im 2. Weltkrieg.

Die erste Freundin von John Lennon hieß Thelma Pickles.

Die Originalsprache von Wickie und die starken Männer *ist Japanisch.*

Der 12. September 1991 wurde in Los Angeles zum Freddy-Krueger-Tag erklärt.

Das Fußballmatch zwischen AS Adema und SOE Antananarivo in Madagaskar endete im Jahr 2002 149 : 0. Aus Protest gegen eine Schiedsrichterentscheidung schoss Antananarivo nur Eigentore.

Im Schnitt trinkt James Bond alle 24,3 Minuten Alkohol.

Der Z3 war der erste funktionstüchtige Computer der Welt.

Während des Sex werden Endorphine freigesetzt, die als ziemlich effektive Schmerzmittel gelten. Daher macht es überhaupt keinen Sinn, wenn Kopfschmerzen als Grund für die Unterlassung von Geschlechtsverkehr herangezogen werden.

Die René-Levasseur-Insel, welche sich im Manicouagan-See in Québec befindet, ist flächenmäßig größer als der See selbst.

Die Wahrscheinlichkeit, von einem Hai angegriffen zu werden, ist geringer als die, im Lotto zu gewinnen.

Mit Ausnahme von *Die Unglaublichen* taucht in jedem Pixar-Film der Planet Pizza Truck aus *Toy Story* auf.

Im Film Das Boot *wird unter anderem das Lied »It's a Long Way to Tipperary« gespielt. Dabei handelt es sich um britische Marschmusik auf einem deutschen U-Boot, eingespielt vom Chor der sowjetischen Armee. Und das Ganze zu Zeiten des Kalten Kriegs.*

Auf Schwedisch lädt man jemanden mit den Worten »Vill du fika?« zum Kaffee ein.

Coca ist ein in Katalonien sehr beliebter Blechkuchen, der ursprünglich von den Balearen kommt und deshalb häufig auch als mallorquinische Pizza bezeichnet wird. Im Gegensatz zur Pizza findet man auf einer Coca allerdings niemals Käse.

Die Rollen von Al und Peggy Bundy waren ursprünglich gedacht für Sam Kinison und Roseanne Barr gedacht.

Innerhalb Mexikos werden 200 verschiedene Insektenarten gegessen.

Flöhe beschleunigen 100-mal stärker als ein Ferrari.

Isaac Newton gilt als Erfinder der Katzenklappe.

Der Silbersaumbuntbarsch wird im englischen Sprachraum aufgrund seines aggressiven Verhaltens »Green Terror« genannt.

Das Staatsarchiv Leipzig verwahrt rund 25 laufende Regalkilometer Urkunden, Amtsbücher, Akten, Zeichnungen, Karten und Risse sowie elektronische und andere Datenträger aus neun Jahrhunderten deutscher Geschichte.

Aerographit ist mit 0,02 Milligramm je Kubikzentimeter das leichteste Material der Welt.

Im Alter von fünf oder sechs Jahren umfasst das Vokabular eines Kindes in etwa 5000 bis 6000 Wörter.

Der Getränkename Caipirinha ist vom brasilianischen Wort »caipira« abgeleitet, was abwertend »Hinterwäldler« bedeutet. Mit dem Anhängsel »-inha« heißt es »das Getränk des Hinterwäldlers«.

Es gibt 102 981 500 Kombinationsmöglichkeiten für sechs der 8-Knopf-Legosteine.

Bananen können gegen einen Kater helfen.

Mormonen glauben, dass der Garten Eden in Jackson Country, Missouri, liegt.

Wassergeburt war gestern: Das US-Patent 3216423 beschreibt eine Erfindung der beiden Wissenschaftler George und Charlotte Blonsky mit der Bezeichnung »Vorrichtung zur Erleichterung der Geburt eines Kindes durch die Zentrifugalkraft«.

Die Zunge eines Erwachsenen trägt etwa 9000 Geschmacksknospen.

Der Landkreis, der am weitesten von der Bundeshauptstadt Berlin entfernt liegt, ist der Landkreis Lörrach im äußersten Südwesten Baden-Württembergs.

Die stetigen Wechsel der Stadionfarbe der Allianz Arena in München sorgten anfänglich für durchschnittlich zehn Autounfälle mehr am Tag.

Die karibische Oh-Boy-Qualle *(Tamoya ohboya)* verdankt ihren Namen dem Aufschrei der Menschen, die schon einmal schmerzhaft mit ihren brennenden gelb-orangenen Nesselfäden in Kontakt gekommen sind. »Oh boy!«, sollen sie gerufen haben.

Der tägliche Bierkonsum der gesamten Menschheit übertrifft den weltweiten Verbrauch von Erdöl.

Guido Westerwelle trägt zu Hause Antirutschsocken mit Noppen.

Ursprünglich stammten die Muster auf Hawaiihemden von japanischen Kinderschlafanzügen.

Das Weiße Haus hat Zwillingsgebäude in Irland und Frankreich.

Der Buchstabe Q kommt in deutschen Texten mit einer Wahrscheinlichkeit von 0,02 Prozent vor.

In Saudi-Arabien gibt es keine Seen oder Flüsse.

Es würden 3000 Kühe benötigt, um die amerikanische Footballliga NFL mit Leder für ein Jahr auszustatten.

Die Vogelart Kiwi ist in etwa so groß wie ein Huhn, allerdings sind ihre Eier so groß wie die des Straußes.

In Saudi-Arabien kostet Trinkwasser mehr als Öl.

Je näher man zum Äquator kommt, desto mehr Mädchen pro Kopf werden geboren.

Als vor etwa 9000 Jahren die letzte Eiszeit endete, brachte das Schmelzwasser der Gletscher einen natürlichen Damm am Bosporus zum Brechen. Dies könnte der Grund für zahlreiche Sintflutlegenden verschiedenster Kulturen sein.

Figging ist eine Sadommaso-Sexualpraktik, bei der eine geschälte Ingwerwurzel in Fingerform anal eingeführt wird.

13, 17, 31, 37, 71, 73, 79 und 97 sind die ersten acht Mirpzahlen, also Primahlen, die rückwärtsgelesen eine andere Primzahlen ergeben.

Frank Hayes ist bis heute der einzige Jockey, der nach seinem Tod ein Rennen gewann. Obwohl sein Reiter einen tödlichen Herzanfall erlitten hatte, lief das Pferd als Erstes über die Ziellinie.

Die Entfernung von Biere nach Kotzen beträgt 130 Kilometer. Beide Orte liegen in Deutschland.

Schokolade ist gut für die Zähne. Im Kakao konnte ein Stoff nachgewiesen werden, der Bakterien abtötet und damit vor Zahnbelag und Zahnausfall schützt. Das vor allem in Milchschokolade vorhandene Kasein und Kalzium sowie Phosphate beugen Karies vor.

Bei Vollmond beträgt seine Leuchtstärke 0,2 Lux. Die »Vollerde« ist rund 50-mal so hell wie der Vollmond.

Gotthilf Fischer gründete die singende Volkspartei, weil er der Meinung ist, dass das Singen immer mehr vernachlässigt wird.

Beim Boccia gibt es 2 verschiedene Wurfarten: den Raffa-Wurf und den Volo-Wulf.

Der Weltrekord im Klodeckel-mit-dem-Kopf-Zerbrechen liegt bei 50 Deckeln in 60 Sekunden.

Es gibt offiziell 88 verschiedene anerkannte Sternbilder. Dazu zählen nicht nur die bekannten Tierkreiszeichen, sondern auch wesentlich unbekanntere wie etwa Fliege, Luchs und Luftpumpe.

Abergläubisch zu sein bringt Unglück.

Die Fernsehmoderatorin Enie van de Meiklokjes heißt eigentlich Doreen Grochowski.

Der Dampf einer heißen Tasse Kaffee enthält die gleiche Menge an Antioxidantien wie drei Orangen.

1961 hing das Gemälde *Le Bateau* von Henri Matisse für 47 Tage verkehrt herum im Museum of Modern Art in New York. Weder das Personal noch einer der über 116.000 Besucher hat es bemerkt.

Im Durchschnitt werden täglich zwölf Neugeborene zu den falschen Eltern gebracht.

Dalli, dalli leitet sich vom Polnischen »dalej« ab und bedeutet nicht anderes als »vorwärts«.

Der heilige Berg Athos in Chalkidiki (Griechenland) ist eine orthodoxe Mönchsrepublik. Pro Tag wird nur etwa zehn nichtorthodoxen Männern die Einreise gestattet, Frauen haben generelles Zutrittsverbot.

Eskimos benutzen Kühlschränke, damit ihnen das Essen nicht gefriert.

Die Gewohnheit des Verspeisens von Nasensekret wird in der Medizin *Mukophagie* genannt.

Nicolas Sarkozy ist der Trauzeuge des Schauspielers Jean Reno.

Man benötigt 17,635 Milliarden Dollar Startkapital, um ein James-Bond-Superschurke zu werden.

Die günstigste Diamantenbestattung – ein Verfahren, bei dem eine eingeäscherte Leiche zu einem Rohdiamanten gepresst wird – bietet zurzeit ein Hamburger Bestatter für pauschal 1798 Euro an.

Der Erfinder des Odol Mundwassers, Karl August Lingner, starb an einer Zungenkrebsoperation.

Angeblich sagte Bill Clinton, als er sein erstes Treffen als Präsident mit der CIA hatte: »Look, guys, there's really two things I want to know: Who killed the Kennedys? And have Aliens landed?«

Ein Glas trockener Wein enthält circa 110 Kalorien. Süßer Wein hat mehr.

Von dem amerikanischen Horrorfilm *Freitag der 13.* gibt es elf Fortsetzungen. Damit ist *Freitag der 13.* die längste Horrorfilmreihe der Welt.

In den Flugzeugen vom Typ Boing 747-100, die für den Transport der Spaceshuttles eingesetzt werden, befindet sich an den Befestigungselementen für die Raumgleiter die Aufschrift »Hier Raumfähre anbringen. Hinweis: schwarze Seite nach unten«.

Eine 250-Milliliter-Dose Red Bull beinhaltet die 500-prozentige Tagesdosis an Vitamin B12.

Wer den Internetbrowser Google Chrome zum Absturz bringt, erhält die Fehlermeldung »Er ist tot, Jim!«.

Der Kalifornische Seelöwe ist das einzige bekannte Säugetier, dessen Muttermilch laktosefrei ist.

Nicht Köln, sondern Magdeburg hat den ältesten gotischen Dom Deutschlands. Der Bau begann 40 Jahre früher.

Diskordianismus ist eine als komplizierter Witz getarnte Religion oder ein als Religion getarnter komplizierter Witz.

Unter Affen gähnen die Alphamännchen am ausgiebigsten.

Das stärkste Bier aus Deutschland war im Oktober 2011 der fränkische Schorschbock 57 mit 57,5 Prozent aus der Brauerei Schorschbräu.

Der Ausspruch »heia machen« geht auf das Heijahr zurück, ein einräumiges Schäferhaus, wie man es früher in Norddeutschland hatte. Dort gab es oft einen mit Stroh ausgelegten Dachboden, die Heia.

Von allen 25 000 bisher bekannten Orchideenarten ist die *Bulbophyllum nocturnum* die einzige, die ausschließlich nachts blüht. Sie öffnet ihre Blüten abends um etwa 22 Uhr und schließt sie am nächsten Morgen.

Frank Elstner hat das Bambi im gleichnamigen Film von 1950 synchronisiert.

Petroleumfirmen haben Rechte an Batteriepatenten erworben und verklagen jeden, der diese verwendet.

Der *Flohwalzer* steht in der Tonart Ges-Dur in einem 2/4- oder 4/4-Takt und ist somit, rhythmisch gesehen, eine Polka oder ein Galopp.

Bei der Installation von Windows XP kann man keine Konten mit dem Namen »Gott« erstellen.

Paris Hilton saß länger im Gefängnis als Bushido.

1987 konnten amerikanische Airlines 40 000 Dollar einsparen, indem sie die Olive im Salat der ersten Klasse wegließen.

Ein Kanarienvogel durchläuft drei Gesangsstadien: Subsong, plastischer Gesang und juveniler Herbstgesang.

Ein Mann mit einem Gewicht von etwa 70 Kilogramm verbrennt in acht Stunden Schlaf ungefähr 370 Kalorien.

In den letzten 70 Tages seines Lebens malte Van Gogh circa 80 Bilder.

Ein Mensch besitzt so viele rote Blutzellen, dass sie aneinandergereiht die Erde umschließen könnten.

Das Schweizer Militär nennt Brieftauben »selbst reproduzierende Kleinflugkörper auf biologischer Basis mit fest programmierter automatischer Rückkehr aus allen beliebigen Richtungen und Distanzen«.

Das Wort »fuck« wird in der englischen Fassung des Filmes *Shaun of the Dead* 77-mal verwendet.

Wir sehen (vereinfacht ausgedrückt) mit etwa 130 Megapixel pro Auge.

Linkshänder sind bessere Rechtshänder, als Rechtshänder Linkshänder sind.

Charles Martell bewahrte in den 1970er-Jahren fast im Alleingang die nahezu vergessene Rinderrasse Gloucester vor dem Aussterben. Um ihre Gefährdung publik zu machen, fertigte er aus der Milch Käse.

1 neuer türkischer Dinar von 1994 entspricht
1 200 000 000 000 000 000 000 000 000 alten Dinar von vor 1990.

In Usbekistan macht man sich strafbar, wenn man Billard spielt.

Der 19-jährige George Garratt ließ 2008 seinen Namen offiziell in »Captain Fantastic Faster Than Superman Spiderman Batman Wolverine Hulk And The Flash Combined« ändern.

In Kuala Lumpur, der Hauptstadt von Malaysia, wohnen mehr Chinesen als Malaien.

Der Fernsehdelfin Flipper beging Selbstmord. Delfine können bewusst die Atmung einstellen und so Selbstmord begehen, was bei Delfinen in Gefangenschaft manchmal beobachtet wird.

Als der Meteorit, der vor 65 Millionen Jahren zum Untergang der Dinosaurier führte, auf der Erde einschlug, war beim Berühren der Erde sein oberes Ende auf einer Höhe, in der heute Flugzeuge fliegen (etwa 10.000 bis 13.000 Meter).

Leonardo Da Vinci hat die Linkshänderschere erfunden.

Der australische Inlandtaipan könnte mit der Menge Gift, die bei einem durchschnittlichen Biss abgesondert wird, bis zu 250 erwachsene Menschen oder 250 000 Mäuse töten und gilt somit als die giftigste Schlange der Welt.

Die Automarke ŠKODA heißt, ins Deutsche übersetzt: Schaden.

Acht von zehn Frauen würden ihrem Mann einen Seitensprung mit Megan Fox verzeihen.

Bei der Weltmeisterschaft im Handywerfen in Finnland 2012 hat der Finne Ere Karjalainen einen neuen Rekord aufgestellt. Er schleuderte sein Mobiltelefon 101,46 Meter weit.

Der Daumen eines Menschen hat die gleiche Länge wie seine Nase.

Dalmatiner sind bei der Geburt völlig weiß.

Lakritze lässt den männlichen Testosteronspiegel um bis zu 44 Prozent sinken.

Minigolf wurde 1867 erfunden, weil die damalige Gesellschaft der Meinung war, dass Frauen nicht in der Lage seien, einen Golfschläger für einen Abschlag über ihre Schultern zu schwingen.

Wenn man sich durchgehend alle Folgen von Star Trek *ansehen würde, würde man dafür volle 21 Tage brauchen.*

Finnland hat als einziges Land sowohl beim Eurovision Song Contest als auch beim Intervision Song Contest teilgenommen und auch beide Veranstaltungen gewonnen.

Mit Ballardhaut wird im Tiefdruck eine abziehbare Kupferschicht auf dem Tiefdruckzylinder bezeichnet.

Im Deutschen schwebt man auf »Wolke sieben«, wenn man glücklich ist, im Englischen aber auf »cloud number nine«.

Für Pärchen, bei denen einer der Partner länger als 45 Minuten pro Tag zur Arbeit fährt, steigt die Scheidungsrate um 40 Prozent.

Als Siegesprämie für die gewonnene Fußballeuropameisterschaft 1989 erhielt jede Spielerin der deutschen Nationalmannschaft ein Kaffeeservice.

1978 gab es einen Erlass des amerikanischen Präsidenten, wonach alle Verordnungen der Regierung in vereinfachtem Englisch, »plain English«, verfasst sein mussten.

1888 kamen in Indien bei einem Hagelschlag 246 Menschen ums Leben.

***Blade Runner* war der letzte Sci-Fi-Film, der ohne jeglichen Einsatz von Computeranimation produziert wurde.**

Margaret Thatcher war, 31 Jahre bevor sie Premierministerin wurde, an der Erfindung von Softeis beteiligt.

Diamantenstaub ist schwarz.

Wäre der Comicautor Bill Finger nicht gewesen, hätte Batman echte Fledermausflügel gehabt.

Gemäß einer Umfrage sehen 52 Prozent der regelmäßigen Internet-User weniger fern, um stattdessen mehr Zeit online zu verbringen. Zwölf Prozent verbringen weniger Zeit als früher mit Freunden.

An Wochenenden, an denen ein neues *Harry-Potter*-Buch herauskam, halbierte sich die Zahl der Kinder, die ins Krankenhaus eingeliefert werden mussten.

Mit Ballardhaut wird im Tiefdruck eine abziehbare Kupferschicht auf dem Tiefdruckzylinder bezeichnet.

Der Mauna Kea ist der höchste Berg der Welt, wenn man nicht vom Meeresspiegel, sondern vom Fuß des Berges misst. Er liegt auf Hawaii und ist etwa 10 205 Meter hoch, jedoch liegen nur 4214 Meter davon oberhalb des Meeresspiegels.

Blau ist die Lieblingsfarbe von 80 Prozent aller Amerikaner.

Das Wort »Samba« aus Brasilien bedeutet wörtlich »Bauchnabel aneinanderreiben«.

Im Durchschnitt spricht man ungefähr 4800 Wörter am Tag.

»Ich rutschte eine enge Röhre hinab und fiel in eine Art Sack. Dann wurde ich ohnmächtig.« Dies ist der Tagebucheintrag des Kapitäns eines Walfangschiffes, der 1832 von einem Pottwal verschluckt wurde. Die Mannschaft des Schiffes erlegte den Pottwal und holte den Kapitän wieder aus dem Wal heraus.

Die Schauspieler Zach Braff und Donald Faison (J. D. und Turk) lebten beim Dreh zur ersten Staffel von *Scrubs – Die Anfänger* auch privat in einer gemeinsamen Wohnung.

Public Viewing ist ein Neologismus im deutschen Sprachraum. Im englischen Sprachraum bedeutet Public Viewing, einen toten Menschen aufzubahren und der Öffentlichkeit zu zeigen.

Japaner können im Gegensatz zum Rest der Welt Seegras verdauen.

Etwa neun Millionen Amerikaner kaufen am Valentinstag Geschenke für ihre Haustiere.

Die Filmkomödie Wayne's World *wurde in 34 Tagen gedreht.*

Ein guter Schankkellner füllt die Maß Bier auf dem Oktoberfest in nur 1,5 Sekunden. Einem noch »talentierteren« gelang es, aus einem 200-Liter-Fass 289 Maß Bier einzuschenken.

Menschen, welche im Burj Khalifa, einem Wolkenkratzer in Dubai, oberhalb des 80. Stockwerks wohnen, müssen während der Fastenzeit zwei bis drei Minuten länger fasten, da der Sonnenuntergang in dieser Höhe im Gegensatz zu den unteren Stockwerken noch nicht vollzogen ist.

Die Pixar-Charaktere haben oftmals einen Cameo-Auftritt in anderen Pixar-Filmen. Beispielsweise liest der Junge im Wartezimmer des Zahnarztes in Findet Nemo *einen Comic von* Mr Incredible. *Außerdem sieht man das Auto aus* Cars *vorbeifahren.*

Der Fachausdruck für menschliche Gänsehaut heißt Piloerektion.

1994 wurde Eno von Entwicklern des Microsoft-Chicago-Projekts gebeten, die Startmelodie für Windows 95 zu komponieren. Dies geschah dann lustigerweise auf einem Apple Macintosh.

Uma Thurman wiederholt in Kill Bill *die Eigenart, mit dem Finger ein Quadrat in die Luft zu zeichnen, so wie sie es schon zuvor in* Pulp Fiction *gemacht hat.*

Im Film *Psycho* verwendete Alfred Hitchcock Bosco Schokoladensirup für das Blut in der Duschszene.

Der Schatz im Silbersee: Taucher aus Deutschland und den Niederlanden suchten im Silbersee bei Hannover seltene Algen und wurden fündig. Sie entdeckten dort die vom Aussterben bedrohte Armleuchteralge.

Frauen blinzeln in der Regel schneller (300 Millisekunden) als Männer (400 Millisekunden) und in etwa 19-mal pro Minute, Männer hingegen nur etwa elfmal pro Minute.

Beim Abrollen von transparentem Klebeband entsteht im Vakuum Röntgenstrahlung.

Wenn Papa-Löwe und Mama-Tiger ein Baby bekommen, wird das als Liger bezeichnet. Wenn Papa-Tiger und Mama-Löwe ein Baby bekommen, wird das als Töwe bezeichnet. Dies passiert allerdings nur in Gefangenschaft.

Eine Flasche des wohl teuersten Bieres der Welt, La Vieille Bon Secours, kostet in einem Londoner Restaurant 700 Pfund (umgerechnet ca. 885 Euro).

Amerikaner haben die höchste Krebsüberlebensrate der Welt.

Disney World in Florida besitzt sogar ein eigenes Rennoval, auf dem von 1996 bis 2000 Rennen der Indy Racing League ausgetragen wurden.

Das Flugzeug, in dem Buddy Holly starb, hieß American Pie.

Dank der 32 Muskeln in jedem Ohr kann eine Katze ihre Ohren unabhängig voneinander in fast alle Richtungen drehen. Dadurch kann sie ihre Beutetiere gut orten.

Der Wurm im Tequila dient als Qualitätskontrolle. Stirbt er, stimmt die Qualität, löst er sich auf, ist ein zu hoher Anteil an Methylalkohol enthalten.

Zu ihrem 8. Geburtstag erhielt Shirley Temple 135 000 Geschenke.

Physiologisch gesehen, kommt Liebe aus dem Gehirn und die Erektion aus dem Herzen.

Die Oktoberrevolution 1917 in Russland war im November.

Weberknechte heißen auch Schneider, Schuster, Opa Langbein und insbesondere in der Schweiz und in Vorarlberg auch Zimmermänner.

Ein menschlicher Fuß sondert im Durchschnitt einen Becher voll Schweiß pro Tag ab.

Anfang des 17. Jahrhunderts wurde das erste U-Boot gebaut.

Den Dudelsack brachten die Römer nach England.

In den 80er-Jahren verkaufte der Pharmakonzern Bayer mit HIV und Hepatitis-C-Viren verseuchte Medikamente. Sie wurden in den USA zurückgerufen, aber weiterhin in Asien, Südamerika und Europa verkauft.

Ein Einschlagkrater im Osten der Mondvorderseite wird als Hase bezeichnet.

Jede dritte Brauerei der Welt steht in Deutschland.

Bestreicht man Hochspannungsleitungen mit Zahnpasta, summen sie bei Regen nicht.

Am eigenen Geburtstag ist ein tödlicher Herzinfarkt um 18,6 Prozent wahrscheinlicher als an anderen Tagen. Für Frauen ist die Todesursache Gehirnschlag sogar um 21,5 Prozent höher. Selbstmorde sind an Geburtstagen um 35 Prozent wahrscheinlicher als an anderen Tagen und Unfälle mit Todesausgang um 29 Prozent.

Das maximale Papierformat, das man für ein pdf definieren kann, ist 381 Kilometer x 381 Kilometer.

Two and a Half Men läuft in Japan unter dem Namen *Charlie Sheen's Harper Boys*.

Komodowarane gelten als jene Tiere mit der schlechtesten Mundhygiene. Sie greifen sogar sehr große Tiere wie etwa Wasserbüffel an, die nach Tagen an einer Blutvergiftung sterben, hervorgerufen durch die Bakterien und Gifte im Speichel, welche beim Biss abgesondert werden.

DSDS-Titan Dieter Bohlen produziert Schlager unter anderem unter dem Pseudonym Jennifer Blake.

Die USA ist nicht die fetteste Nation. 94,5 % Prozent der Erwachsenen der pazifischen Inselnation von Naru sind übergewichtig.

Der beste Beweis dafür, dass bereits Menschen auf dem Mond waren, ist die Tatsache, dass die Sowjetunion die Erfolgsmeldung der Amerikaner nicht widerlegte. Dies hätte man durch eine Verschwörung nicht herbeiführen können. Insgesamt gibt es aktuell Meldungen über bereits zwölf Mondlandungen, alle in den Jahren 1969, 1971 und 1972.

Um zu berechnen, wie viele Fotos man machen muss, damit alle Personen auf dem Foto die Augen offen haben und nicht blinzeln, muss man einfach die Personenzahl durch drei dividieren.

»Zu den Aborten« war ein historischer Toilettenhinweis.

Eine mit Blut vollgesogene Stechmücke könnte (in 35 Stunden) 300 Kilometer zurücklegen, bevor sie wieder »nachtanken« müsste.

Um sich von Fressfeinden und Insekten zu schützen, enthält die Tabakpflanze das starke Nervengift Nikotin.

O. J. Simpson war eigentlich für die Rolle des Terminator vorgesehen, jedoch befürchtete der Produzent, dass er zu nett sei und als kaltblütiger Killer unseriös wirken könnte.

Am 15. Juni 1881 wurde in Österreich das erste Telefonbuch veröffentlicht.

In den Anden wird die Dauer des Rauchens einer Zigarette oft als Zeitmaß genommen.

Bierschaum verschwindet, wenn man seinen Finger ableckt und in das Bier hält.

Flamingos können nur mit umgedrehtem Kopf fressen.

Hauskatzen gehören zur Art der Felis silvetris.

1922 begann Haribo, Gummibärchen unter dem Namen »Tanzbären« zu verkaufen. Es gibt keine blauen Gummibärchen von Haribo, weil keine natürlichen blauen Farbstoffe existieren.

Jean-Claude Van Damme ist ausgebildeter Balletttänzer.

Die Adeligen gaben im 17. Jahrhundert mehr Geld für Kerzen aus als für Lebensmittel.

Im alten Ägypten gab es den Beruf der »Fliegenfalle«: Da die Pharaonen vor Fliegen geschützt werden mussten, gab es »Angestellte«, die mit Eselsmilch eingeschmiert wurden und den ganzen Tag einfach nur in der Ecke standen, um Fliegen anzulocken.

Bis 2008 wurde man im Radsport positiv auf Doping getestet, wenn man das Shampoo Alpecin verwendete.

Hechtweibchen können ein Höchstalter von 30 Jahren erreichen, die Männchen werden nur etwa 14 Jahre alt.

Zabibah und der König ist ein Liebesroman, der sich über eine Million Mal verkauft hat. Der Autor war Saddam Hussein.

Richterin Barbara Salesch und Psychologin Angelika Kallwass sind beste Freundinnen.

Die Mehrzahl von Gnom ist Gnomen.

Man nimmt etwa 40 Minuten des Tages visuell nicht wahr, da sich die Augen bewegen.

»Ich schwitze wie Sau!« ergibt eigentlich nur wenig Sinn, da Schweine keine Schweißdrüsen besitzen.

Das österreichische Wort des Jahres 2008 ist »Lebensmensch« und charakterisiert jemanden, den man als besonders wichtigen Menschen im eigenen Leben empfindet.

Nestor Carbonel, der Schauspieler, welcher in *Batman Begins* den Bürgermeister von Gotham City spielte, mimte in der Superheldenparodie-Serie *The Tick,* den dortigen Latino-Batman namens »Batmanuel«.

Im Althochdeutschen hieß Milch noch Miluh.

Wilhelm II. war der Erfinder des Wattestäbchens.

Das 1927 in Kirgistan gegründete Dorf Rot-Front, auch Bergtal genannt, ist noch immer deutschsprachig.

Mit einer Anzahl von insgesamt 122 Stück hat kein aktueller oder ehemaliger Spieler der Fußballbundesliga mehr gelbe Karten gesehen als Stefan Effenberg.

Obst, das unter blauem Licht gelagert wird, schimmelt langsamer.

Depressive Menschen essen etwa 55 Prozent mehr Schokolade als nichtdepressive Menschen.

Der Fachausdruck Ringxiety beschreibt die akustische Halluzination, wonach man das eigene Handy fälschlicherweise klingeln hört.

Man kann nur mit geschlossenen Augen niesen.

Die Melodie der Hymne des US-Bundesstaates Maryland ist die gleiche wie die des Liedes »O Tannenbaum«.

Die Stadt Lalitpur in Nepal hat seit 1000 Jahren nur einen Bevölkerungszuwachs von 60 000 Menschen gehabt.

Es gibt von Haribo offiziell keine Gummibärchen oder Gummibären, sondern Goldbären.

In einer Dose Red Bull sind circa sieben Stück Würfelzucker.

Der höchste Berg des kontinentalen Amerikas, Mount Whitney, und der niedrigste Punkt, im Death Valley, liegen weniger als 128 Kilometer auseinander.

Das südafrikanische Borstenhörnchen muss regelmäßig masturbieren, damit es keine Geschlechtskrankheiten bekommt.

Facebook hat Hunderte Domainnamen belegt wie beispielsweise faceboo.com, fb.com oder IhateTheFacebookLikeButton.com.

Kanada ist ein Wort der amerikanischen Ureinwohner und bedeutet »Dorf«.

Cher hatte früher eine Beziehung mit Tom Cruise.

Zum Mile High Club gehört, wer an Bord eines im Flug befindlichen Luftfahrzeuges Sex hatte.

Zwei Personen haben sich nach einem Interview mit der Fernsehmoderatorin Nancy Grace umgebracht. Eine hat sich erschossen, und die andere hat sich angezündet.

Eine Artischocke ist eigentlich eine Blumenknospe.

Ältere Frauen blinzeln häufiger als junge Frauen.

Jupiter ist der Gott des Todes und der Fliegen.

Die vier Arten des Ameisenigels und das Schnabeltier sind die einzigen Säugetiere auf der Welt, die Eier legen.

Milka ist eine Kombination aus den Worten Milch und Kakao.

Der häufigste Name der Welt ist Muhammed.

Die Chance, beim Kegeln zu sterben, ist höher als die, sechs Richtige im Lotto zu haben.

Der Mensch verbringt ein Drittel seines Lebens mit Schlafen.

Die Oberfläche eines erwachsenen Mannes entspricht etwa 28 Blatt Papier in DIN-A4-Format.

In der Nacht von 5. auf den 6. Mai 2012 wurde unser Erdtrabant zum Super-Mond.

In den USA feiert man am 7. Mai den National Masturbation Day.

Die Tür zur Downing Street Nummer 10 kann nur von innen geöffnet werden.

Mandeln gehören genauso wie Pfirsiche zu der Gattung der Steinfrüchte.

Scientology-Gründer L. R. Hubbard entwickelte ein Gerät zur Messung des Schmerzempfindens von Tomaten.

Es gibt ein Bier mit dem Namen »Fucking Hell«, das allerdings nicht im österreichischen Ort Fucking, sondern im Schwarzwald gebraut wird.

Gurken sind das einzige Lebensmittel, das Küchenschaben nicht anrühren.

In Katalonien wünscht man sich zum Weihnachtsessen: »Menja bé, caga fort i no tinguis por a la mort!« – »Iss gut, scheiß kräftig, und fürchte dich nicht vor dem Tod!«

Die Toilette des 4000 Jahre alten Palastes von Knossos auf Kreta ist vermutlich das älteste Wasserklosett mit funktionierender Spülung.

Ein Nihilist verneint alle ethischen Weltvorstellungen.

Plankton sind Lebewesen, die im Wasser leben und deren Hauptmerkmal es ist, dass ihre Schwimmrichtung von der Strömung des Wassers vorgegeben wird.

Man kann eine Landkarte mit vier Farben ausmalen, ohne dass sich gleichfarbige Länder berühren.

Das Königreich Kambodscha heißt offiziell »Ravax Samaki Songkruos Cheat Kampuchea«.

Domain-Namen müssen streng genommen immer mit einem Punkt enden (http://example.com.). Die meisten Internetbrowser fügen den Punkt allerdings automatisch und unsichtbar für den Benutzer hinzu.

Die alten Babylonier nahmen das Bierbrauen sehr ernst. Wer ein schlechtes Gebräu mischte, wurde darin ertränkt.

Bis 1796 hieß der Staat Tennessee in den USA Franklin.

Michael Alschibaja Theimuras schrieb 1978 an der Technischen Universität München seine Doktorarbeit zum Thema »Penisverletzungen bei Masturbation mit Staubsaugern«.

Die Bezeichnung Ailurophilia bezeichnet einen Katzenliebhaber.

Der *Varanus bitatawa* wurde erst 2010 wissenschaftlich beschrieben. Er gehört zu auf Bäumen lebenden Echsen und wird bis zu zwei Meter groß.

Ein Blauwal ejakuliert bei jeder Paarung rund 1200 Liter Sperma, aber nur 10 Prozent davon spritzt er in sein Weibchen. Also laufen jedes Mal 1080 Liter in den Ozean.

Marmor- und Granitplatten enthalten UV-Strahlung.

Kermit, der Frosch hat einen Neffen namens Robin, der unregelmäßig in der *Muppet Show* auftritt. In der zweiten Staffel wird erwähnt, dass Robin 150 Gramm wiegt.

Tristan de Cunha im Atlantischen Ozean ist 98 Quadratkilometer groß und die abgelegenste Insel der Welt.

Im Bundestag darf man sich nicht auf den Boden setzen.

Der Tachometer wurde 1027 von den Chinesen erfunden.

Laut einer aktuellen Studie der Berliner Humboldt-Universität haben Singles mit den Vornamen Kevin, Justin, Marvin, Chantal, Mandy und Celina schlechtere Erfolgschancen bei der Online-Partnersuche.

Frauen geben in ihrem Leben etwa 280 000 Euro für Kosmetika und Körperhygiene aus. Dabei verschlucken sie pro Jahr drei ganze Lippenstifte durch Ablecken der Lippen.

Der Tanztee wurde in England Anfang des 19. Jahrhunderts eingeführt als private nachmittägliche Gesellschaft und zwanglose Möglichkeit für junge Leute, Gleichaltrige des anderen Geschlechts kennenzulernen. Er begann üblicherweise zur Teezeit um 17 Uhr und endete gegen 18.30 Uhr.

Es gibt nicht einen, sondern zwei stillgelegte Disney World Parks.

ZDF-Recherchen zufolge glauben 70 Prozent aller US-Amerikaner an eine Existenz der Hölle. Zum Vergleich: In Deutschland sind es zehn Prozent.

Käfer schmecken wie Äpfel und Wespen wie Pinienkerne.

Mit 7,7 Millimetern ist der Amaunensis Paedophryne *der kleinste Frosch und das kleinste Wirbeltier der Welt.*

Die ersten Regenschirme wurden 1740 in Windsor, Connecticut, verwendet.

In Schweden passieren, statistisch gesehen, die wenigsten Morde auf der ganzen Welt.

Bei der amtlichen Prüfungsnummer für Qualitätswein kennzeichnet die erste Ziffer die Prüfstelle, die dem Wein die Nummer zugeteilt hat. Die nächsten drei Zahlen stehen für die Gemeinde des Abfüllers. Darauf folgt die Betriebsnummer des Abfüllers. Die nächsten beiden Zahlen beziffern die Füllung eines Betriebes als laufende Nummer. Aus den letzten zwei Ziffern wird das Jahr der Weinabfüllung ersichtlich.

Der Berliner Ortsteil Neukölln war ursprünglich ein eigenständiges Städtchen und hieß Rixdorf. 1912 wurde der Ort dann umbenannt, um sein negatives Image loszuwerden, denn Rixdorf war zum Inbegriff frivoler Unterhaltung geworden.

Der niederländische Fußballer Mark van Bommel erhielt 2010 von der Freien Universität Amsterdam eine Auszeichnung für seine Sprache. Beurteilt wurden Rhetorik und Argumentationsfähigkeit.

Das erste MP3-Audiofile war »Tom's Diner« von Suzanne Vega.

Der am wenigstens erfolgreiche *Harry-Potter*-Film hat an den Kinokassen mehr Geld eingespielt als der erfolgreichste *Twilight*-Film.

Alle vier Gasplaneten, Jupiter, Saturn, Uranus und Neptun, verfügen über ein mehr oder weniger starkes Ringsystem. Das schwächste Ringsystem besitzt Jupiter. Den bekanntesten Planetenring besitzt dagegen Saturn.

Pierre de Fermat hat 1637 behauptet, dass es nicht möglich sei, einen Kubus in zwei (ganzzahlige) Kuben zu zerlegen oder ein Biquadrat in zwei Biquadrate oder allgemein irgendeine Potenz größer als die zweite in Potenzen gleichen Grades. 1993 wurde dies dann auch beweisen und somit festgehalten, dass er recht hatte.

In Nogales, Arizona, ist es verboten, in der Öffentlichkeit Hosenträger zu tragen.

So ziemlich alle Menschen in Europa stammen wahrscheinlich von sieben Frauen ab.

Stefan Raab besitzt die Markenrechte für das Wort »Schland«, unter anderem für Bekleidungsstücke, Schuhwaren, Kopfbedeckungen, insbesondere Halstücher, T-Shirts, Sweatshirts, Jacken, Regencapes, Hüte, Baseballkappen und Hosen.

Ein tasmanisches Gesetz verlangt von Witwen, den abgeschnittenen Penis ihres Mannes als Kette um ihren Hals zu tragen.

Die im Jahr 2011 lebenden sieben Milliarden Menschen sind über sechs Prozent der rund 110 Milliarden jemals geborenen modernen Menschen; über 100 Milliarden sind somit in der Vergangenheit einschließlich der Steinzeit gestorben.

Das Olf, vom lateinischen Wort »Olfactus« für Geruchssinn abgeleitet, ist eine Maßeinheit zur Bewertung der Stärke einer Geruchsquelle. Ein starker Raucher bringt es beispielsweise auf 25 Olf, ein Athlet nach dem Sport auf 30 Olf.

Das hawaiianische Wort für »Kleid« heißt »mumu«.

Wenn man bei der Google-Bildersuche 241543903 eingibt, erhält man zahlreiche Fotos, auf denen Menschen ihren Kopf in einen Kühlschrank stecken.

Lindsay Lohan wurde seit 2007 zu 391 Tagen Gefängnis verurteilt, verbrachte jedoch weniger als zwei Wochen wirklich hinter Gittern.

Die Niagarafälle waren Vorbild für die Szene des Weltendes im Film *Fluch der Karibik – Am Ende der Welt.*

Bei der Markteinführung von Cola im Jahr 1886 wurde es als denkförderndes und intellektuelles Getränk beworben.

Charlie Sheen (Charlie), Jon Cryer (Alan) und Ryan Stiles (Herb) aus Two and a Half Men *standen schon im Film* Hot Shots *zusammen vor der Kamera.*

Der kürzeste Linienflug der Welt dauert 2 Minuten und wird von Westray nach Papa Westray auf den Orkneyinseln durchgeführt.

Der längste Bandname der Welt, der nur aus einem Wort besteht, ist Paracoccidioidomicosisproctitissarcomucosis.

Marlon Brando wird von folgenden Musikern namentlich in einem Song erwähnt: Robbie Williams, Mando Diao, The Killers, Madonna, Neil Young, Mark Knopfler und Leonard Cohen.

St. Nikolaus alias Santa Claus wurde in Irland begraben.

Der Spruch »Zwei Fliegen mit einer Klappe« heißt auf Englisch »Two birds with one stone«.

Gähnen findet auch vor besonderen Herausforderungen statt. Beispielsweise gähnen Fallschirmspringer häufig kurz vor dem Sprung.

Das Königreich Tonga gab einmal eine Briefmarke in Bananenform heraus.

Eine gepflückte Ananas reift nicht weiter.

Clint Eastwood wurde sowohl die Rolle des James Bond als auch die von Superman angeboten. Er lehnte beide ab.

An der Universität Puebla in Mexiko haben Physiologen um José Eguibar eine Rattenlinie gezüchtet, die nahezu ununterbrochen gähnt.

Wäre Barbie lebensgroß, hätte sie die Maße 100-59-84.

Eine der größten Orgeln aus der Barockepoche ist die Orgel der St.-Marien-Kirche in Stralsund. Die Orgel stammt aus dem Jahr 1659 und hat 3500 Pfeifen, die größte ist neun Meter hoch und wiegt 240 Kilogramm.

Menschen gähnen vor allem kurz vor und kurz nach dem Schlaf.

Bei genmanipuliertem Bier, dessen Bierhefe mit dem Gen LTP1 versetzt ist, fällt der Bierschaum nicht zusammen.

Leutnant Hiroo Onoda hielt nach Ende des Zweiten Weltkrieges noch bis 1974 Stellung auf der Insel Lubang, da er die Nachricht von der Kapitulation Japans für eine Lüge hielt. Er wurde schließlich durch einen Kommandeur persönlich aufgeklärt.

Der Bindestrich heißt auch Viertelgeviertstrich.

Montpelier in Vermont ist die einzige Hauptstadt eines amerikanischen Bundesstaates, in der es keinen McDonald's gibt.

Der Seestern isst, indem er seinen Magen nach außen stülpt.

Das Gegenteil von transparent ist opak.

Haie haben ihre Ohren innerhalb ihres Kopfes.

Unter »Pornobalken« versteht man eine bestimmte Art eines Männerschnurrbarts.

Es werden weltweit fast 5000 Götter von der Menschheit angebetet.

99,86 Prozent der Masse unseres Sonnensystems ist in der Sonne enthalten.

Blitze bewegen sich von unten nach oben.

Nur von vier Prozent des Weltalls ist bekannt, woraus es besteht, beim Rest wird vermutet, dass es sich um Dunkle Materie und Dunkle Energie handelt.

Thermodynamisch ist Glas eine gefrorene, unterkühlte Flüssigkeit.

Die erste deutsche Toilettenpapierfabrik wurde 1928 von Hans Glenk in Ludwigsburg gegründet.

Der erste Smiley wurde 1982 geschrieben.

Grün ist die letzte Farbe, die man erkennt, bevor man erblindet.

Die Tierkreiszeichen wurden vor etwa 2500 Jahren festgelegt. Seither hat sich die Ekliptik aber um 30 Grad, also um ein ganzes Tierkreiszeichen, verschoben. So sind Leute mit Sternzeichen Stier an einem Tag geboren, an dem die Sonne heutzutage im Widder steht, Widder sind eigentlich Fische etc.

Kopi Luwak – der teuerste Kaffee der Welt – entsteht aus Bohnen, die zuvor durch den Verdauungstrakt von Zibetkatzen gewandert sind und dadurch fermentiert wurden, da sich diese von Kaffeekirschen ernähren, aber die Bohnen nicht verdauen können.

Der Blauwal hat mit über zwei Metern den größten Penis der uns bekannten Säugetiere.

In der Autobahn-Verfolgungsjagd aus Matrix Reloaded *beinhalten die Verkehrsschilder am Straßenrand »Cheat Codes« zum Videospiel* Enter the Matrix.

Im Italienischen gibt es nur vier Wörter, bei denen das »h« am Anfang gesprochen wird: »ho«, »hai«, »ha« und »hanno«.

Die Ehefrau des Sängers der Wildecker Herzbuben Wilfried Gliems ist die Großcousine von Bruce Willis' Mutter.

Guybrush Threepwood aus dem Spiel Monkey Island *hat seinen Vornamen vom Grafiker Steve Purcell, der bei der Erstellung die Datei als »guybrush.bbm« speicherte, da es sich um den »brush« des »guys« für die Software Deluxe Paint handelte und die Hauptfigur zu diesem Zeitpunkt noch keinen Namen hatte.*

Ein Dieb brach in eine Millionärsvilla in Bel Air/USA ein. Die Villa war jedoch so riesig, dass er die Orientierung verlor und in den Räumen umherirrte. Irgendwann landete er im Schlafzimmer des Besitzers und weckte diesen mit der Bitte, ihn irgendwo rauszulassen. Von der Tür aus ging es jedoch nicht in die Freiheit, sondern in den Polizeiwagen.

Koalas trinken äußerst selten.

Das Kartenspiel UNO gehört zur Familie der Cracy-Eights-Spiele.

Eine der teuersten Handtaschen der Welt ist die Birkin Bag von Hermès. Die Tasche wurde nach der Schauspielerin Jane Birkin benannt, die 1982 auf dem Flughafen den Hermès-Chef Jean Dumas traf und sich bei dieser Gelegenheit beschwerte, dass die Taschen von Hermès zu klein seien. Während des Fluges entwarfen Jane Birkin und Jean Dumas auf Servietten die spätere Birkin Bag.

3000 Jahre lang, bis zum Jahre 1883, war Hanf eine der weltweit am meisten angebauten Pflanzen. Aus ihr wurde das Gros an Stoffen, Seifen, Papier, Medizin und Ölen produziert.

Die »Dead Man's Hand« ist eine Hand beim Poker. Sie besteht aus zwei Paaren, Achten und Assen, jeweils von Pik und Kreuz. Die Hand trägt ihren Namen, weil der Westernheld Bill Hickok 1876 bei einem Draw-Poker-Spiel rücklings erschossen wurde, als er zwei schwarze Asse und Achten mit einer Dame als Kicker hielt.

In Brasilien hat ein Räuber einen exklusiven Sexshop überfallen. Seine Beute: ein vergoldeter Vibrator im Wert von 4000 Dollar. Allerdings dürfte der Räuber wenig Freude an seiner Beute gehabt haben, da der Kern des Vibrators aus Stahl ist und die Vergoldung sich nicht ablösen lässt. Auch seinem ursprünglichen Zweck lässt sich das Sexspielzeug nur kurzfristig zuführen: Das Ladegerät für den Vibrator hat der Täter in dem Geschäft vergessen.

Der Philosoph Giordano Bruno wurde 1600 wegen Ketzerei verbrannt. 1889 wurde ihm am Campo de Fiori gegen päpstlichen Widerstand ein Denkmal errichtet. Erst im Jahr 2000 wurde das Urteil vom Vatikan als Unrecht bezeichnet.

Die Bauer und Schaurte-Schraubenwerke in Neuss erfanden ein Innensechskant-Werkzeug, das später als Inbus (Abkürzung für »Innensechskant Bauer und Schaurte«) millionenfach den Möbeleinzelteilen eines schwedischen Möbelhauses beigelegt wurde.

Im 18. und 19. Jahrhundert war Polly als die Kurzform von Mary verbreitet, die sich aus Molly entwickelte.

Im Abspann jedes Disney-Pixar-Films werden die sogenannten production babies aufgelistet. Es handelt sich hierbei um die Kinder der Pixar-Crew, die während der Produktion des Films auf die Welt kamen.

Das Galilei-Fernrohr wurde 1608 von Hans Lipperhey entwickelt und von Galileo Galilei weiterentwickelt. Er hatte auch die Idee, damit die Sterne zu betrachten. So wurde das Fernrohr erst bekannt.

Die Legion Freies Indien (synonym: indische Legion, Infanterieregiment) war im Zweiten Weltkrieg eine militärische Truppeneinheit der Wehrmacht, die aus gefangenen Indern der Streitkräfte des Commonwealth aufgestellt worden war. Ihre Truppenstärke betrug bis zu 2600 Mann. Die Männer legten ihren Eid auf den bekannten indischen Nationalistenführer Subhash Chandra Bose und auf Adolf Hitler ab. Im August 1944 wurde die Legion der Waffen-SS unterstellt.

Vor Heimspielen des Baseballteams New York Yankees wird der Imperial March gespielt, wenn die gegnerische Mannschaft das Spielfeld betritt.

Eine Biene produziert in ihrem Leben nur eineinhalb Teelöffel Honig.

Märkische Dichterlandschaft

Märkische Dichterlandschaft

Ein illustrierter Literaturführer
durch die Mark Brandenburg

Herausgegeben von Peter Walther

mit Fotografien von Steffen Mühle

Deutsche Verlags-Anstalt Stuttgart

Herausgegeben mit freundlicher Unterstützung
des Ministeriums für Wissenschaft, Forschung und Kultur
des Landes Brandenburg

Die Deutsche Bibliothek – CIP-Einheitsaufnahme

Märkische Dichterlandschaft :
ein illustrierter Literaturführer durch die Mark Brandenburg /
hrsg. von Peter Walther.
Mit Fotografien von Steffen Mühle. -
Stuttgart : Deutsche Verlags-Anstalt, 1998
ISBN 3-421-05165-8

Typographische Gestaltung: Brigitte Müller
Schutzumschlag: Susanne Gerhards, Düsseldorf, unter Verwendung
einer Fotografie von Thoma Babovic (Das Fotoarchiv., Essen)
Reproduktionen: Die Repro GmbH, Tamm
Druck und Bindearbeit: Friedrich Pustet, Regensburg
Printed in Germany

ISBN 3-421-05165-8

Inhalt

Vorwort

»Frisia non cantat« – so hatten die Römer den fehlenden Sinn für Poesie bei den barbarischen Völkern am nördlichen Rand ihres Reiches umschrieben. Während die Deutschen im ganzen sich im Lauf der Jahrhunderte vom Bild der amusischen Friesenstämmen weitgehend distanzieren konnten, scheint einzelnen Regionen des Landes der alte Makel der Poesielosigkeit besonders hartnäckig anzuhaften: Brandenburg und Literatur – war das jemals eine fruchtbare Verbindung? Konnte auf dem kargen Boden der Mark mehr als nur »Sandpoesie« wachsen? Auch wenn man es kaum glauben mag – die Anfänge märkischer Poesie gehen zurück bis ins 13. Jahrhundert – in die erste Blütezeit der deutschen Dichtung. Den Reichtum der literarischen Überlieferung aus den vergangenen Jahrhunderten stärker ins öffentliche Bewußtsein zu bringen, ist das Anliegen des vorliegenden Buches, das in drei Teilen Auskunft über Geschichte und Gegenwart der Literatur im Land Brandenburg gibt. Im ersten Teil sind Essays von namhaften Gegenwartsautoren versammelt, die über ihre Beziehung zu Land und Leuten, zur Literatur und Geschichte Brandenburgs schreiben.

Die Erfahrung von Heimat läßt sich nicht nachholen – diese Erkenntnis durchzieht den ersten Beitrag des Essayteils. Für Sigrid Grabner, als Kind »vorzeitig aus dem Paradies des Urvertrauens vertrieben«, ist die Mark Brandenburg und Berlin, jene »Wucherung zusammengewachsener märkischer Dörfer«, »vertraute Fremde« geblieben. Günter Kunert erinnert mit einem Gedicht an das Berlin seiner Kindertage, während uns der Beitrag von Christian Graf von Krockow auf den Spuren Fontanes nach Friedersdorf führt. Wittenberge, die Stadt an der nordwestlichen Grenze Brandenburgs, einst bekannt für die Produktion von Zellwolle, ist auch vierzig Jahre nach den einschneidenden Erlebnissen, die Adolf Endler seiner Arbeit als »Transport-Mufti« verdankt, noch ein Bezugspunkt für den Autor. Dem Dichter Peter Huchel, der, umgeben von Katzen, in dem von Kiefern versteckten Haus in Wilhelmshorst lebte, ist der Beitrag von Sarah Kirsch gewidmet. Daß im 18. Jahrhundert nicht nur die Städte, sondern auch die Herrensitze des märkischen Adels die Kulturlandschaft der Mark prägten, führt Günter de Bruyn in seinem Essay über die »Märkischen Musenhöfe« eindrucksvoll vor Augen.

Der Mittelteil des Buchs umfaßt die Ergebnisse literaturhistorischer Spurensuche in der Mark Brandenburg. Die Einträge im Literaturführer betreffen ca. 450 Autoren, deren Leben und Werk mit über 200 Orten in der Mark verbunden sind. Es läßt sich also mit einigem Recht von einer »Märkischen Dichterlandschaft« reden, auch wenn sich der Geltungskreis manches Poeten auf die engere Region beschränkt haben mag. Die vielen heute kaum noch bekannten Heimatdichter, schreibenden Lehrer, Pfarrer oder Heimatforscher haben ihren je eigenen Beitrag zur Literatur der Mark Brandenburg geleistet. Sie haben, ebenso wie die Volkspoesie in Sagen und Liedern, den Boden bereitet, auf dem die Dichtung der namhaften Autoren gewachsen ist. Nicht bei allen Autoren verbinden sich Herkunft, Thematik und literarische Ausdruckskraft auf eine – aus Sicht des Lokalpatrioten – so glückliche Weise wie etwa bei Heinrich von Kleist, Theodor Fontane, Peter Huchel und Hermann Kasack. Oft blieb die Mark für bedeutende Autoren nur eine Durchgangsstation, eine biographische

Episode, wie bei Gottfried Benn, der in der Prignitz geboren wurde, in seinem Geburtsort Mansfeld jedoch nur als Kleinkind lebte. Bei anderen Schriftstellern finden sich dagegen deutliche Spuren ihres Aufenthalts in Brandenburg im Werk, so bei Gerhart Hauptmann, der einige Jahre in Erkner südöstlich von Berlin lebte. Er hat häufig Erlebnisse und Wesenszüge von Personen aus seiner Umgebung in seine Stücke und Erzählungen einfließen lassen.

Bei allem Bemühen, die Orte literaturhistorischer Überlieferung und die biographischen Verknüpfungen von Autoren mit Orten im Land Brandenburg möglichst vollständig zu erfassen, ist an wirkliche Vollständigkeit natürlich nicht zu denken. Dem vorliegenden Band wird es wie allen Nachschlagewerken gehen: Es fällt immer das zuerst auf, was nicht vorhanden ist. Dabei mag vor allem eine Beschränkung ins Auge fallen, die man mit Blick auf die historische Topographie der Mark Brandenburg als »ahistorisch« bezeichnen könnte. Grundlage des Literaturführers sind nämlich nicht die während der Jahrhunderte wechselnden Grenzen der Mark, sondern die des heutigen Bundeslandes Brandenburg. Dies hat zur Folge, das die Gebiete des einstigen Ostbrandenburgs, aber auch Teile der Altmark und große Teile Berlins, die einst zur Mark zählten, nicht berücksichtigt worden sind. Andererseits verschwimmen aus der historischen Perspektive auch die Grenzen zu den Nachbarn. Mancher Ort, der heute brandenburgisch ist, war vor nicht allzu langer Zeit noch sächsisch, gehörte zu Niederschlesien oder Mecklenburg. Die Beschränkung auf das Gebiet innerhalb der heutigen Landesgrenzen ist pragmatischen Überlegungen geschuldet. Der Literaturführer soll nicht nur als Nachschlagewerk, sondern vor allem als Wegbegleiter auf der Reise durch das Land zu nutzen sein. Daher tritt die Frage der historischen Entwicklung der Grenzen hinter den Aspekt eines durchsichtigen Kriteriums für die Zuordnung der Orte zurück. Abstriche mußten auch bei der Aufnahme von bio- und bibliographischen Daten gemacht werden. Im Vordergrund stehen stets jene Angaben, die den biographischen Bezug zu den jeweiligen Orten zum Inhalt haben. Überdies konnte nicht jeder Ort aufgenommen werden, den Fontane oder Trinius auf ihren Streifzügen durchwandert haben – hier mußte gleichfalls eine Auswahl getroffen werden.

Der dritte Teil des Buch enthält eine Überblicksdarstellung zur Geschichte der Literatur in Brandenburg. Dabei handelt es sich freilich nicht um eine Literaturgeschichte, der es um die erzählerische Konstruktion eines historischen Zusammenhangs gelegen sein müßte, um das Herauskristallisieren von formalen und inhaltlichen Tendenzen in den verschiedenen Gattungen oder um die Rekonstruktion des literarischen Lebens in den Zentren. Auf diesen Seiten kann es nur darum gehen, die Höhepunkte einer Jahrhunderte währenden Entwicklung zu würdigen, an ihre Protagonisten und deren wichtigste Werke zu erinnern und jenen chronologischen Zusammenhang vor Augen zu führen, den die alphabetische Ordnung nach Orten im voranstehenden Literaturführer verweigert. Für das Problem, was als Gegenstand einer solchen Überblicksdarstellung zu verstehen sei, soll gleichfalls ein pragmatisches Kriterium gelten: Erwähnung findet die Literatur von Autoren, die sich auf Brandenburg bezieht, sowie jene Literatur, die in Brandenburg entstanden ist, unabhängig davon, ob die Autoren aus dem Land kommen oder nicht.

Im Anhang des Buchs sind einige wichtige Informationen zusammengestellt, die zur Orientierung bei der weiteren Beschäftigung mit dem Thema behilflich sein könnten. Neben einer Auswahlbibliographie zur Literatur in Brandenburg findet sich dort auch eine Zusammenstellung der Literaturgedenkstätten im Land mit kurzen Hinweisen auf die Inhalte von Ausstellungen und auf andere Sehenswürdigkeiten. Die Adressen weiterer literarischer Einrichtungen sowie der Fremdenverkehrsämter mögen den interessierten Leser schnell zum Ziel seiner Nachfrage leiten. Abschließend sei darauf hingewiesen, daß die Geschäftsstelle »Märkische Dichterlandschaft«, die seit dem Frühjahr 1997 im Peter-Huchel-Haus in Wilhelmshorst arbeitet, dankbar für alle Hinweise ist, die der Ergänzung und Aktualisierung des vorliegenden Literaturführers dienen.

Peter Walther

Essays

Sigrid Grabner

Vertraute Fremde

Wer in die Mark Brandenburg kommt, hat angesichts stiller Dörfer, englischer Parks, italienischer Villen früher oder später ein Déjà-vu-Erlebnis. Erinnern nicht die Ufer umwaldeter Seen, sich im Horizont verlierende Wege an verträumte Sommernachmittage der Kindheit? Irgendwann, irgendwo haben wir das alles schon einmal erlebt und gesehen.

Viele Gesichter hat die Mark Brandenburg. In manchem Sommer läßt flirrende Hitze, in manchem Winter klirrender Frost an die Weiten des kontinentalen Ostens denken, während im nächsten Jahr nicht endenwollende Regenwolken die Landschaft mit nordatlantischer Melancholie überziehen. Russische und ungarische Steppenpflanzen sind hier ebenso zu Hause wie die Stechpalmen der britischen Inseln. Nicht wenige alteingesessene Brandenburger tragen flämische und wendische, französische und böhmische, polnische und russische Namen. Jahrhundertelang rangen ihre Vorfahren dem kargen Sandboden Kartoffeln, Roggen und Futterpflanzen ab, kultivierten ihn hier und dort sogar zu Obst- und Gemüseplantagen, denn nur in wenigen fruchtbaren Landstrichen gediehen profitable Kulturen wie Weizen, Zuckerrüben und Tabak.

Zisterzienser-Klöster öffnen unvermutet dunkle Wälder zu einem übersonnten Raum. Seen blitzen auf, von deren einem namens Stechlin Theodor Fontane erzählt, er zeige Erschütterungen in der Welt durch einen aufsteigenden Wasserstrahl oder gar durch einen aus der Tiefe steigenden roten Hahn an. Die Türme mittelalterlicher Feld-

steinkirchen und aufstrebender Backsteingotik grüßen weithin über die Felder zur Autobahn, deren eilige Benutzer nichts von den Mühen der Erbauer ahnen. Barocke Herrenhäuser und von einstmals bescheidenem Wohlstand kündende Landstädtchen liegen an schnurgeraden Alleen, die alle nur ein Ziel zu haben scheinen – Berlin.
Die erste große Reise meines bewußten Lebens unternahm ich in die Mark Brandenburg. Ich war damals zehn Jahre alt und fuhr allein mit dem Zug zu Verwandten, die der Flüchtlingsstrom in der Uckermark angeschwemmt hatte, wie meine Eltern und mich im Raum Halle-Leipzig. Die sommerwarmen Wege zwischen Feldern, aus denen Lerchen in den weiten blauen Himmel aufstiegen, und die Ahnung des nahen Meeres prägten meinen Begriff von Landschaft, heute weiß ich es, für immer. Meine Eltern registrierten erstaunt meine Vorliebe für Kartoffeln und Sandböden, die so gar nicht meiner Herkunft entsprach. Sie mochten lieber Semmelknödel und sehnten sich in das liebliche Hügelland Böhmens zurück. Da ihnen die Heimat verschlossen blieb, lebten sie ihre Sehnsucht durch Ausflüge ins Saaletal und nach Thüringen aus und konnten nicht verstehen, was mich in den Ferien immer wieder in das weltabgeschiedene Dorf nahe der Oder zog. Eine Liebe auf den ersten Blick kann eben keine Gründe benennen. Später fügte es der Zufall, den es nicht gibt, daß ich mich in der Mark Brandenburg ansiedelte, daß meine Kinder hier geboren wurden und aufwuchsen. Durch Geburt wurde ihnen geschenkt, worum ich mich seit jener durch die Vertreibung für immer ins Vergessen versunkenen Kindheit in Böhmen vergeblich bemühte – Heimat. Geprägt sein von einer Landschaft und ihrer Geschichte, sie einatmen, mit allen Poren des Körpers aufnehmen, selbstverständlich irgendwo zu Hause sein. Auch wenn die Regierenden dieses Zuhause durch Mauern und Sta-

cheldraht für alle Zeiten unentrinnbar machen wollten. Überstieg nicht der Himmel spielerisch leicht die Mauern der Gegenwart, reichte die Geschichte der verfallenden Schlösser und Klöster nicht tiefer als die Fundamente der Grenzanlagen, entdeckten die durch Fernsehnsucht geschärften und sensibilisierten Sinne nicht im Wassertropfen die Wunder der Welt? Wo Kinder sich angenommen fühlen und nicht vorzeitig aus dem Paradies des Urvertrauens vertrieben werden, erfahren sie unverlierbar Heimat.

So wurde mir die Mark Brandenburg – wie schon seit Jahrhunderten vielen Flüchtlingen – zur vertrauten Fremde, weil sie die Heimat meiner Kinder war. Der in drei politische Verwaltungsbezirke aufgeteilte Hochsicherheitstrakt Mark Brandenburg war zwar nicht komfortabel, aber von einer eigentümlich wehmütigen Schönheit. Anfang der achtziger Jahre gestatteten mir die »Organe« der DDR einen zweiwöchigen »Ausgang« nach Italien, damit ich dort Recherchen für ein Buch betreiben konnte. Jeden Tag meines kurzen Aufenthalts in Rom mit den Zeugnissen einer zweieinhalbtausendjährigen Geschichte konfrontiert, hatte ich ständig und unabweisbar das Gefühl, auf vertrautem Boden zu gehen, all diese Gebäude schon einmal gesehen zu haben. Die in meinem bisherigen Leben so absolut gesetzten Grenzen von Zeit und Raum schmolzen zu einem Nichts zusammen. Meine Seele, bisher an den »ersten Arbeiter- und Bauernstaat auf deutschem Boden« gekettet, lernte fliegen. In diesem Zustand begriff ich erst so recht die Worte des englischen Dichters John Donne, die ich lange schon mit mir herumtrug:

»Kein Mensch ist eine Insel, abgeschlossen ins sich;/ Jeder ist ein Stück des Kontinents, ein Teil des Meeres:/ Wenn ein Stück Erde weggespült wird von der See, wird Europa

kleiner,/ genauso wie wenn es ein Vorgebirge wäre, ein Gutshof deiner Freunde oder deiner selbst/... Frage nie, für wen die Stunde schlägt – sie schlägt für dich.«

Obelisken und Pyramiden, von weither nach Rom gekommen, Kirchen, Palazzi und Parks – kannte ich sie nicht schon aus der Mark? Freilich verhaltener, dem nördlichen Temperament entsprechend, auch leichter daherkommend, weil Sandboden nicht so belastbar ist wie felsiger Untergrund.
Von der Villa Medici die Stadt überblickend, überkam es mich wie eine Erleuchtung: Wenn ich in Rom meine Heimat erkannte, hatte ich sie auch in Brandenburg gefunden. Italien und Deutschland, das es als politische Einheit nicht mehr und noch nicht gab, aber zu dem Brandenburg gehörte, waren seit Jahrhunderten, gar Jahrtausenden durch unterirdische Ströme miteinander verbunden. Die nördliche Landschaft, in der ich wohnte, war Teil von einem Europa, dessen politische Grenzen so wenig für die Ewigkeit geschaffen waren wie die Ideologien von Diktatoren. Was der Krieg mir genommen hatte, indem er mich aus dem Land meiner Vorfahren vertrieb, schenkte mir die Begegnung mit Rom aufs Neue: Heimat.
Nach jener ersten Romreise begann ich in der Mark Brandenburg Wurzeln zu schlagen und hatte doch die Vierzig schon überschritten. Die Grenzanlagen, die Seen, Flüsse, Wälder, Parks und Städte durchschnitten, schienen mir nun in dem Bewußtsein, daß alles mit allem verbunden ist, dem Leben auf Dauer so wenig standhalten zu können wie die Mauern in Herzen und Köpfen. Fortan mußte ich mich nicht mehr in einer fruchtlosen Opposition gegen die Dummheit der alles beherrschenden Parteibürokratie abarbeiten, sondern konnte, mich verwurzelnd in diesem Landstrich und seiner Geschichte, einfach ich selber sein.

Schloßpark in Blankensee.
Das Anwesen gehörte seit 1902 dem naturalistischen Dramatiker Hermann Sudermann.

Der Widerstand brauchte keine Rechtfertigung mehr, er wurde selbstverständlich. Wo man wirklich zu Hause ist, läßt man sich nicht ohne weiteres vorschreiben, was man zu tun und zu lassen hat. Man denkt und handelt, wie es einem das Gewissen und gesunder Menschenverstand vorschreiben.

Als müßte es so sein, lernte ich in jener Zeit Eva Foerster kennen und durch sie die Gedanken- und die Gartenwelt ihres 1970 verstorbenen Mannes Karl Foerster. In unseren Gesprächen saß er ebenso mit am Tisch wie die vielen Künstler, Politiker und Wissenschaftler, die in dem Haus in Bornim aus- und eingegangen waren und zu ihrer Zeit Geschichte geschrieben hatten.

Die Schriftstellerin Helene von Nostitz schrieb in ihrem 1930 erschienenen Buch »Potsdam« über Karl Foersters Garten in Bornim:

»Wir können die harte, sorgsame Arbeit nur ahnen, die hinter dieser leuchtenden, bunten, duftenden Welt steht. Der Kampf mit dem sandigen Boden der Mark erzeugt eine fortwährende Spannung und Beschwingtheit. Die Pflanzen werden hier nicht gemästet und gepflegt, sondern groß gehungert und groß gedürstet. Solch eine Blumenpflege ist ein Spiegelbild des altpreußisch-spartanischen Ideals, das nur im Verzicht sein Äußerstes zu leisten vermag und dann zu seinem eigenen Erstaunen bunte und herrliche Gebilde hervorbringt, wie auch das Fridericianische Barock.«

Diese Worte charakterisieren nicht nur den »Zauberer von Bornim« und die großen Garten- und Landschaftsgestalter vor ihm, sondern auch jegliche zivilisatorische Bemühung in der »Streusandbüchse« des Heiligen Römischen Reiches Deutscher Nation.

Wie kaum ein anderer in diesem Jahrhundert hat der Gärtner und Schriftsteller Karl Foerster in seinem Werk dem Wesen der Mark Brandenburg Ausdruck verliehen. Er verlor sich nicht in Klagen über die Kargheit des Sandbodens, sondern schuf mit viel Mühen und noch mehr Phantasie ein Gartenparadies. Im Kleinen entdeckte er das Große, ohne spießerhaft selbstgenügsam zu sein.

Wer wie Karl Foerster im Garten ein Gleichnis auf den Kosmos sieht, in dem jedes seinen Platz und seine Berechtigung hat, wer Widerstände als Herausforderung für Wachsen und Reifen begreift, wer dem Neuen vorurteilslos aufgeschlossen begegnet, dem bleiben Hurra-Patriotismus ebenso fremd wie ein unverbindlicher Kosmopolitismus. Deshalb verklingen die Rufe der Politiker nach dem Euro, ob hart oder weich, und der PR-Agenturen nach einem gemeinsamen Europa scheinbar ohne Widerhall zwischen Kiefern, Seen und sandigen Hügeln. Warum auch sollten die Städte und Gemeinden der Mark Brandenburg nach Europa streben, da sie doch seit jeher Europa sind! Hier lernten Menschen vieler Völker und Religionen, sich dem preußischen Gesetz von Pflichterfüllung und Toleranz unterwerfend, miteinander zu leben. Italienische Leichtigkeit und böhmische Ernsthaftigkeit, französische Lebensart und belgische Fertigkeiten, holländischer Fleiß, schweizerische Präzision und durch Jahrtausende von Verfolgung geschärfte jüdische Intelligenz verbanden sich zu gemeinsamer Anstrengung, damit die Mark Brandenburg nicht nur eine notdürftige Zuflucht bliebe, sondern den nachfolgenden Generationen zur Heimat würde.

Freilich zwangen der Mangel an natürlichen Ressourcen und die geopolitische Lage als Grenzland die Bevölkerung, Meister in der Kunst des Überlebens zu werden: durch beständige Anspannung, Verzicht, Askese, Zähigkeit und Härte. Auf dem scheinbaren Gipfelpunkt des Preußenstaates, als der politische Niedergang schon eingesetzt hatte, den meisten aber noch verborgen blieb, blühten dann endlich auch die Künste. Den Dichter Heinrich von Kleist veranlaßte dieser Zustand in seinen »Betrachtungen über den Weltlauf« allerdings zu der scharfsinnigen Bemerkung, man nehme gemeinhin an, die Völker stiegen aus tierischer Wildheit und Roheit auf zur Tugend, von dieser zur Ästhetik und Kunst, und die Kunst schließlich würde das Volk zur höchsten Stufe der menschlichen Kultur hinaufführen. Genau das Umgekehrte sei der Fall, meinte Kleist und verwies auf das Beispiel der Griechen und Römer:

»Diese Völker machten mit der heroischen Epoche, welches ohne Zweifel die höchste ist, die erschwungen werden kann, den Anfang; als sie in keinen menschlichen und bürgerlichen Tugenden mehr Helden hatten, dichteten sie welche, als sie keine mehr dichten konnten, erfanden sie dafür die Regeln; als sie sich in den Regeln verwirrten, abstrahierten sie die Weltweisheit selbst, und als sie damit fertig waren, wurden sie schlecht.«

Der Dichter behielt recht. Was die Mark Brandenburg als Kernland Preußens groß gemacht hatte, wurde ihr schließlich zum Verhängnis. Mit dem Erfolg drängten die unterdrückten Schattenseiten preußischer Tugenden mit Macht ans Licht. Anspannung mündete in Selbstgerechtigkeit, Verzicht wurde zur Gier, Askese zur Enthemmung, Härte und Zähigkeit zur Verhärtung. Die Loyalität gegenüber dem Gesetz mutierte zu vorauseilendem blinden Gehorsam.

Schwer haben die Bewohner der Mark Brandenburg für die Hybris der Herrschenden und eigene Blindheit in die-

sem Jahrhundert bezahlen müssen. Die Gedenkstätten der Konzentrationslager, riesige Soldatenfriedhöfe und die Reste der Mauer um Berlin künden davon.
Immer trafen in diesem Landstrich die Widersprüche heftig aufeinander, das Wohltemperierte ist hier nicht zu Hause, und es bedarf immer erneuter seelischer und geistiger Anspannung, scheinbar Unversöhnliches miteinander zu versöhnen. Es fehlt hier die Gelassenheit, die eine fruchtbare Natur den Menschen schenkt. Berlin bietet dafür ein beredtes Beispiel. Der Stadtstaat, nach dem Willen der Brandenburger noch immer als Land mitten im Land gelegen, ist nicht ohne die Mark Brandenburg zu denken, wie die Mark Brandenburg nicht ohne Berlin. Bis heute kann die Hauptstadt ihren Ursprung als eine Wucherung zusammengewachsener märkischer Dörfer nicht verleugnen. Hier steigern sich die Vorzüge und die Schattenseiten der historischen Landschaft, aus der heraus sie gewachsen ist, bis zum Extrem. Die Stille entlädt sich in fieberhafter Geschäftigkeit, die Kargheit produziert eine Fülle wissenschaftlicher und kultureller Leistungen, und je mehr Berlin durch die Betonung seiner Größe und Einzigartigkeit seine ärmliche Herkunft vergessen machen möchte, um so mehr sehnt es sich nach seinem Ursprung. »Potsdam verklärt dem Deutschen Berlin«, schrieb in den dreißiger Jahren Eugen Diesel, der in Bornstedt bei Potsdam lebende Sohn des bekannten Erfinders. Nicht nur in Potsdam, in der ganzen Mark Brandenburg findet der zivilisationsmüde Hauptstädter, ob zugezogen oder seit Generationen ansässig, was er im Grunewald, am Müggelsee oder am Wannsee von der Schönheit der umliegenden Kulturlandschaft schon erahnt. Der Erfolg solcher Bücher wie »Rheinsberg« von Kurt Tucholsky und Fontanes »Wanderungen durch die Mark Brandenburg« verdankt sich dieser Sehnsucht nach dem Ursprung.

Am Kleinen Wannsee liegt Heinrich von Kleist begraben, der sprachmächtigste Schriftsteller, den die Mark Brandenburg hervorgebracht hat. Sein Leben und sein Werk stehen für die fortwährende Spannung, die zugleich »bunte und fruchtbare Gebilde« hervorbringen kann und der doch die Gefahr der Selbstzerstörung innewohnt. Auf den ersten und auch auf den zweiten Blick mag man diese Spannung in der anmutigen Landschaft und in der heute scheinbar befriedeten Geschichte der Mark Brandenburg nicht wahrnehmen. Wem aber dieser Landstrich zur Heimat oder wenigstens zur vertrauten Fremde geworden ist, lernt ihre Zeichen zu deuten.

GÜNTER KUNERT

Berlin vor Zeiten

Abend für Abend
völlig gesichtslos. Auch sonst
nur Silhouette unmerklich
auftauchend und verschwindend
durch Selbstverständlichkeit. Wer
war das oder die
wie er gewesen? Beordert
mit hakenbewehrter Stange
an einer Straßenlaterne
den Hebel zu ziehen und
an der nächsten und übernächsten
und weiter und ferner und immer
schattenzarter. Feierlich
glühte nach und nach
seinem lautlosen Schreiten
die Nacht grünlich auf
uns heimzuleuchten
nachdem wir da und dort wie er
fortgegangen sind.

Christian Graf von Krockow

Mit Fontane in Friedersdorf

Im Jahre 1969 habe ich meinen wohldotierten und noch besser mit Altersansprüchen gesicherten Universitätslehrstuhl aufgegeben, um ein freier Schriftsteller zu werden. Ich wollte mehr Menschen als nur meine Studenten erreichen und anschaulich erzählte Sachbücher schreiben. Dazu aber gehört eine andere Sprache als die akademische, mit Abstraktionen und Fußnoten gezierte. Eine neue und langwierige Lehrzeit begann; entgegen allen romantischen Vorstellungen ist auch der Schriftsteller zunächst einmal Handwerker, und bekanntlich ist noch kein Meister schnurstracks vom Himmel auf seine Erdenfüße gefallen.
Ein Lehrling braucht Lehrer. Ich schaute mich um und entdeckte gleich drei: den Essayisten Heinrich Heine, den Briefeschreiber Otto von Bismarck – und vor allem Theodor Fontane. Denn wo sonst findet man in der deutschen Literatur das klassische Vorbild eines erzählten Sachbuches, wenn nicht in den »Wanderungen durch die Mark Brandenburg«? Immer wieder habe ich darum Fontane in seiner Werkstatt besucht und beobachtet, ihm über die Schulter geschaut und mich gefragt: Wie macht er das? Wie gelingt es ihm, so genau zu sein und dabei so bildkräftig und so leicht zu erzählen?
In seinen späteren Jahren ist Fontane zum Romanautor geworden. Oder handelt es sich um eine Fortsetzung des Sachbuchs mit anderen Mitteln? Fast kommt es mir so vor. Um ein Beispiel anzuführen: In seinem Alterswerk »Der Stechlin« sagt Fontane etwas zur Vorgeschichte der Hauptfigur und schreibt:

»Des alten Schloßherrn Lebensgang war märkisch-herkömmlich gewesen. Von jung an lieber im Sattel als bei den Büchern, war er erst nach zweimaliger Scheiterung siegreich durch das Fähnrichsexamen gesteuert und gleich danach bei den brandenburgischen Kürassieren eingetreten, bei denen selbstverständlich auch schon sein Vater gestanden hatte ... Wenig mehr als ein Jahr vor Ausbruch des vierundsechziger Kriegs war ihm ein Sohn geboren worden, und kaum wieder in seiner Garnison in Brandenburg eingerückt, nahm er den Abschied, um sich auf sein mit dem Tode des Vaters halbverödetes Schloß Stechlin zurückzuziehen. Hier warteten seiner glückliche Tage, seine glücklichsten, aber sie waren von kurzer Dauer – schon ein Jahr darauf starb ihm die Frau. Sich eine neue zu nehmen, widerstand ihm, halb aus Ordnungssinn und halb aus ästhetischer Rücksicht. ›Wir glauben doch alle mehr oder weniger an eine Auferstehung‹ (das heißt, er persönlich glaubte eigentlich nicht daran), ›und wenn ich dann oben ankomme mit einer rechts und einer links, so ist das doch immer eine genierliche Sache.‹«
Sehr einfach, im Plauderton wird das erzählt, mit kaum hörbarer Ironie unterlegt. Dabei geschieht im ganzen Roman nur wenig: Ein Altwerden und Sterben, eine Hochzeit – viel mehr ereignet sich auf mehreren hundert Seiten nicht. Doch der Kenner bewundert die Sicherheit, mit der uns eine Lebenswelt vorgestellt wird, die in ihren Untergang treibt. Um zum Text ein Detail anzumerken: Ein Glaube, der eher als überlieferte Form denn als Überzeugung bewahrt wird, paßt präzise in die märkische Adelswelt. Von der Nachbarprovinz Pommern aber hätte man anders reden müssen. Dort gab es im 19. Jahrhundert eine machtvolle Erweckungsbewegung, die den Adel zur Frömmigkeit zurückführte. Dort also hätte Fontane die Skepsis des Herrn von Stechlin nicht ansiedeln dürfen, und schon

gar nicht wäre eine Lieblingsanekdote des märkischen Dichters erlaubt gewesen: In ihrem Kasino versteigen sich Offiziere zu einem Streit um die Existenz Gottes, bis der Regimentskommandeur weise und eben zu Fotanes Entzücken entscheidet: »Meine Herren, es hat zu allen Zeiten Völker gegeben, die an einen Gott glauben. Und es hat zu allen Zeiten Leute gegeben, die an keinen Gott glauben. Meine Herren, die Wahrheit wird wie immer in der Mitte liegen.«

Ist vielleicht darum Fontane zum herausragenden, übrigens lange verkannten Erzähler geworden, weil er zuvor und zugleich auch ein glanzvoller Sachbuchautor war? Ist das 19. Jahrhundert die große Zeit des Romans, weil zu ihm die Sachkenntnisse gehören? Verdanken wir nicht Balzac, Zola oder Tolstoi – und natürlich dem frühen, noch ganz in der Welt des 19. Jahrhunderts wurzelnden Thomas Mann der »Buddenbrooks« –, daß sie uns als zuverlässige Fremdenführer in Welten geleiten, die es einmal gab? Oder, negativ und boshaft ausgedrückt: Was bleibt vom modernen Roman, wenn sich sein Inhalt in die Weltlosigkeit verliert, wenn wir auf 476 oder 790 Seiten vom Autor kaum mehr erfahren, als daß ihm mies ist? Kommt es von ungefähr, daß die literarische Qualität zerfällt, wenn die Sachaussagen vorne und hinten nicht stimmen? Fragen über Fragen.

Mancher mag freilich die Nase rümpfen, wenn ich nur Vorbilder aus dem 19. Jahrhundert anführe, und das altmodisch finden. Wahrscheinlich ist es das auch. Aber ich bleibe dabei und könnte weitere Namen beschwören, etwa Ludwig Börne oder Theodor Mommsen. Es ist nun einmal so, daß in diesem Jahrhundert die deutsche Sprachkultur eine Höhe erreicht wie niemals zuvor oder seither. Das bürgerliche Zeitalter bürgt für Gediegenheit, und für den Lehrling kommt es erst einmal darauf an, daß er solide

Möchten Sie noch mehr über unser Verlagsprogramm wissen, dann schicken Sie uns bitte einfach diese Karte zurück.

Absender:

Name

Straße

PLZ/Ort

Ich interessiere mich für:

- ☐ Architektur und Kunst
- ☐ Geschichte und Politik
- ☐ Memoiren und Erinnerungen
- ☐ Belletristik
- ☐ Philosophie, Religion, Psychologie

Diese Karte entnahm ich dem Buch:

Umseitige Abbildung wurde dem Band
»Im Totengarten« entnommen.

Antwort

Deutsche Verlags-Anstalt
Abt. MB
Postfach 106012
70049 Stuttgart

sein Handwerk erlernt. Was er später damit anfängt, ist nach Fontanes Worten ein weites Feld.
Ein braver Schüler verehrt seinen Lehrer und möchte ihm folgen. Daher war es schon lange mein Traum, im doppelten Wortsinne zu erfahren, was der Wanderer durch die Mark Brandenburg gesehen hat – ohne zu glauben, daß dieser Traum sich jemals erfüllen würde. Um so intensiver begann ich mit meiner Spurensuche, als der Fall der Berliner Mauer sie ermöglichte. Welch hoher Reiz liegt doch darin, nach allen Umbrüchen des 20. Jahrhunderts die Gegenwart mit den Bildern und Lebensverhältnissen zu vergleichen, die wir dank Fontane kennen und lieben!
Eine meiner Fahrten führte mich nach Friedersdorf. Eigentlich ist das ein unbedeutendes Dorf des Oderlandes etwa zwei Kilometer südlich von Seelow – das auch kaum bedeutend ist, sofern man von der blutigen Schlacht um die Seelower Höhen im April 1945 absieht. Aber in Friedersdorf waren die Marwitz zu Hause (und sind es jetzt wieder), eine der märkischen Adelsfamilien, ohne die die Geschichte Brandenburgs nicht zu denken ist. Fontane hat den Ort nicht nur in den »Wanderungen« beschrieben, sondern – unter dem Namen Hohen-Vietz – auch seinen Roman »Vor dem Sturm« hier angesiedelt.
Vom Schloß heißt es in einem zweideutigen Kompliment: »Das Friedersdorfer Herrenhaus ist so recht das, was unsere Phantasie sich auszumalen liebt, wenn wir von ›alten Schlössern‹ hören. Die Frage nach dem Maß der Schönheit wird gar nicht erst laut; alles ist charaktervoll und pittoresk, und das genügt.«
Wir können dieses Urteil nicht mehr nachprüfen, denn die sozialistischen Eiferer haben gesprengt, was der Kriegsausgang hinterließ. Es bleibt die Kirche, von der gesagt wird, daß sie »sehr wahrscheinlich in märkischen Landen

nicht ihresgleichen hat. Ein Zusammenwirken von Umständen war nötig, um eine Ausschmückung wie diese zu schaffen: lang anhaltender Besitz und ein Herz für Kunst und Kirche. Saubere Pfeiler von braunem Eichenholz tragen die weit vorspringenden Emporen, und allerhand Bilder und Inschriften umziehen die Brüstungen derselben. Überall treten aus dem alten Mauerwerke Grabmonumente hervor, und Porträts, Sarkophage, Büsten und symbolische Figuren leihen diesem Kircheninneren etwas von dem Schönheitlichen und beinah heiter Anregenden eines Museums. Was den Eindruck dieser künstlerischen Heiterkeit noch steigert, ist das Vorherrschen der Farbe oder doch ihr glückliches sich Vermählen mit dem Weiß des Marmors.«

Andererseits ist an der alten Feldsteinkirche etwas Exemplarisches. Denn – so der Roman – »von den Tagen an, wo die Askanier hier ihre regelmäßig wiederkehrenden Fehden mit den Pommernherzogen ausfochten, bis auf die Tage herab, wo der Große König an ebendieser Stelle, bei Zorndorf und Kunersdorf, seine blutigsten Schlachten schlug, war an der Hohen-Vietzer Kirche kein Jahrhundert vorübergegangen, das ihr nicht in ihrer inneren Erscheinung Abbruch oder Vorschub geleistet, ihr nicht das eine oder andere gegeben oder genommen hätte. – Ein gleiches, was hier eingeschaltet werden mag, gilt von der Mehrzahl aller alten märkischen Dorfkirchen, die dadurch ihren Reiz und ihre Eigentümlichkeit empfangen. Besonders im Gegensatz zu den weltlichen oder Profanbauten unseres Landes. Überblickt man diese, so nimmt man alsbald wahr, daß die eine Gruppe zwar die Jahre, aber keine Geschichte, die andere Gruppe zwar Geschichte, aber keine Jahre hat. Burg Soltwedel ist uralt, aber sie schweigt. Schloß Sanssouci spricht, aber ist jung wie ein Parvenü. Nur unsere Dorfkirchen stellen sich uns vielfach als die Träger unserer ganzen Geschichte dar, und, die Berührung der Jahrhunderte untereinander zur Erscheinung bringend, besitzen und äußern sie den Zauber historischer Kontinuität.«

Um so schlimmer, muß man hinzufügen, wenn nach 1945 auch die Kirchen oftmals ausgeraubt und dem Verfall preisgegeben wurden. Inzwischen ist die Dorfkirche von Friedersdorf wiederhergestellt worden, dank Hans Georg von der Marwitz, dem jungen Mann aus dem Westen, der dorthin heimkehrte, wo er niemals war. Aber noch 1991 sah man bloß das Morsche, den Staub, die Vorzeichen eines nahen Endes. Ein Verleger und Autor von Rang, Wolf Jobst Siedler, der vor mir, noch zu DDR-Zeiten, Friedersdorf besuchte, sagt in seinen poetisch-melancholischen Spaziergängen »Auf den Seelower Höhen« von der Kirche, sie sei »wieder verfallene Feldsteinkirche geworden und mit rostiger Kette versperrt. So sah sie wohl aus, als nach der Askanierzeit das schreckensvolle Interregnum die blühende Mark in eine Wüste verwandelt hatte. Nur vierzig Jahre, und auf dem Friedhof kein Grabstein mehr und kein Kreuz, nicht einmal gestürzt, zerbrochen und überwachsen. Waldboden mehr als Gottesacker, verwilderte Natur.«

Aber man kann sogar die Melancholie übertreiben. Die Grabsteine gab es durchaus noch; man mußte nur den siebzehnjährigen Thomas auftreiben, der den Schlüssel zum Zugang verwahrte. Von zwei Grabsteinen ist hier zu reden, weil der eine von der brandenburg-preußischen Geschichte und der andere von Fontane erzählt.

Der erste Grabstein ist Johann Friedrich Adolph von der Marwitz gewidmet. Sein Neffe und Nachfolger in Friedersdorf hat von ihm berichtet, und Fontane ist diesem Bericht gefolgt:

»Johann Friedrich Adolph war schon 1740 mit 17 Jahren

in das Kürassier-Regiment Gendarmes getreten und hatte alle Kriege Friedrichs des Großen mitgemacht. Er wurde 1758 bei Zorndorf Major und erhielt zugleich den Orden pour le mérite (...) Wie nun bei der zweiten Okkupation von Berlin durch die Russen und Österreicher (1760) die bei diesen befindlichen Sachsen das Schloß zu Charlottenburg geplündert und die schöne Antikensammlung (...) zerschlagen hatten, ließ der erzürnte König das Schloß des sächsischen Premierministers Grafen Brühl zu Pförten, als Repressalie, zerstören, das kurfürstliche Jagdschloß zu Hubertusburg aber, in dessen Nähe die Armee stand, schenkte er dem Obersten Johann Friedrich Adolph, mit dem Befehl, alles ausräumen zu lassen, was darin transportabel sei. Es waren Kostbarkeiten, Silberzeug und viele herrliche Möbel und Tapeten, ein Geschenk von vielen tausend Talern. Nach einigen Tagen fragte der König ihn bei Tisch, ›ob er alles habe wegbringen lassen?‹ Der Oberst sagte: ›Nein.‹ Nach einigen anderen Tagen, wo der König recht gut wußte, daß noch alles unangerührt steht, tat er dieselbe Frage, und als die nämliche Antwort erfolgte, fragte der König: ›warum nicht?‹ – ›Weil dies sich allenfalls für Offiziere eines Freibataillons schicken würde, nicht aber für den Kommandeur Seiner Majestät Gendarmes!‹ war die Antwort. Der entrüstete König stand von der Tafel auf, schenkte dies Mobilar dem Obersten Quintus Icilius, und der plünderte alles rein aus. Den Obersten von der Marwitz aber ließ der König seitdem seine Ungnade empfinden.«

Marwitz reichte zweimal den Abschied ein, und als der abgelehnt wurde, blieb er demonstrativ ein ganzes Jahr lang dem Dienst fern. Nicht einmal ein Einlenken Friedrichs konnte ihn umstimmen, »weil, was geschehen sei, der König nicht ungeschehen machen könne.« Das dritte Abschiedsgesuch wurde schließlich genehmigt. Marwitz starb 1781, und auf seinen Grabstein ließ der Neffe als Inschrift setzen:

»Er sah Friedrichs Heldenzeit
und kämpfte mit ihm
in allen seinen Kriegen
Wählte Ungnade
wo Gehorsam nicht Ehre brachte.«

Mit der Grabplatte ist später Sonderbares geschehen. Eine Fliegerbombe zerstörte 1945 den Altarraum der Kirche. Um das offenliegende Kirchenschiff zu schützen, zog man eine Ziegelmauer auf – genau dort, wo sich die Grabplatte befand, so daß sie nun aus dem Mauerwerk herauszuwachsen schien. Der eine Teil der Inschrift blieb verborgen, der andere lag frei, und man las die Fragmente »Heldenzeit – Kriegen – Ehre brachte«. Ein Symbol für das Halbverborgene unserer Geschichte, das darauf wartete, ganz gewürdigt werden? Inzwischen ist mit der Wiederherstellung der Kirche die Grabinschrift in ihrer alten und vollen Form sichtbar geworden.

Wählte Ungnade, wo Gehorsam nicht Ehre brachte: In einer Gedenkrede auf den Widerstand gegen Hitler hat Theodor Heuss dazu gesagt: »So mag das Preußische als moralische Substanz begriffen werden. Und wenn irgendwo, dann steht Preußens Denkmal in einer Dorfkirche der Mark Brandenburg. In Friedersdorf.«

Etwas muß freilich noch nachgetragen werden. Fontane nämlich erzählt recht mißgelaunt – vielleicht von der unseligen Spielleidenschaft seines eigenen Vaters verstört –, was mit Marwitz geschah, seit er den Abschied erhielt:

»Er war damals erst sechsundvierzig Jahre alt. Das Ende seines Lebens entsprach nicht dem ruhmreichen Anfang. Aller regelnden Tätigkeit und jener wohltätigen Disziplin, die der ›Dienst‹ auf die Kräfte und Leidenschaften starker

Naturen ausübt, überhoben, verfiel er einem glänzenden Müßiggange, den er nunmehr mit derselben Konsequenz und Energie wie früher seiner soldatischen Tugenden durchführte. Den größten Teil des Tages verbrachte er beim Spiel. Kam er nach Friedersdorf, so war er sicher von einer ›Partie‹ begleitet. Unter der großen Linde, welche hinter dem Hause im Garten steht, hatte er sich eine Laube einrichten lassen. Dort saß er schon am Morgen und spielte. Dann wurde mit großem Aufwand getafelt, viel und gut und lange getrunken, bis der Abend die Beschäftigung des Morgens wieder aufnahm.

Er besaß eine höchst wertvolle Biobliothek, die sich jetzt noch im Friedersdorfer Schloß befindet. Alle diese Bücher hatte er, partienweise, dem Quintus Icilius im Spiel abgewonnen und sich dadurch nachträglich und auf dem Wege rechtens in Besitz derselben Bibliothek gesetzt, deren Fortführung aus Schloß Hubertusburg er, als unwürdig eines Marwitz und Obersten der Gendarmes, verweigert hatte.«

Wir kommen zum zweiten Grabstein. Friedrich August Ludwig von der Marwitz, der Neffe und Nachfolger, ein unerbittlicher Gegner der preußischen Reformen nach 1807, der sich dafür von seinem oderländischen Gutsnachbarn Hardenberg sogar in die Festung Spandau schicken ließ, im übrigen wie sein Vorgänger ein hochdekorierter Offizier, hat diesen Grabstein seiner ersten und sehr geliebten, aber bereits nach dem ersten Ehejahr gestorbenen Frau gewidmet. Um an den Text aus dem »Stechlin« zu erinnern, der zitiert wurde: Von solch einer Ehe und solchem Unglück wird dort erzählt, und man glaubt auf einmal einen Blick in die Vorratswirtschaft des Schriftstellers zu werfen, der mit seinen Eindrücken haushälterisch umgeht. Auf dem Grabstein steht nun laut Fontane geschrieben: »Hier ruht mein Glück.« Sieht man aber den realen Grabstein von Friedersdorf an, so liest man:

Letztes Wohnhaus von Fontanes Vater in Schiffmühle. Heute erinnert eine Ausstellung im Haus an Fontanes Beziehung zum Ort.

»Hier liegt mein Glück.«
Wie das? Woher stammt der Unterschied? Handelt es sich um einen Gedächtnisfehler? Hatte der Wanderer durch die Mark Brandenburg kein Notizbuch und keinen Bleistift bei sich? Oder geht es um eine absichtsvolle Veränderung? Wenn ja, muß man protestieren: »Hier ruht mein Glück« ist die blassere, bloß konventionelle Version. »Hier ruht in Gott die Familie Biedersinn« – findet man auf jedem gutbürgerlichen Friedhof. Dagegen stellt »Hier liegt mein Glück« die viel stärkere Fassung dar. Man spürt die Verzweiflung, das Hadern mit dem Schicksal, das zu Scherben zerschlug, was die Liebe bewahren wollte.
Um am Ende zum Ausgangspunkt zurückzukehren: Ein braver Schüler verehrt seinen Lehrer. Irgendwann aber muß er sich losreißen, um mündig zu werden und auf den eigenen Füßen zu stehen. Um so größer ist darum sein Vergnügen, wenn er das große Vorbild bei einem Fehler ertappt.

Adolf Endler
Der Wittenberge-Zyklus

Abschied von einer Stadt: Wittenberge

Als ich dich verließ, stach Sturm durchs Geländer der Brücke.
Rauchfahnen hingen dir wirr ins Gesicht wie schmutziges Haar.
Häßliche Schöne! Mit der Kette der Abschiedsblicke
Bind ich für immer dich an mich – mein Herz ist ein Archivar:

Als ich dich verließ, sind Eisschollen nordwärts geschwommen;
Um sie haben sich rötliche Schaumballen tänzelnd gedreht,
Speichel des Werks, die aus Röhrenmund stoßweise kommen.
Du hast mir als Abschiedsgruß Gestank wie von Lumpen
geweht...

Dumpf klapperten über die Elbe die steinernen Platten
Der Brücke, die sich den Rädern als Tamburin spannt.
Dann nahmen Wolken mich in ihren wandernden Schatten.
Von einer spröden Geliebten, unglücklich geliebt –
plötzlich hab ich mich abgewandt!

Merkwürdigerweise eines der immer wieder neu entdeckten Gedichte aus einer frühen Phase meiner lyrischen Produktion (sie ging 63/64 zu Ende); ich bin nicht wenig erstaunt gewesen, es neben anderen, später entstandenen Werkchen sogar in der von Jörg Drews in der provokantesten Weise zusammengestellten Anthologie »Das bleibt / Deutsche Gedichte 1945- 1995« wiederzufinden. »Das bleibt«, man könnte zufrieden sein, wenn man selber nur genau wüßte, worin die besonderen Qualitäten dieser drei etwas rauhen Strophen bestehen. – Ist das Ding nicht sogar ein kleines bißchen kitschig, war sein Symbolismus nicht schon zur Entstehungszeit, nämlich 1962, recht eigentlich passé? – Das bisher letzte Mal finde ich diesen »Abschied« in einer Lokalzeitung der Gegend um Wittenberge abgedruckt, gleichsam als Vorankündigung einer Lesung am 31. Mai 1997 in Müggendorf am Elbdeich – herausgekramt von Anne Kretschmar, der Veranstalterin dieser »Lesungen im Freien in Müggendorf und Seddin«–; auf der Hinfahrt hatten wir Wittenberge kurz gestreift, seit fast vierzig Jahren das erste Mal wieder... Ist es noch die gleiche Elbe, die im Rücken des gegen Wind und Wetter ankämpfenden Rezitators Endler dahinströmt, Lastkahn um Lastkahn befördernd? Kein »Gestank wie von Lumpen« kam von Wittenberge herübergeweht – damals hatte oft eine zähe Duftwolke über der Stadt und der Gegend drumherum gehangen, es hatte nach schwelendem Müllplatz, nach fauligen Lumpen, quellendem Papier, schlechten Speiseresten gerochen –; auch die vermutlich ganz schön giftigen »rötlichen Schaumballen«, von Wittenberges »Zellwolle«-Werk bequemerweise in den Fluß gerülpst, waren im Jahr '97 nirgendwo auf den grauen Wellen zu sichten, selbst als »tänzelnde« nicht. Man begreift: Die ZELLWOLLE, früher zusammen mit der Wittenberger Nähmaschinenfabrik das Leben der Region spürbar mitbestimmend, es gibt sie nicht mehr; tatsächlich meinte irgendwer nach der Lesung: »Man kann jetzt sogar wieder in den Fluß hineinsteigen, ohne vergiftet zu werden.« (Es muß in der Zeit nach der Wende ein ganz schöner Kampf um den Erhalt dieses Werkes ausgefochten worden sein, verbunden mit allerlei Unterschriftensammelei, der sich mancher verweigert hat, Sie ahnen, weshalb.) Da ich es, von zwiespältigen Empfindungen geplagt, in mein Notizbuch schreibe, fällt mir plötzlich wieder ein: »Abschied von einer Stadt« ist vor mehreren Jahren – ich weiß nicht mehr, von wem – als »erstes ökologisches Gedicht der DDR-Lyrik« bezeichnet worden; ich selber habe es allerdings als etwas anderes begriffen, fasziniert von der verworrenen Häßlichkeit der »klassischen« Industrielandschaften, fasziniert schließlich vom (dennoch auch beklagten) unglaublichen Zerfall der DDR-Orte, ihrer Verrottung und Verwesung. (Nicht ganz zufällig ist der abenteuerlich niedersiechende Prenzlauer Berg in den Siebzigern, Achtzigern mein Thema geworden. – Nee, mein Pseudonym lautet wirklich nicht Daniela Dahn!) Wahrscheinlich, sage ich mir bisweilen, ist meine Kindheit daran »schuld«, daß ich nicht zu selten der »Ästhetik des Häßlichen« Tribut zolle, daß ich von einer beim besten Willen nicht als hold zu glorifizierenden Stadt als einer »Häßlichen Schönen« sprechen konnte: Hinter unserem tristen Wohnblock in Düsseldorf-Holthausen (Papierwerk, Wasserwerk, Henkel) hat sich eine riesige Müllkippe erstreckt, die im roten Licht der aufgehenden Sonne blitzte und dampfte, schillerte und winkte, bis in den Krieg hinein unser bevorzugter Spielplatz, wenn es uns gelungen war, dem gehaßten Hitlerjugend-»Dienst«, dem »Jungvolk« zu entkommen. Ja, vielleicht ist dieser Müllplatz das geheime Zentrum meiner »ästhetischen Vision«. – »Den Hallen fern verkommt ein Mondrest: Schlackeberg...«, eine Zeile, die der sumpfigen Müllkippe meiner Kindheit gelten könnte; sie findet sich aber in dem balladesken Gedicht »Phantasie auf dem Schlackeplatz des Chemiewerks«, in einem der fünf fertig gewordenen Gedichte, die der Wittenberger ZELLWOLLE gewidmet sind – oh, rührender Bitterfelder Weg! –, wo ich einige Wochen mich in Gummistiefeln, in graugrüner Arbeitskluft und mit einem witzigen runden Käppchen auf dem Kopf als schwerlich begabter Transportarbeiter abgemüht habe, und zwar, wie der Fachausdruck lautet, »auf dem Umschlag«.

»Na, dann gehst du am besten auf den Umschlag!«, hatte man mir geraten, »dort hast du auch frische Luft! Die Dämpfe in der Produktion hält mancher nicht aus...« (Ich habe mich übrigens nur deshalb als Transport-Mufti verdingt, weil mir auf dem Bitterfelder Weg allmählich die Pfuinanzen ausgegangen waren.) Das ist im Winter 59/60 gewesen; ich war der übrigen DDR-Welt auf mysteriöse Art abhanden gekommen. Wieder aufgetaucht in Berlin, habe ich drei Jahre später in der Almstadt- bzw. Grenadierstraße, umzischelt von zahlreichen Ratten, den merkwürdigen Zyklus über das Erlebnis ZELLWOLLE geschrieben, wenn ich es mal so einfach ausdrücken darf. Furore gemacht hat seinerzeit vor allem das längste der Gedichte, das vorzulesen eine Qual sogar für den Verfasser gewesen ist, zumal seine Zähne Zahn für Zahn abzubröckeln begannen; ich meine das poetische Kuriosum »Nachts im Schwefel«. Die dritte der acht auch rhythmisch verwegenen Strophen: »O Schwefel, stäube aus dem Wagon! Wir treiben dich weiter. / Schwefel, nachts wie vereister, glitzernd lockender Schnee! / Schwefel, am Morgen vergilbend, am Tag gelb wie glühender Eiter! / Her die eiserne Leiter! / Fort jetzt, fort! Wir erblinden! Die Wurzeln der Augen tun weh.« Etcetera. B. K. Tragelehn hat in einer (natürlich unveröffentlichten) Studie über »Nachts im Schwefel« nicht ganz und gar zu Unrecht von dem »Zauberland« gesprochen, in das man hier befremdet eintrete, wiewohl es sich hauptsächlich um bemühte, wenn auch bilderreiche Deskription handelt, gleichsam vor Ort und wenige Stunden nach dem Event genauigkeitsirre notiert; in Verse gebracht freilich, wie gesagt, in einem anderen Dschungel. So ist es gewesen, ich erinnere mich: Mein junger Kollege Peter W. und ich waren angewiesen worden, einen Güterwaggon leer zu schaufeln, der mit bröckligen Schwefelkristallen nachts ins Werk gerollt war, leer zu schaufeln ohne Schutzbrille (an Schutzbrillen herrschte Mangel dazumal in der ZELLWOLLE; wurden sie geklaut?); also schaufelten wir vorsichtig wie noch nie und mit beinahe schmetterlingshaften Bewegungen, damit das arge Schweflige uns nicht ins Gesicht stäube... Im Grunde keine schwere Arbeit; die leichten und trockenen gelben Kristalle ließen sich relativ mühelos nach draußen schippen, das klebte nicht aneinander wie oft die Kohle oder der Schwelkoks, sondern rieselte wie von selbst und eben leise klirrend auf die riesige Schaufel, vom Proletenwitz »Teelöffel« genannt; schon da man die Wagentür zu öffnen begann, schwirrte es wie ein Wasserfall vor unsere Stiefel. Ein Nichts gewissermaßen, wenn wir eine Schutzbrille vor den Augen gehabt hätten, wie sie eigentlich »vorgeschrieben« war! Ich muß nicht betonen, daß es eine einigermaßen höllische Nacht wurde damals in Wittenberge; mein Gedicht verhehlt es nicht, aber gewinnt vielleicht gerade deshalb diesen blödsinnigen heroischen Drive, kulminierend in der Schlußstrophe: »Sie bleibt als Grillengezirp in der Ohrmuschel immer geborgen, / Leise verklingende, böse, liebliche, klirrende Schwefelmusik! / Mit geschwefelten Haaren taumeln wir schwer in den Morgen / zu anderem Glück, anderen Sorgen: / Gruß, dem wir halfen, Tag! Grüß laut zurück...« (So steht es in dem Gedichtband »Die Kinder der Nibelungen«; ich bekenne ungern, daß es in einer allerersten Fassung sogar geheißen hat: »Gruß, dem wir halfen, Tag der Republik!« Wenigstens das habe ich rasch genug als ziemlich verfehlt erkannt.) Vor allem der schmetternde Schluß mag es bewirkt haben, daß »Nachts im Schwefel« erratisch hineinragt in einige FDJ-Anthologien, einmal sogar sich in einem Schullesebuch aufgestellt hat, obwohl jede Schülerin, jeder Schüler mit Sicherheit bereits an den Zacken, in den Ranken und Dornen der zweiten Strophe der Komposition verzweifelt hängen geblieben ist... – Trotzdem denkt B. K. Tragelehn, wie ich höre, immer noch gelegentlich über dieses Monstrum nach – und es ist bei aller Abseitigkeit ja auch »irgendwas dran« –, wie Karl Mickel jüngst sich ein anderes Gedicht des »Wittenberge-Zyklus« ausgewählt hat, um es zur »Summe des Frühwerks«, des endlerschen, zu erklären, nämlich das schon erwähnte »Phantasie auf dem Schlackeplatz«, gewissermaßen ein urzeitliches Beispiel für Trash; das alles geschieht im Jahre '97, Spätfolge einiger in Wittenberge verbrachter winterlicher Wochen im Jahr '59. (Wenn es mir mit meinen übrigen Erzeugnissen ähnlich ergeht, brauche ich mich um meinen Nachruhm nicht zu sorgen.) – Daß ich mich damals in Wirklichkeit alles andere als »heroisch« empfunden habe, der vor allem mit dem »Teelöffel« losgeschickt wurde, um »Kohle zu putzen«, also entleerte Kohlewaggons zu reinigen, daß ich in Wahrheit ziemlich tief »unten« gewesen bin, das belegen mir ein paar Restnotizchen über die Leute in unserer Brigade, eine eher sinistre Gruppe, die vom Unglück ihrer vier Mitglieder gezeichnet gewesen ist: Arthur, der Brigadier, bis zu seinem »Nervenzusammenbruch« Bürgermeister eines größeren Ortes in Mecklenburg, dem schließlich auch noch »sein Häuschen« abgebrannt war – »Ich brauche jeden Morgen meine drei Flaschen Bier« –; Peter, der Jüngste, der nach seiner Beteiligung an einer viehischen Gruppenvergewaltigung nach Westdeutschland geflohen war, dort Kohlebergbau gelernt hatte und dann doch nach Wittenberge zurückgekehrt war – »Ich bin zurückgekommen, weil ich hier geboren bin« –; Paul, der ehemalige Kraftfahrer, welcher »im Duhnaß« einen katastrophalen »Unfall gebaut« hatte – »Eines Tages werde ich wieder einen Laster fahren« – ; der vierte war ich, der einmal nach seiner Frau gefragt wurde, der mit der Hand die Luft wegschlug und mit den Achseln zuckte, den Arthur nachdenklich ansah: »Mh, 'n toten Mann juckt nischt mehr!« Ich galt den anderen wahrscheinlich als einer, der »aufgegeben« hatte, wenn sie meine Existenz kommentierten: »Daß du hier arbeetest, Mensch! Da bist du ja nicht von den besten, was?« (Von den besten Schriftstellern; meinten sie.) Immerhin habe ich Tag für Tag ausführliche Notizen gemacht, ganz so, als würde noch etwas kommen...

Ich lebe zu meiner eigenen Verwunderung immer noch und fahre fast vierzig Jahre später durch die Priegnitz und durch die Städtchen Kyritz und Perleberg in Richtung Wittenberge; ich lande schließlich in einer der Elbschleifen nördlich der Stadt und setze mich parat in den Elbwiesen zur Dichterlesung »im Freien«. Meine erste Frage: »Gibt es die ZELLWOLLE noch?« – »Ach, schon lange nicht mehr!« (Das Ende der ZELLWOLLE muß ein Schock für die ganze Gegend gewesen sein.) Existiert denn wenigstens die Nähmaschinenfabrik noch? Damals habe ich mir eine »Liebesgeschichte« zwischen einem Jungen von der ZELLWOLLE und einem Mädchen von der Nähmaschinenfabrik ausgedacht; damals hab' ich mir so manches ausgedacht... Ich wage es kaum, bei Frau Elbe telefonisch nachzufragen, und tue es dann doch, nachdem ich vorher innigst gebetet habe. Natürlich, sie ist auch hin, sie auch, die schöne Nähmaschinenfabrik! Was alles anders geworden ist, entnehme ich einem Gedicht von Anne Kretschmar, 1992 den »jungen Mädchen von Wittenberge« gewidmet: »Sie wollen hier nicht weg, / sondern in der Dresdner Bank eine Lehre beginnen.« Nicht ganz mein Fall, geb' ich zu, aber vermutlich doch um Grade gesünder als die Arbeit im gefürchteten Viskose (?)-Keller oder in der »Spinne«, der Spinnerei der ZELLWOLLE

1959. Anne Kretschmar. »Sie wollen lernen, / irgendwas mit Geld, / und später einmal, / wenn sie sich schön genug finden, / heiraten sie ...« Vor achtunddreißig Jahren »stand die Aufgabe« vor ihnen, »auch im 2. Halbjahr 1959 konsequent um die Verwirklichung der Beschlüsse des V. Parteitages zu kämpfen.« Die Wittenberger Druckerei »Freundschaft«, in der die Selbstverpflichtung der ZELLWOLLE als Broschüre gedruckt worden ist, arbeitet so oder so auch heute noch. Gedruckt werden muß ja immer etwas, und sei es mein Gedicht »Abschied von einer Stadt: Wittenberge« von 1962.

Juli 97

Sarah Kirsch

Zauberbild und Verkörperung

Peter Huchel *Hubertusweg*

Märzmitternacht, sagte der Gärtner,
wir kamen vom Bahnhof
und sahen das Schlußlicht des späten Zuges
im Nebel erlöschen. Einer ging hinter uns,
wir sprachen vom Wetter.
Der Wind wirft Regen
aufs Eis der Teiche,
langsam dreht sich das Jahr ins Licht.

Und in der Nacht
das Sausen in den Schlüssellöchern.
Die Wut des Halms
zerreißt die Erde.
Und gegen Morgen wühlt
das Licht das Dunkel auf.
Die Kiefern harken Nebel von den Fenstern.

Dort unten steht,
armselig wie abgestandener Tabakrauch,
mein Nachbar, mein Schatten
auf der Spur meiner Füße, verlass ich das Haus.
Mißmutig gähnend
im stäubenden Regen der kahlen Bäume
bastelt er heute am rostigen Maschendraht
Was fällt für ihn ab, schreibt er die Fahndung
ins blaue Oktavheft, die Autonummern meiner Freunde,

die leicht verwundbare Straße belauernd,
die Konterbande,
verbotene Bücher,
Brosamen für die Eingeweide,
versteckt im Mantelfutter.
Ein schwaches Feuer nähre mit einem Ast.

Ich bin nicht gekommen,
das Dunkel aufzuwühlen.
Nicht streuen will ich vor die Schwelle
die Asche meiner Verse,
den Eintritt böser Geister zu bannen.

An diesem Morgen
mit nassem Nebel
auf sächsisch-preußischer Montur,
verlöschenden Lampen an der Grenze,
der Staat die Hacke,
das Volk die Distel,
steig ich wie immer
die altersschwache Treppe hinunter.

Vor der Keilschrift von Ras Schamra
seh ich im Zimmer meinen Sohn
den ugaritischen Text entziffern,
die Umklammerung
von Traum und Leben,
den friedlichen Feldzug des Königs Keret.
Am siebenten Tag,
wie IL der Gott verkündet,
kam heiße Luft und trank die Brunnen aus,
die Hunde heulten,
die Esel schrieen laut vor Durst.
Und ohne Sturmbock ergab sich eine Stadt.

*Peter-Huchel-Haus in Wilhelmshorst.
Im einstigen Wohnhaus des Dichters,
der hier von 1953-1971 lebte,
ist eine ständige Ausstellung zu Leben
und Werk Huchels zu sehen.*

Märzmitternacht, sagte der Gärtner. So ist der Einstieg geheimnisvoll wie bei einem Krimi oder man fühlt sich an ein deutsches Kunstlied erinnert, Märzveilchen. Ich habe dieses Gedicht, obwohl es 1972 veröffentlicht wurde, aus mancherlei Beweggründen erst viel später gelesen, als ich mich im zweiten Teil meines Landes befand. Wurde die DDR-Realität quicklebendig, hatte ich im Hinterkopf wieder Augen: Einer ging hinter uns, wir sprachen vom Wetter. Ich hatte Es ein paar Jahre später als Huchel am eigenen Leibe erfahren. Wie trostreich erreicht mich bis heute die ketzerische Zeile: langsam dreht sich das Jahr ins Licht. Things will take a turn. Mein Magier der schöne alte Peter Huchel hatte Gewißheit auf Änderung doch zu verschenken. Am Grunde der Moldau wandern die Steine. Das Frühjahr kommt! Energie setzt – durch seine Wut – den Halm frei. Alles erblickt der überwachte Dichter, der ein Stück Natur auch wieder ist und das gibt ihm Stärke. Während der wunderbare Dichter, von Jan Skacel verehrt – während beide wunderbaren Dichter also unter elenden Bedingungen ihre normalen störenden Gedichte schrieben, schickte die Anfängerin auf dem Bleistiftgebiet sich an, in die Hauptstadt zu gehen, ein Kind als Anker auszuwerfen, daß sie nichts anfechten kann. Ein Grundgesetz des Sozialismus besagte: Du sollst in der Hauptstadt wohnen! War man geschützter, gab es mehr Tiger im Regen, gab es einen Appel für das winzige Kind. Die Nachbarn mit dem Oktavheft selbstverständlich auch, welche die Autonummern der Freunde notieren, die vermutliche Rasse eines Besuchers auszumachen versuchen. Ich wohnte Fischerinsel, ein Neubau, die Bewohner gleich von der Stasi sortiert. Meiner Wabe gegenüber IM Katrin, Mitarbeiterin vom Sekretär des Schriftstellerverbandes. Sarah, wenn Du ne Lesung hast – Du kannst mir Deinen Schlüssel geben, ich seh nach Deinem Kind. Kamen die Freunde, die Konterbande im Mantelfutter. Einmal haben sie Delius an der Grenze einen Hölderlin abgenommen. Ich kam nicht dazu, Huchel zu besuchen. Wir kannten uns nicht, wir trafen uns später im Freien. lch hatte selbst viel zu tun, Göld für mich und meinen Anker zu verdienen durch Übersetzen schlechter und guter russischer Dichter. Doch Huchel war ein Zauberbild für mich. Die Verkörperung des anderen Schreibens. Der schrieb auch hier in diesem besseren Land! was ihm einfiel (was fällt Ihnen denn ein!), nicht was verordnet war oder was die eigennützige Selbstzensur zu Papier bringen konnte. Er hing dem Irrglauben an, der war wie die Wolken. Fürchtete schon böse Geister, die ich ja auch sah, wollte aber nicht seine Verse verbrennen. Hat mich gerettet durch seine ausgesperrte Anwesenheit im ersten Teil meines Landes. Huchel sei Dank, ich durfte also tun was ich mußte, nicht was die Einbläser mir vorschreiben wollten. Heiteres Lachen aus dem Hubertusweg: der Dichter steigt die altersschwache Treppe hinunter, und in richtigen Büchern steckt Trost und Heil. Selbst wenn die Keilschrift erst entziffert werden muß durch den Sohn. Als der Schnauzbärtige, der anfangs bei Huchel und den alten Weibern am Küchenherd oftmals gesessen – Geächtete konnten sich ohne Skrupel besuchen – als Biermann also via Gewerkschaftseinladung ausgesperrt wurde, da bin ich auch bald gegangen. Die Wilde Jagd vom Hubertusweg. Hab alles verstanden. War mir ne Wegschnur: die losgerissene Natur – das Sausen des Winds in freiliegenden Schlüssellöchern – der Halm ist stärker als der Standort wenn er nur will, und die Distel siegt schlechthin über die Hacke weil sie im Herbste fliegen kann über die stürzende Mauer.

Katzenleben

Aber die Dichter lieben die Katzen
Die nicht kontrollierbaren sanften
Freien die den Novemberregen
Auf seidenen Sesseln oder in Lumpen
Verschlafen verträumen stumm
Antwort geben sich schütteln und
Weiterleben hinter dem Jägerzaun
Wenn die besessenen Nachbarn
Immer noch Autonummern notieren
Der Überwachte in seinen vier Wänden
Längst die Grenzen hinter sich ließ.

Günter de Bruyn
Märkische Musenhöfe

An der Entwicklung der deutschen Literatur im 18. Jahrhundert war mit dem Freiherrn von Canitz und mit Ewald von Kleist auch der märkisch-pommersche Adel beteiligt, und auf den Herrensitzen an der Spree, Oder und Havel wuchs im Lauf des Jahrhunderts das Interesse an ihr. Die französischen Bildungseinflüsse wurden allmählich geringer, und als nach dem Tod Friedrichs des Großen, 1786, deutsche Sprache und Literatur auch am Königshof Eingang fanden, stärkte das zusätzlich diese Tendenz auch in Adelskreisen, und es setzte an einigen Orten eine Art Mäzenatentum ein. Um 1800 gab es märkische Herrensitze, die man Musenhöfe nennen könnte. Am ehesten trifft diese Bezeichnung wohl auf Fouqués Nennhausen und die Finckensteinischen Güter Madlitz und Ziebingen zu.
Beide Orte sind in Fontanes »Wanderungen durch die Mark Brandenburg« nicht vertreten. Im Nachlaß des Dichters aber haben sich Vorarbeiten erhalten, die sein Interesse an ihnen bezeugen. In den Notizen aus dem Jahre 1864 zum geplanten Kapitel über Nennhausen findet man folgende stichwortartig niedergelegten Gedanken:
»Anknüpfend an den Aufenthalt (Fouqués) in Nennhausen hindeuten auf Tieck-Finckenstein in Reitwein, Nedlitz, Ziebingen. Auch auf die Humboldts in Tegel, Achim von Arnim in Wiepersdorf, die Dönhoffs in Tamsel etc. Lauter Dichterhöfe. Parallelen mit jetzt, wo dergleichen gar nicht existiert. Alles ist ernst, real, politisch, und es ist besser so.« [1]

Sieht man ab von den Flüchtigkeitsfehlern (es muß Madlitz statt Nedlitz heißen, und Reitwein befand sich zwar zu Fontanes, aber nicht zu Tiecks Zeiten im Besitz der Finckensteinschen Familie), so ist diese Notiz bemerkenswert im doppelten Sinne. Zum einen zeigt sie das Interesse Fontanes an dem Phänomen der Dichterhöfe, von denen er einige, wie Tamsel und Kunersdorf, in den »Wanderungen« schon beschrieben und andere vorurteilslos erwähnt hatte; zum anderen aber weist der Vergleich zwischen Damals und Jetzt auf seinen zeitweiligen politischen Konservatismus, dem offensichtlich adlige Kunst- und Literaturliebhaberei als nicht »ernst«, nicht »real«, »politisch« – also als den Aufgaben des Adels nicht entsprechend erschien.

Es waren zwei unterschiedliche Typen, die Fontane unter dem Begriff Dichterhöfe zusammenfaßte, nämlich der von Wiepersdorf und Nennhausen, wo der Gutsherr selbst dichtete, und der von Kunersdorf und Ziebingen-Madlitz, wo kunstliebende Adlige als Mäzene auftraten, indem sie Dichtern Unterkunft und Unterhalt boten oder sie durch ein gastliches Haus mit anderen Künstlern, Kunstliebhabern und einflußreichen Leuten zusammenführten. Beide pflegten Geselligkeiten, die sich von denen der anderen Landadligen dadurch unterschieden, daß an ihnen nicht nur Standesgenossen teilnahmen und sie nicht in erster Linie der Repräsentation und der Jagd dienten, sondern dem niveauvollen Gespräch. Die Berliner Salons, die in dieser Zeit aufblühten, hatten in ihnen ihre Entsprechung auf dem Lande. Mancher, der bei Rahel Levin und Henriette Herz verkehrte, war auch in Nennhausen, Kunersdorf oder Madlitz zu Gast.

Ein Vorläufer dichtender Gutsherren war ein Jahrhundert zuvor Friedrich Rudolph Ludwig von Canitz gewesen, den man häufig als Hofpoeten des Großen Kurfürsten und seines Nachfolgers bezeichnet findet, der aber ein solcher nicht war. Zwar hatte er Hofämter inne und als Außenpolitiker seine Verdienste, aber mit seiner Dichtung hatte das nichts zu tun. Von dieser wußte zu seinen Lebzeiten niemand. Wahrscheinlich hielt er das Dichten für eine Beschäftigung, die des Adels nicht würdig sei. Erst nach seinem Tode, 1699, erschien die erste Sammlung seiner Gedichte, aber auch sie trug seinen Namen noch nicht. Fünfzig Jahre lang etwa galten seine Gedichte, die immer wieder (vereinzelt auch noch im 19. Jahrhundert) gedruckt wurden, als Musterbeispiele des aufklärerischen Klassizismus, doch war, als Ewald von Kleist und Lessing auftraten, ihre Zeit schon vorbei. Der junge Goethe hielt sie für völlig veraltet – was für die Zeitgenossen auch dadurch bewiesen wurde, daß sie Friedrich der Große in seinem Pamphlet gegen die sich regende deutsche Dichtung, wenn auch nicht rühmenswert, so aber doch erträglich fand. [2]

Neben Paul Gerhardt, dem Kirchenliederdichter, war Canitz der erste, der den Deutschen beweisen konnte, daß, wie Fontane sagte, die Mark und die Muse nicht völlige Gegensätze seien. Durch einige seiner Gedichte, die die Vorzüge seines Gutes rühmten, wurde das nordöstlich von Berlin gelegene Blumberg für Literaturkenner zum Begriff. Hundert Jahre vor Schmidt von Werneuchen besang Canitz schon die Freuden des Landlebens – eines ruhigen, idyllischen, durch Gäste erheiterten Daseins, das als Gegensatz zur Gefühlskälte und Hektik des Stadt- und Hoflebens begriffen wird.

»In Blumberg ist mein Sitz, da, nach der alten Weise,
Mit dem was Gott beschehrt, ich mich recht glücklich preise;
Da ich aus meinem Sinn die Sorgen weggeräumt,
So, daß mir nicht von Geitz, noch eitler Ehre, träumt ...
Hier merck ich, daß die Ruh in schlechten Hütten wohnet,
Wenn Unglück und Verdruß nicht der Palläste schonet;
Daß es viel besser ist, bei Kohl und Rüben stehen,
Als in dem Labyrinth des Hofes irre gehen« [3]

Aber Canitz war, wie gesagt, nur ein Vorläufer. Häufiger wurden die Dichterhöfe gegen Ende des Jahrhunderts, als der Bildungsstand, auch im Adel, sich besserte, mit der deutschen Literatur von Lessing, Wieland, Herder, Schiller und Goethe auch ein nationales Bewußtsein erblühte und der Hof von Weimar ein Beispiel für die Verbundenheit von Fürsten und Literaten gab.
Die Adelssöhne auf Gymnasien und Universitäten zu schicken, war in manchen Familien schon im 17. Jahrhundert üblich gewesen. Die Hofmeister, die die geistige Grundausbildung gaben, waren oft ausgezeichnete Lehrer, die dem Intellekt ihrer Zöglinge eine Richtung fürs Leben gaben; und da der Staat gut ausgebildete Beamte und Offiziere brauchte, wurde seit den Zeiten des Soldatenkönigs in den Ritterakademien und Kadettenanstalten auch Wert auf den nicht-militärischen Teil der Bildung gelegt.
Neben der Tätigkeit als Offizier oder Beamter kam für den Adligen nur noch die des Landwirts in Frage. Doch auch hier erforderte die Modernisierung, die in der Mark vor allem von Albrecht Daniel Thaer eingeführt wurde, eine bessere wirtschaftliche Bildung, so daß nicht zufällig jene Adligen, die sich kulturell engagierten, auch die besten Erfolge mit den neuen Landbaumethoden hatten und oft schon vor den preußischen Reformen erkannten, daß

die alte fronbäuerliche Gutsverfassung produktionshemmend war.
Kunersdorf (nicht das östlich der Oder, wo 1759 Friedrich der Große so verlustreich besiegt wurde, sondern das am Rande des fruchtbaren Oderbruchs gelegene, nicht weit von Wriezen), wo eine geborene von Lestwitz, die sich nach einer ihrer benachbarten Besitzungen Frau von Friedland nannte, sich nach Thaerschen Erkenntnissen ein Mustergut geschaffen hatte, an dem die Nachbarn modernes Wirtschaften lernen konnten, war auch einer der kulturell wichtigsten Orte in der östlichen Mark. Da die Tochter der Gutsherrin, die einen von Itzenplitz heiratete, sowohl die Musterwirtschaft als auch das gastfreie Haus fortführte, war Kunersdorf über Jahrzehnte hinweg besonders für Wissenschaftler und Künstler ein Anziehungspunkt. Die kulturellen Glanzzeiten Berlins um und nach 1800 waren auch die dieser Itzenplitzschen Beziehung. Hier zählten Talent, Originalität und Können, nicht Rang und Stand. Die Namen der Geistes- und Naturwissenschaftler, der Maler, Bildhauer und Literaten, die hier verkehrten, kann man bei Fontane nachlesen.[4] Einen aber hat er vergessen, nämlich den Singakademiedirektor und Duz-Freund Goethes, Karl Friedrich Zelter, der im August 1821 brieflich nach Weimar berichtete:
»Hier in Kunersdorf ist es der Mühe wert, die Landwirtschaft zu beobachten. Was darüber im Wilhelm Meister vorkommt, findest Du hier vollkommen real, in Bewegung eines guten Uhrwerks. Die gräflich Itzenplitz'sche Familie bringt den größten Teil des Jahres hier zu. Bekannte Gäste sind stets willkommen und niemals zu viele, weil auf viele gerechnet ist. Man ist nicht fremd, man befindet sich in einer Aisance (Ungezwungenheit) wie in eigenen Wänden, ja wer es will, wird auch als Gast nicht

eher bemerkt als bei Tische, wo denn der Nachmittag besprochen wird, indem etwa die in der Nähe liegenden Vorwerke besucht werden, bei welcher Gelegenheit der Gast sich unterrichtend erfreut und die Herrschaft ihr Geschäft verrichtet, weil nichts verpachtet ist und alles aus dem Centro bewirtschaftet wird... Man freut sich, wenige Meilen von der Residenz einen schönen Schlag zufriedener Menschen zu finden... Man hört nicht schreien, man sieht nicht rennen, alles ist beschäftigt nach seiner Art, und doch ist Dienstfertigkeit und guter Wille gegen Fremde einheimisch.«[5]

Daß diese Aufgeschlossenheit für interessante Menschen, welchem Stand sie auch angehörten, andere Adlige verwunderte oder gar empörte, läßt die Schilderung der Gräfin Elise von Bernstorff vermuten, die im Mai 1827 zu Besuch im »gastlichen Cunersdorf« weilte, wie Zelter eine Landpartie zum Vorwerk Pritzhagen in der Märkischen Schweiz machte, sich wie dieser dort wohlfühlte, aber doch immer den Unterschied zum Konventionsverhafteten des städtischen Hofadels sah.

»Das geschäftige Treiben in Cunersdorf gefiel mir indessen nicht übel; es beschränkte sich auch keineswegs auf die Verwaltung der weitläufigen Güter, sondern man stand auch in literarischem Verkehr nach allen Seiten hin, und es herrschte viel ländliche Geselligkeit dort... Die Unterredungen umfaßten einen Kreis von Gegenständen und Verhältnissen, in denen ich nicht nur zum großen Theil fremd war, sondern in dem mir auch schwerlich jemals recht behaglich geworden wäre; denn es gehörte dazu ein an Neugierde grenzendes Eindringen in alle privaten und öffentlichen Angelegenheiten, und es erforderte ein rastloses Fortschreiten in der Literatur, in der Politik, in den Verfassungs- und Regierungsangelegenheiten. Der Lektüre widmet die gute Gräfin einen Theil ihrer

Nächte; denn ihre Tagesarbeit, die sich auf die Verwaltung der Güterökonomie im Großen und im Kleinen bezieht, beginnt schon um 5 Uhr... Wir unternahmen noch andere Landpartien, bei denen meine gute Gräfin Itzenplitz so sonderbar angezogen war, daß ich mich nicht nur mit Ängstlichkeit nach den Kindern umsah, ob sie auch Contenance behalten würden, sondern auch die bekannte Anekdote von dem Schäfer verstand, der nach Cunersdorf gesandt wurde, um Schafe einzuhandeln, und der, zurückgekehrt, den »Alten Herrn« sehr rühmte und meinte, man könne recht gut mit ihm fertig werden, nur sei es kurios, daß er über den Hosen noch einen Weiberrock trage. Dieser alte, gestiefelte, gerockte, mit einer Krawatte angethane Herr mit den rund abgeschnittenen Haaren und dem Kastorhut auf dem Kopfe – war die Gräfin Itzenplitz wie sie leibte und lebte, und selbst die Reitgerte in der Hand fehlte nicht, obgleich von Reiten nicht die Rede war.«[6]

Diese Kunersdorfer Begegnungen gehörten natürlich in die wärmeren Jahreszeiten. Im Winter traf man sich in der Hauptstadt, wo die wohlhabenderen Adelsfamilien ein Haus oder zumindest eine Wohnung hatten – die von Itzenplitz zum Beispiel in der Brüderstraße, im Haus des Verlegers Friedrich Nicolai.

Dieses für die Geistesgeschichte Berlins so bedeutende Gebäude blieb im Kriege erhalten; Schloß Kunersdorf aber, mit seinen wertvollen Büchern, dem Archiv und den vielen Erinnerungen an die Geschichte Preußens, wurde in den Kämpfen des Frühjahrs 1945 zerstört und später weggeräumt. Wo es einst stand, herrscht heute eine gepflegte Leere, die insofern von Ehrfurcht vor dem Gewesenen kündet, als das Areal nicht überbaut wurde, sondern als Erinnerung und Mahnung erhalten blieb. Vom Park Lennés sind nur geringe Teile erhalten, und am Schloßteich trauern Weiden der vergangenen Blütezeit nach. Erhalten blieb aber die Lestwitz-Itzenplitzsche Grabmalanlage, an der die bedeutendsten Bildhauer der Zeit mitgewirkt haben; Langhans und Schadow, Friedrich Tieck, der einen Entwurf Schinkels ausführte, und Rauch. Einen Gedenkstein hat man in neuerer Zeit für Adelbert von Chamisso errichtet, der hier als Gast der Itzenplitze seinen wunderbaren »Peter Schlemihl« verfaßte. Der Brief an seinen Verleger Hitzig, der der Erzählung vorangestellt wurde, ist datiert mit: »Kunersdorf, den 27. Sept. 1813«.[7] Darin ist auch vom Freund Fouqué die Rede, was uns daran erinnern sollte, daß auch eine andere Erzählung der Berliner Romantik, die »Undine«, auf einem der märkischen Musenhöfe entstand.

Dort, in Nennhausen, das man auf Landkarten im Havelland, östlich von Rathenow findet, konnten die aus Berlin kommenden Gäste auf den weiten Flächen des Luchs zwar eine dem Oderbruch ähnliche Landschaft erleben, aber der Geist, der die Nennhausener Gespräche beherrschte, ähnelte dem von Kunersdorf wenig. Hier waren nicht Wissenschaft, Modernität und Aufklärung vorherrschend, sondern erträumte Geschichte und Poesie. Der innerlich zweigeteilte Chamisso, Gast beider Höfe, den man in Kunersdorf als Botaniker, später wohl auch als weltumsegelnden Forscher schätzte, galt in Nennhausen, wo die Idee zu Peter Schlemihls verlorenem Schatten angeblich geboren wurde, vor allem als Dichter. Statt die Vorteile der Schafzucht und die aktuelle Politik zu bereden, las man sich hier romantische Verse vor. Denn Fouqué konnte sich ganz seinen literarischen Neigungen widmen, weil sein Schwiegervater, der alte Briest (dessen Name mit ihm dann ausstarb, weshalb Fontane ihn später für seinen berühmten Roman nutzen konnte), bis an sein Lebensende die Wirtschaft leitete. Erbrechtlich gesehen

Schloßruine in Nennhausen.
Das Schloß, auf dem der Dichter Friedrich de la Motte Fouqué und seine Frau, die Schriftstellerin Karoline von Rochow, lebten, war zu Beginn des 19. Jahrhunderts ein Anziehungspunkt für die Romantiker. Hier waren August Wilhelm Schlegel, E. T. A. Hoffmann, Heinrich von Kleist und Adelbert von Chamisso zu Gast.

war der Gastgeber selbst nur ein Gast im Haus seiner Frau.
Die Besucher des dichtenden Barons de la Motte Fouqué und seiner dichtenden Gattin Caroline (geb. von Briest, verw. von Rochow) waren fast ausschließlich Dichter, die sicher nicht alle des Ehepaars Dichtungen, wohl aber deren Freundschaft, Hilfsbereitschaft und Gastlichkeit schätzen konnten, auch wenn ihr Blick auf die Welt ein ganz anderer als der des frommen, versponnenen und redlichen Vergangenheitsträumers war. Der in seiner Mittelalterschwärmerei unbeirrbare edle Ritter ließ sich seine Freundschaften durch andere religiöse und politische Ansichten nicht trüben. Zerwürfnisse, die nach 1825 oft eintrafen, kamen nicht von ihm. Die Glanzzeit Nennhausens, in der Varnhagen, Wilhelm von Humboldt, Bernhardi, die Tiecks und E.T.A. Hoffmann bei ihm zu Gast waren, »viele Stunden mit Vorlesen verbrachten«[8] oder Spaziergänge durch den Park und den anschließenden Wald bis hin zum Gräninger See unternahmen, war ganz an seine Anwesenheit gebunden. Sie begann 1804, als der durch Scheidung arm gewordene Baron mit dem vornehmen Namen die Briest-Erbin Caroline geheiratet hatte, und endete mit dem Tod derselben, deren Söhne aus erster Ehe die Erben waren, nicht er.
Heute ist das Herrenhaus von Nennhausen, das man 1860 gotisierend überbaut hatte und 1985 ausbrennen ließ, eine traurige Hülse, der Park verwildert und der »Pappelbaum«, den Chamisso 1824 im Gedicht verewigt hatte (»Hegst die Zeichen, Trauter Baum/ In der hartgewordenen Rinde«) nicht mehr an seinem Platz. Während es hier schwerfällt, sich die Gestalten aus romantischer Zeit in die Überreste hineinzudenken, bietet sich das beim Anblick des restaurierten, gepflegten und von Künstlern belebten Wiepersdorf geradezu an. Abgesehen von Hum-

boldts Schlößchen Tegel sieht heute kein Herrensitz in der Mark so sehr nach Musen- oder Dichterhof aus wie dieser, wo der Park mit Teich, Orangerie und barocken Sandsteinfiguren, das Schloß, die Kirche und die Gräber des Dichterehepaares Bettina und Achim von Arnim so harmonisch beieinander liegen, daß man die beiden im Kreise ihrer Freunde, die so glanzvolle Namen wie Clemens Brentano, Savigny und die Brüder Grimm führten, zu sehen meint. Hier scheint Tradition sich in Schönheit erhalten zu haben – doch täuscht diese Pracht etwas vor, das es nie gab. Denn erstens stammen Schloß, Kirche und Park in ihrer heutigen Form von einem Enkel des Paares aus der zweiten Hälfte des 19. Jahrhunderts, und zweitens haben die gedachten Geselligkeiten nie stattgefunden; dazu boten die Sorgen und Nöte des Alltags mit sieben Geburten und die seltsame Lebensweise des treuen, aber meist getrennt lebenden Paares nie Zeit und Gelegenheit. Während Bettina, die nach einem mißglückten Versuch, in dem damals noch kleineren und primitiveren Hause als Landfrau zu leben, ihren Wohnsitz bald nach Berlin verlegte und dort die bessere Gesellschaft mit ihrer unkonventionellen Art belebte und auch schockierte, versuchte ihr Mann, der das praktische Tätigsein und, bei aller Liebe zu Frau und Kindern, auch das Alleinsein liebte, mit harter Arbeit das stark verschuldete Gut für sich und seine Kinder zu retten – was auch gelang. Bis 1945 blieb Wiepersdorf Arnimscher Besitz.

Wenn sich auch Freunde manchmal, sehr selten, nach dem südlich von Berlin, zwischen Jüterbog und Dahme gelegenen Wiepersdorf verirrten, wie Wilhelm Grimm zum Beispiel, der 1816 in einem Brief an den Bruder das dortige anstrengende Landleben schilderte[9], so war doch von geistigem Austausch nicht die Rede und von Musen nur insofern, als Achim von Arnim trotz aller praktischer Guts-

Schloß und Park Wiepersdorf.
Auf dem früheren Gut der Arnims hat die Stiftung
Kulturfonds eine Begegnungsstätte
für Künstler eingerichtet.

herrensorgen in seiner Einsamkeit auch als Dichter tätig war.

Diese nicht alltägliche, aber erstaunlich haltbare, vielleicht durch das Getrenntsein begünstigte Ehe dauerte nur neunzehn Jahre, von 1811 bis 1830; dann wurde sie durch den frühen Tod Achims beendet – worauf Bettinas Laufbahn als Autorin begann. Jetzt lernte auch sie mit wachsendem Alter die Vorteile abseitigen Lebens zu schätzen und zog sich vor der Gesellschaft, die sie sonst immer gesucht hatte, zeitweilig nach Wiepersdorf oder in das benachbarte Bärwalde zurück. Ihren ständigen Wohnsitz in Berlin aber behielt sie, starb schließlich auch dort 1859, und wurde nach Wiepersdorf überführt. Ihr Grab und das ihres Mannes sind wohlerhalten. Seit den Umbauten ihres Enkels, auch eines Achim von Arnim, liegen sie in einer Umgebung von Pracht und Reichtum, die dem, was sie im Leben hatten, in keiner Weise entspricht.

Kann man Wiepersdorf zwar einen Dichter-, wohl kaum aber einen Musenhof nennen, so trifft diese Bezeichnung doch voll und ganz auf Finckensteins Madlitz und Ziebingen zu. Die Reichsgrafen Finck von Finckenstein, die aus Ostpreußen stammten, am preußischen Königshof in hohen Staatsämtern saßen und seit 1751 auch in der östlichen Mark begütert waren, haben sich, obwohl sie selbst künstlerisch und literarisch so gut wie nicht in Erscheinung traten, durch den Grafen Friedrich Ludwig Karl, der von 1745 bis 1818 lebte, einen würdigen Platz in der Kunst- und Literaturgeschichte der Mark verdient. Dieser Finckenstein nämlich, den Friedrich der Große im Verlauf des sogenannten Müller-Arnold-Prozesses 1779 ungerechtfertigt als Regierungspräsident der Neumark abgesetzt hatte und der auch unter Friedrichs Nachfolgern nicht nach anderen Ämtern strebte, sondern sich seinen Gütern und seinen künstlerischen Interessen widmete,

betätigte sich nicht nur als Parkgestalter und Übersetzer altgriechischer Lyrik, sondern auch als Mäzen.
Ludwig Tieck, der mit seiner Familie von der Schriftstellerei nicht hätte leben können, brachte er für mehr als fünfzehn Jahre in Ziebingen unter. Er war, wie Tieck, von den neu entdeckten Minnesängern und dem Nibelungenlied begeistert, liebte die Literatur des 18. Jahrhunderts, ließ für den bei Kunersdorf gefallenen Ewald von Kleist, dessen »Frühling« er in einer kritischen Ausgabe herausgab, in seinem herrlichen Landschaftspark eine Ehrenpforte errichten. Er holte den begabten Architekten Hans-Christian Genelli nach Madlitz, der für ihn Gartenarchitektur entwarf und Schloß Ziebingen in frühklassizistischem Stil umbaute. Der als Schütz-Lacrimas bekannte romantische Dichter Wilhelm von Schütz heiratete eine seiner Töchter. Er komponierte, musizierte mit seinen zehn Kindern, sang Gluck und Palestrina, und da so viel Kultur und so viele Berühmtheiten andere Berühmtheiten, wie die Humboldts, Schleiermacher, den Philosophen Solger, den Maler Runge und den jungen Eichendorff anzogen, wurden die Finckensteinschen Besitzungen zu einer Art Zentrum der Berliner Romantik – und natürlich auch zum Gegenstand des Klatsches bis nach Jena und Weimar hin.
Denn die gebildeten und kunstliebenden Töchter und Söhne des für alles Kulturelle aufgeschlossenen, politisch aber konservativen Grafen, die mit den Ideen der bürgerlichen Intelligenz aufwuchsen, gerieten bei Liebschaften oft in Konflikt mit den Standespflichten, besonders die älteren von ihnen, wie der Sohn und Erbe, Graf Karl, der Rahel Levin liebte und sie enttäuschen mußte, wie Caroline, die ohne Heirat mit Genelli lebte, und Henriette, die ihren geliebten, aber leider schon verheirateten Ludwig Tieck nie verließ.
Etwas von dem Zauber dieser Jahre, die mit dem Tod des

Schloß der Familie Houwald in Neuhaus (Lübben).
Das einstige Domizil des Schriftstellers wird heute als
Musikschule und Ausstellungshaus genutzt.

Grafen, 1818, zu Ende gingen, ist in Tiecks Erzählungen und in den Gesprächen des »Phantasus« aufbewahrt worden. In Ziebingen, das östlich der Oder liegt, also heute zu Polen gehört und Cybinka heißt, sind Erinnerungen daran nicht mehr zu finden; denn der Schloßbau Genellis, in dessen rundgeformtem Theater Tieck, der gern als Vorleser glänzte, alle Zuhörer entzückte, ist nach einem Brand in den siebziger Jahren nicht mehr vorhanden. In Madlitz dagegen (heute Alt Madlitz), wo der Krieg wenig zerstört hatte, die Jahrzehnte danach aber vieles hatten verkommen lassen, ist mit dem Rückkauf des Besitzes durch den 1945 vertriebenen Grafen, die Restaurierung des schlichten Schlosses und die Wiederherstellung des großen, vielfältigen Landschaftsparks ein Ort wiederentstanden, der insgesamt ein Denkmal für diese wichtige Epoche der Kulturgeschichte Brandenburgs ist.

Diese märkischen Musenhöfe, zu denen mit mehr oder weniger Berechtigung auch Humboldts Tegel, Knesebecks Karwe, Marwitzens Friedersdorf, Houwalds Straupitz und andere gerechnet werden können, waren, wie schon Fontane bemerkte, eine zeitlich begrenzte Erscheinung, die in den Jahrzehnten um 1800 entstand und verging. Es waren Jahrzehnte des Umbruchs, sowohl für den Adel, der mit dem sich anbahnenden Verlust seiner führenden Positionen und dem Fragwürdigwerden vertrauter Pflichten nach neuen Orientierungen suchen mußte, als auch für den bürgerlichen Intellektuellen, der zwar das geistige Leben schon weitgehend bestimmte, aber noch keinen gesicherten Platz in der Gesellschaft hatte, also noch des Schutzes bedürftig war. Es war ein gegenseitiges Nehmen und Geben, das die für das 19. Jahrhundert typische, konfliktreiche Vermischung von bürgerlich-nationaler Entwicklung und allmählich sich abschwächender adliger Machterhaltung vorbereiten half. Angestoßen durch die

Französische Revolution und die Preußischen Reformen stand in allen diesen Zirkeln direkt oder indirekt der sich vollziehende geistige und soziale Umbruch zur Debatte, in den jeder verwickelt war. Der Treue zum Traditionellen stand die Einsicht in die Notwendigkeit des sich entwickelnden Neuen entgegen: Und diese Spannung zerriß nicht nur Gruppen, sondern auch Individuen, wie es sich am bedeutsamsten in Heinrich von Kleists Person und Werk dokumentiert.

Anmerkungen

1 Fontane, Theodor, Wanderungen durch die Mark Brandenburg, Band 1-8, Berlin 1991, Band 6 (Flecken und Dörfer im Lande Ruppin), S. 183-184
2 Friedrich der Große, Werke in deutscher Übersetzung, Band 1-10, Berlin 1913, Band 8, S. 76
3 Canitz, Freiherr Friedrich Rudolph Ludwig von, Gedichte, hrsg. von Jürgen Stenzel, Tübingen 1982, S. 281 (Neudrucke deutscher Literaturwerke. Band 30)
4 Fontane, Theodor, a.a.O., Band 2 (Das Oderland), S. 170-195
5 Briefwechsel zwischen Goethe und Zelter in 4 Bänden, Leipzig 1915, Band 2, S. 124-126
6 Bernstorff, Gräfin Elise von, Ein Bild aus der Zeit von 1789-1835. Aus ihren Aufzeichnungen, Band 1-2, Berlin 1896, Band 2, S. 85-86
7 Chamisso, Adelbert von, Sämtliche Werke. Band 1-2, München 1982, Band 2, S. 17
8 Varnhagen von Ense, Karl August, Denkwürdigkeiten des eignen Lebens, Band 1-2, Berlin 1971, Band 1, S. 225
9 Achim und Bettina in ihren Briefen. Briefwechsel Achim von Arnim und Bettina Brentano, hrsg. von Werner Vordtriede, Band. 1-2, Frankfurt a.M. 1981, Band 1, S. 37

Historischer Literaturführer durch das Land Brandenburg

zusammengestellt von
Carmen Winter
(Schwerpunkt literatische Gedenkstätten)
und Peter Walther
(biographische Bezüge ohne Gedenkstätten)

Hinter den Ortsnamen stehen die Koordinaten,
unter denen die Orte in der Übersichtskarte
auf Seite 236/237 zu finden sind.

Altlandsberg (E 4)

Leutinger, Nicolaus (1554 – 14. 4. 1612), Theologe, Dichter, Verfasser geographischer und historischer Schriften über die Mark (»Carminum Libri quinque«, 1729; »Scriptorum De rebus Brandenburgensis«, 1729), wurde in A. geboren.

Schulz, Johann Heinrich (1739 – 1823), Theologe, Aufklärer, Moralphilosoph (»Versuch einer Anleitung zur Sittenlehre für alle Menschen ohne Unterschied der Religion«), war Pfarrer in sh. Gielsdorf, wo er als einziges Opfer des Wöllnerschen Religionsediktes 1791 vom Dienst suspendiert wurde; lebte nach 1791 in A.

Alt Madlitz (F 4-5)

Tieck, Johann Ludwig (31. 5. 1773 – 28. 4. 1853), Erzähler, Herausgeber; hielt sich 1802 vor seiner Übersiedlung nach Ziebingen kurze Zeit in Madlitz (heute A.M.) bei Friedrich Ludwig Karl Graf von Finckenstein auf; dessen Tochter, Henriette, wird ihm lebenslange Begleiterin und Förderin; Schloß und der Schloßpark sind wiederhergestellt; in der Touristeninformation in A.M. wird neben der Historie des Ortes auch auf den Finckensteinschen Musenhof verwiesen; von 1802 – 1819 lebte Ludwig Tieck bei seinem Freund Burgsdorff in Ziebingen (sh. Potsdam).

Altreetz (Königlich Reetz) (F 3-4)

Schüler, Gustav (27. 1. 1868 – 20. 8. 1938), Heimatdichter, vorwiegend Lyriker (»Meine grüne Erde«, 1904;

»Wider die Welt ins Feld. Deutsche Kriegslieder«, 1914), Volksschullehrer, wurde in Kgl.-Reetz geboren und lebte als freier Schriftsteller in sh. Bad Freienwalde.

Altruppin (D 3)

Buchholz, Paul Ferdinand Friedrich (5. 2. 1768 – 24. 2. 1843), seit 1800 freier Schriftsteller in Berlin (»Francisco«; »Bekenntnisse einer Giftmischerin«; »Bekenntnisse einer schönen Seele«), Mitarbeiter an verschiedenen historischen Zeitschriften (»Minerva«, »Europäische Annalen«), Herausgeber des »Historischen Taschenbuchs« (22 Bde., 1814 – 1837) und des »Journals von und für Deutschland« (40 Bde., 1820 – 1835); wurde in A. geboren.

Winterfeld, Adolf Wilhelm Ernst von (8. 12. 1824 – 8. 11. 1889), beliebter Erzähler, Humorist (u.a. »Geheimnisse einer kleinen Stadt«, 1862; »Ein gemeuchelter Dichter«, 4 Bde., 1867), Übersetzer, über 100 Buchveröffentlichungen, wurde in A. geboren.

Angermünde (F 3)

Amerlan, Frieda (19. 2. 1841 – 1. 8. 1924), Jugendschriftstellerin, veröffentlichte zahlreiche Erzählungen und Geschichtensammlungen (u.a. »Am Herd des Hauses«, 1897; »Mademoiselle«, 1912; »Mädchengeschichten«, 1920); besuchte in ihrer Heimatstadt A. die Stadtschule, lebte seit 1895 als Stiftsdame in sh. Dahme.

Dörr, Julius (23. 6. 1850 – 8. 7. 1930), Mundartdichter, arbeitete eine Zeitlang als Sparkassenrendant in A. (sh. Bad Freienwalde, Prenzlau).

Grieben, Ferdinande (29. 9. 1844 – nach 1920), Schriftstellerin (u.a. »Knalleffekte der Natur«, 1881; »Rutlandshof«, 1890; »Der Wolf von Tiefenwald«, 1897; »Im Forsthaus zu Düsterhort«, 1909), wurde in A. geboren.

Welk, Ehm (29. 8. 1884 – 19. 12. 1966), Schriftsteller (»Die Heiden von Kummerow«, 1937; »Die Lebensuhr des Gottlieb Grambauer«, 1938; »Die Gerechten von Kummerow«, 1943); stammt aus dem nahen sh. Biesenbrow; in A. erinnert das Ehm-Welk-Literaturmuseum (sh. Anhang) an den Dichter.

Arendsee (E 2)

Schlippenbach, Albert Ernst Ludwig Graf von (26. 12. 1800 – 26. 12. 1886), Lyriker (»Ein Heller und ein Batzen«, 1883; »Nun leb wohl du kleine Gasse«, 1883); studierte ab 1819 in Göttingen Jura, anschließend Referendar in Berlin, mit Heine und Chamisso bekannt, wurde 1840 vom König zum Kammerherrn ernannt, unternahm mehrere Reisen durch Europa, gab 1883 auf Drängen seiner Freunde eine Sammlung seiner Gedichte heraus; S. übernahm 1830 nach dem Tod seines Vaters die Verwaltung der Güter der Familie in A.; das Schloß, das er errichtete, existiert nicht mehr (sh. Prenzlau, Schönermark).

Babelsberg sh. Potsdam

Bad Freienwalde (F 3)

Blüthgen, Victor (4. 1. 1844 – 2. 4. 1920), Erzähler, Redakteur, Lyriker (u.a. »Schelmenspiegel«, 1876; »Der Froschmäusekrieg«, 1878; »Novellenstrauß«, 1902), studierte in Halle Theologie, war Hauslehrer und besuchte das Predigerseminar in Wittenberg, ab 1876 Arbeit in der Redaktion der »Krefelder Zeitung«, ab 1877 in Leipzig, bis 1880 Redakteur der »Gartenlaube«; B. lebte ab 1881 als freier Autor in (seit 1924 Bad) F., seine zweite Frau war die Schriftstellerin Clara Eysell-Killburger (25. 5. 1856 – 24. 1. 1934), die zu den vielgelesenen Unterhaltungsschriftstellerinnen ihrer Zeit gehörte; mit ihr lebte er ab 1898 in den Wintermonaten in Berlin und im Sommer in der »Blüthgenvilla«, Weinbergstraße 16, in F.; das Haus wurde 1945 zerstört; das Grab von B. befindet sich auf dem Friedhof in B. F.

Diemar, Adamine von (28. 11. 1848 – nach 1937), Schriftstellerin (»Das goldene Buch für Polterabend und Hochzeit«, 1901), schrieb vor allem Gelegenheitsdichtungen, lebte in B. F.

Dörr, Julius (23. 6. 1850 – 8. 7. 1930), Mundartdichter (»De Göderschlächter«, 1888; »Blumen vom Brünnlein in Freienwalde a.O.«, 1892; »Heckenrosen«, 1906), in sh. Prenzlau geboren, Sparkassenrendant in sh. Angermünde, wurde 1881 vom Landrat an die Kreissparkasse F. berufen, die er vierzig Jahre lang leitete; in B. F. erinnert eine Tafel an der Sparkasse in der Karl-Marx-Straße 5 an D., auf dem Friedhof des Orts ist sein Grab erhalten.

Schloß in Bad Freienwalde
mit einer Gedenkstätte für Walther Rathenau.
Der spätere deutsche Außenminister erwarb das Schloß
1909 und baute es zu seinem Sommersitz aus.

Fontane, Theodor (30. 12. 1819 – 20. 9. 1898), hat Freienwalde ausführlich im Band »Das Oderland« der »Wanderungen durch die Mark Brandenburg« behandelt; sein Interesse galt isb. dem Heimatdichter Karl Weise, dem Freienwalder Schloß und dem Geschlecht der Uchtenhagen; F. , dessen Vater im nahegelegenen sh. Schiffmühle lebte, hat F. mehrfach besucht; die Stadt erinnert mit einem Denkmal am Fontane-Platz an den Autor.

Haeckel, Ernst (16. 2. 1834 – 9. 8. 1919), Mediziner, Biologe, Verfasser zahlreicher Schriften, mit denen er die Darwinsche Evolutionstheorie in Deutschland popularisierte, wohnte von Juli bis September 1860 im Haus Uchtenhagenstr. 2 in F. (sh. Potsdam).

Karbe, Anna (4. 5. 1852 – 19. 4. 1875) schrieb Heimatgedichte und Kirchenlieder (»Vergessen«, »Abschied von Gramzow«, »Schweigen«, »Der Sperling«), lebte von 1869 – 73 in F.

Kopp, Waldemar (8. 9. 1825 – 17. 1. 1881), Schriftsteller (»Bilder aus der Mark«, 1875; »Aus Sturmeszeit«, 1813 – 1815), wurde 1863 Rektor der Privatknabenschule in F.

Lange, Joachim (21. 9. 1906 – August 1944), Schriftsteller (»Gedichte und Erzählungen. Aus dem Nachlaß«, o. J.), studierte in Berlin und Leipzig Journalistik; wurde in F. geboren und lebte seit 1933 in sh. Falkenberg (Mark).

Mewes, Willi (24. 4. 1905 – 27. 1. 1972), Mundartdichter, absolvierte an der Kreissparkasse in B. F. eine Lehre (sh. Falkenberg [Mark])

Rathenau, Walther (29. 9. 1867 – 24. 6. 1922), Politiker, Maler, Publizist (»Zur Kritik der Zeit«, 1912; »Von kommenden Dingen«, 1917), naturwissenschaftlich-technisches Studium in Berlin, Straßburg und München, Arbeit in der Schweiz und Bitterfeld, 1897 erste literarische Arbeit, ab 1899 wieder in Berlin, tätig in der AEG, der Firma seines Vaters, im ersten Weltkrieg Leiter des Kriegsrohstoffamtes, 1921 Wiederaufbauminister, 1922 deutscher Außenminister; erwarb 1909 das Schloß in F., veränderte das Äußere durch den Anbau eines Balkons und durch eine neue Fassadengestaltung, das Innere wurde im Stil der Erbauerin (Königin Friederike Luise, Gattin von Friedrich Wilhelm II.) restauriert und nur behutsam modernisiert; R. nutzte es über 10 Jahre als Sommersitz, empfing hier Gäste wie Gerhart Hauptmann und Fritz von Unruh; heute befindet sich im Schloß eine Ausstellung der Walther Rathenau Stift GmbH (sh. Anhang).

Schüler, Gustav (27. 1. 1868 – 20. 8. 1938), Heimatdichter, vorwiegend Lyriker (»Meine grüne Erde«, 1904; »Wider die Welt ins Feld. Deutsche Kriegslieder«, 1914), Volksschullehrer, lebte als freier Schriftsteller in B. F. (sh. Atreetz)

Weise, Karl (19. 11. 1813 – 1. 4. 1888) Heimatdichter (»Blumen der Wälder«, 1859; »Die Braut des Handwerkers«, 1861; eine Auswahl der Gedichte wurde 1988 von Konrad Gründler hrsg.), nach der Schule Drechslerlehre, drei Wanderjahre, kurze Niederlassung in Ruhla, erneute Wanderung, 1842 – 1848 Berlin; W. lebte ab Mai 1848 bis zu seinem Tode in F.; Fontane nannte ihn den »Freienwalder Hans Sachs«; W. beschrieb in einfachen Versen auch die Landschaft um F.; am 26. 6. 1892 setzte der Freienwalder Handwerkerverein dem Dichter ein Denkmal in der Gesundbrunnenstraße, das 1950 durch die Plastik »Der Winter« ersetzt wurde; heute befinden sich an seinen Wohnhäusern in der Hauptstraße 36 und in der Gesundbrunnenstraße 13 Erinnerungsplaketten, 1979 wurde ein Denkmal in der Karl-Weise-Straße enthüllt.

Bad Liebenwerda (E 7)

Luther, Martin (10. 11. 1483 – 18. 2. 1546) predigte 1544 in St. Nikolai zu L.; eine Büste an der Pfarrkirche erinnert an die Predigt des Reformators.

Bad Saarow-Pieskow (F 5)

Becher, Johannes R. (22. 5. 1891 – 11. 10. 1958), Lyriker, Romanautor, Kulturfunktionär, nutzte nach 1948 bis zu seinem Tod das Haus Friedrich-Engels-Damm 138 als Sommerhaus; vor dem Bahnhof von B. S. erinnert eine Statue von Fritz Cremer an den Dichter (An der Schwanenwiese).

Gorki, Maxim (28. 3. 1868 – 18. 6. 1936) besuchte von September 1922 bis Juni 1923 das Sanatorium Eibenhof (Karl-Marx-Damm 15) und schrieb hier an seinen Erinnerungen; bis zum Sommer 1997 erinnerte eine Ausstellung in der Maxim-Gorki-Gedenkstätte (Ulmenstr. 20) an den Aufenthalt des Schriftstellers im Ort.

Rehberg, Hans (25. 12. 1901 – 20. 6. 1963), Dramatiker, Bearbeiter vor allem historischer und biographischer Stoffe (»Friedrich der Große«, 1936; »Die »Wölfe«,

1944; »Kleist«, 1957), mit den Preußen-Stücken erfolgreich im Dritten Reich; lebte bis zu seinem Weggang nach Schlesien 1941 für längere Zeit in Pieskow (heute Bad Saarow-Pieskow).

Schleich, Carl Ludwig (19. 7. 1859 – 7. 3. 1922), Erzähler, Lyriker, Arzt, ab 1899 Professor, ab 1900 Leiter der chirurgischen Abteilung am Krankenhaus Groß-Lichterfelde, Begründer der Infiltrationsanästhesie; sein bekanntestes Werk ist die Autobiographie »Besonnte Vergangenheit« (1921) (sh. Stahnsdorf).

Welk, Ehm (29. 8. 1884 – 19. 12. 1966) schrieb im Sommer 1916 während eines Lazarettaufenthalts »Grand oder Das große Spiel« sowie »Der tote Feigenbaum«; 1950 arbeitete W. gemeinsam mit J. R. Becher, Slatan Dudow und Kurt Barthel am Drehbuch für den DEFA-Film »Familie Benthin« in B.S. (sh. Biesenbrow, sh. Angermünde).

Bärwalde (bei Jüterbog) (D 6)

Arnim, Ludwig Achim von (26. 1. 1781 – 21. 1. 1831) wohnte seit 1814 abwechselnd hier und in sh. Wiepersdorf; das Wohnhaus der Arnims, das »Ritterschlößchen«, wurde 1845 bei einem Brand zerstört.

Arnim, Bettina von (4. 4. 1785 – 20. 1. 1859), Dichterin der Romantik, Tochter der Goethe-Freundin Maximiliane von La Roche und Schwester Clemens Brentanos, hat hier an ihrem Roman »Die Günderode« (1840) und der sozialkritischen Schrift »Dies Buch gehört dem König« (1845) gearbeitet.

Baruth (E 5)

Mendelssohn, Moses (6. 9. 1729 – 4. 1. 1786), Religionsphilosoph (»Phädon, Oder über die Unsterblichkeit der Seele«, 1767), Aufklärer, Freund Lessings und Nicolais, besuchte im August 1776 für einige Tage Johann Caspar Jung, den Oberförster von B., der den Philosophen zuvor in Berlin kennengelernt hatte.

Beelitz (D 5)

Creusing, Paul (um 1550 – 1614), märkischer Geschichtsschreiber, war Pfarrer in B.

Lütkemüller, Ludwig Paul Wieland (8. 3. 1810 – 12. 10. 1857), Theologe, Redakteur (»Der Moselbote«, Koblenz), theologischer Schriftsteller (»Die Lehre und Umtriebe der Stephanisten«, 1838; »Beiträge zur Kirchengeschichte der Gegenwart. Ein Lebensbild der deutschen, belgischen und holländischen Kirche«, 1842; »Von dem Zustande nach dem Tode bis zur Auferstehung«, 1852), war von 1845 – 47 Pfarrer in B. (sh. Papenbruch, sh. Selchow).

Beeskow (F 5)

Stymmelius, Christoph (eigtl. Stummel, auch Stymmel) (22. 10. 1525 – 19. 2. 1588), Lehrer, Pfarrer, Dichter, Verfasser lateinischer Gedichte und Komödien (»Studentes«, 1545), hat in B. als Lehrer gewirkt (sh. Frankfurt [Oder], sh. Lübbenau).

Beiersdorf (Oberbarnim) (E 4)

Ballkow, Karoline (24. 6. 1794 – nach 1833), Dichterin (»Gedichte«, 1844), lebte seit 1798 in B. nahe Werneuchen, wo sie die Bekanntschaft des Dichterpfarrers sh. Schmidt von Werneuchen machte.

Belzig (C 5)

Eberhard, Christian August Gottlob (12. 1. 1769 – 13. 5. 1845), Schriftsteller, zahlreiche Erzählungen, Gedichte und Schriften (u.a. »Die Preußen und die Sachsen. Ein Sühneversuch«, 1815), wurde in B. geboren.

Luther, Martin (10. 11. 1483 – 18. 2. 1546) predigte am 14. 1. 1530 in der Marienkirche zu B.; ein Gedenkstein an der Kirche erinnert an die Predigt von L.

Reuter, Fritz (7. 11. 1810 – 12. 7. 1874) kehrte als Festungshäftling auf dem Weg von Groß-Glogau nach Magdeburg Ostern 1837 in der Herberge »Zum Goldenen Stern« (Wiesenburger Str. 11) ein.

Bergholz-Rehbrücke (bei Potsdam) (D 5)

Breysig, Kurt (5. 7. 1866 – 16. 6. 1940), Kulturhistoriker (»Kulturgeschichte der Neuzeit«, 2 Bde., 1900 – 01; »Die Geschichte der Menschheit«, 1936 – 40), lebte bis zu seinem Tod in B.-R.

Jähne, Gertrud (Psdn. Gert Rothberg) (29. 3. 1889 – 14. 12. 1948), Schriftstellerin (u.a. »Zu mir gehörst du,

Ursula«, 1939; »Das wahre Glück«, 1941), schrieb mehr als 100 Unterhaltungsromane (Gesammelte Werke in 20 Bänden), ist in B.-R. gestorben.

Nagel, Walli (1904 – 1983), Sängerin, Schauspielerin, wuchs in Petersburg/Petrograd auf, Frau des Malers und Präsidenten der Akademie der Künste, Otto Nagel, veröffentlichte 1981 ihre Autobiographie unter dem Titel »Das kannst du nicht«; lebte von 1945 – 52 in B.-R.

Presber, Rudolf (4. 7. 1868 – 1. 10. 1935), Journalist (u.a. Redakteur der »Frankfurter Zeitung«), Schriftsteller (u.a. »Ich gehe durch mein Haus«, Autobiographie, 1935), starb in B.-R. und wurde auf dem Neuen Friedhof, Saarmunder Str., beigesetzt.

Schulze-Berghoff, Paul (28. 3. 1873 – 26. 2. 1947), Essayist, Dramatiker, Erzähler (»Hochwildfeuer. Eine Weltenschau«, 1919; »Kattes letzte Stunden«, 1925), starb in B.-R.

Berkenbrück (F 5)

Fallada, Hans (eigent. Rudolf Ditzen) (21. 7. 1893 – 5. 2. 1947), wohnte von November 1932 bis zu seiner Übersiedlung nach Carwitz 1933 im Haus Roter Krug 12; im April 1933 wurde der Schriftsteller wegen eines politischen Witzes denunziert und für einige Tage in »Schutzhaft« genommen; heute wird das Haus als Pension genutzt, eine kleine Ausstellung zu Leben und Werk Falladas erinnert an den einstigen Bewohner (sh. Neuenhagen, sh. Waldsieversdorf).

Bernau (E 4)

Rollenhagen, Georg (22. 4. 1542 – 20. 5. 1609), späthumanistischer Dichter, Verfasser von Schuldramen und Satiren; sein bekanntestes Werk ist die Satire »Froschmeuseler« (1566); in seinem Geburtsort B. ist eine Straße nach dem Dichter benannt, überdies erinnert eine Gedenktafel an der ehemaligen Lateinschule, Am Kirchplatz 10, an den Dichter.

Seiler, Tobias (17. 11. 1681 – 12. 8. 1741), Stadtchronist (»Beschreibung der Königlichen und Churfürstlichen Brandenburgischen mittelmärkischen Stadt Bernau«, 1720 – 1736), besuchte bis 1698 die Schule in B. und studierte 1702 – 06 in Leipzig Theologie, hielt sich ab 1720 wieder in B. auf; das Original der siebenbändigen Stadtchronik befindet sich in der Handschriftenabteilung der deutschen Staatsbibliothek, eine Kopie im Bernauer Museum; eine Straße in seinem Geburtsort B. trägt den Namen des Dichters.

Stolshagen, Caspar (1550 – 1594), Pfarrer, Verfasser theologischer und erbaulicher Schriften, wurde in B. geboren.

Bestensee (E 5)

Zech, Paul (19. 2. 1881 – 7. 9. 1946), Lyriker, Erzähler, Dramatiker, Essayist und Übersetzer (u.a. »Waldpastelle«, 1912; »Das schwarze Revier«, 1922; »Das trunkene Schiff«, 1924), arbeitete in Bergwerken in Belgien, Frankreich und Deutschland, erste Gedichtveröffentlichung im »Sturm«, 1912 Umzug nach Berlin und

Arbeit als Redakteur, Dramaturg, Werbeleiter und Bibliothekar, 1933 vorübergehende Inhaftierung, Flucht über Prag und Paris nach Südamerika; Z. lebte von 1918 bis 1922 in B. in der Puschkinstraße 10; auf dem Grundstück wurde ein Gedenkstein aufgestellt; das Grab seiner Frau Helene, das sich auf dem Friedhof von B. befand, wurde 1994 eingeebnet – sie hatte bis 1962 in B. gelebt.

Biesenbrow (F 2)

Welk, Ehm (29. 8. 1884 – 19. 12. 1966) Erzähler (u.a. »Die Heiden von Kummerow«, 1937; »Die Lebensuhr des Gottlieb Grambauer«, 1938; »Mutafo«, 1954), Journalist; nach Schulbesuch Kaufmannslehre, ab 1904 journalistische Arbeit in verschiedenen Städten, 1906 erste literarische Arbeit, 1912 Reise nach Belgien, 1915 zum Kriegsdienst eingezogen, ab 1918 wieder journalistische Tätigkeit in Braunschweig und Leipzig, 1923 Amerikareise, ab 1924 Wohnung und Arbeit in Berlin, ab 1927 Journalist bei der »Grünen Post«, im selben Jahr Inszenierung seines Stückes »Gewitter über Gotland« durch Piscator, 1934 Artikel »Herr Reichsminister, auf ein Wort, bitte!«, Verhaftung, 1935 Umzug nach Lübbenau, 1940 nach Neuenkirchen, 1945 Ueckermünde, Gründer des Kulturbundes und der Volkshochschule in Mecklenburg, 1946 Schwerin, ab 1950 bis zu seinem Tod in Bad Doberan; B. ist der Geburtsort des Schriftstellers und wurde zum literarischen Vorbild für seine Romane; im Ort wird vielfältig an W. erinnert, Geburtshaus, Schule und diverse Handlungsorte aus dem Werk des Schriftstellers sind gekennzeichnet (sh. Angermünde, Bad Saarow, Lübbenau, Oranienburg).

Biesenthal (E 3)

Helke, Fritz (1. 5. 1905 – 13. 9. 1967), Jugendschriftsteller, Verfasser historischer Romane, in seinen Jugendbüchern Propagandist des Nationalsozialismus (»u.a. »Die große Stunde«, 1941); nach dem Krieg weiterhin Jugendschriftsteller (Psdn. »Ruby Cross«); wurde in B. geboren und arbeitete während der Schulzeit in der städtischen Verwaltung von B.

Birkenwerder (DE 4)

Morgenstern, Christian (6. 5. 1871 – 31. 3. 1914) hielt sich 1905 – 1906 im Sanatorium Bad B. auf (heute Orthopädische Klinik, Hubertusstr. 12 – 22).

Blankenfelde (E 5)

Maaßen, Hanns (26. 12. 1908 – 23. 6. 1983), Erzähler (u.a. »Die Messe des Barcelo«, 1956«, »... in der Stunde der Gefahr«, 1971), entstammte einer Arbeiterfamilie, Steinbildhauer, 1928 Eintritt in die KPD, 1935 Emigration, Teilnahme am Spanienkrieg, Internierung bis 1946, Arbeit für Rundfunk und Presse, 1968 – 71 stellvertretender Chefredakteur der Wochenzeitung »Sonntag«; das Grab von M., der in seinen letzten Lebensjahren in sh. Mahlow wohnte, befindet sich auf dem Friedhof von B.

Blankensee (D 5)

Sudermann, Hermann (30. 9. 1857 – 21. 11. 1928), naturalistischer Dramatiker und Erzähler (u.a. »Die Ehre«, Drama, 1890; »Sodom's Ende«, Drama, 1891; »Das Glück im Winkel«, Roman, 1896; »Litauische Geschichten«, 1917), lebte als freier Schriftsteller u.a. in Berlin und seit 1897 zunächst zur Miete, seit 1902 als Besitzer im Barockschloß der von Thümen in B. bei Trebbin; Schloß und Park stehen zur Besichtigung offen.

Blumberg (E 4)

Canitz, Friedrich Rudolf Ludwig Freiherr von (17. 11. 1654 – 11. 8. 1699), Lyriker, Satiriker (»Neben-Stunden unterschiedener Gedichte«, 1700); C. wurde in B. geboren und starb gleichfalls hier auf seinem Gut; ein Porträt des Freiherrn ist in der Dorfkirche zu besichtigen, der Landsitz wurde nach 1945 zerstört.

Bölkendorf (bei Angermünde) (E 3)

Metscher, Gustav (26. 7. 1884 – 1947), Heimatforscher (»Märkische Heimat. Volkskundliches«, 2 Bde., 1925/31; »Heimatkunde der Provinz Brandenburg«, 1931), Schulreformer, wurde hier geboren (Dorfstr. 18) (sh. Lychen).

Bohsdorf (F 7)

Strittmatter, Erwin (14. 8. 1912 – 31. 1. 1994), Erzähler (u.a. »Ole Bienkopp«, 1963; »Wundertäter«, 3 Bde.,

1957 – 80, »Der Laden«, 3 Bde., 1983 – 92), ging hier auf die Volksschule; in B. steht der »Laden«, den S. in seiner gleichnamigen Romantrilogie beschreibt (sh. Dollgow, Spremberg).

Bornim und Bornstedt sh. Potsdam

Boitzenburg (E 2)

Seidel, Heinrich Wolfgang (28. 8. 1876 – 22. 9. 1945), Schriftsteller (»Das vergitterte Fenster«, 1918; »Krüsemann«, Roman, 1935), Sohn des Dichters Heinrich Seidel (25. 6. 1842 – 7. 11. 1906), absolvierte als Theologe sein Vikariat in B. und schildert Land und Leute in Briefen an seine Eltern (»Drei Stunden hinter Berlin«, posthum hrsg. von Ina Seidel, 1951).

Brandenburg (C 4)

Alberus, Erasmus (1500 – 1553), Kirchenlieddichter, Satiriker und Fabeldichter, lebte von 1539 – 44 in B.

Berkow (Bercovius), Johann (25. 9. 1600 – 26. 2. 1651), Konrektor in der Neustadt von B. und am Berlinischen Gymnasium, gab gemeinsam mit Georg von Lilien Predigten in Gesprächsform heraus (»Himmel=Schatz im neuen Jerusalem«, 1636).

Berthold, Christian (um 1578 – ?), Stadtschreiber zu Lübben, Verfasser historischer und zeitgenössischer Berichte (»Die schöne biblische Historia von dem heiligen Propheten David und seinem Sone Salomo/ Spielweis gestellet«, 1571), wurde in B. geboren.

Böhmich(e), Georg, lebte Mitte des 16. Jahrhunderts, Dramatiker (»Gottesstreiter«, »Vom Hirtenamt Christi«, 1565), war Kirchendiener in der Neustadt von B.

Engelbert von Wusterwitz (nach 1350 – 5. 12. 1433), Theologe und Rechtsgelehrter, Verfasser einer Chronik der Mark Brandenburg der Jahre 1391 – 1425, wurde in B. geboren und starb gleichfalls hier; E. wurde in der Katharinenkirche zu B. beigesetzt.

Fouqué, Friedrich Baron de la Motte (12. 2. 1777 – 23. 1. 1843), Dichter der Romantik (»Der Held des Nordens«, 1810; »Der Zauberring«, 1813, »Undine«, 1811), wurde in B. auf der Dominsel geboren; zum 155. Todestag F.´s wurde der Stadtbibliothek in B. der Name des Dichters verliehen (sh. Cottbus/ Branitz, sh. Lentzke, sh. Nennhausen, sh. Sacrow, Fouqué-Gesellschaft sh. Anhang).

Garcaeus, Johann der Jüngere (23. 12. 1530 – 22. 1. 1574), Verfasser zahlreicher theologischer Schriften (u.a. »Christlicher Bericht von der Seelen, ihrem Orte, Stande, Thun und Wesen, aller Menschen nach ihrem Absterben...«, 1569), seit 1561 Pastor und Superintendent in B., starb hier.

Hermes, Johann Thimoteus (31. 5. 1738 – 24. 7. 1821), Erzähler (»Geschichte der Miß Fanny Wilkes, so gut als aus dem Englischen übersetzt«, 1766; »Sophiens Reise von Memel nach Sachsen«, 1770 – 72), Theologiestudium in Königsberg und Anstellung als Hauslehrer in

Danzig, um 1763 Umzug nach Berlin, später Feldprediger, 1769 als Fürstlich Anhaltinischer Hofprediger nach Pleß/Oberschlesien, Prediger, Professor und Inspektor des Realgymnasiums Breslau; H. war um 1765 für zwei Jahre Lehrer an der Ritterakademie auf der Dominsel von B.

Knauf, Erich (21. 2. 1895 – 2. 5. 1944), Journalist, Kunst-und Literaturkritiker (»Empörung und Gestaltung. Künstlerprofile von Daumier bis Kollwitz«, 1928), wurde wegen »Wehrkraftzersetzung« im Zuchthaus B.-Görden hingerichtet.

Krause, Helene von (Psdn. C. von Hellen) (23. 1. 1841 – 14. 4. 1915), Schriftstellerin, veröffentlichte zahlreiche Erzählungen und Novellen (»Um der andern willen«, 1892, »Im Strom der Großstadt«, 1894); wurde in B. geboren.

Otto IV., Markgraf von Brandenburg (1266 – 1309), Minnesänger, von dem sieben Lieder erhalten sind; sein Bildnis ist in der Manessischen Liederhandschrift überliefert.

Petershagen, Rudolf (4. 6. 1901 – 13. 4. 1969), Erzähler, Offizier, war in der Garnison von B. aktiv und wohnte von 1935 bis 1938 in der Fouquéstraße 5 (sh. Potsdam).

Schüler, Georg (auch Schuler, Psdn. Sabinus), (23. 4. 1508 – 2. 12. 1560), Dichter, Humanist, Schwiegersohn Melanchthons, Professor an der Viadrina in sh. Frankfurt (O) und Königsberg, wuchs in seiner Heimatstadt B. auf; S. wurde als Dichter mit seiner sechsbändigen Gedichtsammlung bekannt.

Schwede, Alfred Otto (16. 4. 1915 – 7. 8. 1987) Erzähler (»Kubanisches Tagebuch«, 1967), war nach dem Krieg Pfarrer in Haynsburg, Uthleben bei Nordhausen und B.-Görden (sh. Hohen Neuendorf).

Seidentopf, Johann Gottlieb (1757 – 1831), Prediger, Jugendschriftsteller (»Lesebuch für Bürger- und Industrieschulen«), wurde in B. geboren und wirkte später in Neuruppin.

Spieker, Christian Wilhelm (17. 4. 1780 – 10. 5. 1858), Schriftsteller, Theologe, Verfasser zahlreicher theologischer Bücher, Biographien und historischer Abhandlungen (u.a. »Geschichte der Stadt Frankfurt/ Oder«, 1853), wurde in B. geboren (sh. Frankfurt [Oder]).

Stökl, Helene (18. 3. 1845 – 16. 2. 1929), Erzählerin, Bühnenautorin, weit über 70 Buchveröffentlichungen (u.a. »Maja«, 1876; »Fräulein Conni«, 1924), wurde in B. geboren.

Voß, Julius von (24. 8. 1768 – 1. 11. 1832), Schriftsteller, Begründer der Berliner Lokalposse (»Der travestirte Nathan der Weise«, 1804; »Die Liebe auf dem Lande«, 1817), 1782 – 98 Militärdienst, danach freier Schriftsteller in Berlin, wurde als Sohn eines Offiziers in B. geboren.

Wendler, Otto Bernhard (8. 12. 1895 – 7. 1. 1958), Jugendbuchautor, Dramatiker, wuchs in B. auf und wirkte hier von 1927 – 1933 als Lehrer; schrieb u.a. »Der Sprung über den Leierkasten« (1927), den Antikriegsroman »Soldaten Marien« (1929) und »Laubenkolonie Erdenglück« (1931).

Wüsten, Johannes (eigentl. Peter Nikl) (4. 10. 1896 – 26. 4. 1943), Maler, Graphiker, Schriftsteller (»Drei Nächte des Jan Bockelson u.a. aus dem Erzählwerk«, posth. 1972), verstarb nach zweijähriger Haft im Zuchthaus B. an Tuberkulose.

Branitz sh. Cottbus

Buckow (Märkische Schweiz) (F 4)

Brecht, Bertolt (10. 2. 1898 – 14. 8. 1956) und die Schauspielerin Helene Weigel (12. 5. 1900 – 6. 5. 1971) nutzten seit 1952 zwei benachbarte Häuser am Schermützelsee als Sommerhäuser; eines davon dient heute als Gedenkstätte (sh. Anhang); hier entstand u.a. der Gedichtzyklus »Buckower Elegien«.

Kisch, Egon Erwin (29. 4. 1885 – 31. 3. 1948), Schriftsteller und Journalist, erholte sich im Frühjahr 1927 für einige Wochen im Hotel »Weiße Taube« an der Bollersdorfer Höhe in B.

Klingenberg, Martin (? – ca. 1688), Kantor, 1649 Studium an der Universität Frankfurt (O), Kantor in Strausberg (vor 1657), Verfasser zahlreicher Gelegenheitsgedichte in deutscher Sprache, wurde in B. geboren (sh. Frankfurt [Oder], sh. Strausberg).

Burg (Spreewald) (F 6)

Witkojc, Mina (28. 5. 1893 – 11. 11. 1975), sorbische Erzählerin, Lyrikerin, Publizistin (u.a. »Das Mädchen und der Wassermann«, 1923; »Ein Kranz von Spreewaldblumen«, 1934; »Niedersorbische Gedichte«, 1925; »Erfurter Erinnerungen«, 1947), Kindheit in B., später Dienstmädchen in Berlin, Blumenbinderin, Arbeit in der Rüstungsindustrie, bis 1921 Tagelöhnerin in B., ab 1922 in Bautzen, Anstellung beim Smolerschen Zeitungsverlag, 1922 erste Gedichtveröffentlichung, 1923 – 1931 Redakteurin der niedersorbischen Wochenzeitung »Serbski Casnik«, 1925 bis 1928 des niedersorbischen Buchkalenders »Pratyja«, organisierte ab 1927 die Kulturarbeit in der niedersorbischen Bevölkerung, 1926 Teilnahme am europäischen Minderheitenkongress in Genf, 1933 Berufsverbot, bis 1936 arbeitslos in Bautzen, danach Gelegeheitsarbeit in B., 1941 Aufenthaltsverbot in der Heimat, Arbeit in Erfurt, ab 1946 Arbeit in der Domowina, ab 1955 freischaffende Schriftstellerin in B.; wurde in B. geboren, ihr Grab befindet sich auf dem Friedhof des Orts (sh. Werben, Papitz).

Calau (F 6)

Dohm, Ernst (eigentl. Elias Levy) (15. 4. 1819 – 5. 2. 1883), Redakteur der Berliner Satire-Zeitschrift »Kladderadatsch«, war oft in C. zu Besuch und verfaßte hier seine Kolumne »Aus Calau wird geschrieben«, von der sich die Bezeichnung »Kalauer« für einen nicht eben geistreichen Witz ableitet (frz. Calembour[g] »Wortspiel«); an D. erinnert eine Gedenktafel in der Cottbuser Str. 16.

Hirsch, Karl Jacob (Psdn. Karl Böttner) (13. 11. 1892 – 8. 7. 1952), Erzähler, Romancier (»Das Kaiserwetter«, 1931) und Hörspielautor, wohnte von 1932 bis zu seiner Emigration 1933 in C. und arbeitete hier an der Erzählung »Felix und Felicia«, die unter dem Psdn. Karl Böttner erst 1938 in New York erscheinen konnte.

Caputh (D 5)

Einstein, Albert (14. 3. 1879 – 18. 4. 1955), ließ sich in C., Am Waldrand 17, 1929 auf eigene Kosten von dem Architekten Konrad Wachsmann ein Sommerhaus bauen; ursprünglich war die Errichtung des Hauses als ein Geschenk der Stadt Berlin zu E.s 50. Geburtstag vorgesehen, die Ausführung dieser Idee war jedoch durch politische Querelen verschleppt worden; 1934 wird E. von den Nazis ausgebürgert und enteignet; das Haus ist heute für Besichtigungen geöffnet (sh. Anhang).

Coethen sh. Falkenberg (Mark)

Cottbus (Kottbus, sorb. Chošebus) (F 6)

Briesmann, Johannes (auch Jan Brezan) (31. 12. 1488 – 1. 10. 1549), Theologe, neben Poliander und Speratus der einflußreichste Reformator in Preußen (»Flosculi de homine interiore et exteriore de fide et operibus«, 1523), wurde in C. geboren.

Birkenfeld, Günther (9. 3. 1901 – 22. 8. 1966), Erzähler, Essayist, Übersetzer, 1927 – 1930 Generalsekretär des

Reichsverbands deutscher Schriftsteller, 1945 – 1948 Herausgeber der Jugendzeitschrift »Horizont«, wurde in C. geboren.

Bresnicer, Alexius (Mitte des 16. Jahrhunderts), Theologe, Pfarrer, u.a. dritter Superintendent in Altenburg, von wo er 1562 wegen theologischer Streitigkeiten ausgewiesen wurde; verfaßte u.a. die »Comedia von dem geystlichen Kampff Christlicher Ritterschaft, das ist, wie die Christen aus warheit der schrifft, sich legen müssen, wider die Heel, Todt, Teufel, Sünde, Gesetz etc. tröstlich zu lesen allen blöden Gewissen, vorfasset und Reymweis gestellet. Freybergk 1553«; B. wurde in C. geboren.

Ebers, Georg (1. 3. 1837 – 7. 8. 1898), Reiseschriftsteller (u.a. »Eine aegyptische Königstochter«, 3 Bde., 1864; »Uarda. Roman aus dem alten Aegypten«, 3 Bde., 1877), Aegyptologe, besuchte das Gymnasium in C.

Hoßmann, Joachim (1570 – 1611); über die Biographie von H. war nichts näheres zu ermitteln, überliefert sind lediglich zwei Ausgaben des Hohelieds in lateinischer Sprache (1589 bzw. 1591); H. wurde in C. geboren.

Hotopp, Albert (20. 9. 1886 – nach 22. 5. 1941), Arbeiterschriftsteller (»Die Unbesiegbaren. Kurzgeschichten aus Hitler-Deutschland«, Moskau 1935) und KPD-Funktionär, saß in C. von 1923 – 1926 wegen Hochverrats in Haft und arbeitete hier an ersten Erzählungen.

Kosyk, Mato (18. 6. 1853 – 22. 11. 1940), Lyriker, Erzähler, verließ 1873 nach einer Krankheit und persönlichen Krise vorzeitig das Gymnasium in C. (sh. Werben).

Leichhardt, Ludwig (23. 10. 1813 – 1848), Forschungsreisender, Naturwissenschaftler und Philologe, beim Versuch, den Kontinent Australien von Ost nach West zu durchqueren, verschollen; schrieb u.a. das »Tagebuch einer Landreise in Australien« (1851), von dem sich der australische Schriftsteller Patrick White zu seinem Roman »Voss« anregen ließ; L. hielt sich von 1829-31 in C. auf, wo eine Straße an ihn erinnert (»Ludwig-Leichhardt-Allee«) (sh. Trebatsch).

Marby, Amalie (29. 8. 1835 – 25. 8. 1915), Erzählerin (»Der Stern von Mostar«, 1891; »Haus Dodendorf«, 1894), Journalistin (u.a. für »Berliner Volkszeitung«), wurde in C. geboren.

Moritz, Gustav (29. 6. 1842 – 17. 7. 1898), Arzt und Heimatdichter (»Spreewaldlieder«, 1895; »Samo der Franke«, 1895), wirkte seit 1879 als homöopathischer Arzt in C.

Müller, Ewald (21. 1. 1862 – 24. 5. 1932), Heimatdichter (u.a. »Aus der Streusandbüchse«, 1893 und 1921) und Volkskundler (»Das Wendentum in der Niederlausitz«, 1894), wirkte von 1882 – 1924 als Lehrer in C.

Praetorius, Petrus (auch Peter) (zw. 1513 u. 1528 – 7. 6. 1588), Theologe, Verfasser theologischer erbaulicher Schriften und Lieder, u.a. »Die schöne und liebliche Historia von der Hochzeit Isaac und Rebecca ...« (1559) sowie »Historia ... Von der Hochzeit Isaac und Rebekka ... in einer Comedienform ...« (1590); P. wurde in C. geboren.

Pückler-Muskau, Hermann Fürst von (30. 10. 1785 – 4. 2. 1871), Reiseschriftsteller (u.a. »Briefe eines Verstorbenen«, 1830 – 32; »Vorletzter Weltgang von Semilasso«, 1835; »Semilasso in Afrika«, 1836; »Die Rückkehr«, 1846 – 48), 1792 – 96 Herrnhuter Institut Uhyst bei Bautzen, 1801 Jura-Studium in Leipzig, 1802 Leutnant, 1804 Abschied als Rittmeister, Reisen durch Frankreich und Italien, seit 1811 Standesherr von Muskau, 1813 als Major in russischen Diensten, später Gouverneur von Brügge, 1822 in den Fürstenstand erhoben, seit 1835 Reisen nach Algerien, Ägypten, Kleinasien und Griechenland, verkaufte 1845 Schloß Muskau, dessen Park er gestaltet hatte; lebte an verschiedenen Orten, schließlich in Branitz (heute zu C.), wo er 1871 starb und in der Wasserpyramide des Schloßparks beigesetzt wurde.

Pyra, Immanuel Jakob (25. 7. 1715 – 14. 7. 1744), Theologe, Dichter, Lyriker und Übersetzer, Konrektor des Cöllnischen Gymnasiums zu Berlin, wurde in C. geboren; als Dichter ist er mit seiner Streitschrift gegen Gottsched und seinem »Tempel der wahren Dichtkunst« (1737) bekannt geworden.

Scurla, Herbert (21. 4. 1905 – 7. 4. 1981), Erzähler, Essayist, Herausgeber, Biograph (»Alexander von Humboldt«, 1951, »Begegnung mit Rahel. Der Salon der Rahel Levin«, 1962, »Wilhelm von Humboldt«, 1970) und politischer Schriftsteller (»Die Grundgedanken des Nationalsozialismus und das Ausland«, 1939; »Die Dritte Front. Geistige Grundlagen des Propagandakrieges der Westmächte«, 1940); lebte seit 1952 hier; das Grab von S. befindet sich auf dem Zentralfriedhof von C.

Schloß Branitz,
Wohnsitz des Garten- und Lebenskünstlers
Hermann Fürst von Pückler-Muskau,
der als Reiseschriftsteller großen Erfolg hatte.

Speck, Wilhelm (7. 6. 1861 – 31. 3. 1925), Schriftsteller (»Zwei Seelen«, 1904), wirkte von 1892 – 1899 als Gefängnisgeistlicher in C.

Dahlwitz-Hoppegarten (E 4)

Weisbach, Reinhard (8. 7. 1933 – 13. 11. 1978), Lyriker, Essayist, Literaturwissenschaftler (»Köpenicker Flaschenpost«, 1965; »Wort für Wort«, 1971; »Menschenbilder, Dichter und Gedichte«, 1972), 1951 – 1967 war er Lehrer in Berlin, 1954 bis 1959 Fernstudium der Germanistik, 1966 Dissertation, 1967 – 70 stellvertretender Chefredakteur der Zeitschrift »Weimarer Beiträge«, ab 1970 am Zentralinstitut für Literaturgeschichte der Akademie der Wissenschaften; wohnte im August/September 1978 im Ortsteil Waldesruh in D.-H. in der Kantstraße 15.

Dahme (E 6)

Amerlan, Frieda (19. 2. 1841 – 1. 8. 1924), Jugendschriftstellerin, lebte seit 1895 als Stiftsdame in D. und starb hier (sh. Angermünde)

Damen, Hermann (13. /14. Jahrhundert – 1302 und 1307 urkundlich in Rostock), norddeutscher bürgerlicher Spruchdichter Verfasser eines Marienleichs, Lehrer Frauenlobs, stammt aus niederlausitzisch-märkischem Geschlecht in D.

Kullrich, Friedrich Wilhelm (18. 12. 1821 – 1. 9. 1887), Lyriker, international bedeutender Münzmedailleur, absolvierte eine Lehre als Schmied und ein Kunststudium, 1861 von König Wilhelm I. zum Hof-Medailleur berufen; das Geburtshaus von K. befindet sich in der Hauptstraße 61, eine Tafel erinnert an den Kunstschmied.

Diensdorf (bei Bad Saarow-Pieskow) (F 5)

Erpenbeck, Fritz (6. 4. 1897 – 8. 1. 1975), Schauspieler, Dramaturg, Journalist, Theaterkritiker, Erzähler (»Aber ich wollte nicht feige sein«, 1936; »Emigranten«, 1939; »Tödliche Bilanz«, 1965); 1927 KPD, Emigration nach Prag, 1935 gemeinsam mit seiner Frau sh. Hedda Zinner nach Moskau, 1945 Rückkehr mit Gruppe Ulbricht, 1959-62 Chefdramaturg der Ost-Berliner Volksbühne, lebte mit seiner Frau zeitweise in der Uferstr. 13 am Scharmützelsee in D.

Zinner, Hedda (eigentl. Hedwig Zinner) (20.5.1907-1.7.1994), Erzählerin (»Nur eine Frau«, 1954; Trilogie »Ahnen und Erben«, 1968-73), Hörspielautorin und Lyrikerin (»Unter den Dächern«, 1936; »Das ist geschehen«, 1939), schrieb nach dem Krieg vor allem Dramen (»Das Urteil«, 1958; »Ein Amerikaner in Berlin«, 1963), lebte mit ihrem Mann sh. Fritz Erpenbeck zeitweise in D., Uferstr. 13.

Doberlug-Kirchhain (Dobrilugk) (E 7)

Heun, Karl Gottlieb Samuel (Psdn. Heinrich Clauren) (20. 3. 1771 – 2. 8. 1854), Unterhaltungsschriftsteller, pseudoromantische Erzählungen (»Mimili«, 1816), wurde in Dobrilugk (heute D.) geboren.

Thietmar von Merseburg (975 – 1018), Chronist, hat den Ort 1005 erstmals erwähnt.

Walther von der Vogelweide (ca. 1170 – 1230) erwähnt den Ort in seinem Lied »Winterqualen« als »Toberlû« (Nr. 55 nach H. Paul).

Dollgow (D 3)

Strittmatter, Erwin (14. 8. 1912 – 31. 1. 1994), Erzähler (u.a. »Katzgraben«, 1953; »Pony Pedro«, 1959; »Ole Bienkopp«, 1963; »Der Wundertäter«, 3 Bde., 1957/73/80; »Der Laden«, 3 Bde., 1983-92), aufgewachsen in der Niederlausitz, Bäcker, Arbeit als Kellner, Tierwärter, Chauffeur und Hilfsarbeiter, nach 1946 Kleinbauer, später Journalist, 1951 – 54 in Berlin, u.a. bei Brecht am Berliner Ensemble, 1959 – 83 im Schriftstellerverband der DDR zunächst Sekretär, später Vizepräsident; S. lebte ab 1957 gemeinsam mit seiner Frau, der Lyrikerin Eva Strittmatter, auf dem Schulzenhof von D. (sh. Bohsdorf, Senftenberg, Spremberg).

Drebkau (F 6)

Müller, Ewald (21. 1. 1862 – 24. 5. 1932), Heimatdichter und Volkskundler, wurde in D. geboren (sh. Cottbus).

Drewen (Prignitz) (C 3)

Bornstedt, Wilhelmine von (30. 3. 1776 – 13. 2. 1855), Dichterin (»Gedichte«, 1826), wurde in D. geboren.

Eberswalde (E 3)

Krause, Ernst Ludwig (Psdn. Carus Sterne) (22. 11. 1839 – 24. 8. 1903), Schriftsteller, stammt aus E.

Lautensack, Heinrich (15. 7. 1881 – 10. 1. 1919), Dramatiker, Lyriker, Erzähler, Übersetzer und Filmautor (»Frank Wedekinds Grablegung«, 1919, Requiem; »Leben, Taten und Meinungen des sehr berühmten russischen Detektivs Maximow...«, 1920), ist in E. gestorben.

Schaeffer, Albrecht (6. 12. 1885 – 4. 12. 1950), Lyriker (»Amata. Wandel der Liebe«, 1911), Romancier (»Helianth. Bilder aus dem Leben zweier Menschen von heute und aus der norddeutschen Tiefebene«, 1920/ 24; »Rudolf Erzerum oder Das Leben der Einfachheit«, 1945), arbeitete 1911/12 als Redaktionsvolontär in E.

Seidel, Georg (Psdn. Simon Glas bzw. Christian Ferber) (1919 – 1992), Romanautor (»Die Seidels – Geschichte einer bürgerlichen Familie«, 1979) und Publizist, Sohn von Ina und Heinrich W. Seidel, wurde in E. geboren.

Seidel, Heinrich W. (28. 8. 1876 – 22. 9. 1945) Erzähler (u.a. »Der Vogel Tolidan«, 1913; »Das Erwachen«, 1922; »Das Antlitz von Gott«, 1941), 1907 Heirat mit Ina Seidel, bis 1914 Pfarrer am Lazarus-Diakonissenhaus in Berlin-Wedding, 1923 – 34 an der Neuenkirchen Gemeinde in Berlin-Mitte tätig, ab 1934 freischaffender Schriftsteller in Starnberg; 1914 – 23 lebten Heinrich und Ina S. in E. und waren an der Kirche St. Maria Magdalena tätig (sh. Boitzenburg).

Seidel, Ina (15. 9. 1885 – 3. 1. 1974), Lyrikerin, Erzählerin (u.a. »Neben der Trommel her«, 1915; »Brömseshof«, 1928; »Lennacker. Das Buch der Heimkehrer«, 1938; »Lebensbericht 1885 – 1923«, 1970), lebte mit ihren Eltern in Halle, Braunschweig, Marburg und München, 1907 Eheschließung mit ihrem Vetter, dem Pfarrer und Schriftsteller sh. Heinrich Wolfgang Seidel, gemeinsam in Berlin und E., ab 1934 Starnberg, hat sich mehrfach in den Dienst der Nationalsozialisten gestellt (u.a. mit Gedichten auf den »Führer«), bekannte sich aber auch deutlich zum christlichen Humanismus, nach 1945 eine der bekanntesten Autorinnen in der Bundesrepublik; versucht in ihrem letzten Roman (»Michaela«, 1959), das Problem der Verstrickung im Dritten Reich aufzuarbeiten; lebte 1914 bis 1923 gemeinsam mit ihrem Mann in E.

Strube, Marie-Luise (28. 12. 1871 – 8. 1. 1960), Schriftstellerin (»Sonnenkinder«, Gedichte, 1901; »Schlösser«, 1911; »Die Fliegerin«, 1932), wurde in E. geboren.

Wegener, Wilhelm (1844 – 1916), Schriftsteller (»Königin Luise«, 1879; »Märkische Sagen und Gedichte«, 1879; »Dichtungen«, 1880), verstarb in der Nervenheilanstalt in E.

Wildenbruch, Ernst von (3. 2. 1845 – 15. 1. 1909), Schriftsteller, Jurist, Verfasser historischer Dramen mit national-preußischer Tendenz (u.a. »Die Karolinger«, 1882; »Väter und Söhne«), amtierte 1876/77 in E. als Richter (sh. Frankfurt/ [Oder].

Wyssotzki, Wladimir (25. 1. 1938 – 25. 7. 1980), russischer Lyriker, Liedermacher (»Der Nerv«, 1981), Schauspieler, Sohn eines Offiziers, ab 1964 Ensemblemitglied Theater an der Taganka, ab 1970 Ehe mit der französischen Schauspielerin Marina Vlady, verlebte nach der Scheidung der Eltern einen Teil seiner Kindheit in E., wo die Mutter bei der Garnison als Lageristin tätig war.

Erkner (E 4)

Hauptmann, Gerhart (15. 11. 1862 – 6. 6. 1946), Dramatiker, Erzähler, Lyriker (u.a. »Einsame Menschen«, 1891; »Die Weber«, 1892; »Der Biberpelz«, 1893; »Fasching«, 1887; »Der rote Hahn«, 1901; »Und Pippa tanzt!«, 1906), lebte vom 20. 9. 1885 bis Anfang September 1889 in E.; fällte hier die Entscheidung für den Beruf als Schriftsteller; knüpfte Verbindungen zu Kollegen und trat in den literarischen Verein »Durch« ein; seit 1987 ist die Villa Lassen, in der sich die Wohnung der Familie Hauptmann befand, Domizil des Gerhart-Hauptmann-Museums (sh. Anhang); H. wanderte viel in der Umgebung von E. und fand hier Stoff für seine Dramen und Novellen; für »Der Biberpelz«, »Bahnwärter Thiel« und »Der rote Hahn« fanden sich Vorbilder für Personen bzw. für die Handlung in den Stuben der märkischen Kleinstadt und in den umliegenden Ortschaften; auf dem Friedhof in E. liegt Marie Heinze begraben, die als Vorbild der Mutter Wolffen aus dem Biberpelz gilt (sh. Kienbaum, Kagel).

Fahrland (D 4)

Schmidt, Friedrich Wilhelm August (Schmidt v. Werneuchen) (23. 3. 1764 – 26. 4. 1838), Lyriker, Heimatdich-

ter (»Gedichte«, 1797; »Neueste Gedichte, der Trauer um geliebte Tote gewidmet«, 1815), studierte in Halle Theologie, war von 1764 an Pfarrer am Invalidenhaus in Berlin, 1795 Heirat und Übernahme des Pfarramtes in Werneuchen; F. ist der Geburtsort von S. (sh. Werneuchen).

Falkenberg/ Elster (D 7)

Löns, Hermann (29. 8. 1866 – 26. 9. 1914), norddeutscher Erzähler, Lyriker, wird seit 1927 in der Liebenwerdaer Str. in F. mit einem Gedenkstein geehrt; ein biographischer Bezug zu F. ist nicht überliefert.

Schönberg, Johann (Hans) Friedrich von (28. 2. 1543 – 24. 3. 1614), Jurist, mutmaßlicher Verfasser des »Schildbürgerbuchs« (1598), einer Bearbeitung des »Lalebuchs« (1597), lebte seit 1613 bis zu seinem Tod in F., wo eine »Von-Schönberg-Gasse« und eine Gedenktafel am Rittergutstor an ihn erinnern.

Falkenberg (Mark) (F 3)

Fontane, Theodor (30. 12. 1819 – 20. 9. 1898) wird in F. mit einer Relief-Darstellung des Dichterkopfes von sh. Paul Matzdorf (1906) geehrt.

Gerhart-Hauptmann-Museum in Erkner. Die Wohnräume konnten mit originaler Ausstattung aus der Zeit von Hauptmanns Aufenthalt in Erkner und mit Gegenständen aus dem Agnetendorfer Haus des Dichters wiederhergestellt werden.

Lange, Joachim (21. 9. 1906 – August 1944), Schriftsteller (»Gedichte und Erzählungen. Aus dem Nachlaß«, o.J., Auswahl in: »Musen und Grazien im Kreis Bad Freienwalde«, Teil 1, 1985), lebte von 1933 bis zu seiner Einberufung zur Wehrmacht in F.

Lask, Berta (17. 11. 1878 – 28. 3. 1967) Dramatikerin, Erzählerin, Publizistin, Lyrikerin (u.a. »Thomas Müntzer«, 1925; »Leuna«, 1921, »Drama der Tatsachen«, 1926; »Irren und Suchen«, 1938 – 1942), Tochter eines jüdischen Fabrikanten, ab 1923 Mitglied der KPD, Mitarbeiterin der KPD-Zeitung »Rote Fahne«, 1933 Verhaftung, Emigration in die Sowjetunion, ab 1958 als freie Schriftstellerin in Berlin; 1880 erwarb der Vater von L. die Papierfabrik in F.; die Familie lebte bis 1920 in F.; in »Irren und Suchen« finden sich Kapitel, die die Landschaft um F. widerspiegeln.

Matzdorf, Paul (7. 3. 1864 – 3. 1. 1930), Erzähler, Lyriker, Dramatiker, Pädagoge, Jugendschriftsteller (u.a. »Heimatglück«, o.J.; »Jungbrunnen des deutschen Volkes«, o.J.; »Wie Schäfer Franz ein Forscher wurde«, o.J.), bildender Künstler, Lehrerausbildung, 1885 erstes Lehramt in Soldin, Herausgeber von »Jugend- und Volksbühne«; war ab 1890 Lehrer in Coethen (heute zu Falkenberg/Mark); in F. schmückt eine von ihm gestaltete Bronzeplakette den Gedenkstein für Theodor Fontane.

Mewes, Willi (24. 4. 1905 – 27. 1. 1972), plattdeutscher Lyriker und Erzähler (»Min Heimatdörp«, o.J.; »Oaderbruckplatt«, o.J.), war Inhaber eines Papierwarengeschäfts in seiner Heimatstadt F. (sh. Bad Freienwalde).

Falkensee (D 4)

Haas, Willy (Psdn. Caliban) (7. 6. 1881 – 4. 9. 1973), Schriftsteller (u.a. »Das Spiel mit dem Feuer«, 1923; »Gestalten der Zeit«, 1930), von 1925 – 1933 Herausgeber der Zeitschrift »Die literarische Welt«, lebte in F. (Borsigstr. 64).

Kolmar, Gertrud (eigentl. G. Chodziesner) (10. 12. 1894 – 1943), Lyrikerin (»Die Frau und die Tiere«, 1938; »Die Kerze von Arras«, 1968), Cousine von Walter Benjamin, arbeitete in Hamburg, Dijon und Leipzig als Erzieherin, lebte ab 1928 wieder im Elternhaus, emigrierte nicht, sondern blieb nach 1933 bei ihrem Vater, um ihn zu pflegen, 1938 Umzug nach Berlin, Zwangsarbeit, März 1943 Deportation nach Auschwitz, der genaue Zeitpunkt ihres Todes ist unbekannt; im Ortsteil Finkenkrug, in der Feuerbachstraße 13, befindet sich das Haus, das die Eltern von Gertrud Kolmar 1923 bezogen und im November 1938 verkaufen mußten; heute erinnert eine Tafel am Haus an die Lyrikerin; der Landschaft verdankt Gertrud Kolmar vielfältige Anregungen für ihre Dichtung (vor allem in »Preußisches Wappenbuch« und »Rosen«).

Sabott, Edmund (6. 1. 1898 – 2. 12. 1956), Schriftsteller (»Jan Fock, der Millionär«, 1929; »Gläserne Wand«, 1935; »In den neuen Tag«, 1946), Filmautor und Dramatiker, lebte in F.

Schwachhofer, René (28. 5. 1904 – 10. 7. 1970), Lyriker (»Über Asche und Feuer«, 1964; »Blick aus drei Fenstern«, 1969), Essayist und Kritiker, wohnte hier seit den sechziger Jahren und starb in F.

Finowfurt (E 3)

Germann, Kaspar (21. 4. 1914 – 20. 6. 1985), Erzähler, Kinderbuchautor, lebte hier von 1948 – 1951 (sh. Frankfurt/ [Oder], sh. Grunow, sh. Strausberg).

Frankfurt (Oder) (G 5)

Abbt, Thomas (25. 11. 1738 – 3. 1. 1766), Schriftsteller, Philosoph (»Vom Verdienste«, 1765), war 1760 – 1761 Professor der Philosophie an der Viadrina.

Abel, Michael (ca. 1542 – ca. 1605), neulateinischer Dichter, Lyriker, Satiriker, wurde in F. geboren und war hier – nach dem Studium an der Viadrina – bis 1567 als Lehrer tätig.

Aesticampianus, Johann Rhagius (1457 – 31. 5. 1520), Humanist, wirkte von 1506 – 1508 als Rhetorik- und Poetikprofessor an der neuerrichteten Universität in F.

Baader, Ottilie (30. 5. 1847 – 1925), Erzählerin (»Ein steinerner Weg«, 1921), Fabrik- und Heimarbeiterin, 1900 bis 1908 Leiterin der Arbeiterinnenorganisation Deutschlands, eine der führenden Frauen in der deutschen Sozialdemokratie, wurde in F. geboren.

Baumgarten, Alexander Gottlieb (17. 6. 1714 – 26. 5. 1762), Begründer der Ästhetik als philosophische Disziplin in Deutschland (»Aesthetica acromatica«, 1750 – 58), wirkte seit 1740 als Professor für Philosophie an der Universität in F.

Benn, Gottfried (2. 5. 1886 – 7. 7. 1956) Lyriker, legte 1903 am Frankfurter Friedrichsgymnasium sein Abitur ab; für die Zeit seines Schulbesuches wohnte er in einer Pension in der Gubener Straße 31 a (sh. Mansfeld).

Blum, Johann Christian (19. 11. 1739 – 28. 8. 1790), Dichter (u.a. »Lyrische Versuche«, 1765; »Zwei Gedichte – Die Hügel bei Ratenau, Rosalia«, 1771; »Das befreite Ratenau. Schauspiel«, 1775; »Teutsches Sprichwörterbuch«, 2 Bde., 1780 – 82), studierte ab 1759 in F. (sh. Rathenow)

Böhme, Herbert (17. 10. 1907 – 23. 10. 1971), Lyriker, Verleger, NS-Kulturpolitiker, Propagandist nationalsozialistischer Ideologie (»Führer und Fanfaren. Gedichte einer Leidenschaft«, 1933; »Ruf der S.A. Appell mit Liedern«, 1938), nach dem Krieg unverändert Bekenntnis zur NS-Ideologie; wurde in F. als Sohn eines Lehrers geboren und lebte hier bis 1928.

Burmann, Gottlob Wilhelm (1737 – 1805), Erzähler, Lyriker (»Fabeln und Erzählungen«, 1768; »Lieder in drei Büchern«, 1774; »Gedichte ohne den Buchstaben R«, 1788), zeitweilig Schriftleiter der Spenerschen Zeitung, studierte in F.

Darjes, Joachim Georg (23. 6. 1714 – 17. 7. 1791), Philosoph, 1772 Rektor der Viadrina sowie Stifter der »Königlichen Preußischen Gelehrten Gesellschaft«, u.a. »Weg zur Wahrheit« (zuerst 1755), »Meine Gedanken von den Gränzen des Rechts der Natur« (1775); an D. erinnert ein Denkmal von G. Schadow mit Porträtmedaillon am heutigen Zehmeplatz gegenüber dem Heinrich-von-Kleist-Denkmal.

Dieterich, Martin (1681 – 1749), Theologe, Chronist (»Historische Nachricht von denen Grafen von Lindow und Ruppin...«), war Professor für Theologie an der Viadrina und Archidiakon an der Marienkirche zu F. (sh. Neuruppin).

Dresemius, Samuel (1. 6. 1578 – 3. 10. 1638), neulateinischer Dichter (Panegyrik, Epigrammata), studierte in F. und wirkte später als Rektor in Berlin.

Eggers, Kurt (10. 11. 1905 – 12. 8. 1943), Schriftsteller, Propagandist der NS-Ideologie (»Deutsche Bekenntnisse. Gedichte und Aufsätze«, 1934), Verfasser von Essays mit teilweise rassistischen und kriegsverherrlichenden Inhalten, trat 1924 in F. einem Reichswehr-Artillerieregiment bei.

Elsholtz, Johann Sigismund (26. 8. 1623 – 28. 2. 1688), Botaniker, Gartendirektor, Hofarzt des Großen Kurfürsten, verfaßte die älteste Flora der Mark Brandenburg (»Flora Marchica, sive Catalogus Plantarum etc.«, 1663), wurde in F. geboren.

Engel (Angelius), Andreas (16.11.1561 – 9.8.1598), Chronist (»Annales Marchiae Brandenburgicae«), lehrte an der Viadrina und starb in F. (sh. Strausberg).

Ewald, Johann Joachim (3. 9. 1727 – nach 1762), Lyriker (»Lieder und Sinngedichte in zweyen Büchern«, 1757), Übersetzer, studierte ab 1750 an der Universität in F.; ist nach 1762 in Nordafrika verschollen.

Friedrich, Theodor Heinrich (30. 10. 1776 – 12. 12. 1819), Schriftsteller, vor allem Satiriker (»Deutschland und Freiheit«, Gedichte, 1803; »Satyrischer Feldzug in einer Reihe von Vorlesungen ...«, 3 Bde., 1814 – 16), studierte in F.

Ganske, Hugo (6. 10. 1869 – 1939), Schriftsteller, verfaßte Dramen (»Der Hochzeitsabend«, 1891; »Andreas Hofer«, 1892), Schauspiele (»Am Abgrund«, 1892; »Die Hegelmanns«, 1901) und Opernlibretti; G. ist in F. gestorben.

Gaudy, Franz Freiherr von (19. 4. 1800 – 5. 2. 1840), Erzähler (»Mein Römerzug«, 1836), Lyriker (»Kaiser-Lieder«, 1835), wurde in F. geboren (Oderstr. 13); die Familie verzog noch im gleichen Jahr nach Soldin (sh. Potsdam).

Germann, Kaspar (21. 4. 1914 – 20. 6. 1985), Erzähler, Kinderbuchautor (»Das Bildnis der Lukretia« 1957, »Das unruhige Jahr«, 1965, »Der Weg aus den Kasematten«, 1968), lebte seit 1968 in F. (sh. Finowfurt, Grunow, Strausberg).

Günther, Johann Christian (8. 4. 1695 – 15. 3. 1723), bedeutendster deutscher Lyriker zwischen Barock und Sturm und Drang, 1716 Krönung zum poeta laureatus, Bruch mit dem Vater, mittellose Existenz als Gelegenheitsdichter, begann sein Medizinstudium im November 1715 in F., wechselte jedoch schon nach wenigen Wochen nach Wittenberg; überliefert ist das Gedicht »An seine Magdalis, Frankfurt an der Oder, 1715, den 15. Nov.«.

Gurk, Paul (26. 4. 1880 – 12. 8. 1953), Erzähler, Lyriker, Dramatiker (»Thomas Müntzer«, 1922; »Meister Eckehart«, 1925; »Palang«, 1930; »Judas«, 1931; »Berlin«, 1934), schlägt ab 1900 die Beamtenlaufbahn ein, erste Veröffentlichung nach mehr als zehn Jahren dichterischer Tätigkeit, Kleist-Preis (1921), ließ sich

1924 in den Wartestand versetzen, ab 1934 Mitglied der Reichsschrifttumskammer, einzelne seiner Werke werden verboten, 1943 Evakuierung nach Neinstedt im Harz, 1945 wieder in Berlin; finanzielle Probleme begleiten G. bis an sein Lebensende, ein großer Teil seines umfangreichen Werks bleibt ungedruckt; G. lebte bis zum Tod seines Vaters 1885 in seiner Geburtsstadt F.

Haslobius (Haslob), Michael (1539 oder 1540 – 28. 4. 1589), neulateinischer Dichter mit Vorliebe für Naturschilderungen (Carminum tomus primus..., 1588), überliefert sind beinahe 100 Drucke; H. war bis zu seinem Tod Professor der Poesie in F.

Hessus, Helius Eobanus (eigentl. Eoban Koch) (6. 1. 1488 – 4. 10. 1540), Dichterhaupt des Erfurter Humanistenkreises, studierte 1513 an der Viadrina.

Hildesheim, Franz (12. 10. 1551 – 1614), Historiker, Dramatiker (»Vita«, Komödie, 1602; »Religio«, Tragödie, 1602), auch Lyriker, studierte in F.

Humboldt, Alexander von (14. 9. 1769 – 6. 5. 1859), studierte gemeinsam mit seinem Bruder Wilhelm (22. 6. 1767 – 8. 4. 1835) 1784/ 85 ein Semester an der Universität Viadrina in F. (sh. Potsdam).

Hutten, Ulrich von (21. 4. 1488 – 29. 8. 1523), Lyriker und Verfasser theologischer Streitschriften (»Lötzeklagen«, 1510; »De Arte Versificande«, 1511; »Ulrichreden«, 1519; »Ich habs gewagt mit Sinnen«, 1521), 1509 Eintritt in das Benedektinerkloster in Fulda, das er eigenmächtig verließ, bis 1511 Studium an verschiedenen deutschen Universitäten, Reisen nach Wien und

Italien, 1517 in Augsburg von Kaiser Maximilian zum Dichter gekrönt, ab 1519 Mitstreiter Luthers, nach dem Feldzug Sickingens gegen Trier, den Hutten mitgeplant hatte, Flucht in die Schweiz; H. war 1506 Student an der Universität Viadrina in F. und promovierte hier am 14. 9. 1506 zum Baccalaureus; 1508 ging er mit Aesticampianus nach Leipzig.

Jobst, Wolfgang (1521 – 1573), Mediziner, Historiker (u.a. »Beschreibung der alten löblichen Stadt Franckfurt an der Oder«, 1561; »Kurzer Auszug und Beschreibung der Marck Brandenburg«, 1571/72), wirkte als Professor an der Viadrina.

Kerckhoff, Susanne (5. 2. 1918 – 15. 3. 1950), Journalistin und Schriftstellerin (»Tochter aus gutem Hause«, 1940; »Das zaubervolle Jahr«, 1941; »In der goldenen Kugel«, 1944; »Das innere Antlitz«, Gedichte, 1946; »Menschliches Brevier«, Gedichte, 1948), Halbschwester des Philosophen Wolfgang Harich; wurde in F. als Tochter des Literaturwissenschaftlers und Schriftstellers Walther Harich geboren.

Klabund (d.h. Wandlung, eigentl. Alfred Henschke) (4. 11. 1890 – 14. 8. 1928), Lyriker, Dramatiker, Erzähler (»Morgenrot! Klabund! Die Tage dämmern!«, Gedichte, 1913; »Die Himmelsleiter«, Gedichte, 1916; »Bracke«, Roman, 1918), Studium der Literatur und Philosophie in München und Lausanne (ohne Abschluß), freier Schriftsteller in München, Berlin und der Schweiz, Freundschaft mit Gottfried Benn, in zweiter Ehe mit der Schauspielerin Carola Neher verheiratet, besuchte 1906 – 1908 das Friedrichsgymnasium in F. und legte hier sein Abitur ab.

Kleist, Ewald Christian von (7. 3. 1715 – 24. 8. 1759), Dichter, Offizier, Freund Lessings, Adressat der von Lessing verfaßten »Briefe, die neueste Litteratur betreffend« sowie Vorbild für die Figur des Tellheim in Lessings »Minna von Barnhelm«; am bekanntesten ist – neben vaterländischen Dichtungen – seine bukolische Idylle »Der Frühling« (1749); K. starb infolge von Verletzungen, die er bei der Schlacht von Kunersdorf erlitten hatte; seine von Schadow als Obelisk gestaltete Grabstätte befindet sich im Park an der Gertraudenkirche.

Kleist, Heinrich von (18. 10. 1777 – 21. 11. 1811), Dramatiker, Erzähler, wurde als Sohn einer Offiziersfamilie in F. (Oderstr. 26) geboren (das Geburtshaus wurde im letzten Krieg zerstört; Gedenktafel an einem Neubau); nach Gymnasium und Militärzeit in Berlin Rückkehr in die Heimatstadt, Studium an der Viadrina (1799 – 1800), Übersiedlung nach Berlin (1800); in F. erinnert seit 1910 ein Kleist-Denkmal von Gottlieb Elster und seit 1922 ein Museum an den Dichter (heute Kleist-Gedenk- und Forschungsstätte, sh. Anhang); an der Ostseite der Marienkirche befindet sich überdies eine Kleist-Skulptur von Wieland Förster.

Klingenberg, Martin (? – ca. 1688), Kantor, Verfasser zahlreicher Gelegenheitsgedichte in deutscher Sprache, studierte 1649 an der Universität Frankfurt (sh. Strausberg, sh. Buckow).

Krug, Traugott Wilhelm (22. 6. 1770 – 12. 1. 1842), Philosoph (»Fundamentalphilosophie«, 1803), 1801 – 1805 außerordentlicher Professor an der Universität in F.; trat 1805 die Nachfolge von Kant in Königsberg an; heiratete Wilhelmine von Zenge, Kleists Verlobte.

Kleist-Museum Frankfurt (Oder).
Das Haus beherbergt neben einer ständigen Ausstellung zu Leben, Werk und Wirkung Heinrich von Kleists ein Archiv und eine Bibliothek.

Krünitz, Georg (28. 3. 1728 – 20. 12. 1796), Übersetzer, Autor lateinischer Distichen, Mitherausgeber der »Oeconomischen Enzyklopädie«, arbeitete als Privatdozent und Arzt in F.

Leschke, Bartholomäus (lebte um 1571), Pfarrer, »Organist und Rechenmeister in sh. Lauban, Verfasser theologischer erbaulicher Schriften (»Die wunderschöne uñ liebliche Historia von dem lieben Joseph...«, 1571); wurde in F. geboren.

Lessing, Gotthold Ephraim (22. 1. 1729 – 15. 2. 1781) besuchte am 10. 7. 1755 die Uraufführung seiner »Miß Sara Sampson« in F. (sh. Potsdam).

Logau, Friedrich Freiherr von (Juni 1604 – 24. 7. 1655), bedeutendster deutscher Epigrammdichter des 17. Jahrhunderts (»Deutscher Sinn – Getichte Drey Tausend«, 1654), studierte 1625 an der Viadrina.

Löffler, Johann Friedrich Christian (1752 – 1816), Theologe, Schriftsteller, 1783 – 1788 Professor der Theologie an der Universität zu F. und Hauslehrer des jungen Kleist; im Hause L.'s wohnten 1784/85 während ihres Studiums an der Viadrina Alexander und Wilhelm von Humboldt.

Lucä, Friedrich (1644 – 1708), Theologe, historischer Schriftsteller, Korrespondenzpartner von Leibniz, Verfasser eines frühen Reiseberichts aus der Mark Brandenburg (»Reise von Berlin nach Frankfurt an der Oder«, 1667, u.d.T. »Der Chronist Friedrich Lucä« 1854 hrsg. von Friedrich Lucä, einem Nachfahren des Autors); L. war 1667 als Student an die Viadrina gekommen.

Merkel, Garlieb Helwig (31. 10. 1769 – 9. 5. 1850), Schriftsteller und Publizist (»Versuch über die Dichtkunst«, Lehrgedicht, 1794; »Eine Reisegeschichte. Halbroman«, 1800; »Bruder Anton«, 1803; »Die Letten am Ende des philosophischen Jahrhunderts«, 1797), promovierte in F. und wirkte hier einige Zeit als Dozent.

Müntzer, Thomas (um 1490 – 27. 5. 1525), hatte sich für das Wintersemester an der Viadrina in F. eingeschrieben (»Thomas Müntczer Stolbergensis«) (sh. Jüterbog).

Musculus, Andreas (eigtl. Meusel) (1514 – 21. 9. 1581), Vertreter der grobianischen Literatur (»Vom zuluderten, zucht- und ehrenverwegenen, plundrigsten Hosen-Teufel Vermahnung und Warnung«, 1555), Generalsuperintendent der Mark Brandenburg (seit 1546), wirkte seit 1542 als Prediger und Professor für Theologie in F. und verstarb auch hier.

Neander, Christoph (1566 – 1641), Philosoph und Rhetoriker (u.a. »Oratorium funebrium decades«, 1604; »De bacchanalibus«, 1612), war Professor an der Universität in F., deren Rektorat er mehrmals innehatte.

Neukirch, Benjamin Johann Caspar (27. 3. 1665 – 15. 8. 1729), Dichter des Barock, Satiriker (»Galante Briefe und Getichte«, 1695; »Satyren und Poetische Briefe«, 1732), hielt ab 1691 Vorlesungen über Poesie und Rhetorik in F.

Nicolai, Friedrich Christoph (18. 3. 1733 – 8. 1. 1811), Schriftsteller und bedeutendster Vertreter der Berliner Aufklärung, absolvierte von 1749 – 1752 in F. eine Buchhandelslehre und trieb nebenher philosophische und literarische Studien.

Nicolai, Gottlob Samuel (um 1725 – 26. 3. 1765), der ältere Bruder Friedrich Nicolais, wirkte bis 1760 als ordentlicher Professor für Philosophie in F.; N. betätigte sich als Übersetzer und veröffentlichte u.a. literaturtheoretische Arbeiten.

Oelsner, Conrad Engelbert (1764 – 1829), Publizist, nach einem Parisaufenthalt preußischer Legationsrat, mit Humboldt, Stein und Hardenberg befreundet, studierte ab 1781 in F.

Opitz, Martin (23. 12. 1597 – 20. 8. 1639), Dichter, einflußreichster Literaturtheoretiker des Frühbarock, Haupt der 1. Schlesischen Dichterschule, studierte 1618 an der Viadrina.

Patzke, Johann Samuel (24. 11. 1727 – 14. 10. 1787), Dichter (»Lieder und Erzählungen«, 1752; »Virginia«, 1755, »Dramatische Gedichte«, 1780) und Theologe; studierte seit 1748 an der Universität in F.

Petersen, Marie Luise Auguste (31. 7. 1816 – 30. 6. 1859), Märchendichterin (»Prinzessin Ilse« 1851; »Die Irrlichter«, 1856), lebte in F.

Peucker, Nikolaus (um 1620 – 1674), Lyriker, vor allem Hochzeits-, Namens-, Trauer- und Trostgedichte (u.a. »Die wohlklingende lustige Pauke«), besuchte das Magdalenengymnasium in Breslau, ab 1650 in Cölln/Spree am Gericht tätig, ab 1656 Stadtrichter, 1659 Kammergerichtsadvokat und Hausdichter bei Friedrich Wilhelm von Brandenburg, studierte im Wintersemester 1642 in F.

Reljkovic, Matija Antun (6. 1. 1732 – 22. 1. 1798), serbokroatischer Dichter, kam 1757 als preußischer Kriegsgefangener nach F., wo er sein satirisches Versepos »Satir iliti diji čovik« (»Der Satyr oder Der wilde Mensch«) schrieb.

Rellstab, (Heinrich Friedrich) Ludwig (13. 4. 1799 – 28. 11. 1860), Musikkritiker, Librettist, Erzähler, Dramatiker und Lyriker (u.a. »Henriette oder Die schöne Sängerin«, Satire, 1826), erhielt in F. nach 1821 Unterricht in den alten Sprachen.

Ringwaldt, Bartholomäus (28. 11. 1532 [?] – 9. 5. [?] 1599), Dichter (»Newe zeittung so Hannes Frommann mit sich aus der Hellen vnd den Himel bracht hat«, 1582; »Speculum mundi«, 1590) und Theologe, wurde in F. geboren und studierte hier 1543 für kurze Zeit.

Roquette, Otto (19. 4. 1824 – 18. 3. 1896), Erzähler, Lyriker, verbrachte einen Teil seiner Schulzeit im Pfarrhaus der Großeltern; er besuchte das Gymnasium in F. und arbeitete hier an seinem Stück »Herr Heinrich« (1854) und an seiner Novelle »Orion« (1851).

Runge, Christoph (1619 – 11. 12. 1681), Buchdrucker, Kirchenlieddichter, studierte 1639 in F.

Schlabrendorf, Gustav Graf von (22. 3. 1750 – 21. 8. 1816), Schriftsteller (»Der Krokodill; oder die letzten Schicksale der Menschen und Staaten. Eine prophetisch-romantische Vision«, 2 Bde., 1806), Publizist, mutmaßlicher Mitverfasser der anonymen, gegen Napoleon gerichteten Schrift »Napoleon Bonaparte und das französische Volk unter seinem Konsulate« (1804); v. S. studierte 1767 – 1769 Rechtswissenschaft in F.

Schmidt, Ferdinand (2. 10. 1816 – 30. 7. 1890), Jugendschriftsteller und Volksschullehrer (»Preußische Geschichte in Wort und Bild«, 1862), wurde in F. geboren (sh. Neuzelle).

Schoffer, Johann (1534-1585), Dichter (11 Bände mit lateinischer Gelegenheitsdichtung), Historiker (»Historia de origine et incrementis illustrissimae et inclytae familias marchionum Brandenburgensium«, 1558), lehrte ab 1560 in F.

Schüler, Georg (auch Schuler, Psdn. Sabinus), (23. 4. 1508 – 2. 12. 1560), Dichter, Humanist, seit 1558 Professor für Rhetorik an der Viadrina; ist in F. verstorben (sh. Brandenburg).

Seidel, Martin Friedrich (18. 2. 1621 – Mai 1693), Kammergerichtsrat, Historiograph und Sammler (sammelte u.a. die Werke der märkischen Geschichtsschreiber sowie brandenburgische Urkunden), Verfasser eines Verzeichnisses märkischer Schriftsteller und Gelehrter (1657), studierte 1638 an der Viadrina.

Seemann, August Friedrich (6. 8. 1769 – 4. 4. 1825), Jugendschriftsteller (»Bruder und Schwester. Ein Unterhaltungsbuch für Knaben und Mädchen«, 1818), wurde in F. geboren.

Spieker, Christian Wilhelm (17. 4. 1780 – 10. 5. 1858), Theologe, Herausgeber des »Frankfurter Patriotischen Wochenblatts«, Verfasser von Biographien, Reiseschilderungen, Jugendbüchern und Gedichten; sein Grabmal befand sich im Kleistpark und ist nach einer vor mehreren Jahren erfolgten Restaurierung noch nicht wieder aufgestellt worden.

Steinbart, Gotthilf Samuel (21. 9. 1738 – 3. 2. 1809), Theologe, Pädagoge, philosophischer Schriftsteller (»System der reinen Philosophie oder Glückseligkeitslehre des Christenthums«, 1778; »Grundbegriffe zur Philosophie über den Geschmack«, 1785), war seit 1774 Professor für Philosophie an der Viadrina.

Stymmelius, Christoph (eigtl. Stummel, auch Stymmel) (22. 10. 1525 – 19. 2. 1588), Lehrer, Pfarrer, Dichter, Verfasser lateinischer Gedichte und der Komödie »Studentes« (1545), stammt aus F.; bereits mit 12 Jahren war er an der Viadrina eingeschrieben und promovierte hier 1545 zum Doktor der Theologie (sh. Beeskow, sh. Lübbenau).

Tara, Handros (um 1570 – um 1638) Erzähler, Übersetzer, Philologe (»Eine erbermliche Klage der lieben Fraw Gerste, vnd ihres Brudern Herrn Flachs ...«, 1609; »Enchiridion Vandalicum«, Sorbisches Handbuch, 1610, »Weiberspiegel«, 1628), widmete sich vor allem der Erforschung der sorbischen Sprache, war ab 1609 als Pfarrer tätig; T. studierte ab 1588 an der Viadrina in F. Theologie, 1595 erscheint er als Verfasser eines Gutachtens über sorbische Dialekte, das der brandenburgische Kurfürst bei der Universität Viadrina in Auftrag gegeben hatte (sh. Märkisch-Buchholz).

Thomasius, Christian (1. 1. 1655 – 28. 9. 1728), bedeutendster deutscher Rechtsgelehrter der Frühaufklärung, Schulreformer, provozierte das akademische Milieu mit deutschsprachigen Vorlesungen (seit 1687), Begründer der ersten deutschen Gelehrtenzeitschrift (»Freymüthige Lustige und Ernsthaffte iedoch Vernunfft-und Gesetz-Mäßige Gedancken oder Monats-Gespräche über allerhand, fürnehmlich aber Neue Bücher...«, 1688); studierte von 1675 bis zu seiner Promotion zum Dr. jur. 1679 an der Viadrina.

Thurneißer zum Thurn, Leonhard (1530 – 1595), Arzt, Wunderheiler, Schriftsteller und Buchhändler (»Archidoxia«, 1570; »Quinta Essentia«, 1574), kam um 1570 nach F. und traf hier 1571 mit dem Kurfürsten Johann Georg zusammen, der ihn als Leibarzt an seinen Hof nach Berlin holte.

Trebelius, Hermann (um 1475 – um 1514), Drucker, Humanist, Jurist, neulateinischer Dichter (»Epigrammaton et carminum liber primus«, 1509), lehrte seit 1508 bis zu seinem Tod Poetik an der Universität in F.

Weber, Hans (14. 7. 1937 – 8. 8. 1987), Erzähler, arbeitete von 1966 bis 1968 als wissenschaftlicher Mitarbeiter am »Haus der Lehrer« in F. (sh. Neuzelle, sh. Spremberg, sh. Fredersdorf).

Wehrmann, Eduard (19. 11. 1800 – nach 1855), Gelegenheitsschriftsteller (»Fünfzig Gesänge für Freimaurer«, 1854), lebte seit 1825 als Kaufmann in F.

Westermann, Nikolaus (1678 – 1758) war seit 1713 Professor für Eloquenz, Poesie und Griechisch in F. sowie Kurator der Friedrichschule (später Westermannsche Bibliothek).

Wildenbruch, Ernst von (3. 2. 1845 – 15. 1. 1909), Schriftsteller, Jurist, Verfasser historischer Dramen und Gedichte, Enkel Louis Ferdinands von Preußen, war 1871 – 1877 Referendar und Assessor am Gericht in F.;

hier entstanden u.a. die Gedichtsammlung »Die Söhne der Sibyllen und Nornen«, 1872 sowie »Heldenlieder«, »Vionville« (1874) und »Sedan« (1875) (sh. Eberswalde).

Wünsch, Christian Ernst (31. 10. 1744 – 28. 5. 1828), seit 1784 Professor für Mathematik und Physik an der Universität in F.; Verfasser der »Kosmologischen Unterhaltungen für junge Freunde der Naturerkenntniß« (1770), die u.a. zur Lektüre Heinrich von Kleists (sh. Frankfurt [Oder] gehörten.

Zi(e)gler und Kliphausen, Heinrich Anselm von (6. 1. 1663 – 8. 9. 1696), Geschichtsschreiber und Erzähler (»Täglicher Schauplatz der Zeit«, 1695; »Historisches Labyrinth der Zeit«, 1701), studierte vor 1680 in F.

Ziegler, Marianne von (28. 6. 1695 – 1. 5. 1765), Lyrikerin (»Versuch in gebundener Schreibart«, 1728), stammt aus Leipzig, lernte dort den Historiker Wolf Balthasar Adolf von Steinwehr kennen, mit dem sie nach dem Tode ihres ersten Mannes nach F. geht; kaiserlich gekrönte Poetin, vor allem als Textdichterin zu den Kompositionen von Johann Sebastian Bach bekannt geworden; Z. lebte von 1742 bis zu ihrem Tode hier.

Zschokke, Heinrich Daniel (22. 3. 1771 – 27. 6. 1848), Erzähler (»Die schwarzen Brüder«, 1791 – 95), Dramatiker (»Graf Monaldeschi«, 1790), studierte seit 1790 Theologie, Jura, Geschichte und Philosophie in F. und war von 1792 – 95 Privatdozent für Philosophie an der Viadrina.

Fredersdorf (F 4)

Weber, Hans (14. 7. 1937 – 8. 8. 1987), Erzähler (»Mit Gabi in Bomsdorf«, 1963; »Bin ich Moses?«, 1976; »Einzug ins Paradies«, 1979, »Vielgeliebter Belvedere«, 1986), Lehrer, 1963 bis 1965 Studium am Institut für Literatur »Johannes R. Becher« in Leipzig, pädagogischer Mitarbeiter, ab 1968 freischaffend; lebte zuletzt in der Beethovenstr. 50 in F. (sh. Frankfurt, Neuzelle, Spremberg).

Freyenstein (Prignitz) (C 2)

Cauer, Minna (1. 11. 1841 – 3. 8. 1922), Lehrerin, Publizistin, Vorkämpferin der Frauenbewegung, Herausgeberin der Zeitschrift »Frauenbewegung«, wurde in F. geboren.

Friedersdorf (bei Königs Wusterhausen) (E 5)

Tara, Handros (um 1570 – um 1638) Erzähler, Übersetzer, Philologe, war von 1609 bis 1613 Pfarrer in F. (sh. Frankfurt [Oder]).

Tharäus, Andreas (um 1579 – nach 1628), Verfasser der Komödie »Weiber Spiegel«, war Pfarrer in F., später in Buchholz.

Friedersdorf (bei Seelow) (FG 4)

Marwitz, Friedrich August Ludwig von der (29. 5. 1777 – 6. 12. 1837), Publizist, Erzähler (»Entwurf einer Vorstellung der Kurmärkischen Stände an den König«,

1806; »Nachrichten aus meinem Leben«, 1852), schlug zunächst die militärische Laufbahn ein, nahm 1802 Abschied vom Militär und beschäftigte sich mit der Landwirtschaft, 1805, 1806 und 1807 Kriegsdienst, ab 1810 Opposition gegen die Stein-Hardenbergschen Reformen, 1811 Festungshaft in Spandau, 1813 Wiedereintritt in die Armee, 1827 bis zu seinem Tod in F. tätig; hier, auf dem Sitz der Familie von der Marwitz, verlebte F.A.L. von der Marwitz seine Kindheit, ab 1803 lebte er ständig auf dem Gut; an der Kirche ist sein Grab erhalten, das Schloß existiert nicht mehr.

Fürstenberg (D 2)

Kinkel, Gottfried (11. 8. 1815 – 13. 11. 1882), Dichter, Kunsthistoriker, 48er Demokrat; K. war wegen seiner Beteiligung am badisch-pfälzischen Aufstand 1849 zu lebenslanger Haft verurteilt worden; er übernachtete auf der Flucht vor der preußischen Polizei am 7. 11. 1850 in F., Brandenburger Str. 46; nach gelungener Flucht wurde K. Professor für deutsche Sprache und Literatur in London; viel Beachtung haben seine Verserzählungen »Otto der Schütz« (1846) und »Der Grobschmied von Antwerpen« (1872) gefunden.

Oelfken, Tami (eigentl. Marie Wilhelmine) (25. 6. 1888 – 7. 4. 1957), Kinderbuch- und Romanautorin, verbarg sich auf der Flucht vor der Gestapo für einige Zeit bei Freunden in F.

Schickele, René (4. 8. 1883 – 31. 1. 1940), Schriftsteller, besaß von 1913 bis Dezember 1914 ein Haus in F.; hier schrieb er u.a. den Gedichtband »Die Leibwache« (1914), die Erzählung »Trimpopp und Manassa« (1914) und das Drama »Hans im Schnakenloch«.

Schliemann, Heinrich (6. 1. 1822 – 26. 12. 1890), Archäologe, Großkaufmann, Verfasser zahlreicher Bücher über die Stätten der griechischen Antike, stammte aus einem mittellosen evangelischen Pfarrhaus und begann seine Kaufmannslaufbahn 1836 – 41 als Lehrling in einem Krämerladen in F., Brandenburger Str. 46.

Fürstenwalde (F 5)

Dieskau, Rudolf von (5. 2. 1593 – 20. 7. 1656), Satiriker (»Legation oder Abschockung der Esell in Parnassum«, 1639), bukolische Dichtung (»Frühlingsgedichte...«, 1637), seit 1628 Mitglied der »Fruchtbringenden Gesellschaft«, wuchs auf dem Schloß der Familie in F. auf.

Fühmann, Franz (15. 1. 1922 – 8. 7. 1984), Erzähler, Essayist, arbeitete Anfang der 80er Jahre mit Behinderten in F.; aus dieser Arbeit entstand der Bildband »Was für eine Insel in was für einem Meer. Leben mit geistig Behinderten«; eine Schule in F. ist nach dem Schriftsteller benannt (sh. Märkisch Buchholz, Neuruppin).

Garz (bei Fehrbellin) (C 3)

Nauck, Friedrich (1782 – 1831), Lyriker (»Pionier-Lieder«, 1815; »Einige Lieder und Gedichte«, 1817), wurde in G. als Sohn eines Predigers geboren.

Geltow (D 5)

Meusebach, Karl Hartwig Gregor Frhr. von (6. 6. 1781 – 22. 10. 1847), Philologe, Sammler, befreundet mit Hoffmann von Fallersleben, den von Arnims, den Brüdern Grimm und Humboldt, ließ sich in G. ein Landhaus bauen, wo er ab 1832 lebte.

Gerswalde (Uckermark) (E 2)

Post, Karl (18. 12. 1841 – nach 1902), Landwirt, Mitarbeiter eines Reisebüros in Berlin, schrieb Erzählungen und Gedichte für die Mundartzeitschrift »De Eekbom«; wurde in G. geboren.

Gielsdorf (bei Strausberg) (EF 4)

Schulz, Johann Heinrich (1739 – 1823), Theologe, Aufklärer, Moralphilosoph (»Versuch einer Anleitung zur Sittenlehre für alle Menschen ohne Unterschied der Religion«), war Pfarrer in G., wo er als einziges Opfer des Wöllnerschen Religionsediktes 1791 vom Dienst suspendiert wurde; später lebte S. in sh. Altlandsberg.

Gohlitz (Westhavelland) (D 4)

Kottenrodt, Wilhelm (Psdn. Kotzde – Kottenrodt), (1. 3. 1878 – 4. 9. 1948), Schriftsteller, Jugendbuchautor (»Der Schwedenleutnant«, 1905; »Der Tag von Rathenow«, 1908; »Und deutsch sei die Erde«, 1912; »Deutsche Führer und Meister«, 1937); 1893 Lehrerseminar in Berlin, ab 1909 freier Schriftsteller, Verbindung zur Wandervogelbewegung, 1929 Schirmherr der deutschen Falkenschaft; wurde in G. geboren (sh. Rathenow).

Golzow (Zauche) (C 5)

Rochow, Gabriele von (23. 10. 1860 – 6. 10. 1933), Schriftstellerin (»Schiffslieder«, 1897; »Erlebt, erdacht und mitempfunden«, Gedichte, 1902), lebte seit 1880 auf dem Gut G.

Gramzow (F 2)

Karbe, Anna (4. 5. 1852 – 19. 4. 1875), schrieb Heimatgedichte und Kirchenlieder (»Vergessen«, »Abschied von Gramzow«, »Schweigen«, »Der Sperling«), wurde in G. geboren, lebte von 1869 – 73 in sh. (heute Bad-) Freienwalde und danach in sh. Lichterfelde (nördlich von Eberswalde).

Schüler, Theodor August (26. 9. 1827 – 27. 1. 1904), Lyriker, Biograph (»Zwölf Schweizer Sonette«, 1848; »Aus der Kinderwelt für die Kinderwelt«, 1875), war 1862 als Diakon in G. tätig (sh. Kremmen, sh. Potsdam).

Gransee (D 3)

Borchardt, Auguste (1855 – nach 1940), Schriftstellerin (»Albumblätter«; »Aus ewigen Tiefen«, Novellen, 1905; »Herrn Drösekes Jungfernreise«, Humoreske, 1912;

»Der Liebestee«, Humoreske, 1914; »Wonnen und Wunden«, 1916; »Der schwarze Schwan«, Zeitroman, 1918), wurde als Tochter einer Lehrerfamilie in G. geboren.

Scharlau, Willi (1849 – ?), Offizier, Schriftsteller (u.a. »Ebbe und Flut, zwei Schicksale«, Roman; »Jutta«, Roman; »Rittmeister Delitz und seine Töchter«, Roman; »Hauptmann Althaus«, Roman, 1908), besuchte das Gymnasiums in Neuruppin, wurde in G. geboren.

Groß Glienicke (D 4)

Schlotterbeck, Friedrich (6. 1. 1909 – 7. 4. 1979), Erzähler, Dramatiker, Hörspielautor (»Je dunkler die Nacht, desto heller die Sterne«, 1945; »Im Rosengarten von Sanssouci«, 1968), studierte 1929/30 in Moskau Gesellschaftswissenschaften, 1934 Verhaftung, Internierung in verschiedenen Konzentrationslagern, 1944 Flucht in die Schweiz, nach 1945 Vorsitzender des VVN und des DRK in Württemberg-Baden, 1948 Übersiedlung in die ehemalige sowjetische Besatzungszone nach Dresden, 1951 Ausschluß aus der SED, 1953 – 56 erneut Zuchthaus; lebte seit 1956 mit seiner Frau in G. G. (Wilhelm-Pieck-Allee 37, heute Sacrower Allee).

Schlotterbeck, Anna (2. 5. 1902 – 24. 7. 1972), Dramatikerin, Hörspielautorin (u.a. »S. M. S. Prinzregent Luitpold«, 1958), 1953 – 56 wegen »staatsfeindlicher Betätigung« Zuchthaus, lebte seit 1956 mit ihrem Mann in G. G.

Uhse, Bodo (12. 3. 1904 – 2. 7. 1963), Erzähler, Essayist, Publizist (u.a. »Leutnant Bertram«, 1943; »Die Patrioten«, 1954), aufgewachsen in einer preußischen Offiziersfamilie, 1920 als Zeitfreiwilliger am Kapp-Putsch beteiligt, 1921 Mitglied des militaristisch-nationalistischen »Bundes Oberland«, später dem oppositionellen Flügel der NSDAP um die Brüder Strasser zugehörig, 1930 Austritt aus der NSDAP, 1933 Emigration über Frankreich, Spanien und die USA nach Mexiko, September 1948 Rückkehr aus dem Exil, 1949 – 1958 Chefredakteur des »Aufbau«, 1950 – 1952 Vorsitzender des Schriftstellerverbandes der DDR, 1963 Chefredakteur von »Sinn und Form«; bezog nach seiner Rückkehr aus dem Exil ein Haus in G. G., unmittelbar am Sacrower See, das er bis zum Spätsommer 1955 bewohnte.

Groß Gottschow (bei Perleberg) (B 3)

Lütkemüller, Samuel Christoph Abraham (30. 11. 1769 – 9. 9. 1833), Pfarrer, Schriftsteller und Übersetzer, Vertrauter und Bibliothekar Christoph Martin Wielands in Weimar, schrieb im Predigerwitwenhaus von G.G. seinen Roman »Revue« (1804) (sh. Papenbruch, sh. Wildberg).

Groß Machnow (E 5)

Jung, Gustav (15. 3. 1796 – 4. 7. 1892), Mundartautor (»Gedichte in plattdeutscher Mundart«, 1849/54), Studium der Theologie in Berlin, Rektor in Pritzwalk, war vor seiner Übersiedlung nach sh. Werneuchen 1836 Pfarrer in G. M.

Groß Rietz (F 5)

Marwitz, Hans Georg von der (3. 2. 1862 – ?), Dramatiker (»Herzog von Biron«, Drama, 1933; »Märkische Gedichte«, o.J.), Lyriker, Übersetzer, lebte in G.R.

Grube (bei Bad Wilsnack) (B 3)

Weitling, Otto (7. 2. 1851 – nach 1915), Verfasser von Erzählungen und Gedichten in der Mundart der Westprignitz, besuchte das Lehrerseminar in Schwedt, seit 1874 Lehrer in Berlin, wurde in G. geboren und wuchs hier auf.

Grünheide (E 4)

Havemann, Robert (11. 3. 1910 – 9. 4. 1982), Naturwissenschaftler, politischer Schriftsteller (»Ein deutscher Kommunist. Rückblicke und Perspektiven aus der Isolation«, 1978; »Morgen. Die Industriegesellschaft am Scheideweg. Kritik und reale Utopie«, 1980) und prominenter Gegner des SED-Regimes, lebte in Grünheide (1977 bis 1979 unter Hausarrest); das Haus war über Jahrzehnte Treffpunkt der kritischen Intelligenz in der einstigen DDR; das Grab von H. befindet sich auf dem Waldfriedhof von G.

Jung, Franz (26. 11. 1888 – 21. 1. 1963), Erzähler, Dramatiker, Publizist (»Das Trottelbuch«, 1912; »Kameraden!«, 1913; »Der Fall Gross. Novelle«, 1920; »An die Arbeitsfront nach Sowjetrußland«, 1922; »Weg nach unten. Aufzeichnungen aus einer großen Zeit«, 1961), studierte ab 1907 Jura und Nationalökonomie an den Universitäten von Leipzig, Jena, Breslau und München, ab 1911 in München Anschluß an die Boheme und anarchistische Kreise um Mühsam und Landauer, 1913 Umzug nach Berlin, Desertion im Ersten Weltkrieg, 1920 Mitbegründer der KPD und Reise nach Moskau, 1921 Teilnahme am Mitteldeutschen Aufstand um Hoelz, Entführung eines Schiffes und Flucht vor der deutschen Justiz nach Moskau, ab 1933 Illegalität, 1936 Exil, 1944 Verhaftung, Auslieferung an Deutschland und Verurteilung zum Tode, erneute Flucht und Internierung, 1948 – 1953 in New York und San Franzisko, Ende der 50er Jahre Rückkehr nach Deutschland; J. besaß gemeinsam mit seiner Frau Claire ein Haus in G.

Kaiser, Georg (25. 11. 1878 – 4. 6. 1945), Schriftsteller, meistgespielter Dramatiker des Expressionismus (»Die Bürger von Calais«, 1914; »Von morgens bis mitternachts«, 1916; »Gas«, 1918), wohnte von 1921 – 1938 in G., die meiste Zeit im Haus Waldeck 4, wo eine Tafel an den Dramatiker erinnert (Literaturverein Georg Kaiser sh. Anhang).

Lampe, Friedo (4. 12. 1899 – 2. 5. 1945), Schriftsteller, Lektor, Redakteur (»Am Rande der Nacht«, 1933; »Septembergewitter«, 1937 bzw. 1976); der Titel »Am Rande der Nacht« konnte 1933 zwar noch erscheinen, wurde jedoch wegen der darin enthaltenen Schilderung von Homosexualität von der Nazi-Kulturbürokratie nach Auslieferung beschlagnahmt; lebte von 1937 – 39 in der Hartwigstr. 5 (heute Walther-Rathenau-Str.) in G. (sh. Kleinmachnow).

Rowohlt, (Hermann Heinrich) Ernst (23. 6. 1887 – 1. 12. 1960), Lektor und Gründer des nach ihm benannten Verlags, bewohnte eine Villa in der heutigen Karl-Marx-Str. 1.

Salomon, Ernst von (25. 9. 1902 – 9. 8. 1972), Erzähler, Drehbuchautor (»Die Geächteten«, 1930; »Die Kadetten«, 1933), stammt aus einer Offiziersfamilie, ab 1913 Erziehung in den Kadettenanstalten Karlsruhe und Berlin-Lichterfelde, 1919 Freikorpskämpfer, 1922 wegen Beihilfe zur Ermordung von Reichsaußenminister Walther Rathenau zu fünf Jahren Zuchthaus und neun Jahren Ehrverlust verurteilt; zwischen 1933 und 1945 Arbeiten für die Ufa, Ende des Zweiten Weltkrieges Verhaftung durch die Amerikaner, bis September 1946 interniert, in den 50er Jahren Arbeiten für den Film; S. wurde in einer Gaststätte in G. verhaftet

Grunow (F 4)

Germann, Kaspar (21. 4. 1914 – 20. 6. 1985), Erzähler, Kinderbuchautor, lebte hier von 1948 – 1951 (sh. Frankfurt, sh. Finowfurt, sh. Strausberg).

Guben/ Gubin (G 6)

Franck, Johann (1. 6. 1618 – 18. 6. 1677), Kirchenlieddichter (»Der Vater – Unser – Harfe…«, 1646; »Geistliche Lieder«, 1846), wurde in G. geboren, besuchte das Gymnasium in Kottbus (sh. Cottbus) und lebte seit 1641 wieder in G.; war ab 1640 Bürgermeister seiner Heimatstadt.

Herrmann, Klaus (4. 8. 1903 – 22. 4. 1972), Romancier (»Die Götterwitwe«, 1947; »Der Brand von Byzanz«, 1955; »Die Zauberin von Ravenna«, 1957; »Die guten Jahre«, 1963), Journalist (u.a. »Börsenkurier« und »Neue Bücherschau«), siedelte 1949 aus München nach Weimar über und lebte dort bis zu seinem Tod als freier Schriftsteller; wurde als Sohn eines Fabrikanten in G. geboren.

Guhrow (F 6)

Heinrich von Kleists Vater ersteigerte 1781 das Schloß in G. (heute Dorfstr. 71) (sh. Frankfurt [Oder], sh. Gulben, sh. Jüterbog, sh. Potsdam).

Gulben (F 6)

In G. befindet sich das Erbbegräbnis der Familie von Pannewitz, aus der Heinrich von Kleists Mutter stammt und in die seine Schwester Auguste einheiratete; deren Grab ist ebenfalls hier zu finden.

Gusow (F 4)

Fontane, Theodor (30. 12. 1819 – 20. 9. 1898) schildert den Ort in seinen »Wanderungen«; Schloß Gusow ist ihm Vorbild für »Guse« in seinem Romanerstling »Vor dem Sturm« gewesen; im 1998 restaurierten Schloß ist eine Zinnfigurensammlung zu sehen.

Hermsdorf (bei Märkisch-Buchholz) (E 5)

Dehmel, Richard (18. 11. 1863 – 8. 2. 1920), Lyriker (»Schöne wilde Welt«, 1913), Romancier (»Zwei Menschen«), Dramatiker (»Die Menschenfreunde«, 1917), wurde im Forsthaus in H. geboren (sh. Kremmen).

Herzberg (D 6)

Clajus, Johannes d. Ä. (eigentl. Johannes Klai) (24. 6. 1535 – 11. 4. 1592), Lehrer, Rektor der H.er Lateinschule, Verfasser der ersten deutschen Grammatik (»Grammaticae Germanicae M. Johannis Claji«, 1578), die gemeinsam mit Luthers Bibelübersetzung die Grundlage für die neue deutsche Schriftsprache bildete, wurde in H. geboren, wo die »Magisterstraße« an ihn erinnert.

François, Marie Louise von (27. 6. 1817 – 25. 9. 1893), Schriftstellerin (von Gustav Freytag gefördert), verfaßte Novellen und Romane (»Die letzte Reckenburgerin«, 2 Bde., 1871; »Natur und Gnade nebst andern Erzählungen«, 1876), wurde in H. geboren.

Melanchthon, Philipp (16. 2. 1497 – 19. 4. 1560) entwickelte für die bereits 1377 urkundlich erwähnte Herzberger Lateinschule (heute Philipp-Melanchthon-Gymnasium) 1538 eine Schulordnung; an der Front des Schulgebäudes befindet sich eine Büste von M. mit den Lutherrosen, die von Wittenberger Studenten zu Ehren M.'s gestiftet wurden.

Heinrichsdorf (F 4)

Kurth, Johanna (7. 7. 1910 – 19. 1. 1976) Mundartdichterin (Lyrik u.a. in: »und der Arbeiter schreibt Gedichte«, 1963), ist in H. gestorben (sh. Zäckericker Loose).

Hohen Neuendorf (DE 4)

Schwede, Alfred Otto (16. 4. 1915 – 7. 8. 1987) Erzähler (»Kubanisches Tagebuch«, 1967); S. war nach dem Krieg Pfarrer in Haynsburg, Uthleben bei Nordhausen und Brandenburg-Görden, lebte zuletzt in H. N., Friedrich-Engels-Str. 33.

Weinstock, Wilm (28. 10. 1905 – 17. 7. 1981), Lyriker, Kinderlieddichter (»Durch die Wolken«; »Wo wir sind, da stehen Millionen«; »Froh und fleißig«, 1949; »Durch die vier Jahreszeiten«, 1953); Manfred Bieler hat mit der Figur des Alexander Heidenreich in seinem Buch »Ewig und drei Tage« ein Porträt des Dichters und seiner Lebensumstände gezeichnet; W. lebte seit 1949 in H. N., Eichenallee 33 a, und ist in Henningsdorf gestorben.

Holbeck (DE 5-6)

Tetzel, Johann (um 1465 – 1519), Ablaßprediger, soll in einer Novembernacht des Jahres 1517 in der Nähe von H. überfallen und um den Gewinn seines Ablaß handels gebracht worden sein; die Episode findet sich u.a. im »Werwolf«-Roman von Willibald Alexis (1798 – 1871) und im »Deutschen Michael« von Albert Emil Brachvogel (1824 – 1878).

Joachimsthal (E 3)

Brunold, Friedrich (eigentl. August Ferdinand Meyer), (19. 11. 1811 – 27. 2. 1894), Lehrer, Heimatdichter, Lyriker, Erzähler (»Ausgewählte Werke«, hrsg. v. Hermann Schilling, 1925), um 1830 in Berlin, Kontakte zu Chamisso, Alexis, Gaudy, 1834 Stettin, anschließend in J., hier bis 1879 im Schuldienst; in der Schulstraße findet sich noch die alte Gemeindeschule, in der Mühlenstraße 5 das Haus, in dem B. wohnte; sein Grab und das seiner Frau befinden sich auf dem Friedhof des Orts; in der Rosenstraße steht ein Denkmal für den Dichter.

Lindow, Max (27. 5. 1875 – 25. 4. 1950), Mundartdichter (»Bi uns to Hus. Plattdütsche Gedicht'n un Geschicht'n in uckermarksch Mundort«, 1922), stammt aus Fahrenwalde (südlich von Pasewalk), schrieb historische Dramen und Gegenwartsstücke (»Soldat bleibt Soldat. Ein lustiges Soldatenstück«, 1937; »Hüter der Scholle«, Bauernkomödie, 1938; »Die Schlacht von Angermünde 1420«, 1939), wurde in der Präparandenanstalt in J. auf seinen Beruf als Lehrer vorbereitet (sh. Prenzlau).

Jüterbog (D 6)

Haffiz, Peter (um 1530 – Mai 1601), Theologe, Chronist, Verfasser des »Märkischen Zeitbuchs«, wurde in J. geboren.

Müntzer, Thomas (um 1490 – 27. 5. 1525), Bauernführer, Wiedertäufer, lieferte sich zu Ostern 1519 in

St. Marien zu J. ein rhetorisches Duell mit dem Franziskaner-Prediger Bernhard Dappen, der jeweils tags darauf in der Mönchenkirche Paroli bot; M. verließ die Stadt auf Druck der Franziskaner bereits einige Wochen nach seinem Amtsantritt.

Kleist, Heinrich von (18. 10. 1777 – 21. 11. 1811) legte den historisch verbürgten Streitfall um die Beschlagnahme zweier Pferde und die daraus folgenden Schadenersatzforderungen gegen den sächsischen Adligen Günter von Zaschwitz seiner Novelle »Michael Kohlhaas« zugrunde; die Gerichtsverhandlung fand im Fürstenzimmer des Jüterboger Rathauses statt (sh. Frankfurt [Oder], sh. Guhrow, sh. Gulben, sh. Potsdam).

Kagel (F 4)

Heimann, Moritz (19. 7. 1868 – 22. 9. 1925), Essayist, Erzähler, Dramatiker, Lektor (»Der Weiberschreck«, 1896; »Armand Carrel«, 1921; »Novellen«, 1913; »Märkische Novellen«, 1993), studierte in Berlin Philosophie und Literatur, ab 1895 bis zu seinem Tode Arbeit als Lektor im S. Fischer Verlag; bereits 1870 zog die Familie nach K. in das Haus nahe der Kirche, das heute unter der Adresse Gerhart-Hauptmann-Straße 22 zu finden ist; H. nutzte das elterliche Haus später als Sommerwohnung. (sh. Werder bei Rehfelde).

Hauptmann, Gerhart (15. 11. 1862 – 6. 6. 1946) war häufig zu Gast bei seinem Schwager Moritz Heimann in K. (sh. Erkner, sh. Kienbaum).

Karwe (bei Neuruppin) (D 3)

Bonnet, Johannes (Psdn. Johannes von Ornshagen) (1843 – 1913), Theologe, Verfasser zahlreicher historischer Erzählungen und des Romans »Ring und Schwert«, war seit 1902 bis zu seinem Tod Pfarrer in K.

Knesebeck, Karl Friedrich Frhr. von dem (1768 – 1848), Feldmarschall, Verfasser von Sinn- und Lehrgedichten, stand während seiner Zeit als Leutnant dem Halberstädter Dichterkreis nahe; von Fontane in den »Wanderungen« erwähnt; wurde in K. geboren.

Kienbaum (F 4)

Hauptmann, Gerhart (15. 11. 1862 – 6. 6. 1946) greift einen Vorfall in dem nahe bei Kagel gelegenen Ort auf, bei dem die Bauern durch kollektiven Versicherungsbetrug die Finanzierung neuer Gebäude ertrotzen, und gestaltet ihn in seinem Stück »Der rote Hahn« (1901); die Figur eines roten Hahns erinnert heute in K. an den Dichter und die Ereignisse, die ihm als Vorlage für das Stück dienten.

Kleinmachnow (D 4-5)

Braun, Heinrich (23. 11. 1854 – 9. 2. 1927), Sozialpolitiker, polititischer Publizist und Herausgeber, lebte in K., Erlenweg 29.

Braun, Lily (2. 7. 1865 – 7. 8. 1916), Frauenrechtlerin, politische Publizistin (»Die Frauenfrage«, 1901),

Romanautorin und Dramatikerin; Enkelin der Goethe-Freundin Jenny von Gustedt; lebte im Haus Erlenweg 29 in K.; B. war in zweiter Ehe mit Heinrich Braun verheiratet.

Kayssler, Friedrich (7. 4. 1874 – 24. 4. 1945), Schauspieler, impressionistischer Dramatiker (»Simplicius«, 1905) und Lyriker (»Zwischen Tal und Berg der Welle«, 1917); starb in K.

Klemm, Peter (25. 9. 1919 – 14. 6. 1984), Jugendschriftsteller, Biograph und populärwissenschaftlicher Autor (»Der Weg aus der Wildnis«, 1962; »Der Ketzer von Jena – Ernst Haeckel«, 1966; »Träumer, Ketzer und Rebellen«, 1973), lebte seit den fünfziger Jahren in K., zuletzt Am Jägerhorn 4.

Korn, Ilse (23. 4. 1907 – 14. 6. 1975), Kinderbuch-, Hörspiel-, Drehbuchautorin (»Über das Eis des Ladogasees«, 1973; »Mohr und die Raben von London«, 1962; »Meister Hans Röckle und Mister Flammfuß«, 1968), besuchte 1925 – 27 die Bibliothekarsschule in Leipzig, 1933 aus dem Bibliotheksdienst »entfernt«, 1944 Verhaftung gemeinsam mit ihrem Mann Vilmos, nach 1945 Aufbau des Büchereiwesens in Sachsen, 1951 in Berlin Mitarbeiterin am Ministerium für Volksbildung der DDR, ab 1952 freischaffende Schriftstellerin; wohnte seit den 50er Jahren gemeinsam mit ihrem Mann Vilmos in der Ernst-Thälmann-Straße 59.

Korn, Vilmos (3. 4. 1899 – 6. 11. 1970), Erzähler (u.a. »Hinter Hitlers Trommel«, 1931; ; »Mohr und die Raben von London«, 1962; »Über das Eis des Ladogasees«, 1973 – beide Bücher gemeinsam mit Ilse Korn),

Teilnahme am Ersten Weltkrieg als Kriegsfreiwilliger, 1916 Offizier, 1918 Mitglied des Arbeiter- und Soldatenrates, ab 1923 arbeitslos, dem oppositionellen Flügel der NSDAP um die Brüder Strasser zugehörig, 1945 bis 1950 Leiter der Abteilung Belletristik im Volksbildungsministerium; wohnte seit den 50er Jahren gemeinsam mit seiner Frau Ilse in der Ernst-Thälmann-Straße 59.

Lampe, Friedo (4. 12. 1899 – 2. 5. 1945), Schriftsteller, Lektor, Redakteur (»Am Rande der Nacht«, 1933; »Septembergewitter«, 1937 bzw. 1976); die gesamte Auflage von »Am Rande der Nacht« wurde wegen der darin enthaltenen Schilderung von Homosexualität nach Erscheinen beschlagnahmt; L. wurde beim Einmarsch der Roten Armee in K. von einem sowjetischen Soldaten erschossen; nachdem seine Wohnung 1943 bei einem Bombenangriff zerstört worden war, zog L. ins Haus von Ilse Molzahn in Kleinmachnow in der Heimdallstr. 62 (heute Geschwister-Scholl-Allee); sein Grab befindet sich auf dem Waldfriedhof K. (sh. Grünheide).

Molzahn, Ilse (1895-1981), Erzählerin (»Der schwarze Storch«, 1936), lebte in K. in der Heimdallstr. 62 (heute Geschwister-Scholl-Allee), wo sie ihrem Lektor, dem Schriftsteller Friedo Lampe 1943 bis 1945 Unterkunft gewährte, während sie selbst nach Schlesien geflüchtet war.

Wander, Maxie (3. 1. 1933 – 15. 11. 1977), Erzählerin, (»Guten Morgen, du Schöne«, 1977; »Tagebücher und Briefe«, 1980), aufgewachsen in einem Wiener Vorort, Gelegenheitsarbeiten in Fabrik, Büro und Haushalt, siedelte 1958 aus Österreich mit ihrem Mann Fred in die DDR über, wohnte zuletzt in Kleinmachnow, Ernst-Thälmann-Str. 22.

Klosterheide (D 3)

Claudius, Eduard (eigentl. E. Schmidt) (29. 7. 1911 – 12. 12. 1976), Erzähler (»Grüne Oliven und nackte Berge«, 1945; »Menschen an unserer Seite«, 1951; »Ruhelose Jahre«, 1968), 1933 inhaftiert, Flucht in die Schweiz, Teilnahme am Spanienkrieg, Flucht abermals über Frankreich in die Schweiz und erneute Inhaftierung, nach 1945 Arbeit als Pressechef der Entnazifizierungsstelle München, 1947 Umzug nach sh. Potsdam, 1956 Generalkonsul der DDR in Syrien, dann in Vietnam; bewohnte ein Wochenendhaus am Gudelacksee in K.

Königs Wusterhausen (E 5)

Schoepp-Zimmermann, Meta (10. 5. 1868 – nach 1921), Schriftstellerin (»Auf roter Erde«, 1903; »Los von Berlin!«, 1903; »Mein Junge und ich«, 1910), lebte seit 1897 in K.W.

Kottbus sh. Cottbus

Kotzen (bei Friesack) (C 4)

Schmidt, Fritz (Psdn. Fritz Lening) (1827 – 1888), Landwirt, Holzhändler, Mundartautor (»Dree Wienachten. 'ne Geschichte in märkischer Mundart«, 1885), seit 1858 in sh. Milow/ Havel, 1863 in sh. Rathenow, wurde in K. geboren und wuchs hier auf.

Kossenblatt (F 5)

Fontane, Theodor (30. 12. 1819 – 20. 9. 1898), beschrieb K. ausführlich in seinen »Wanderungen«; er besuchte das Schloß im Mai 1862.

Kremmen (D 3-4)

Dehmel, Richard (18. 11. 1863 – 8. 2. 1920), Lyriker, Dramatiker (»Zwei Menschen. Roman in Romanzen«, 1903; »Die Menschenfreunde«, 1917; »Mein Leben«, 1922), nach der Schule Studium der Naturwissenschaften in Berlin und Leipzig, 1887 Promotion, 1891 Veröffentlichung seines ersten Gedichtbandes, Arbeit als Sekretär beim Zentralverband Deutscher Privater Feuerversicherungen, ab 1895 freiberuflicher Schriftsteller, Mitherausgeber des »Pan«; besuchte 1868 – 73 in K. die Schule; das elterliche Forsthaus (am Ortsausgang Richtung Ruppin an einem Waldweg zu finden) wird heute noch als Dehmel-Haus bezeichnet (sh. Hermsdorf).

Schüler, Theodor August (26. 9. 1827 – 27. 1. 1904), Lyriker, Biograph, war 1871 – 1895 Pfarrer in K. (sh. Potsdam, Pritzwalk).

Kunersdorf (bei Wriezen) (F 4)

Chamisso, Adelbert von (30. 1. 1781 – 21. 8. 1838) lebte von Mai bis Oktober 1813 auf dem Gut K. und schrieb hier »Peter Schlemihls wundersame Geschichte« (1814); das Schloß brannte im April 1945 aus und wurde zu DDR-Zeiten abgeräumt; auf dem Friedhof sind die Begräbnisstellen der Familien Lestwitz, Itzenplitz und Oppen mit Grabdenkmalen von Schadow, Rauch, Tieck und Hugo Hagen erhalten.

Kyritz (C 3)

Reuter, Fritz (7. 11. 1810 – 12. 7. 1874) kehrte 1839 als Häftling auf dem Weg in die Festung Dömitz in der Posthalterei (heute Maxim-Gorki-Str. 26) in K. ein.

Schultz (Johann Caspar) Friedrich (20. 3. 1766 oder 1769 – 17. 4. 1845), Publizist, Theaterkritiker (von Goethe in »Über Kunst und Althertum« gelobt), wurde in K. geboren.

Langerwisch (D 5)

Huchel, Peter (3. 4. 1903 – 30. 4. 1981), Lyriker, 1948 – 62 Chefredakteur der Literaturzeitschrift »Sinn und Form«; verbrachte seine Kindheit z.T. auf dem Hof des Großvaters in Alt-L. (Gutshaus »Altes Schloß«, Mittelstraße) und gewann hier die für seine poetische Bildwelt prägenden Eindrücke; auf dem Friedhof des Ortes finden sich die Gräber einiger Familien, deren Namen sich in Gedichten Huchels finden (z.B. »Ziegener«); von 1953 – 1971 lebte H. im 2 km entfernten sh. Wilhelmshorst.

Sachs, Nelly (10. 12. 1891 – 12. 5. 1970), Lyrikerin (»In den Wohnungen des Todes«, 1947; »Sternverdunkelung«, 1949; »Die Suchende«, 1966), 1940 Flucht nach Schweden, 1966 Literaturnobelpreis, verbrachte vor dem Ersten Weltkrieg ihre Ferien häufig auf dem

Gut der Industriellen Orenstein und Koppel in Alt-L.; S. erinnerte sich später, den zwölf Jahre jüngeren Peter Huchel aus dieser Zeit als Kind gekannt zu haben; Huchel druckte Gedichte der Lyrikerin in der Zeitschrift »Sinn und Form«, deren Chefredakteur er von 1948 – 62 war.

Lanz (Westprignitz) (B 2-3)

Jahn, Friedrich Ludwig (11. 8. 1778 – 15. 10. 1852) (»Turnvater Jahn«), Begründer der Turnbewegung in Deutschland, Pädagoge, Politiker, Publizist (»Die Bereicherung des hochdeutschen Sprachschatzes«, 1806; »Runenblätter«, 1814; »Denknisse eines Deutschen«, 1835), wurde in L. geboren; an ihn erinnern ein 1865 errichteter Obelisk und eine Bronzeplakette von 1911 am Pfarrhaus (Geburtshaus, Dorfplatz, Am Ring 3); außerdem heißen die Hauptstraße des Orts und die Schule nach J.

Lebus (G 4)

Eich, Günter (1. 2. 1907 – 20. 12. 1972), Lyriker (u.a. »Abgelegene Gehöfte«, 1948; »Botschaften des Regens«, 1955; »Zu den Akten«, 1964), Prosaist (»Maulwürfe«, 1968) und bedeutendster deutscher Hörspieldichter, Jura- und Sinologie- Studium in Berlin, Leipzig, Paris, seit 1932 freier Schriftsteller in Berlin und Dresden, 1939 – 45 Soldat, heiratet 1953 die Lyrikerin Ilse Aichinger; wurde in L., auf der heute polnischen Oderseite, geboren; eine kleine Ausstellung in der Heimatstube Lebus (sh. Anhang) erinnert an den Dichter.

Lehnin (D 5)

Alexis, Willibald (eigentl. Georg Wilhelm Heinrich Häring) (29. 6. 1798 – 16. 12. 1871), Jurist, Redakteur, Schriftsteller, Verfasser zahlreicher Romane über die brandenburg-preußische Geschichte, verbrachte die Sommerzeit häufig bei seinem Schwager in L.; das Grab von A. befindet sich auf dem Waldfriedhof von L.

Lehnitz (DE 3-4)

Müller, Inge (13. 3. 1925 – 1. 6. 1966), Lyrikerin, Hörspielautorin, und der Dramatiker Heiner Müller (9. 1. 1929 – 30. 12. 1995) wohnten von 1954 – 59 in L.

Stein, Günther (1922 – 1982), Romanautor, Übersetzer, (»Hörsaal 92«, 1961; »Henker und Helden«, 1974), lebte seit Ende der 50er Jahre in L., zuletzt im Forstring 32.

Wolf, Friedrich (23. 12. 1888 – 15. 10. 1953), Arzt, Dramatiker (»Cyankali«, 1929, »Professor Mamlock«, 1935), wohnte von 1948 bis 1953 (mit Ausnahme seiner Zeit als DDR-Botschafter in Warschau) in L., Kiefernweg 5; heute beherbergt das Haus eine Gedenkstätte (Friedrich-Wolf-Gesellschaft und F.-W.-Gedenkstätte sh. Anhang).

Lenzen (Westprignitz) (A 2)

Graebke, Hermann (22. 7. 1833 – 8. 8. 1909), Mundartdichter (»Plattdütsche Gedichte«, 1879; »Priegnitzer Kamellen un Hunnenblömer«, 1896; »Priegnitzer Vogelstimmen«, 1902; »Een Verlobungsdag. Proegnitzer Platt«, 1909), wurde in L. geboren (sh. Putlitz).

Hebbel, Christian Friedrich (18. 3. 1813 – 13. 12. 1863), Dichter, vor allem Dramatiker (u.a. »Maria Magdalene«, 1844; »Die Nibelungen«, 1862), lernte am 5. 11. 1840 die acht Jahre ältere, aus L. stammende Lehrerin Elise Lensing kennen; die beiden Kinder, die aus der Verbindung hervorgingen, starben schon früh; H. brach mit E. Lensing und heiratete die Wiener Schauspielerin Christine Enghaus; gemeinsam mit ihr besuchte der Dichter die einstige Geliebte, die mittlerweile wieder in L. lebte, 1853 ein letztes Mal vor deren Tod.

Lentzke (bei Fehrbellin) (CD 3)

Fouqué, Friedrich Baron de la Motte (12. 2. 1777 – 23. 1. 1843), Dichter der Romantik (»Der Held des Nordens«, 1810; »Der Zauberring«, 1813), Kunstmärchen (»Undine«), wuchs hier (ab 1788) und in sh. Sacrow (1781 – 1788) bei Potsdam auf (sh. Brandenburg).

Letschin (F 4)

Fontane, Theodor (30. 12. 1819 – 20. 9. 1898) hielt sich öfter in L. auf, da sein Vater hier von 1838 – 1850 eine Apotheke betrieb (Fontanestr. 11), in der Fontane 1843 als Gehilfe arbeitete; der Ort diente F. als literarische Vorlage zu der Novelle »Unterm Birnbaum«; in der Heimatstube von L. »Haus Birkenweg« ist ein Zimmer F.s Beziehung zum Ort gewidmet (sh. Anhang); im Fontane-Park des kleinen Ortes wird der Dichter mit einer Büste geehrt; im Haus Fontanestr. 20 wird überdies mit einer kleinen Ausstellung an F. erinnert, das ursprüngliche Apothekengebäude fiel einem Brand zum Opfer.

Lichterfelde (bei Eberswalde) (E 3)

Karbe, Anna (4. 5. 1852 – 19. 4. 1875) schrieb Heimatgedichte und Kirchenlieder (»Vergessen«, »Abschied von Gramzow«, »Schweigen«, »Der Sperling«), lebte von 1873 bis zu ihrem Tod in L.

Lindow (bei Neuruppin) (D 3)

Steinhausen, Heinrich (1836 – 1917), Prediger und Dichter (»Irmela, eine Geschichte aus alter Zeit«), wurde in L. geboren.

Weiß, Albert (1831 – 1907), Übersetzer, vor allem aus dem Polnischen (u.a. Zielinski, Mickiewicz, Krasinski), Herausgeber (»Polnische Dichtung in deutschem Gewand«), wurde in L. geboren.

Heimatstube Letschin.
Der Vater Fontanes, Louis Henry Fontane, betrieb im Ort eine Apotheke, in der sein Sohn gelegentlich aushalf. Die heimatgeschichtliche Ausstellung im "Haus Birkenweg" geht auch auf den prominenten Apothekergehilfen ein.

Linow (bei Rheinsberg) (D 2-3)

Reclam (geb. Stosch), Marie Henriette Charlotte (1739 – 1799), Schriftstellerin (u.a. »Briefe der Demoiselle S... nebst einigen von ihren Gedichten«, 1775), wurde in L. geboren.

Linum (D 3-4)

Hensel, Louise Maria (30. 3. 1798 – 18. 12. 1876), Dichterin (»Gedichte«, 1858; »Lieder«, 1869, u.a. »Müde bin ich, geh' zur Ruh'«), Erzieherin, Einfluß auf Brentano und dessen Hinwendung zum Katholizismus, wurde in L. geboren; aus Anlaß ihres 200. Geburtstages wurde an der Kirche von L. eine Gedenktafel für L.H. eingeweiht.

Luckau (E 6)

Hartleben, Otto Erich (3. 6. 1864 – 11. 2. 1905), Dichter des Naturalismus (»Rosenmontag«, Tragödie, 1900) und Jurist, absolvierte sein zehnmonatiges Referendariat 1887/88 beim Amtsgericht in L. und wohnte während dieser Zeit im Hotel »Zum Goldenen Ring« am Marktplatz.

Weisenborn, Günther (10. 7. 1902 – 26. 3. 1969), Schriftsteller, Journalist, Dramaturg, der 1942 von den Nazis verhaftet und wegen »Hochverrats« zum Tode verurteilt worden war, saß drei Jahre lang im Zuchthaus in L. ein, wo er durch die Rote Armee befreit und für kurze Zeit als Bürgermeister der Stadt eingesetzt wurde.

Luckenwalde (D 5)

Dutschke, Rudi (Alfred Willi Rudolf) (7. 3. 1940 – 24. 12. 1979), Studentenführer, politischer Publizist (»Versuch, Lenin auf die Füße zu stellen«, 1977), hat von 1954 – 1958 die Erweiterte Oberschule (Gymnasium) in L. besucht und wurde im nahen Schönefeld geboren.

Fontane, Theodor (30. 12. 1819 – 20. 9. 1898) verbrachte im Mai/Juni 1855 einige Zeit im Hause des Färbereibesitzers August Knochenhauer (Am Markt 16) und verarbeitete die in jener Zeit gewonnenen Eindrücke in seinem Aufsatz »Luch im Walde« (1864).

Ludwigsfelde (DE 5)

Heine, Heinrich (13. 12. 1797 – 17. 2. 1856) wird seit 1956 in L. mit einem Denkmal von Waldemar Grzimek geehrt; ein biographischer Bezug zum Ort ist nicht überliefert.

Lübben (Lubin) (F6)

Gerhardt, Paul (12. 3. 1607 – 27. 5. 1676), bedeutendster deutscher protestantischer Kirchenlieddichter des 17. Jahrhunderts (»Nun ruhen alle Wälder«, 1648; »Befiehl du deine Wege«, 1656; »O Haupt voll Blut und Wunden«, 1656), war seit 1669 Archidiakonus an der Nikolaikirche in L., die später nach ihm benannt wurde; ein Denkmal vor der Kirche (von Carl Gottfried Pfannschmidt, 1907) erinnert an G. (sh. Mittenwalde).

Houwald, Ernst Christoph Freiherr von (29. 11. 1778 – 28. 1. 1845), romantischer Erzähler (»Romantische Akkorde«, 1817), Dramatiker (»Das Bild«, 1821; »Fluch und Segen«, 1821), Jugendschriftsteller (»Bilder für die Jugend«, 1829/33); lebte 1821 bis zu seinem Tod als Landessyndikus für die Niederlausitz in Neuhaus (seit 1939 zu L.) (Cottbuser Str.); das einstige Herrenhaus ist jüngst restauriert worden und wird heute als Musikschule und Ausstellungshaus genutzt; ein Gedenkzimmer im Haus erinnert an H.; das Grab der Familie befindet sich auf dem Friedhof in L.-Steinkirchen.

Salice-Contessa, Karl Wilhelm (19. 8. 1777 – 2. 6. 1825), Erzähler, Bühnenautor (u.a. »Der Schatz«, Lustspiel, 1818; »Ich bin meine Schwester«, Lustspiel, 1821; »Erzählungen«, 1819), 1795 – 1798 Pädagogium in Halle, ab 1797 Jurastudium in Erlangen und Halle, 1800 in Paris, bis 1805 in Weimar, 1805 – 1816 Berlin, gehörte zum Kreis um E.T.A. Hoffmann, welcher ihn in seinen »Serapionsbrüdern« zum Urbild für die Figur des Sylvester wählte, zog nach dem Tod seiner zweiten Gattin zu seinem Freund Houwald auf dessen Gut Sellendorf und später nach Neuhaus bei L.

Lübbenau (Lubnjow) (F 6)

Choijnan, Jan (latinisiert Johannes Choianus) (1600 – 1666), Verfasser der ersten Grammatik der sorbischen Sprache (1650), war in L. zu St. Nikolai Prediger.

Hauptmann, Johann Gottlieb (19. 10. 1712 – 21. 10. 1782), Schriftsteller (»Schwanengesänge«, 1782), Verfasser einer niedersorbischen Grammatik (1761) und Herausgeber eines sorbischen Gesangbuchs, war gleichfalls Prediger an der Pfarrkirche von L.

Luther, Martin (10. 11. 1483 – 18. 2. 1546) und Melanchthon, Philipp (16. 2. 1497 – 19. 4. 1560) sind in einer Sammlung von Büchern und Streitschriften der Reformationszeit vertreten, die in der Orangerie im Schloßpark in L. aufbewahrt wird.

Stempel, Kito Fryco (1787 – 1867), Altphilologe, Übersetzer, Verfasser des Geschichtsepos »Aus der Sorben alten Tagen« (»Pytanje za starym mjasecom«), war Pfarrer in L.

Stymmelius, Christoph (eigtl. Stummel, auch Stymmel) (22. 10. 1525 – 19. 2. 1588), Lehrer, Pfarrer, Dichter, Verfasser lateinischer Gedichte und der Komödie »Studentes« (1545), wirkte als Pfarrer in L. (sh. Beeskow, sh. Frankfurt [Oder])

Welk, Ehm (29. 8. 1884 – 19. 12. 1966), Schriftsteller und Journalist, zog sich während der Nazi-Zeit für fünf Jahre nach L. zurück und lebte vom 1. 4. 1935 bis März 1940 in der Dammstr. 26, nachdem er 1934 als Chefredakteur mit einem Leitartikel in der »Grünen Post« (»Herr Reichsminister, ein Wort, bitte!«) mit Goebbels zusammengestoßen und kurzzeitig verhaftet worden war; Bruno H. Bürgel (sh. Potsdam) war mehrfach Gast hier.

Lychen (E 2)

Heinzelmann, Karl Ludwig (28. 4. 1799 – um 1881), Heimatschriftsteller (»Elysium«, Gedichte, 1836; »Die preußische Bureaukratie«, 1845), Gastwirt, wurde in L. geboren.

Metscher, Gustav (26. 7. 1884 – 1947), Heimatforscher (»Märkische Heimat. Volkskundliches«, 2 Bde., 1925/31; »Heimatkunde der Provinz Brandenburg«, 1931), Schulreformer, war über vier Jahrzehnte Lehrer in der Schule von L. (Kirchstr. 8, Wohnhaus in der Vogelsangstr. 17).

Reutter, Otto (eigentl. Pfützenreuter) (24. 4. 1870 – 3. 3. 1930), Varieté-Dichter, Coupletsänger (»Originalcouplets und Vorträge«, 1910), ist in L. aufgewachsen, wo sein Vater einen Kramladen am Marktplatz betrieb.

Märkisch Buchholz (E 5)

Fühmann, Franz (15. 1. 1922 – 8. 7. 1984), Erzähler, Essayist (»Kameraden«, 1957; »Das Judenauto«, 1962; »Die Richtung der Märchen«, 1962; »Zweiundzwanzig Tage oder die Hälfte des Lebens«, 1973; »Vor Feuerschlünden«, 1982), ab 1932 im Jesuitenkonvikt Kalksburg, 1938 Beitritt zur Reiter-SA, 1941 Wehrmacht, ab Mai 1945 sowjetische Kriegsgefangenschaft, Antifa-Schule, Abkehr vom Nationalsozialismus, Ende 1949 Entlassung in die DDR, bis 1958 Arbeit als hauptamtlicher Parteifunktionär für die NDPD in Berlin, ab 1958 freischaffender Schriftsteller, seit 1976 verstärkte Überwachung durch Staatssicherheit; in M. B. nutzte F. ein

Grabstätte von Franz Fühmann in Märkisch Buchholz, wo der Schriftsteller seit den fünfziger Jahren eine ausgebaute Garage als Sommerunterkunft nutzte.

kleines Häuschen als Rückzugsort; das Grab Fühmanns befindet sich auf dem Friedhof von M. B. (sh. Fürstenwalde, Neuruppin).

Tara, Handros (um 1570 – um 1638), Erzähler, Übersetzer, Philologe, war ab 1828 bis zu seinem Tod Pfarrer in M. B. (sh. Frankfurt, Friedersdorf).

Mahlow (E 4-5)

Maaßen, Hanns (26. 12. 1908 – 23. 6. 1983), Arbeiterschriftsteller (»Die Messe des Barcelo«, 1956; »In der Stunde der Gefahr«, 1971), verbrachte die letzten Jahre seines Lebens in M., Tschaikowskiring 23 (sh. Blankenfelde).

Mansfeld (Westprignitz) (B 2)

Benn, Gottfried (2. 5. 1886 – 7. 7. 1956), Lyriker (»Morgue«, 1912; »Statische Gedichte«, 1948), Essayist und Dramatiker, Arzt, wurde in M. geboren.

Markgrafpieske (bei Storkow) (F 5)

Ribbeck, Wilhelm (11. 3. 1793 – 17. 2. 1843), Offizier, Rendant und Gelegenheitsschriftsteller (»Der verhüllte Bote«, 1831; »Gedichte«, 1839), wurde in M. geboren.

Michendorf (D 5)

Böckel, Otto (2. 7. 1853 – 17. 9. 1923), Heimatdichter (»Deutsche Volkslieder aus Oberhessen«, 1895; »Die deutsche Volkssage«, 1909; »Heimatluft«, 1910«), 1878 – 81 Jurastudium in Marburg, Gießen und Heidelberg, anschließend in Marburg und Leipzig neuere Philologie, 1883 – 87 Bibliotheksassistent an der Universität Marburg, antisemitische Agitation als Verleger des »Reichsherold« (1887); 1890 und 1893 Mitglied des deutschen Reichstags, 1894 Übersiedlung nach Berlin; B. lebte von 1908 an bis zu seinem Tod in M., Potsdamer Straße 19, sein Grab befindet sich auf dem Friedhof von M.

Huchel, Peter (3. 4. 1903 – 30. 4. 1981), Lyriker, 1948 – 62 Chefredakteur der Literaturzeitschrift »Sinn und Form«, wohnte von 1934 bis zu seiner Einberufung 1941 zurückgezogen in M. (nacheinander Am Wolkenberg 13, Jägerstr. 5, Am Wolkenberg 27; sh. Langerwisch, sh. Wilhelmshorst).

Milow (bei Premnitz) (C 4)

Schmidt, Fritz (Psdn. Fritz Lening) (1827 – 1888), Landwirt, Holzhändler, Mundartautor (»Dree Wienachten. 'ne Geschichte in märkischer Mundart«, 1885), lebte von 1858 bis 1863 in M. (sh. Kotzen, sh. Rathenow)

Mittenwalde (E 5)

Rose, Christian (auch Rosa) (Mai 1609 – 15. 11. 1667), Satiriker, Verfasser von Schauspielen zur Anleitung im

Stilunterricht (»Proben der rhetorischen Muttersprache«; »S.Theophania, Rhetorice disponiret, Schriftmaeßig aufgefuehret Und in einem new-sehr anmutig-Fünff-fachen Actu mit gutem Nutze oeffentlich vorgestellet zu Newen Ruppin«, 1646); wurde in M. geboren (sh. Neuruppin).

Gerhardt, Paul (12. 3. 1607 – 27. 5. 1676), Kirchenlieddichter, war 1651 bis 1657 Probst an der St. Moritzkirche in M.; in der Kirche erinnert ein Porträt sowie die Grabplatte für seine erste Tochter an den Dichter (sh. Lübben).

Möglin (F 4)

Thaer, Albrecht Daniel (14. 5. 1752 – 26. 10. 1828), Philosoph, Naturwissenschaftler, Verfasser der vierbändigen »Grundzüge der rationellen Landwirtschaft« (1809 – 12), entwickelte in M. die Theorie vom Fruchtwechsel.

Müllrose (FG 5)

Lessen, Ludwig, eigentl. Louis Salomon (17. 9. 1873 – 11. 2. 1943), Lyriker (»Aus Tag und Tiefe«, 1911; »Fackeln der Zeit«, 1904) und Journalist, Mitarbeiter am »Wahren Jakob«, am »Vorwärts« und an der »Neuen Welt«; von den Nationalsozialisten als Jude und Sozialdemokrat verfolgt und in den Freitod getrieben; L. lebte ab 1921 in M.; sein Grab befindet sich auf dem Friedhof von M.

Müncheberg (F 4)

Reuter, Fritz (7. 11. 1810 – 12. 7. 1874) macht im Februar 1838 als Häftling auf dem Weg von Berlin nach Graudenz in M. Station.

Nennhausen (C 4)

Loeben, Otto Heinrich Graf von (18. 8. 1786 – 3. 4. 1825), Schriftsteller der Romantik (»Der Schwan«, Gedichte, 1816; »Ritterehre und Minnedienst«, Erzählung, 1819), war mit Fouqué befreundet, bei dem er nach seinem Studium in Heidelberg für einige Zeit in N. wohnte.

Fouqué, Friedrich Baron de la Motte (12. 2. 1777 – 23. 1. 1843), Dichter der Romantik (»Der Held des Nordens«, 1810; »Der Zauberring«, 1813; »Undine«, 1811), lebte gemeinsam mit sh. Karoline von Rochow auf deren Gut in N., wo sich um beide ein Kreis von Dichtern bildete, zu dem u.a. August Wilhelm Schlegel, E. T. A. Hoffmann, Heinrich von Kleist und Adelbert von Chamisso zählte; das Schloß ist nach einem Brand (1985) nur noch als Ruine erhalten, der weitgehend verwilderte Park wird gegenwärtig rekonstruiert (sh. Brandenburg, sh. Lentzke, sh. Sacrow).

Rochow, Karoline von (Caroline Freiin de la Motte Fouqué, geb. von Briest) (7. 10. 1773 – 20. 7. 1831), Schriftstellerin (»Die Frau des Falkensteins, 1810; »Feodora«, 1814), seit 1803 mit Fouqué verheiratet, lebte in N.

Varnhagen von Ense, Karl August (21. 2. 1785 – 10. 10. 1858), Schriftsteller, Publizist und Biograph, schildert das Leben auf Schloß Nennhausen, wo er oft zu Besuch bei Fouqué war, in seinen »Denkwürdigkeiten (1837 – 59).

Neuenhagen (E 4)

Fallada, Hans (eigentl. Rudolf Dietzen) (21. 7. 1893 – 5. 2. 1947), Erzähler, wohnte vom 5. 8. 1930 bis Mitte November 1932 in N. bei Berlin; hier entstand sein Roman »Kleiner Mann – was nun?«; eine Gedenktafel sowie der »Hans-Fallada-Ring« erinnern an den Aufenthalt des Schriftstellers in N. (sh. Berkenbrück, sh. Waldsieversdorf).

Neuglobsow (D 2)

Ludwig, Lori (24. 1. 1924 – 13. 12. 1986), Lyrikerin (»Neuglobsow«, 1954; »Zur Jahreswende«, 1963), Erzählerin (»Daniele«, 1957) und Kinderbuchautorin (»Annette und ich«, 1964), stammte aus einfachen bäuerlichen Verhältnissen, nach Volksschule, Berufsschule und einem Berufsstart als Jungbäuerin Fernstudium für Malen und Zeichnen, 1947 im Arbeitskreis Junger Autoren Thüringens, lebte seit 1954 gemeinsam mit ihrem Mann, dem Schriftsteller Hannes Krause (geb. 17. 12. 1916), in N. (zuletzt Glashüttenweg 4).

Neuruppin (D 3)

Arendt, Erich (15. 4. 1903 – 25. 9. 1984), Lyriker, wurde in N. geboren und besuchte hier das Lehrerseminar (sh. Wilhelmshorst).

Breithaupt, Adolfine (1829 – 1897), Gelegenheitsschriftstellerin (»Wird sie ihn finden?«, 1896), wurde in N. geboren.

Chop, Max (1862 – 1929), Musikwissenschaftler und Schriftsteller (»Auf hoher See«, Novelle; »Ideale und Leben«, Roman, 1888; »Sturm und Drang«, 1890), zahlreiche musikwissenschaftliche Publikationen (u.a. »Geschichte der deutschen Militärmusik«), war Redakteur der »Märkischen Zeitung« in N.

Dieterich, Martin (1681 – 1749), Theologe, Chronist (»Historische Nachricht von denen Grafen von Lindow und Ruppin...«), war 1705 – 08 Konrektor am Gymnasium seiner Heimatstadt N., später Professor für Theologie an der Viadrina und Archidiakon an der Marienkirche zu sh. Frankfurt (Oder).

Fontane, Theodor (30. 12. 1819 – 20. 9. 1898), Erzähler, Publizist, Lyriker (u.a. »Balladen«, 1861; »Wanderungen durch die Mark Brandenburg«, 5 Tle., 1862 – 89; »Vor dem Sturm«, 1878; »Irrungen, Wirrungen«, 1888; »Effi Briest«, 1896; »Der Stechlin«, 1899), verlebte seine Kindheit in N. und Swinemünde, 1833 bis 1836 Besuch der Gewerbeschule in Berlin, anschließend Apothekerlehre, Arbeit als Apothekergehilfe in Leipzig, Dresden, Letschin und Berlin, ab 1849 freier Schriftsteller, später wieder in festen Anstellungen

Heimatmuseum in Neuruppin, der Geburtsstadt Fontanes. Ein Teil der Daueraustellung zur Geschichte der Stadt ist dem Dichter gewidmet.

als Journalist, um die sechsköpfige Familie zu versorgen, 1852 und 1855 – 59 preußischer Presse-Beauftragter in England, Wanderungen durch die Mark Brandenburg, 1876 Sekretär der Akademie der Künste in Berlin; wurde in N. geboren (heute Karl-Marx-Str. 84); wenige Zeit vor dem Umzug nach Swinemünde (Pommern) wohnte die Familie 1826/27 in der ehemaligen Friedrich-Wilhelm-Str. 307 (Karl-Marx-Str. 94); 1832 – 33 kam F. zum Besuch des Gymnasiums erneut in die Stadt und wohnte im Superintendentenhaus gegenüber der Löwenapotheke (Virchowstr. 13); eine Gedenktafel an seinem Geburtshaus (Löwenapotheke, Hauptstraße) und das 1907 eingeweihte Fontane-Denkmal von Max Wiese erinnern an F.; in N. befinden sich das Grab der Mutter und das Grab eines Sohnes von F.; die Stadt nennt sich seit 1998 »Fontane-Stadt N.«; im Heimatmuseum wird in mehreren Räumen an den Schriftsteller erinnert (Museum Neuruppin und Theodor-Fontane-Gesellschaft sh. Anhang).

Fühmann, Franz (15. 1. 1922 – 8. 7. 1984), Erzähler, Essayist, hielt sich 1967 längere Zeit in N. auf und arbeitete an dem Fragment gebliebenen Manuskript »Auf den Spuren Theodor Fontanes« (sh. Märkisch Buchholz, Fürstenwalde).

Hahn, Rudolf (1815 – 1889), Schriftsteller, Verfasser von 173 Bühnenstücken, zumeist Schwänke und Possen (u.a. »Der falsche Döbler«), Schauspieler, der seine schauspielerische Ausbildung von Ludwig Tieck erhalten hatte, war als Redakteur der »Märkischen Zeitung« in N. tätig.

Heym, Georg (30. 10. 1887 – 16. 1. 1912), einer der bedeutendsten Lyriker des Frühexpressionimus, besuchte von 1905 bis zum Abschluß des Abiturs das Gymnasium in N. (Hauptstr. 80 a).

Heyse, Paul (15. 3. 1830 – 2. 4. 1914), Schriftsteller, erster deutscher Nobelpreisträger für Literatur, ließ sich bei einem Besuch in N. im Predigerwitwenhaus zu seinem »Roman einer Stiftsdame« (1887) anregen.

Karsch, Anna Louisa (1. 12. 1722 – 12. 10. 1791), Dichterin, schrieb nach der Brandkatastrophe, die 1787 einen großen Teil der Stadt zerstört hatte, ihren »Trostgesang für Neuruppin bey den Ruinen am 31. August 1787«; ein Sohn aus der ersten Ehe der Karschin, Johann Christian Hirsekorn, war in N. als Lehrer tätig (sh. Potsdam).

Leps, Johann Ferdinand (1792 – 1850), Bühnenschriftsteller (»Die Ohnmacht«; »Ferdinand Treu«; »Unser Verkehr«, 1916; »Jacobs Kriegsthaten und Hochzeit«, 1817), war Oberlehrer am Gymnasium in N. und später Pfarrer.

Petiscus, Heinrich August (1780 – ?), Prediger in Berlin (u.a. an der Charité und an der Parochialkirche), Verfasser der dramatischen Gedichte »Crösus, König von Lydien« (1811), »Cäcilie oder Der Muttersegen« (1825) und »Johannes oder Der Vatersegen« (1825), wurde in N. geboren.

Raufseysen, Phillip Ernst (1743 – 1775), Universitätslehrer, wurde zweimal gegen seinen Willen als preußischer Soldat angeworben, Lyriker (»Gedichte«, posthum hrsg. von G. Danovius), verstarb im Lazarett in N.

Rose, Christian (auch Rosa) (Mai 1609 – 15. 11. 1667), Satiriker (»Holofernes aus H. Schrift Anweisung, Allen, des Teutsch-Landes Friedensstörern und Blutgierigen Kriegern in einem lustigen Schauspiel vorgestellet«), Verfasser von Schauspielen zur Anleitung im Stilunterricht (»Proben der rhetorischen Muttersprache«), wirkte von 1633 bis zu seinem Tod als Lehrer in N. (sh. Mittenwalde).

Schaumberg, Georg (1855 – 1931), Dramatiker und Lyriker (»Dies irae«, 1893; »Die Landshuter Hochzeit«, 1905), war Schriftleiter der »Märkischen Zeitung« in N.

Schwartzkopf, Joachim (1593 – 1669), Prediger, veröffentlichte mehr als 20 theologische Schriften, zumeist Kasual- und Leichenpredigten (u.a. »Allgemeine Klage der evangelischen Kirche über den Tod Gustav Adolfs, Königs von Schweden, am Bußtage, dem 5. Dezember 1632, in Neuruppin«), war zuerst Diakonus, dann Inspektor in N.

Teuber, Christian (1671 – 1739), Theologe und historischer Schriftsteller (u.a. »Preis der Taten Friedrichs III., Kurfürsten von Brandenburg«), war Prediger in N.

Völperling, Heinrich Ferdinand August (1779 – 1825), Schriftsteller (»Kinder der Muse. Eine Sammlung dichterischer Erzeugnisse«, 1818), Herausgeber und Begründer des »Ruppiner Wochenblattes«, war von 1817 – 25 Oberlehrer in N.

Wegener, Wilhelm (1844 – 1916), Schriftsteller (»Königin Luise«, 1879; »Märkische Sagen und Gedichte«, 1879; »Dichtungen«, 1880), besuchte das Gymnasium in N.

Wichmann von Arnstein (um 1180 – 1270), Mystiker (»Traktate«, hrsg. v. Fritz Bünger, 1926), gründete 1246 das Dominikanerkloster in N.

Woltersdorf, Gabriel (1592 – 1638), theologischer Schriftsteller (»Die Weissagungen Jesu Christi von seinem Leide«, 24 Passionspredigten, 1612), wurde als Sohn eines Tuchmachers in N. geboren.

Wolzogen, Ernst Ludwig Frhr. von (23. 4. 1855 – 30. 8. 1934), Schriftsteller (u.a. »Die tolle Komteß«, 2 Bde., 1888), Redakteur und Übersetzer, Begründer und Herausgeber der »Bayreuther Blätter«, Gründer der »Freien Literarischen Gesellschaft« in München und des literarischen Kabaretts »Überbrettl« in Berlin, legte während der 80er Jahre des 19. Jahrunderts mehrfach militärische Übungen im Regiment von N. ab und erhielt bei dieser Gelegenheit Anregungen für die Romane »Die Kinder der Exzellenz« (1888), »Der Kraft-Mayr«, 2 Bde.(1901) und die Humoreske »Das Kaisermanöver«, 1911.

Neustadt an der Dosse (C 3)

Kleist, Heinrich (Wilhelm) von (18. 10. 1777 – 21. 11. 1811) setzte dem »Prinzen von Homburg«, Friedrich II. von Hessen-Homburg, mit seinem Drama ein literarisches Denkmal; die Stadt hat »dem Helden von Fehrbellin« auf dem Kirchenvorplatz einen Gedenkstein errichtet; die Idee zum Drama soll K. bei einem Spaziergang auf einem Weg am Flüßchen Schwenze gekommen sein (heute »Poetensteig«).

Neutornow (F 3)

Theodor Fontanes Vater, Louis Henri F. (1796 – 1867), liegt auf dem Friedhof von N. begraben; Louis Henri F. hatte im Nachbarort sh. Schiffmühle sein Altersdomizil.

Neuzelle (G 5)

Schmidt, Ferdinand (2. 10. 1816 – 30. 7. 1890), Jugendschriftsteller und Volksschullehrer (»Preußische Geschichte in Wort und Bild«, 1862), besuchte das Lehrerseminar in N.

Weber, Hans (14. 7. 1937 – 8. 8. 1987), Erzähler, studierte ab 1953 am Lehrerbildungsinstitut in N. (sh. Frankfurt , Fredersdorf, Spremberg).

Niemegk (CD 5)

Belitz, Georg (Psdn. Bellamintis) (um 1700 – ?, genaue Lebensdaten nicht zu ermitteln), Theologe, Schriftsteller (»Das Itztblühende Potsdam«, 1727), war 1750 Diakon von N.

Menz, Balthasar (1537 – 1617), Dichter (»Abgenöthigte Erklärung der Fragen vom Ziel des menschlichen Lebens«), wurde in N. geboren.

Niendorf, Martin Anton (24. 12. 1826 – 12. 6. 1878), Lehrer und Schriftsteller (»Die Hegler Mühle. Cyclus märkischer Lieder«, 1852), wurde in N. geboren; eine Tafel an seinem Geburtshaus (Großstr. 74) erinnert an den Dichter.

Oranienburg (DE 3-4)

Böckler, Otto Heinrich (23. 6. 1867 – 16. 6. 1932), Erzähler, Lyriker, Publizist (»Jatschko von Köpenick«, 1899; »Die letzte Schlacht«, 1903; »Gedichte aus eiserner Zeit«, 1914; »Zu Trost und Trutz«, 1919), war Ende des 19. Jahrhunderts Führer der antisemitischen Bewegung in Stettin, verfaßte »vaterländische Schauspiele« und historische Erzählungen, während des ersten Weltkrieges dann chauvinistische Kriegsgedichte, propagierte nach dem Krieg die Dolchstoßlegende; wurde in O. geboren.

Gesell, Jean Silvio (17. 3. 1862 – 11. 3. 1930), Nationalökonom (»Die natürliche Wirtschaftsordnung durch Freiland und Freigeld«, 1916), Publizist, lebte von 1911 – 1915 sowie von 1927 bis 1930 in der Kolonie Eden bei O. und ist hier begraben (Gartenblock XII).

Harich-Schneider, Eta (16. 11. 1897 – 10. 1. 1986), Cembalistin, Musikschriftstellerin (»A history of Japanese music«, 1973; »Charaktere und Katastrophen«, Autobiographie, 1978), 1932 – 39 Lehre an der Berliner Hochschule für Musik, Entlassung aus politischen Gründen, lebte von 1941 – 49 in Japan, danach in New York und von 1955 – 72 in Wien; wurde in O. geboren.

Hiller, Kurt (17. 8. 1885 – 1. 10. 1972), Kulturkritiker, politischer Publizist, Lyriker, war 1933/34 Häftling im KZ O.

Mühsam, Erich (6. 4. 1878 – 10. 7. 1934), Lyriker, Publizist (»Wüste – Krater – Wolken«, 1914; »Der Revoluzzer«, 1907; »Unpolitische Erinnerungen«, 1927/29), ab 1901 freischaffend in Berlin und München, mehrfach verhaftet, Beteiligung an der Errichtung der Münchener Räterepublik, wurde am 29. Februar 1933 in das erste von den Nationalsozialisten eingerichtete Konzentrationslager in O. eingeliefert; in der Nacht vom 10. zum 11. Juli 1934 als Suizid fingierter Mord; auf dem Friedhof von O. erinnert ein Denkmal an M., im Museum beziehen sich einige Exponate auf Leben und Werk des Dichters.

Runge, Friedlieb Ferdinand (8. 2. 1795 – 25. 3. 1867), Chemiker, Entdecker des Anilins, Verfasser des Traktats »Das Gift in der deutschen Sprache, ausgetrieben von F. F. Runge« (1857), in dem R. in der Tradition der Sprachgesellschaften gegen den Gebrauch von Fremdwörtern polemisierte; R. leitete die Schwefelsäurefabrik in O.; sein Grab befindet sich auf dem Friedhof von O.

Schnog, Karl (14. 6. 1897 – 23. 8. 1964), Lyriker, Publizist, Dramatiker, Hörspielautor, Erzähler (»Unbekanntes KZ«, 1945; »Zeitgedichte – Zeitgeschichte 1925 – 1950«, 1949), nach einer kaufmännischen Lehre Soldat im ersten Weltkrieg, nach 1918 Sprach-und Schauspielunterricht, sechs Jahre lang Schauspieler und Regisseur, ab 1927 auch schriftstellerische Arbeit, 1933 Emigration über die Schweiz nach Luxemburg, hier Verhaftung beim

Einmarsch der deutschen Truppen, Haft im KZ Sachsenhausen, 1945 Arbeit in Luxemburg am Sender der UNO, 1946 in Berlin Chefredakteur des »Ulenspiegel«, 1948 bis 1951 Redakteur am Berliner Rundfunk, dann freischaffend; war nach 1940 Häftling im KZ Sachsenhausen bei O.

Suhrkamp, Peter (28. 3. 1891 – 31. 3. 1959), Verleger, Kritiker, Erzähler, wurde 1944 für ein Jahr in das KZ Sachsenhausen bei O. eingeliefert; der todkranke Verleger wurde noch vor Ende des Krieges u.a. durch Fürsprache Arno Brekers entlassen (sh. Potsdam).

Veken, Karl (22. 7. 1904 – 21. 7. 1971), Jugendschriftsteller (»Der Kellerschlüssel«, 1955; »Auf Tod und Leben«, 1961; »Jagd ohne Gnade«, 1969), Erzähler und Dramatiker, war von 1941 – 45 Häftling im KZ Sachsenhausen nahe O.

Welk, Ehm (29. 8. 1884 – 19. 12. 1966), wurde im April/Mai 1934 für einige Tage in das KZ O. eingeliefert, nachdem er 1934 als Chefredakteur mit einem Leitartikel in der »Grünen Post« (»Herr Reichsminister, ein Wort, bitte!«) mit Goebbels zusammengestoßen war (sh. Angermünde, Bad Saarow, Biesenbrow, Lübbenau).

Papenbruch (C 2-3)

Lütkemüller, Ludwig Paul Wieland (8. 3. 1810 – 12. 10. 1857), Theologe, Redakteur (»Der Moselbote«, Koblenz), theologischer Schriftsteller (»Die Lehre und Umtriebe der Stephanisten«, 1838; »Beiträge zur Kirchengeschichte der Gegenwart. Ein Lebensbild der deutschen, belgischen und holländischen Kirche«, 1842; »Von dem Zustande nach dem Tode bis zur Auferstehung«, 1852), Sohn von Samuel Christoph Abraham L.; Gymnasium in Schulpforta, 1830 – 35 Studium in Halle und Berlin, 1842 Pfarrer in Wald bei Solingen, dann in sh. Beelitz und sh. Selchow, 1852 Suspendierung, 1853 Konversion zum Katholizismus; wurde in P. geboren.

Lütkemüller, Samuel Christoph Abraham (30. 11. 1769 – 9. 9. 1833), Pfarrer, Schriftsteller (»Mamsell Unschuld«, »Aimar und Lucine«, 2 Bde., 1788; »Magister Skriblerus«, 1803; »Die Revue«, 1804) und Übersetzer (Ariost, »Der Rasende Orlando«, 2 Bde., 1797/98), von 1793 – 1803 Vertrauter und Bibliothekar Christoph Martin Wielands in Weimar, war von 1805 – 1823 Pfarradjunktus in P. und übte dasselbe Amt später in sh. Wildberg aus; das unter seiner Leitung fertiggestellte Pfarrhaus in P. wird noch heute als solches genutzt.

Papitz (bei Cottbus) (F 6)

Witkojc, Mina (28. 5. 1893 – 11. 11. 1975), sorbische Erzählerin, Lyrikerin, Publizistin (u.a. »Das Mädchen und der Wassermann«, 1923; »Ein Kranz von Spreewaldblumen«, 1934; »Niedersorbische Gedichte«, 1925; »Erfurter Erinnerungen«, 1947), ist in P. gestorben (sh. Burg, Werben).

Parstein (bei Angermünde) (F 3)

Bödiker, Johannes (1. 5. 1641 – 27. 8. 1695), Pädagoge, Gelegenheitsdichter, Verfasser der Schrift »Grund=Sätze Der Deutschen Sprachen im Reden und Schreiben (...)« (1690), war 1665 – 73 Prediger in P.

Perleberg (B 2-3)

Arnold, Gottfried (5. 9. 1666 – 30. 5. 1714), Lyriker, Publizist, Historiker (»Offenherzige Bekanntnuss«, 1698; »Unparteiische Kirchen- und Ketzerhistorie«, 1699; »Gottfried Arnolds sämtliche geistige Lieder«, 1856), studierte 1685 bis 1687 Theologie, Philosophie und Geschichte in Wittenberg, ab 1689 Hofmeister in Wittenberg, ab 1693 Hauslehrer in Quedlinburg und ab 1697 Professor für Geschichte in Gießen, 1698 Rückkehr nach Quedlinburg, 1702 Schloßpfarrer in Allstedt, 1705 Pfarrer in Werben in der Altmark und ab 1707 Superintendent in P.; ist hier gestorben; in der St. Jacobikirche in P. befindet sich eine Gedenktafel für A.

Fichte, Hubert (21. 3. 1935 – 8. 3. 1986), Erzähler (»Versuch über die Pubertät«, 1974; »Deiner Umarmung süße Sehnsucht«, Prosa, 1985), wurde in P. geboren.

Meier, Joachim (10. 8. 1661 – 2. 4. 1732), Verfasser zahlreicher Dramen und Traktate (u.a. »Die durchlauchtige Römerin Lesbia ...«, 1690), Übersetzer, wurde in P. geboren.

Petzow (D 5)

Fontane, Theodor (30. 12. 1819 – 20. 9. 1898) wird in P. mit einem Denkmal von Peter Rohde geehrt, das im Mai 1987 eingeweiht wurde; ein Abguß des Denkmals steht im Heimatmuseum Neuruppin.

Wolf, Friedrich (23.12.1888 – 5.10.1953), Dramatiker, Erzähler, Arzt, war Namensgeber für das Schriftstellerheim, das der Deutsche Schriftstellerverband (DSV, seit 1973 SV der DDR) in P., Am Schwielowsee 87 – 93, seit dem Frühjahr 1953 unterhielt.

Zelter, Karl Friedrich (11. 12. 1758 – 15. 5. 1832), Komponist, umfangreicher Briefwechsel mit Goethe (6 Bde., 1833/34), wurde in P. geboren.

Pieskow sh. Bad Saarow – Pieskow

Plänitz (C 3)

Fromm, Andreas (1615 oder 1621 – 16. 10. 1683), Pädagoge, einflußreicher Theologe (1668 zum Katholizismus konvertiert), mutmaßlicher Verfasser der »Lehninschen Weissagungen« (Poem in 100 leonischen Versen, als Werk eines im 13./14. Jahrhundert in der Zisterzienserabtei Lehnin lebenden »Mönchs Hermann« ausgegeben, tatsächlich jedoch eine politisch motivierte Fälschung), wurde in P. geboren.

Potsdam (D 4-5)

Alberti, Sophie (Ps. Sophie Verena) (5. 8. 1826 – 15. 8. 1892), Erzählerin (»Ein Sohn des Südens«, Roman, 1859; »Über alles die Pflicht«, 3 Bde., 1870; »In der Weihnachtszeit«, Gedichte, 1887), Übersetzerin, Tochter des Geheimrats Mödinger, lebte in P.

Altmann, Karl Friedrich Julius (1. 3. 1814 – 10. 6. 1873), Schriftsteller (»Lieder aus der Ferne«, 1845; »Gnomen«, 1845; »Aus einem Dichterleben«, 2 Bde., 1870), Erzieher in Moskau, Herausgeber des »Frankfurter Museums« und Chefredakteur der »Rhein- und Ruhrzeitung«, wurde in P. geboren und kehrte kurz vor seinem Tod hierher zurück.

Auerbach, Berthold (eigentl. Moses Baruch Auerbacher) (28. 2. 1812 – 8. 2. 1882), populärster deutscher Schriftsteller seiner Zeit (u.a. »Schwarzwälder Dorfgeschichten, 4 Bde., 1843 – 54; »Auf der Höhe«, 3 Bde., 1865), besuchte häufig P., wo er die Bekanntschaft mit Schulze-Delitzsch machte.

Back, Claus (19. 6. 1904 – 10. 4. 1969), Schriftsteller, Verfasser kulturhistorischer Romane (»Andreas Schlüter«, 1957; »Der Weg nach Rom«, 1964; »Der Meister von Sanssouci«, 1971), lebte nach 1945 bis zu seinem Tod in P. in der Lennéstr. 13 und wurde auf dem Friedhof an der Heinrich-Mann-Allee beigesetzt.

Benjamin, Walter (15. 7. 1892 – 26. 9. 1940), Kulturphilosoph, Kritiker und Essayist, verbrachte als Kind mit seinen Eltern die Sommermonate im Landhaus der B.'s in der Teltower Vorstadt.

Bertz, Eduard (1853 – 1931), Erzähler, Lyriker, Übersetzer, Journalist (u.a. »Jahreszeiten«, Gedichte, 1871; Montesquieu, »Persische Briefe«, Übersetzung; »Glück und Glas«, Roman, 1891; »Die Philosophie des Fahrrads«, 1900), 1875 Studium der Kameralistik in Leipzig, 1877 – 78 Arbeit für die »Berliner Freie Presse«, Verurteilung im Zusammenhang mit dem Sozialistengesetz, 1878 in London, 1881 in den USA, Beteiligung an der Agrarkommune von Thomas Hughes, 1883 zurück nach London, 1888 Sekretär des Deutschen Schriftstellerverbandes, Engagement für Magnus Hirschfelds »Jahrbuch für sexuelle Zwischenstufen«; B. wurde in P. geboren und starb gleichfalls hier.

Besser, Johann von (8. 5. 1654 – 10. 2. 1729), seit 1681 Legationsrat in preußischem Dienst, Oberzeremonienmeister Friedrichs I., Verfasser von Gelegenheitsdichtung, Lob- , Nachruf- und Schäfergedichten, lebte u.a. in P.

Bienek, Horst (7. 5. 1930 – 7. 12. 1990), Schriftsteller (»Traumbuch eines Gefangenen«, 1957; »Die Zelle«, 1968; »Gleiwitzer Kindheit«, 1976), Redakteur, Lektor, lebte seit 1946 in Berlin und P. (in der Alexandrowka), wo er 1951 verhaftet und bis Ende 1955 nach Workuta verschleppt wurde.

Brunner, Constantin (eigentl. Leopold Wertheimer) (28. 8. 1862 – 28. 8. 1937), Kulturphilosoph (u.a. »Unser Christus oder das Wesen des Genies«, 1921), lebte von 1913 – 30 in der einstigen Königsstr. 59 (heute Berliner Str.) in P.

Brunner, Lotte (Psdn. H.C.Wertenau) (1. 5. 1883 – 30. 4. 1943), Schriftstellerin (u.a. »Constantin Brunner und Friedrich Nietzsche«, 1928; »Es gibt kein Ende«, 1970) und Übersetzerin (Rufus M. Johns, »Geistige Reformation des sechzehnten und siebzehnten Jahrhunderts«), Stieftochter von sh. C. Brunner; begleitete die Arbeit ihres Stiefvaters in Form eines Tagebuchs; folgte ihrer Mutter ins Vernichtungslager Sobibor, wo sie 1943 ermordet wurde; die Familie Brunner lebte von 1913 – 1930 in P., Königsstr. 59 (heute Berliner Str.) nahe der Glienicker Brücke.

Buber-Neumann, Margarete (21. 10. 1901 – 6. 11. 1989), Schriftstellerin (»Als Gefangene bei Stalin und Hitler«, 1957; »Kafkas Freundin Milena«, 1963), Publizistin, wurde in P. als Tochter eines Brauereibesitzers geboren und wuchs hier auf; heiratete in erster Ehe den Sohn des jüdischen Religionsphilosophen Martin Buber, Rafael Buber, in zweiter Ehe den KPD-Führer Heinz Neumann, mit dem sie 1933 gemeinsam nach Moskau emigrierte; 1937 Verhaftung durch das NKWD, Einweisung in sibirisches Straflager, 1941 Auslieferung durch GPU an die Gestapo, bis 1945 KZ Ravensbrück, wo sie die Kafka-Freundin Milena Jesenská kennenlernt; vor dem Einmarsch der Roten Armee Flucht in die amerikanische Besatzungszone; in ihrem autobiographischen Buch »Von Potsdam nach Moskau« (1957) beschreibt sie u.a. ihre Jugend in P.

Bürgel, Bruno H. (14. 11. 1875 – 8. 7. 1948), Astronom, Schriftsteller (»Aus fernen Welten«, 1919), siedelte in den zwanziger Jahren aus Berlin nach P.-Babelsberg über (Merkurstr. 10), wo heute eine Straße nach ihm benannt ist; sein Grab befindet sich auf dem Friedhof von P.-Babelsberg; seit 1971 existiert außerdem die B.-H.-Bürgel-Gedenkstätte im Neuen Garten (sh. Anhang).

Campe, Joachim Heinrich (29. 6. 1746 – 22. 10. 1818), Aufklärungspädagoge, Sprachforscher, Verleger und Jugendschriftsteller (»Robinson der Jüngere«, 2 Bde., 1779/80 – erzieherische Bearbeitung der Vorlage von D. Defoe); C. amtierte 1776 an der Heiliggeistkirche in P.

Casanova, Giacomo Girolamo (Chevalier de Seingalt) (2. 4. 1725 – 4. 6. 1798), italienischer Abenteurer und Schriftsteller, am bekanntesten seine »Histoire de ma vie«, hielt sich im Sommer 1764 besuchsweise am Hof Friedrichs des Großen in P. auf.

Claudius, Eduard (eigentl. Eduard Schmidt) (29. 7. 1911 – 13. 12. 1976), derbrealistischer Erzähler (»Menschen an unserer Seite«, 1951; »Ruhelose Jahre«, 1968), Journalist, DDR-Politiker, zog 1947 vom Ruhrgebiet nach P. um, wo er bis zu seinem Tod wohnte (Rosa-Luxemburg-Str. 26, später Finkenweg).

Corvin, Otto von (12. 10. 1812 – 2. 3. 1886), Schriftsteller und Offizier, (»Aus dem Leben eines Volkskämpfers«, 1861; »Hassan«, Drama, 1836), kam von 1824 – 27 als Kadett nach P.

Daumann, Rudolf H. (2. 11. 1896 – 30. 11. 1957), Verfasser proletarischer Romane (»Der Streik«, 1932), nach dem Krieg Jugendbücher (»Tatanka – Yotanka«, 1955; »Der Untergang der Dakota«, 1957), Leiter des Senders Potsdam, lebte von 1946 bis zu seinem Tod in P.-Babelsberg.

Diesel, Eugen (3. 5. 1889 – 22. 9. 1970), Schriftsteller, Kulturphilosoph (»Das Phänomen der Technik«, 1939; »Das gefährliche Jahrhundert«, 1950), Sohn von Rudolf D., dem Erfinder des Dieselmotors, lebte von 1925 – 39 als freier Schriftsteller in P.

Eberz, Otfried (eigentl. Jakob Maria Remigius) (1. 10. 1878 – 21. 3. 1958), Philosoph (»Vom Anfang und Niedergang des männlichen Weltalters. Gedanken über Zweigeschlechterwesen«, 1931; »Die drei Dichtungen vom Schicksal des Abendlandes: Aeneis, Comedia, Faust«, 1959), wohnte von 1944 – 51 in der Behlertstr. in P.

Egidy, Moritz von (29. 8. 1849 – 29. 12. 1898), Publizist (»Ernste Gedanken«, 1890; »Gedanken über Erziehung«, 1897), Begründer und Herausgeber der Zeitschrift »Versöhnung«, einstiger Offizier, der sich in der pazifistischen Bewegung engagierte, wohnte in P. in der Weinmeisterstr.

Fidicin, Ernst (27. 4. 1802 – 19. 12. 1883), Historiker, Stadtarchivar von Berlin, Herausgeber historischer und literarischer Quellen u.a. zur Mark Brandenburg und zu Berlin, wurde in P. geboren.

Foerster, Karl (9. 3. 1874 – 27. 11. 1970), Gärtner, Fachschriftsteller und Essayist (»Neuer Glanz des Gartenjahres«, 1952; »Warnung und Ermutigung«, 1959; »Ferien vom Ach«, 1962; »Es wird durchgeblüht«, 1968), 1889 – 91 Gärtnerlehre in der Schloßgärtnerei Schwerin, Gärtnergehilfe, 1903 Gründung einer Staudengärtnerei in Berlin-Westend, 1911 Umzug nach Bornim bei P., Inhaber eines Großbetriebs für Gartenpflanzenneuheiten und winterharte Stauden; Gestaltung der Freundschaftsinsel in P.; lebte von 1911 – 1970 in Bornim, Am Raubfang.

Fontane, Theodor (30. 12. 1819 – 20. 9. 1898) wird auf dem Bassinplatz mit einer Büste geehrt; in P. ist das Theodor-Fontane-Archiv angesiedelt, das u.a. über eine Reihe von Handschriften aus dem Nachlaß des Schriftstellers verfügt (sh. Anhang).

Fraenger, Wilhelm (5. 6. 1890 – 19. 11. 1964), Kunsthistoriker (»Der junge Rembrandt«, 1920; »Matthias Grünewald in seinen Werken«, 1936; »Hieronymus Bosch: Das tausendjährige Reich«, 1947), Herausgeber des »Jahrbuchs für historische Volkskunde« (1925 – 37), lebte bis zu seinem Tod in P.-Babelsberg (In der Aue 45).

François, Marie Louise von (27. 6. 1817 – 25. 9. 1893), Schriftstellerin, verfaßte Novellen und Romane (»Die letzte Reckenburgerin«, 1871); lebte um 1855 bei ihrem Onkel in P., dem preußischen General Karl von F.

Friedrich II. (der Große) (24. 1. 1712 – 17. 8. 1786), König von Preußen (seit 1740) und bedeutender militärisch-politischer Schriftsteller (Werke, 10 Bde., aus dem Französischen, 1912 – 14), dem die deutsche Literatur zeitlebens fremd blieb; lebte seit seinem Regierungsantritt (31. 5. 1740) vor allem in P.

Gaudy, Franz Freiherr von (19. 4. 1800 – 5. 2. 1840), Erzähler (»Mein Römerzug«, 1836), Lyriker (»Kaiser – Lieder«, 1835), verbrachte einen Teil seiner Offizierszeit in P., bis er 1833 nach Berlin zog (sh. Frankfurt [Oder]).

Das Theodor-Fontane-Archiv in Potsdam,
das seit 1935 besteht, besitzt neben einer Fülle
von Sekundärliteratur zu Leben und Werk des Dichters
auch viele Originalhandschriften Fontanes.

Gleim, Johann Wilhelm Ludwig (2. 4. 1719 – 18. 2. 1803), Lyriker der Aufklärung (»Preußische Kriegslieder«, 1758; »Lob des Landlebens«, 1764), Begründer des anakreontischen Halleschen Dichterkreises (mit Uz und Götz) und Mittelpunkt des Halberstädter Dichterkreises, war von 1740 – 44 Hauslehrer in P.

Glogau, Emil August (6. 3. 1873 – 14. 7. 1951), Satiriker (»Russischer Kaviar. Ernst und Scherz aus dem Weltkrieg«, Hg., 1915), Dramatiker (»Das Lächeln der Beatrice«, 1944), lebte als Zahnarzt in P.

Goebler, Dorothee (Psdn. Paula Hohenfels) (8. 10. 1867 – 3. 4. 1945), Schriftstellerin, über 35 Buchveröffentlichungen (u.a. »Potsdamer Plaudereien«, 1924; »Als Wandervogel durch die Mark«, 1924; »Potsdamer Spiegel«, 1927) und Journalistin (u.a. Berliner »Lokal-Anzeiger«, »Gartenlaube«, »Woche«, »Deutsche Frauenzeitung«, »Berliner Morgenpost«), seit 1904 Schriftleiterin der Berliner »Hausfrau«; wurde in P., am Alten Markt 8, geboren.

Goes, Gustav (20. 4. 1884 – ?), Erzähler (»Märchengeister«, 1923; »Deutsche Stadt der Wunder und Träume«, 1930), z.T. nationalistische und kriegsverharmlosende Stoffe (»Die Trommel schlug zum Streite... Ernstes und Heiteres aus dem Kriege«, 1940), lebte als Oberheeresarchivrat in P., Augustastr. 24.

Goethe, Johann Wolfgang von (28. 8. 1749 – 22. 3. 1832) machte am Morgen des 15. 5. 1778 auf dem Weg nach Berlin sowie auf dem Rückweg (19. 5.) gemeinsam mit Karl-August von Sachsen-Weimar Rast im einst vornehmsten Restaurant P.'s, »Prinz von Preußen« (südlich des Alten Markts), und besuchte anschließend Schloß Sanssouci.

Grisebach, Hanna (25. 5. 1899 – 1989), Kunsthistorikerin, Galeristin, Frau des Kunsthistorikers August Grisebach, lebte von 1937 – 1946 in P., wo sie während der Nazi-Zeit als Jüdin von einem Pfarrer der bekennenden Kirche versteckt worden war; schrieb 1945 ihr »Potsdamer Tagebuch«, das sie zunächst im Selbstverlag veröffentlichte; 1974 sind die Aufzeichnungen neu aufgelegt worden.

Guardini, Romano (17. 2. 1885 – 1. 10. 1968), katholischer Religionsphilosoph und Theologe (»Vom Sinn der Kirche«, 1922; »Das Ende der Neuzeit«, 1950; »Die Kirche des Herrn«, 1965), wohnte 1924/25 in P., Zimmerstraße.

Guichard (Guischard), Karl Gottlieb (1724 oder 1725 – 13. 5. 1775), Militärschriftsteller (»Memoires militaires sur les Greces et les Romains…«, 1764), lebte als Berater und Gesellschafter am Hof Friedrichs II. in P.

Gundling, Jakob Frhr. von (19. 8. 1673 – 11. 4. 1731), Publizist (»Brandenburgischer Atlas«, 1724; »Geschichte der Chur-Mark Brandenburg… bis zum Absterben Albrechts II.«, 1753), Präsident der Akademie der Wissenschaften, Zeitungskommentator und Vorleser Friedrich Wilhelm I.; das Grab von G. befindet sich an der Kirche von P.-Bornstedt.

Haeckel, Ernst (16. 2. 1834 – 9. 8. 1919), Mediziner, Biologe, Verfasser zahlreicher Schriften, mit denen er die Darwinsche Evolutionstheorie in Deutschland popularisierte (u.a. »Natürliche Schöpfungsgeschichte«, 1868); H. wurde in P. geboren (am Neuen Markt 24a – heute Nr. 8); eine Tafel an seinem Geburtshaus erinnert an den Naturforscher.

Hamel, Richard Otto Werner (1853 – 1924), Mundartautor (»Zwei Meister«, Komödie, 1901), lebte in P.

Hartung, Hugo (17. 9. 1902 – 2. 5. 1972), Dramaturg, Romancier (u.a. »Die Potsdamerin«, 1979), lebte vom Kriegsende bis 1950 in P., Immenseestr. 7.

Hatzfeld, Adolf von (3. 9. 1892 – 25. 7. 1957), Naturlyriker (»Gedichte«, 1916; »An Gott«, 1919), expressionistischer Erzähler, Dramatiker und Essayist, besuchte die Kriegsschule in P.

Heine, Heinrich (13. 12. 1797 – 17. 2. 1856), Lyriker, Erzähler, Dramatiker, hielt sich von April bis Mitte Juli 1829 in P. auf; er wohnte in der Nauener Straße 11, der heutigen Friedrich-Ebert-Straße 121; am Haus erinnert eine Tafel an seinen Aufenthalt; H. schrieb hier am dritten Teil der »Reisebilder«.

Helmholtz, Hermann Ludwig Ferdinand von (seit 1882) (31. 8. 1821 – 8. 9. 1894), einer der bedeutendsten deutschen Physiker des 19. Jahrhunderts, popularisierte das empiristisch-naturwissenschaftliche Fortschrittsdenken in Deutschland in zahlreichen Büchern und Vorträgen und beteiligte sich an der philosophisch-erkenntnistheoretischen Diskussion seiner Zeit (»Populäre wissenschaftliche Vorträge«, 3 Bde., 1865 – 76; »Die Thatsachen in der Wahrnehmung«, 1878); wurde in P. geboren.

Hesekiel, Ludovika (3. 7. 1847 – 1889), Journalistin, Erzählerin; stammt aus Altenburg/ Thüringen, begann als Journalistin bei der Berliner »Kreuzzeitung«, bei der ihr Vater als Redakteur arbeitete, übernahm diese Stelle nach dessen Tod; schrieb Erzählungen, Biographien, historische Romane, deren Handlungen u.a. in Frankfurt (Oder), Falkenrehde und Seelow spielen; ihr Werk umfaßt 28 Bücher (u.a. »Von Brandenburg zu Bismarck«, 2 Bde., 1873; »Deutsche Träumer«, 1879; »Zünftig«, 1881; »Templer und Johanniter«, 1887); lebte von 1874 – 1887 in P., wo sie das Haus Jägerallee 34 gekauft hatte.

Heyl, Hedwig (1850 – 1934), Sachbuchautorin (u.a. »A.B.C. der Küche«, 1886; »Die Krankenkost«, 1889; »Restverwertung in der Küche«, 1902; »Volkskochbuch«, o.J.), Memoirenschreiberin (»Aus meinem Leben«, 1925), stammt aus einer großbügerlichen Familie in Bremen, Schülerin der Frauenrechtlerin Henriette Schrade, heiratete 1869 den Fabrikbesitzer Georg Friedrich Heyl, Mutter von fünf Kindern, Aufsichtsratsvorsitzende der Heyl-Chemiefabriken Berlin, später Leiterin der Heyl-Farbenfabrik, gründete 1884 die erste systematische Koch- und Haushaltsschule im Pestalozzi-Fröbel-Haus Berlin und 1890 die erste Gartenbauschule für Frauen in Deutschland, Vorsitzende des Lokalkommitees des Internationalen Frauenkongresses 1904, richtete eine Badeanstalt für Arbeiter, die erste Mittelstandsküche und eine Konservenfabrik ein, 1919 Stadtverordnete von Charlottenburg; H. wohnte ab 1902 in P.-Babelsberg am Griebnitzsee.

Hielscher, Friedrich (31. 5. 1902 – ?), Publizist, politischer Schriftsteller (»Fünfzig Jahre unter den Deutschen«, 1954; »Zuflucht der Sünder«, 1959), Herausgeber der Zeitschrift »Das Reich«, wohnte seit 1940 in der Schloßstr. in P.

Holnstein, Erika von (Psdn. Matthias Holnstein) (24. 2. 1893 – 7. 11. 1971), Autorin (»Die Sommerburg. Ein Malerbuch«, 1934), Übersetzerin (u.a. Charles Dickens, Nathanel Hawthorne, Marjorie Bowen, Colette), Verlegerin; Tochter eines Fabrikbesitzers aus Fürth, heiratete 1925 in zweiter Ehe Gustav Kiepenheuer, arbeitete in der Leitung des Potsdamer Kiepenheuer Verlags, schrieb unter Psdn. Kurzgeschichten, die in der »Frankfurter Zeitung« und im »Berliner Tageblatt« erschienen sind, lebte von 1925 – 49 in P.

Huchel, Peter (3. 4. 1903 – 30. 4. 1981), Lyriker, 1948 – 62 Chefredakteur der Literaturzeitschrift »Sinn und Form«, wohnte seit 1915 in P., die erste Zeit in Pension bei Johannes Vogel, dem Hofprediger und Pfarrer an der Garnisonkirche; H. nahm 1920 auf Seiten der Putschisten am Kapp-Putsch in P. teil, 1923 legte er an der Städtischen Oberrealschule sein Abitur ab; 1930 heiratete Huchel in P. Dora Lassel, mit der er bis zum Ende des Kriegs zusammenlebte (sh. Alt Langerwisch, sh. Michendorf, sh. Wilhelmshorst).

Hürlimann, Bettina (1909 – 9. 7. 1983), Verlegerin, Herausgeberin, Kinderbuchsammlerin (»Europäische Kinderbücher in drei Jahrhunderten«, 1959); Tochter der Verlegerin Irmgard Kiepenheuer und Frau des Schweizer Verlegers Martin Hürlimann; beschreibt ihre Kindheit und Jugend im P. der zwanziger Jahre, den Salonbetrieb im Haus ihrer Eltern (Sanssouci, Fasanerie) mit Gästen wie Kurt Schwitters, Wilhelm Furtwängler und Mies van der Rohe in ihrem Erinnerungsbuch »Sieben Häuser. Aufzeichnungen einer Bücherfrau« (1976).

Humboldt, Alexander von (14. 9. 1769 – 6. 5. 1859), Naturforscher, Publizist, Essayist (»Kosmos«, 1845 – 62), nach dem Studium in Frankfurt (Oder), Göttingen, Hamburg und Freiberg 1792 – 96 in der preußischen Bergwerksverwaltung tätig, 1799 – 1804 Reise nach Amerika, trat danach in den diplomatischen Dienst und wurde Botschafter in Paris; 1827 wieder in Berlin, Vorlesungen über Physische Weltbeschreibung, enger Berater des Königs und Hofrat bei Friedrich Wilhelm III. und seinem Nachfolger, Friedrich Wilhelm IV.; lebte seit August 1827 auf Einladung Friedrich Wilhelms III. im Ostflügel des Stadtschlosses; ihm wurde am 21. 10. 1849 im Kuppelsaal des Alten Rathauses die Ehrenbürgeschaft der Stadt verliehen (sh. Frankurt [Oder]).

Humboldt, Wilhelm von (22. 6. 1767 – 8. 4. 1835), Gelehrter, Politiker, Publizist (»Über die Kawi-Sprache auf der Insel Java«, 1836 – 40), nach dem Studium der Rechts-, Staats-, und Altertumswissenschaft in sh. Frankfurt (Oder) und Göttingen trat H. in den diplomatischen Dienst; die Jahre von 1794 – 1797 verbrachte er als Privatgelehrter in Jena; anschließend preußischer Minister und Gesandter in Rom; 1809 – 1819 leitete H. die Kultus- und Unterrichtsabteilung im preußischen Innenministerium; auf dem Humboldtschen Gut in Tegel widmete er sich sprachwissenschaftlichen Studien; das Haus am Neuen Markt 1, auch als »Kabinettshaus« bezeichnet, ist wahrscheinlich das Geburtshaus Wilhelm von Humboldts (sh. Frankurt [Oder]).

Jean Paul (eigentl. Johann Friedrich Paul Richter) (21. 3. 1763 – 14. 11. 1825), bedeutender Erzähler des deutschen Idealismus mit Vorliebe für grotesk-komische

Charaktere (»Titan«, 4 Bde., 1800 – 03; »Siebenkäs«, 3 Bde., 1796/97), war in seiner Berliner Zeit (Oktober 1800 – Mai 1801) öfter in P. zu Besuch, das er als »die schönste Vorstadt von Berlin« bezeichnete.

Kästner, Erich (23. 2. 1899 – 29. 7. 1974), Schriftsteller, schrieb in der Villa von Brigitte Horney in Neubabelsberg (Johann-Strauß-Platz) das Drehbuch zu dem Ufa-Erfolgsfilm »Münchhausen«.

Kasack, Hermann (24. 7. 1896 – 10. 1. 1966), Schriftsteller (»Die Insel«, Gedichte, 1920; »Die Stadt hinter dem Strom«, 1947; »Der Webstuhl«, 1949), Lektor, Rundfunkautor; 1915 Studium der Germanistik und Nationalökonomie in Berlin und München, 1920 – 25 Lektor und später Direktor des Kiepenheuer-Verlags in P., Entdecker und Förderer Brechts, 1926 – 27 im S. Fischer Verlag, dann freier Schriftsteller, 1941 – 49 Lektor im Suhrkamp-Verlag als Nachfolger Oskar Loerkes, 1948 Mitbegründer des deutschen PEN-Zentrums; K. stammt aus einer alten P.er Bürgerfamilie, wuchs in P. auf und lebte hier bis 1949 (1927 – 45: Kaiser-Wilhelm-Str. 13, heute Hegelallee; 1945 – 49: Hans-Sachs-Str. 13); mußte die Stadt 1949 aus politischen Gründen verlassen; eine kleine Ausstellung im Helmholtz-Gymnasium (ehemals Victoria-Gymnasium) erinnert an den einstigen Schüler K.

Karsch, Anna Louisa (1. 12. 1722 – 12. 10. 1791), Dichterin, vor allem anakreontische und im preußisch-patriotischen Themenkreis verhaftete Gelegenheitslyrik (»Auserlesene Gedichte«, 1764), lebte einige Jahre in P. (»Krugsches Haus« gegenüber der Garnisonkirche).

Kaschnitz, Marie Luise Freifrau von (31. 1. 1901 – 10. 10. 1974), Lyrikerin, schrieb anfänglich auch Romane (»Liebe beginnt«, 1933; »Elissa«, 1937), lebte als Kind für zwei Jahre in P. (Persiusstr.).

Kellermann, Bernhard (4. 3. 1879 – 17. 10. 1951), impressionistischer Erzähler (»Der Tor«, 1909; »Das Meer«, 1910), Verfasser zeitkritischer Gegenwartsromane (»Totentanz«, 1948), lebte seit 1948 in P. (Seestr. 12, seit 1950 Wannseestr. 14) und in Klein-Glienicke (Böttcherberg) bei P.; das Grab von Kellermann befindet sich in der Teltower Vorstadt auf dem Neuen Friedhof, Heinrich-Mann-Allee (sh. Werder).

Kiepenheuer, Gustav (10. 6. 1880 – 6. 4. 1949), Verleger, war 1919 – 24 in P. ansässig; Verlag und Wohnung befanden sich in der Geschwister-Scholl-Straße 59 (ehemalige Viktoriastraße).

Kleist, Ewald Christian von (7. 3. 1715 – 24. 8. 1759), Dichter, Offizier, Freund Lessings, Adressat der von Lessing verfaßten »Briefe, die neueste Litteratur betreffend« sowie Vorbild für die Figur des Tellheim in Lessings »Minna von Barnhelm«; am bekanntesten ist – neben vaterländischen Dichtungen – seine bukolische Idylle »Der Frühling« (1749); diente im Regiment »Prinz Heinrich« in P. (Wohnung in der heutigen Dortustr.).

Kleist, Franz Alexander von (24. 12. 1769 – 8. 8. 1797), Schriftsteller (»Denkmal deutscher Dichter und Dichterinnen«, 1791; »Fantasien auf einer Reise nach Prag«, 1792), wurde in P. geboren.

Kleist, Heinrich von (18. 10. 1777 – 21. 11. 1811), Dramatiker, Erzähler, Publizist, war in P. stationiert, wohnte in der Nauener Straße 5, bezog ab 1. 6. 1792 Quartier bei Frau von Linckersdorf; neben seiner militärischen Ausbildung besuchte Kleist die Stadtschule in P., um sich mathematisch und philosophisch zu bilden; am Gebäude der Stadtschule in der Friedrich-Ebert-Straße 17 erinnert eine Tafel an den Dichter.

Klepper, Jochen (23. 3. 1903 – 11. 12. 1942), Erzähler (u.a. »Kahn der fröhlichen Leute«, 1933; »Der Vater«, 1937), nach einem Theologiestudium ab 1927 Redakteur beim evangelischen Presseverband in Breslau, ab 1931 beim Berliner Rundfunk, 1933 Entlassung wegen seiner Ehe mit der Jüdin Johanna Stein, 1942 Freitod gemeinsam mit seiner Frau und seiner Tochter; K. war oft in P. in der Birkenstraße 1 Gast bei Reinhold Schneider; eine Tafel am Haus erinnert an den Autor.

Knebel, Karl Ludwig (30. 11. 1744 – 23. 2. 1834), Lyriker und Übersetzer (Properz und Lukrez), Freund von Goethe und Schiller, war 1763 Fähnrich in P.

Köppen, Edlef (1. 3. 1893 – 22. 2. 1939), Erzähler, besuchte in P. das Gymnasium; die Arbeit beim Kiepenheuer Verlag brachte ihn 1921 bis 1925 in die Stadt zurück (sh. Wilhelmshorst).

Kopisch, August (26. 5. 1799 – 3. 2. 1853), Liederdichter der späten Romantik (»Heinzelmännchen von Köln«), wohnte seit 1844 bis zu seinem Tod in P.

La Mettrie, Julien Offray de (25. 12. 1709 – 11. 11. 1751), Arzt und Philosoph (»Der Mensch eine Maschine«,

1748), war bis zu seinem frühen Tod Vorleser und Arzt am Hof Friedrichs II.

Lange, Ernst Philipp Karl (Psdn. Philipp Galen) (21. 12. 1813 – 1. 5. 1899), Schriftsteller (»Der Inselkönig. Ein Roman aus Herlossohns nachgelassenen Papieren«, 5 Bde., 1852; »Walter Lund. Aus dem Leben eines Schriftstellers«, 3 Bde.), wurde in P. geboren und lebte von 1864 bis zu seinem Tod als Arzt in P., Marienstr. 35.

Laube, Heinrich (18. 9. 1806 – 1. 8. 1884), Dramatiker (»Die Karlsschüler«, 1846), Erzähler und Journalist des Jungen Deutschland, besuchte 1834 und 1837 P. und schrieb darüber in seinen »Erinnerungen«.

Lepsius, Johannes (15. 12. 1858 – 3. 2. 1926), Theologe, Missionar, Vizedirektor der Deutschen Orientmission in P., Dramatiker (»Ein Totentanz. Mysterium«, 1906), machte die deutsche Öffentlichkeit 1915 auf den Völkermord der Türken an den Armeniern aufmerksam (»Bericht über die Lage des armenischen Volkes in der Türkei«, 1916); lebte in P.

Lessing, Gotthold Ephraim (22. 1. 1729 – 15. 2. 1781) vollendete in P. von Ende Januar bis März 1755 »Miß Sara Sampson« im Gartenhaus des Grundstücks Zeppelinstr. 167 (sh. Frankfurt [Oder]).

Manger, Heinrich Ludwig (31. 7. 1728 – 30. 4. 1790), Oberbaurat (regte u.a. den Bau des Neuen Palais an), Verfasser einer dreibändigen Baugeschichte von P. (»Potsdam auf einem ehemaligen Sumpf«, 1789/90), lebte seit 1753 in P., wo die Mangerstraße am Heiligensee an den Baumeister erinnert.

Marchwitza, Hans (25. 6. 1890 – 17. 1. 1965), Schriftsteller (»Sturm auf Essen«, 1930; »Roheisen«, 1955; »Die Kumiaks und ihre Kinder«, 1959), Kulturfunktionär, lebte von 1947 bis zu seinem Tod in P.-Babelsberg, zuletzt Rosa-Luxemburg-Str. 27.

Marwitz, Alexander von der (1787 – 1814), Offizier, jüngerer Bruder von Friedrich August Ludwig von der M. (sh. Friedersdorf); gehörte zum Kreis um Rahel Varnhagen, hielt sich von Oktober 1811 – Mai 1812 in P. auf; Fontane widmet v. d. M. ein Kapitel in seinen »Wanderungen durch die Mark Brandenburg«.

Massenbach, Christian August Ludwig von (16. 4. 1758 – 21. 11. 1827), Erzieher am Hof, Offizier, Schriftsteller (»Betrachtungen und Aufschlüsse über die Ereignisse der Jahre 1805 und 1808«, 3 Bde.; »Der Oberst Christian Massenbach«, 1817), lebte seit 1782 in P.

Maurer, Georg (11. 3. 1907 – 4. 8. 1971), Lyriker (»Unterm Maulbeerbaum«, Ausgew. Ged., 1977), Essayist (»Was vermag Lyrik«, posth. 1982) und Übersetzer rumänischer Dichtung, starb in P.

Möllhausen, Balduin (27. 1. 1825 – 28. 5. 1905), Abenteurer, Amerikareisender, Erfolgsschriftsteller (über 45 Romane, u.a. »Der Flüchtling«), von Prinz Friedrich Karl in die Tafelrunde in Schloß Dreilinden aufgenommen; Züge seiner Person flossen in Karl Mays Figur des »Old Shatterhand« ein; lebte bis 1886 in P.

Moritz, Karl Philipp (15. 9. 1756 – 26. 6. 1793), Erzähler (u.a. »Anton Reiser«, 4 Bde., 1785 – 90; »Andreas Hartknopf«, 1786), war 1777/78 Lehrer am Militärwaisenhaus in P.

Mundt, Theodor (19. 9. 1808 – 30. 11. 1861), Journalist, Kritiker, Erzähler, schrieb – nach jungdeutschen Anfängen – vor allem historische Romane und Reiseberichte (»Spaziergänge und Weltfahrten«, 3 Bde., 1838 – 39; »Pariser Kaiserskizzen«, 1857); wurde in P. geboren.

Nell, Peter (eigentl. Kurt Heinze) (10. 10. 1907 – 27. 11. 1957), Schriftsteller (»Der Junge aus dem Hinterhaus«, 1955; »Heinrich Rothschuh erzählt«, 1960), Reporter und Kulturfunktionär, lebte nach dem Krieg in P.

Niendorf, Martin Anton (24. 12. 1826 – 12. 6. 1878), Lehrer und Schriftsteller (»Die Hegler Mühle. Cyclus märkischer Lieder«, 1852), besuchte 1844 – 46 das Lehrerseminar in P.

Ossietzky, Carl von (3. 10. 1889 – 4. 5. 1938), Publizist, seit 1926 Redakteur, seit 1927 Herausgeber der »Weltbühne«, hielt sich regelmäßig in P. auf, wo die »Weltbühne« gedruckt wurde (Druckhaus »Stein«, Hegelallee 53, heute u.a. Sitz des Brandenburgischen Literaturbüros, sh. Anhang); überliefert ist, daß O. in der ehemaligen Hofkonditorei »Rabien« am Nauener Tor sonnabendlich die Schlußkorrektur der aktuellen Ausgabe las; dort erinnert eine Tafel an den Autor.

Petershagen, Rudolf (4. 6. 1901 – 13. 4. 1969), Erzähler (»Gewissen in Aufruhr«, 1957; »Das Leben ist kein Würfelspiel«, 1962), Offizier, seit 1938 in Greifswald, übergab 1945 als Stadtkommandant die Stadt kampflos an die Rote Armee, 1945 – 1948 sowjetische Gefangenschaft, 1951 bis 1955 Haft in der Bundesrepublik, lebte dann als freischaffender Schriftsteller in Greifswald; kam ca. 1920 nach P., diente hier 15 Jahre im Infanterieregiment 9 und wohnte in der Marienstraße 30 (sh. Brandenburg).

Pincus, Lily (13. 3. 1898 – 1969), Psychotherapeutin, Autorin (»...bis daß der Tod euch scheidet. Zur Psychologie des Trauerns«; »Verloren – Gewonnen. Mein Weg von Berlin nach London«, Autobiographie, 1977); geboren in Karlsbad, aufgewachsen in Berlin, 1938 Emigration nach England, Mitarbeit an den deutschsprachigen Sendungen der B.B.C., Begründerin des Instituts für Ehestudien an der Tavistock Clinic in London; lebte von 1923 – 38 auf Hermannswerder in P.

Pückler-Muskau, Hermann Fürst von (30. 10. 1785 – 4. 2. 1871), Reiseschriftsteller, setzte ab 1845 die von Lenné begonnene Gestaltung des Babelsberger Parks fort (sh. Cottbus-Branitz).

Raupach, Ernst Benjamin Salomo (21. 5. 1784 – 18. 3. 1852), Dramatiker (117 dramatische Dichtungen, u.a. »Der Müller und sein Kind«, 1835), wohnte von 1848 – 50 in P.

Redslob, Edwin (22. 9. 1884 – 24. 1. 1973), Kunsthistoriker, Publizist (1945 – 48 einer der Lizenzträger des »Tagesspiegel«), erster Rektor der Freien Universität Berlin, lebte in Neubabelsberg.

Reuter, Christian (getauft am 9. 10. 1656 – um 1712), humoristisch-satirischer Dramatiker und Erzähler (»Frau Schlampampe«, 1696; »Schelmuffsky«, 1696), trat nach 1703 als Gelegenheitsdichter für den preußisch-brandenburgischen Hof auf (»Die frohlockende Spree«; 1703; »Das glückselige Brandenburg«, 1705; »Das frohlockende Berlin«, 1710).

Saldern, Thusnelda von (3. 10. 1837 – 12. 5. 1910), seit 1878 1. Diakonisse und Oberin des Oberlinhauses in P., schrieb Erzählungen über das Diakonissenleben und Reiseschilderungen, um den Etat des Oberlinhauses aufzubessern (u.a. »Ein Frühlingsabend zur Winterzeit«, o.J.).

Sallet, Friedrich von (20. 4. 1812 – 21. 2. 1843), spätromantischer Lyriker (»Laienevangelium«, Evangelienharmonie in Jamben, 1842) und Erzähler, diente 1824 – 28 im Kadettenkorps in P.

Scheel, Friedrich Wilhelm Hans von (29. 10. 1839 – 27. 9. 1901), Schriftsteller, Nationalökonom, wurde in P. geboren.

Schiller, Friedrich von (10. 11. 1759 – 9. 5. 1805) verbrachte mit seiner Familie auf der Durchreise von Weimar nach Berlin die Nacht zum 30. 4. 1804 im Haus des Schriftstellers von Massenbach (Neuer Markt Ecke Waisenstr., heute Dortustr.).

Schneider, Louis (29. 4. 1805 – 16. 12. 1878), Schauspieler, Dramatiker und Militärschriftsteller (»Soldatenfreund, ein Lesebüchlein für den preußischen Infanteristen«, 1832; »Aus meinem Leben«, 1879), lebte seit 1850 als Vorleser zweier Könige in P., Neue Königsstr. (heute Berliner Str.).

Schneider, Reinhold (13. 5. 1903 – 6. 4. 1958) Lyriker, Erzähler, Dramatiker, Essayist (u.a. »Las Casas vor Karl V«, 1938; »Sonette«, 1939; »Balkon«, 1957), kaufmännische Ausbildung, autodidaktisches Studium der romanischen Literaturen, 1928/29 Reisen durch Europa, lebte in P., dann in Freiburg, 1940 Schreibverbot, 1945 Anklage wegen Hochverrats; lebte von 1932 – 37 in P., zuerst Am Kanal 28, seit dem 15. Mai 1935 Birkenstraße 1, wo eine Tafel an den Autor erinnert; hier besuchte Jochen Klepper ihn häufig.

Schüler, Theodor August (26. 9. 1827 – 27. 1. 1904) Lyriker, Biograph (»Zwölf Schweizer Sonette«, 1848; »Aus der Kinderwelt für die Kinderwelt«, 1875), Sohn eines Brauereiinspektors, Studium der Theologie in Berlin und Bonn, ab 1854 Pfarrer in Worbis im Eichsfeld, 1862 Diakon in Gramzow (Uckermark), 1870 Divisionspfarrer, 1871 Oberpfarrer in sh. Kremmen, lebte seit 1895 bis zu seinem Tod in P.

Schulze-Delitzsch, Hermann (29. 8. 1808 – 29. 4. 1883), Sozial- und Wirtschaftspolitiker, Reiseschriftsteller (»Wanderbuch, ein Gedicht in Szenen und Liedern«, 1838), wohnte seit 1862 bis zu seinem Tod in P. (Wohnung in der Spandauer Str. 15, heute Friedrich-Ebert-Str. 67).

Spielhagen, Friedrich (24. 2. 1829 – 25. 2. 1911), Schriftsteller und Journalist, Verfasser breit angelegter Zeit- und Gesellschaftsromane; Teile des Nachlasses von S. befinden sich im Fontane-Archiv (sh. Anhang) in P.

Stamford, Heinrich Wilhelm von (um 1740 – 16. 5. 1807), Militärschriftsteller und Lyriker (»Nachgelassene

Gedichte«, 1808), Freund Gleims, lebte als Ingenieur-Hauptmann in P.

Sternaux, Ludwig (17. 7. 1885 – 9. 9. 1938), Essayist (u.a. »Über das Sammeln moderner Bücher«, 1918; »Potsdam. Ein Buch der Erinnerung«, 1924; »Das unbekannte Potsdam«, 1026; »Potsdamer Pastelle«, 1930), Journalist (u.a. beim »Berliner Lokalanzeiger«), starb in P.

Stieglitz, Heinrich (2. 2. 1801 – 23. 8. 1849), jungdeutscher Erzähler und Lyriker (»Gedichte«, 1823; »Bilder des Orients«, 4 Bde., 1831 – 33), lebte mit Charlotte S. in der Nauener Str. (heute Friedrich-Ebert-Str.); in der Nachbarschaft wohnte zeitweilig Heinrich Heine.

Stitzer, Karl (28. 12. 1896 – 21. 12. 1972), Erzähler, Journalist, Satiriker (»Was es nicht alles gibt«, 1954; »Der gerettete Pedant«, 1961), lebte 1945 bis zu seinem Tod in P.-Wildpark (zuletzt Am Ufer 24); sein Grab befindet sich auf dem Friedhof in der Heinrich-Mann-Allee.

Stoffregen, Otto (Psdn. Stoffregen-Stauffen) (23. 5. 1883 – ?), Lyriker, Erzähler (»Aus meinem Garten«, Gedichte, 1906; »Die Brautwerbung«, Lustspiel, 1942), lebte während der 30er Jahre in P.

Storm, Theodor (14. 9. 1817 – 4. 7. 1888), Erzähler, Lyriker (u.a. »Immensee«, 1850; »Gedichte«, 1852; »Der Schimmelreiter«, 1888), nach einem Jurastudium in Berlin und Kiel ab 1843 Arbeit als Rechtsanwalt in Husum, Schließung seiner Praxis wegen patriotischer Gedichte gegen die dänische Einverleibung Schleswig-

Holsteins, ab 1856 Exil in Heiligenstadt, 1864 Rückkehr nach Husum als Stadtvogt, 1880 Pensionierung und Umzug nach Hadermarschen; in P. fand Storm nach 1853 wieder Arbeit; bis 1856 Assesor in P., Mitglied des »Tunnels über der Spree«; nur wenige Gedichte entstanden in der P.er Zeit, in den Novellen »Angelika« und »Im Sonnenschein« findet sich die P.er Havellandschaft wieder; S. wohnte in P. bis 1854 in der Brandenburger Straße 70, bis 1856 in der Dortustraße 68 und ab April 1856 für wenige Wochen in der Benkertstraße (ehemals Kreuzstraße) 15; eine Tafel erinnert am Haus Dortustraße 68/ Ecke Brandenburger Straße an den Aufenthalt des Dichters in P.

Suhrkamp, Peter (28. 3. 1891 – 31. 3. 1959), Verleger, Kritiker, Erzähler, zunächst Lehrer an der Wickersdorfer Schulgemeinde, dann Dramaturg und Journalist, durch Samuel Fischer mit Redaktion und Herausgabe der »Neuen Rundschau« betraut, 1936 bis April 1944 Leitung des Fischer-Verlags, Verhaftung und Internierung im KZ Sachsenhausen, 1946 amerikanische Verlagslizenz, 1950 Gründung des Suhrkamp-Verlags nach Einigung mit Gottfried Bermann-Fischer; nach seiner Entlassung aus dem Konzentrationslager hielt sich S. für einige Monate am Neuen Markt 8 bei dem Verleger und Drucker Werner Stichnote auf (sh. Oranienburg).

Tieck, Ludwig (31. 5. 1773 – 28. 4. 1853), Erzähler, Herausgeber, hielt sich in den Sommermonaten der Jahre 1802 bis 1819 in P. auf (Elisabeth-Haus Am Grünen Gitter), wo er für König Friedrich Wilhelm IV. am Theater tätig war (sh. Alt Madlitz).

Tucholsky, Kurt (9. 1. 1890 – 21. 12. 1935), Schriftsteller (u.a. »Rheinsberg. Ein Bilderbuch für Verliebte«, 1912; »Schloß Gripsholm«, 1931), Publizist, Mitarbeiter und zeitweise Herausgeber der »Weltbühne«, hielt sich zwischen 1926 und 1929 regelmäßig in P. auf, wo die »Weltbühne« seit 1925 gedruckt wurde (sh. Rheinsberg).

Voltaire, François Marie Arouet de (21. 11. 1694 – 30. 5. 1778), Publizist, Erzähler (»Ödipus«, 1718; »Alzire«, 1736; »Candide oder Die beste Welt«, 1759), 1704 – 1711 Jesuitenkolleg, 1717 und 1726 inhaftiert, bis 1729 in England im Exil, Flucht in die Champagne, ab 1754 Mitarbeiter an der Encyclopédie, wohnte auf Einladung Friedrich II. 1750 bis 1753 in P. auf dem sogenannten Marquisat, dem heutigen Fischerkietz; das Voltaire-Zimmer im Schloß Sanssouci erinnert an dessen Aufenthalt in P. (sh. Rheinsberg).

Weiss, Peter (8. 11. 1916 – 10. 5. 1982), Dramatiker, Erzähler, Drehbuchautor (»Abschied von den Eltern«, 1961; »Die Verfolgung und Ermordung Jean Paul Marats dargestellt durch die Schauspielgruppe des Hospizes zu Chareton unter Anleitung des Herrn de Sade«, 1964; »Meine Ortschaft«, 1965; »Die Ästhetik des Widerstands«, 1975 – 81), wuchs in P. und Bremen auf, 1934 Emigration der Familie nach London, 1936 zum Studium nach Prag, 1939 Emigration über die Schweiz nach Schweden, schrieb in deutscher Sprache, blieb aber bis an sein Lebensende in Stockholm; an seinem Geburtshaus in der Rudolf-Breitscheid-Straße 232 in P. befindet sich eine Gedenktafel; W. lebte bis Anfang der 20er Jahre mit seinen Eltern in P.-Nowawes; seit Juni 1993 liegt zur Erinnerung an Peter Weiss ein Findling aus Stockholm vor dem Theaterhaus in P.

Wilk, Werner (6. 9. 1900 – 14. 1. 1970), Redakteur, Lektor, Schriftsteller (»Wesenholz«, 1949/50; »Zwischen den Ufern«, 1954; »Der Verrat«, 1957; »Fortunas Gebrechen«, 1962), lebte von 1942 – 51 in P.

Wille, Hans Julius (10. 3. 1895 – 14. 7. 1961), Dramaturg und Schriftsteller (»Die Gefährtin. Das Leben der Therese Levasseur mit Jean-Jacques Rousseau«, 1952; »Feuer im Wind. Leben und Vergehen des Dichters Johann Christian Günther«, 1955); wohnte seit Kriegsende bis zu seinem Tod in P.-Babelsberg (zuletzt Stubenrauchstr. 27).

Winckelmann, Johann Joachim (9. 12. 1717 – 8. 6. 1768), Kunsthistoriker und Schriftsteller (»Gedanken über die Nachahmung griechischer Werke in der Malerei und Bildhauerkunst«, 1755), logierte im Frühjahr 1752 für einige Wochen im Haus seines Freundes Lamprecht in der Lindenstr.

Winnig, August (31. 3. 1878 – 3. 11. 1956), Erzähler, Publizist und Essayist (»Der weite Weg«, 1932; »Das Buch der Wanderschaft«, 1948), wohnte in P. (Am Bassin und am Neuen Garten).

Wolzogen, Hans Paul Frhr. von (13. 11. 1848 – 2. 6. 1938), Schriftsteller (»Glaube und Leben«, 1908; »Leichte Ware«, 1929), Kunsthistoriker und Übersetzer (u.a. »Beowulf«, 1876), Enkel Karl Friedrich von Schinkels, wurde in P. geboren.

Zappe, Hans (28. 3. 1895 – 21. 3. 1965), Publizist, Erzähler (»Die Liebe über der Stadt«, 1930; »Die Venus in der Heckenlaube«, 1930), wurde in P. geboren.

Zelter, Karl Friedrich (11. 12. 1758 – 15. 5. 1832), Komponist, umfangreicher Briefwechsel mit Goethe (6 Bde., 1833/34), hielt sich öfter in P. auf (»P. ist der eigentliche Ort, wo das Studium der Musik seinen Sitz hat«) (sh. Petzow).

Premnitz (C 4)

Hild, August (29. 9. 1894 – 27. 11. 1982), Schriftsteller (»Die aus dem Schatten treten«, 1952; »Das Lied über dem Tal«, 1954), wurde in P. geboren.

Prenzlau (F 2)

Böttcher, Alfred R. (27. 3. 1907 – 21. 8. 1972), Erzähler, Drehbuchautor (»Die blauen Schwerter«), arbeitete nach einer kaufmännischen Lehre in einem Musikverlag, später als Puppenspieler, absolvierte den Arbeiter-Abiturienten-Kurs an der Karl-Marx-Schule in Berlin-Neukölln und studierte bis 1933 Medizin, Arbeit als Werbefachmann in der pharmazeutischen Industrie, ab 1946 freischaffender Autor in Berlin; B. wurde in P. als Sohn eines Postbeamten geboren.

Dörr, Julius (23. 6. 1850 – 8. 7. 1930), Mundartdichter (»De Göderschlächter. Dörpgeschichten aus der Uckermark«, 1888; »Waterdoktor«, 1927), wurde in P. geboren und lebte seit 1881 als Sparkassendirektor in sh. Bad Freienwalde; eine Gedenktafel an der Stadtmauer neben dem Stettiner Tor erinnert an den Dichter.

Ehlers, Johannes (20. 1. 1837 – 1. 2. 1919), Lehrer, Schriftsteller (»Schleswig-Holsteinsches Rätselbook«, 1865), wirkte als Lehrer u.a. in Lübben und P. und starb hier.

Hill, Rudolf (28. 6. 1825 – 21. 11. 1894), Heimatschriftsteller (»Lütte Schnurren«, niederdt. Gedichte, 1868), war von 1860 – 93 als Stadtsekretär in P. tätig.

Lepel, Bernhard von (27. 5. 1818 – 17. 5. 1885), Maler und Schriftsteller, Freund Fontanes, der ihn in seinen Erinnerungen erwähnt; L. ist in P. gestorben.

Lindow, Max (27. 5. 1875 – 25. 4. 1950), Mundartdichter (»Bi uns to Hus. Plattdütsche Gedicht'n un Geschicht'n in uckermarksch Mundort«, 1922), schrieb historische Dramen und Gegenwartsstücke (»Soldat bleibt Soldat. Ein lustiges Soldatenstück«, 1937; »Hüter der Scholle«, Bauernkomödie, 1938; »Die Schlacht von Angermünde 1420«, 1939) gründete 1912 mit Gleichgesinnten (u.a. Julius Dörr) den Plattdeutschen Verein »Unner'n Widenbom«; das Museum in Prenzlau erinnert in seiner Ausstellung an Max Lindow (sh. Joachimsthal).

Rollenhagen, Georg (22. 4. 1542 – 20. 5. 1609), späthumanistischer Dichter, Verfasser von Schuldramen und Satiren; sein bekanntestes Werk ist die Satire »Froschmeuseler« (1566); R. besuchte die Lateinschule in P.

Schlippenbach, Albert Ernst Ludwig von (26. 12. 1800 – 26. 12. 1886), Schrifsteller (»Gedichte«, 1883), 1840 vom König von Preußen zum Kammerherrn ernannt, wurde in P. geboren.

Stahr, Adolf Wilhelm Theodor (22. 10. 1805 – 3. 10. 1876), Erzähler (»Ein Stück Leben«, 1869; »Aus der Jugendzeit«, 2 Bde., 1870 – 77), Lyriker, Literatur- und Kunsthistoriker, wurde in P. als Sohn eines Feldpredigers geboren.

Wiese, Ludwig (30. 9. 1806 – 26. 2. 1900), pädagogischer Schriftsteller und Memoirenschreiber (»Die Bildung des Willens«, 1857; »Pädagogische Ideale«, 1884; »Lebenserinnerungen und Amtserfahrungen«, 2 Bde., 1886), wirkte als Lehrer in P.

Zastrow, Karl (11. 4. 1836 – 9. 2. 1903), Jugendschriftsteller (»Traum und Leben«, Gedichte, 1862; »Mißverständnisse«, Roman, 2 Bde.; »Der Günstling des Zaren«, 1904), wurde in P. geboren.

Ziemendorf, Ernst (22. 8. 1878 – nach 1915), Mundartautor (»Vertellsel in uckermarksch Platt«, 1908; »Gedichte«, o.J.), Präparand in Ducherow, Gärtnerlehrling in P., Ausbildung zum Amtssekretär in Halle/Saale, arbeitete seit 1900 beim Magistrat von P.

Zschokke, Heinrich Daniel, (22. 3. 1771 – 27. 6. 1848), Dramatiker, Erzähler, arbeitete 1788 bis 1790 in P. für die Theatergesellschaft von Graf Schlabrendorf (sh. Frankfurt).

Pritzerbe (bei Brandenburg) (C 4)

Curtius, Julius (23. 6. 1802 – 10. 3. 1849), Schriftsteller, Journalist, Herausgeber des »Musenalmanachs für das Jahr 1826« und Redakteur bei verschiedenen Zeitungen, wurde in P. geboren.

Pritzwalk (C 2)

Garcaeus, Zacharias (1544-1586), märkischer Geschichtsschreiber (»Folgen der Geschlechter und Taten der Markgrafen von Brandenburg«, 1582), wurde in P. geboren.

Jenkel, Johann (29. 10. 1851 – nach 1915), Gelegenheitsdichter in Prignitzer Mundart (»Plattdütsche Geriemels«, 1906), lebte seit 1897 als Eisenbahnarbeiter in P. (sh. Triglitz).

Jung, Gustav (15. 3. 1796 – 4. 7. 1892), Mundartautor (»Gedichte in plattdeutscher Mundart«, 1849/54), Studium der Theologie in Berlin, Rektor in P., Pfarrer in Groß Machnow, 1836 Übersiedlung nach sh. Werneuchen, seit 1876 in Burg; wurde als Sohn eines Apothekers in P. geboren.

Schüler, Theodor August (26. 9. 1827 – 27. 1. 1904) Lyriker, wurde in P. geboren (sh. Kremmen, Potsdam).

Witte, Karl Heinrich Gottfried (8. 10. 1767 – 1. 8. 1845), Pädagoge, Schriftsteller (»Karl Witte oder: Erziehungs – und Bildungsgeschichten desselben«, 2 Bde., 1819), wurde in P. geboren.

Putlitz (Prignitz) (B 2)

Praetorius, Caspar (? – 1612), Rektor, später Ratmann zu P., Verfasser lateinischer und deutscher Gedichte (u.a. »Epigrammatum liber tertius...«, 1606; »Elegiarum libri tres...«, 1608), wurde in P. geboren.

Graebke, Hermann (22. 7. 1833 – 8. 8. 1909), Mundartdichter (»Plattdütsche Gedichte«, 1879; »Priegnitzer Kamellen un Hunnenblömer«, 1896; »Priegnitzer Vogelstimmen«, 1902; »Een Verlobungsdag. Priegnitzer Platt«, 1909), besuchte das Lehrerseminar in Potsdam, wirkte von 1853 – 65 als Lehrer in P.

Radensleben (D 3)

Strehle, Ferdinand (1834 – 1910), Pfarrer, Erzähler, Herausgeber der Zeitschrift »Quellwasser fürs Deutsche Haus« sowie des »Boten für Pommern«, stammt aus R.

Radewege (bei Brandenburg) (C 4)

Neumann, Karl (30. 7. 1916 – 9. 4. 1985), Jugend- und Kinderbuchautor (»Frank«, 1958; »Frank und Irene«, 1964), lebte nach 1945 bis zu seinem Tod in R.

Rathenow (C 4)

Blum, Johann Christian (19. 11. 1739 – 28. 8. 1790), Dichter, der die Anerkennung des jungen Goethe fand (u.a. »Lyrische Versuche«, 1765; »Zwei Gedichte – Die Hügel bei Ratenau, Rosalia«, 1771; »Das befreite Ratenau. Schauspiel«, 1775; »Teutsches Sprichwörterbuch«, 2 Bde., 1780 – 82), wirkte als Privatlehrer und Mittelpunkt eines Gelehrtenkreises in seiner Heimatstadt R., wo er auch verstarb; sein Grab befindet sich auf dem Friedhof von R. (sh. Frankfurt [Oder]).

Bunsen, Marie von (17. 1. 1860 – 28. 6. 1941), Schriftstellerin (u.a. »Gegen den Strom. Ein Stimmungsbild aus dem neuen Berlin«, 1893) und Malerin, unternahm im Juni 1905 eine Bootsfahrt auf der Havel bis zu deren Einmündung in die Elbe; ihre Eindrücke von R. und anderen Stationen ihrer Reise schilderte sie in Form eines Tagebuchs (»Im Ruderboot durch Deutschland. Havel, Werra, Weser und Oder«, 1914).

Eigendorf, Friedrich Wilhelm (25. 11. 1807 – 11. 12. 1863), Dichter (u.a. das Kinderlied »Wenn um vier die Tage dunkeln und um fünf die Sternlein funkeln«); wirkte von 1827 bis kurz vor seinem Tod als Lehrer in R.

Hild, August (29. 9. 1894 – 27. 11. 1982), Arbeiterschriftsteller (»Die aus dem Schatten treten«, 1952; »Das Lied über dem Tal«, 1954), lebte mit Unterbrechung seit 1939 in R. (zuletzt Semliner Str. 218) und starb hier.

Kottenrodt, Wilhelm (Psdn. Kotzde-Kottenrodt) (1. 3. 1878 – 4. 9. 1948), Schriftsteller, Jugendbuchautor (»Der Schwedenleutnant«, 1905; »Der Tag von Rathenow«, 1908; »Und deutsch sei die Erde«, 1912; »Deutsche Führer und Meister«, 1937), lebte von 1909 – 18 als freier Schriftsteller in R.

Lesser, Ludwig (7. 12. 1802 – 2. 12. 1867), Schriftsteller (»Die rechte Mitte. Eine politische Herzensergießung eines Preußen«, 1832; »Ausgewählte Dichtungen. Nebst einem Abriß seines Lebens«, 1870), Redakteur, 1827 Mitbegründer des »Literarischen Sonntagsvereins« (»Tunnel über der Spree«); wurde in R. geboren und wuchs hier bis zu seinem 14. Lebensjahr auf.

Miethe, Käthe (11. 3. 1893 – 12. 3. 1961), Erzählerin und Übersetzerin (»Die Smaragde des Pharao. Eine Abenteuerfahrt vom Nil zum Roten Meer«, 1923; »Das Soldatenkind. Jungmädchenroman«, 1937; »Friedel im Pflichtjahr«, 1940); wurde in R. geboren.

Pascha, Simon (um 1535 – vor 1602), Pfarrer, Satiriker (»Kurtze und Einfeltige anzeigung wie schön sich die Alten zu den vier haupttugenden...haben geubet...«, 1569), war um 1560 Pfarrer in R. (sh. Seelow).

Schmidt, Fritz (Psdn. Fritz Lening) (1827 – 1888), Landwirt, Holzhändler, Mundartautor (»Dree Wienachten. 'ne Geschichte in märkischer Mundart«, 1885), lebte seit 1863 in R., wo er auch starb (sh. Kotzen, sh. Milow).

Rauen (F 5)

Fontane, Theodor (30. 12. 1819 – 20. 9. 1898), Erzähler, Publizist, Lyriker, kam auf seiner Osterfahrt am 8. April 1881, durch die der Kutscher Moll zu Berühmtheit gelangte, nach R.; von den Rauenschen Bergen aus will Fontane die Türme von Berlin gesehen haben, woran unweit der Markgrafensteine von R. eine Tafel erinnert.

Reitwein (G 4)

Fontane, Theodor (30. 12. 1819 – 20. 9. 1898) wählte den Ort als Schauplatz für seinen Roman »Vor dem Sturm« (1878), hat den Ort jedoch an den Platz von Friedersdorf verlegt.

Rheinsberg (D 2-3)

Fontane, Theodor (30. 12. 1819 – 20. 9. 1898) gibt eine ausführliche Schilderung von Schloß R., das von 1736 – 40 Wohnsitz des Kronprinzen Friedrich (später Friedrich II.) war, in seinen »Wanderungen durch die Mark Brandenburg«; ein Fontane-Gedenkstein steht auf dem Marktplatz von R.

Friedrich II. (der Große) (24. 1. 1712 – 17. 8. 1786), König von Preußen und bedeutender militärisch-politischer Schriftsteller (Werke, 10 Bde., aus dem Französischen, 1912 – 14), lebte von 1736 – 40 auf Schloß R.

Hamilton, Andrew (Lebensdaten nicht zu ermitteln) hielt sich im Sommer 1872 für drei Wochen in R. auf und schrieb anschließend seinen Reisebericht »Rheinsberg, Friedrich der Große und Prinz Heinrich« (2 Bde., engl. 1880, dt. 1882/83, 1992 neu hrsg. v. Franz Fabian).

Hennert, Carl Wilhelm von (? – 21. 4. 1800), Ingenieur, hinterließ eine »Beschreibung des Lustschlosses und Gartens des Prinzen Heinrich von Preußen zu Rheinsberg, wie auch der Stadt und der Gegend um dieselbe« (1778).

Köhr, Julius (1823 – ?), Förster, Gelegenheitsschriftsteller (»Der Preußen Sang vom Waffenklang«, 1870; »Ut'n Busch« 1866), wurde in R. geboren.

Tucholsky, Kurt (9. 1. 1890 – 21. 12. 1935), Schriftsteller (u.a. »Rheinsberg. Ein Bilderbuch für Verliebte«, 1912; »Schloß Gripsholm«, 1931), Publizist, Mitarbeiter und zeitweise Herausgeber der »Weltbühne«, hat

Schloß Rheinsberg.
Der preußische Kronprinz Friedrich (später Friedrich II.) lebte von 1736-40 hier. In einem Flügel des Schlosses befindet sich die Tucholsky-Gedenkstätte.

1912 gemeinsam mit seiner Kommilitonin und späteren Ehefrau Else Weil einen Ausflug nach R. unternommen, den er literarisch in »Rheinsberg. Ein Bilderbuch für Verliebte« verarbeitete; eine Tucholsky-Buchhandlung, eine Tucholskystr. und die Tucholsky-Gedenkstätte (sh. Anhang) im Schloß R. erinnern heute an den Schriftsteller.

Voltaire, François Marie Arouet de (21. 11. 1694 – 30. 5. 1778), Publizist, Erzähler, besuchte 1740 Friedrich II. in R.; im Schloß R. erinnert eine Ausstellung an die Zeit Friedrichs II. (sh. Potsdam).

Ribbeck (D 4)

Fontane, Theodor (30. 12. 1819 – 20. 9. 1898) schrieb nach der Volksüberlieferung die Ballade »Herr von Ribbeck auf Ribbeck im Havelland«; der berühmte Birnbaum ist schon im Februar 1911 einem Sturm zum Opfer gefallen.

Sacrow (D 4)

Fouqué, Friedrich Baron de la Motte (12. 2. 1777 – 23. 1. 1843) wuchs seit 1781 in S. auf (ab 1788 Rittergut sh. Lentzke, sh. Brandenburg, sh. Nennhausen).

Schiffmühle (F 3)

Fontane, Theodor (30. 12. 1819 – 20. 9. 1898) war häufig in S., um hier seinen Vater zu besuchen; während der Besuche sammelte er Stoff für seine »Wanderungen«;

in S. steht das letzte Wohnhaus von Louis Henry Fontane, dem Vater des Dichters, der von 1855 – 1867 hier lebte; sein Grab befindet sich an der Kirche des Nachbarortes sh. Neutornow; das Haus ist umfangreich rekonstruiert worden und erinnert mit einer Ausstellung an die Beziehung Fontanes zu Schiffmühle.

Schlepzig (bei Lübben) (F 5-6)

Moritz, Gustav (29. 6. 1842 – 17. 7. 1898), Arzt und Heimatdichter (»Spreewaldlieder«, 1895; »Samo der Franke«, 1895), wurde in S. geboren.

Schlieben (E 6)

Luther, Martin (10. 11. 1483 – 18. 2. 1546) weilte nach dem Visitationsprotokoll von Groß-Ziescht bei Baruth 1529 persönlich in S.

Schöneiche (E 4)

Dehmel, Walter (9. 5. 1903 – 20. 6. 1960), Lyriker (»Aus der Wirrnis dieser Tage«; »Diese Zeit ist eine Wende«; »Wir sind die Jungen, die Unruhevollen«; »Weltjugendlied«); Sohn eines Möbeltischlers, Metallarbeiter, Arbeitsloser, Notenschreiber, Registraturgehilfe und Büroangestellter, 1922 Eintritt in die SPD, 1927 bis 1933 Veröffentlichung von Gedichten, Skizzen und Erzählungen in der Arbeiterpresse; lebte ab 1959 oder 1954 in Schöneiche, sein Grab befindet sich auf dem Friedhof Friedensaue.

Schönermark (E 2)

Schlippenbach, Albert Ernst Ludwig Graf von (26. 12. 1800 – 26. 12. 1886), Lyriker; in Schönermark befindet sich die Grabstätte der Familie von Schlippenbach (sh. Arendsee, Prenzlau).

Schwedt (F 3)

Schulz, Albert (18. 5. 1802 – 3. 6. 1893), Erzähler (»Groß Polens Nationalsagen«, 1842 – 44; »Der Liebe Streit und Widerstreit«, 1872), Studium in Berlin und Heidelberg, Richter in Naumburg, 1830 Assessor beim Kammergericht Berlin, 1833 Regierungsrat in Magdeburg, 1837 Domänenrat in Bromberg, ab 1834 wieder in Magdeburg, wurde in S. geboren.

Schulz, Friedrich Wilhelm Albert (7. 8. 1880 – 18. 4. 1945), Erzähler (»Nich up't Oder schwemmen«; »De Nom is richtig«), Verfasser plattdeutscher und hochdeutscher Lyrik; S. war Herausgeber des »Schwedter Tageblatts« und lebte von 1922 – 45 hier.

Solger, Karl Wilhelm Ferdinand (28. 11. 1780 – 25. 10. 1819), Philosoph und Ästhetiker der Romantik (»Vier Gespräche über das Schöne und die Kunst«, 2 Bde., 1815), wurde in S. (im rechts gelegenen Eckhaus an der Schloßfreiheit) geboren.

Seelow (F 4)

Pascha, Simon (um 1535 – vor 1602), Pfarrer, Satiriker (»Kurtze und Einfeltige anzeigung wie schön sich die Alten zu den vier haupttugenden...haben geubet...«, 1569), war um 1560 Pfarrer in Rathenow und seit ca. 1560 bis zu seinem Tod über vier Jahrzehnte Pfarrer in S.

Patzke, Johann Samuel (24. 10. 1727 – 14. 12. 1787), Dichter (»Gedichte«, 1750), Pfarrer, wurde in S. geboren.

Wegener, Wilhelm (1844 – 1916), Schriftsteller (»Königin Luise«, 1879; »Märkische Sagen und Gedichte«, 1879; »Dichtungen«, 1880), wurde in S. geboren.

Selchow (E 4-5)

Lütkemüller, Ludwig Paul Wieland (8. 3. 1810 – 12. 10. 1857), Theologe, Redakteur (»Der Moselbote«, Koblenz), theologischer Schriftsteller (»Die Lehre und Umtriebe der Stephanisten«, 1838; »Beiträge zur Kirchengeschichte der Gegenwart. Ein Lebensbild der deutschen, belgischen und holländischen Kirche«, 1842; »Von dem Zustande nach dem Tode bis zur Auferstehung«, 1852), war 1847 – 52 Pfarrer in S. (sh. Papenbruch).

Sellendorf (E 6)

Houwald, Ernst Christoph Freiherr von (29. 11. 1778 – 28. 1. 1845) Erzähler, Dramatiker, lebte zeitweilig auf dem Gut der Familie in S. (sh. Lübben-Neuhaus, Straupitz).

Salice-Contessa, Karl-Wilhelm (19. 8. 1777 – 2. 6. 1825), Erzähler, Dramatiker, war häufig Gast von Houwald auf dessen Gut in S. (sh. Lübben-Neuhaus).

Senftenberg (F 7)

Strittmatter, Erwin (14. 8. 1912 – 31. 1. 1994), Schriftsteller (u.a. »Ole Bienkopp«, 1963; »Wundertäter«, 3 Bde., 1957 – 80, »Der Laden«, 3 Bde. (1983 – 92), war von 1948 – 51 Lokalredakteur in S. (sh. Dollgow, sh. Bohsdorf, sh. Spremberg).

Sperenberg (E 5)

Krüger, Bartholomäus (um 1540 – nach 1597), Schuldramatiker und Schwankdichter der Reformationszeit (»Hans Clawerts Werckliche Historien«, 1587; »Eine schöne vnd lustige newe Action Von dem Anfang vnd Ende der Welt...«, 1579; »Ein Newes Weltliches Spiel, Wie die Pewrischen Richter, einen Landsknecht unschuldig hinrichten lassen, Und wie es ihnen so schrecklich hernach ergangen...«, 1580); wurde in S. geboren (sh. Trebbin).

Spremberg (FG 7)

Strittmatter, Erwin (14. 8. 1912 – 31. 1. 1994), Erzähler, wurde in S. geboren und besuchte hier die Schule; eine Tafel erinnert an den Standort seines Geburtshauses, das im zweiten Weltkrieg zerstört wurde (Erwin-Strittmatter-Verein sh. Anhang, sh. Bohsdorf, sh. Dollgow, sh. Senftenberg).

Weber, Hans (14. 7. 1937 – 8. 8. 1987), Erzähler, wuchs nach 1945 in S. auf (sh. Frankfurt, Fredersdorf, Neuzelle).

Stahnsdorf (D 4-5)

Ardenne, Elisabeth Baronin von (26. 10. 1853 – 5. 2. 1952) liegt auf dem Friedhof an der Potsdamer Chaussee in S. begraben; sie war das Vorbild für die »Effi Briest« in Fontanes gleichnamigem Roman sowie Urgroßmutter des Physikers Manfred von Ardenne (20. 1. 1907 – 26. 5. 1997).

Jacobsohn, Siegfried (28. 1. 1881 – 3. 12. 1926), Publizist (»Das Jahr der Bühne«, 1912 – 21, 10 Bde.), Begründer der Theaterzeitschrift »Schaubühne« (1905, seit 1918 »Die Weltbühne«), liegt auf dem Südwestkirchhof in S. begraben.

Kadelburg, Gustav (26. 7. 1851 – 11. 9. 1925), Dramatiker (»Goldfische«, 1886; »Der Weg zur Hölle«, 1905; »Im Weißen Rößl«, 1898), Schauspieler, Engagements in Leipzig, Halle, Wien und Hamburg, von 1884 bis 1894 am Deutschen Theater Berlin, schrieb vorrangig Schwänke, 1890 bis 1910 einer der meistgespielten Lustspielautoren Deutschlands; sein Grab befindet sich auf dem Südwestkirchhof S.

Kleist, Heinrich von (18. 10. 1777 – 21. 11. 1811) und Henriette Vogel gaben den Anlaß für folgenden Eintrag in das Kirchenbuch von S. vom 21. 11. 1811: »Am 21sten November 1811 erschoß in der Machnowschen Heide nahe an der Berliner Chaussee Bernd Heinrich Wilhelm von Kleist die Ehefrau des General-

Rendanten der Chur-Märkischen Land-und Feuer-Soceität und Landschafts-Buchhalters Friedrich Ludwig Vogel, Adolfine Sophie Henriette geb. Steber, alt 31 Jahre, und dann sich selbst in seinem 34sten Jahre. Beide sind an der Stelle, wo der Mord und Selbstmord geschah, in zwei Särge gelegt und in ein Grab gelegt worden. O tempora! o mores!!«

Langenscheidt, Gustav (21. 10. 1832 – 11. 11. 1895), erfolgreicher Verleger von »Unterrichtsbriefen« zum Selbsterlernen von Sprachen sowie von Wörterbüchern (L.: »Die jute Sprache verkoofen wa, die schlechte sprechen wa«), erarbeitete als Unteroffizier eine Methode, Fremdsprachen ohne Sprachlehrer zu erlernen; sein Grab befindet sich auf dem Südwestkirchhof S.

Mackay, John Henry (6. 2. 1864 – 21. 5. 1933), Schriftsteller (»Die Anarchisten«, 1891; »Der Schwimmer«, 1901), Lyriker und Biograph in der Nachfolge Max Stirners, liegt auf dem Südwestkirchhof in S. begraben.

Oppeln-Bronikowski, Friedrich von (7. 4. 1883 – 9. 10. 1936), Erzähler, Herausgeber, Übersetzer (»Renaissancenovellen«, 1904; »Zwischen Lachen und Weinen«, 1912); 1892 – 96 Husarenoffizier in Kassel, nahm Abschied wegen eines Reitunfalls, Studium der Philosophie, Romanistik und Archäologie in Berlin, danach als freier Autor tätig, 1914 – 19 trotz seiner Behinderung eingezogen, Dienst im Generalstab, 1920 – 23 Tätigkeit im Auswärtigen Amt, setzte sich mit mehreren Schriften für eine vorurteilsfreie Auseinandersetzung mit den Juden ein; sein Grab befindet sich auf dem Südwestkirchhof S.

Schleich, Carl Ludwig (19. 7. 1859 – 7. 3. 1922), Erzähler; sein Grab befindet sich auf dem Südwestkirchhof Stahnsdorf (sh. Bad Saarow).

Stramm, August (29. 7. 1874 – 1. 9. 1915), Lyriker, Dramatiker (»Die Unfruchtbaren«, 1916; »Die Haidebraut«, 1914; »Tropfblut«, 1919), Studium in Berlin und Halle, Postbeamter, 1914 Mitarbeiter im Reichspostministerium, gehörte zum Künstlerkreis um die Zeitschrift »Der Sturm«; einer der Wegbereiter moderner Lyrik, fiel im Ersten Weltkrieg in der Nähe von Brest-Litowsk; seine Grabstätte befindet sich auf dem Südwestkirchhof S.

Ullstein, Louis-Ferdinand (1863 – 1933), Verleger, Sohn des Papierhändlers Leopold Ullstein, der 1877 den Ullstein Verlag gründete; das Grab von U. befindet sich auf dem Südwestkirchhof S.

Wander, Maxie (3. 1. 1933 – 20. 11. 1977), Schriftstellerin (»Guten Morgen, du Schöne. Protokolle nach Tonband«, 1977) und Publizistin; das Grab von W. befindet sich auf dem Südwestkirchhof von S. (sh. Kleinmachnow).

Wiegler, Paul (15. 9. 1878 – 23. 8. 1949), Essayist, Erzähler, Literaturhistoriker, Übersetzer (u.a. »Geschichte der Literatur«, 1930; »Das Haus an der Moldau«, 1934), studierte Germanistik, Geschichtswissenschaften und Philosophie, arbeitete als Journalist an verschiedenen Zeitungen, ab 1913 Leiter der Romanabteilung im Ullstein Verlag in Berlin, 1945 Chefredakteur des Ost-Berliner »Nacht-Blattes«, Theaterkritiker und Lektor im Aufbau-Verlag, Mitbegründer des Kulturbunds und pro forma Herausgeber der Zeitschrift »Sinn und Form«, liegt auf dem Südwestkirchhof S. begraben.

Wilke, Adolf von (13. 6. 1867 – 21. 1. 1934), Schriftsteller (»Die Berliner Gesellschaft«, 1907; »Altberliner Erinnerungen«, 1930), liegt auf dem Südwestkirchhof in S. begraben.

Stolpe (bei Angermünde) (F 3)

Buch, Leopold von (1774 – 1853), Geologe, Reiseschriftsteller (u.a. »Reise durch Norwegen und Lappland«, 1810), Mitglied der Kgl. Akademie der Wissenschaften und Freund Alexander von Humboldts, wurde in S. geboren; sein Grab befindet sich auf dem Friedhof von S.

Straupitz (F 6)

Moller, Albin (1541 – 1618), Pfarrer in S., Verfasser astrologischer Kalender, Übersetzer ins Sorbische, gab 1574 ein Gesangbuch mit kleinem lutherischen Katechismus heraus, das das erste gedruckte Buch in sorbischer Sprache überhaupt war (»Spewarske a maly katechizm Luthera«).

Houwald, Ernst Christoph Freiherr von (29. 11. 1778 – 28. 1. 1845), Erzähler, Dramatiker, wurde in S. geboren; im ehemaligen Schloß der Familie befindet sich heute eine Schule (sh. Lübben-Neuhaus, Sellendorf).

Strausberg (F 4)

Engel (Angelius), Andreas (16.11.1561 – 9.8.1598), Chronist (»Annales Marchiae Brandenburgicae«), wurde in S. geboren (sh. Frankfurt).

Germann, Kaspar (21. 4. 1914 – 20. 6. 1985), Erzähler, Kinderbuchautor (»Das Bildnis der Lukretia«, 1957; »Das unruhige Jahr«, 1965; »Der Weg aus den Kasematten«, 1968), lebte von 1952 – 68 in S., Neue Mühle, Im Grund.

Mendelssohn, Peter de (1. 6. 1908 – 10. 8. 1982), Journalist, Kritiker, Schriftsteller (u.a. »Wolkenstein«, 1935; »Das Gedächtnis der Zeit«, 1974), seit 1975 Präsident der Deutschen Akademie für Sprache und Dichtung, besuchte eine Internatsschule in S.

Teltow (DE 4-5)

Brock, Rudolf Peter (6. 8. 1916 – 28. 9. 1982), Kinderbuchautor (»Paddy Glück«, 1956; »Der kleine Kuno«, 1963; »Gestatten – Oskar«, 1969), zunächst Arbeit als Postbote, Studium an der Theaterhochschule Mannheim, 1945 künstlerischer Leiter beim Rundfunk, ab 1949 Lektor in Halle; lebte ab 1960 in T.

Templin (E 2)

Dietrich, Samuel (1657 – 1697), Pfarrer, Verfasser geistlicher Schriften (»Zucht- und Tugendbüchlein«; »Geistliche Ölkanne oder Sammlung gar sonderbarer Dispositionen zu heiligen Reden«), war u.a. Rektor in Havelberg; wurde in T. geboren.

Heinzelmann, Karl Ludwig (28. 4. 1799 – um 1881), Heimatschriftsteller (»Elysium«, Gedichte, 1836; »Die preußische Bureaukratie«, 1845), Gastwirt, starb in T.

Küster, Hermann (14. 7. 1817 – 17. 3. 1878), Musikschriftsteller, seit 1857 Kgl. Musikdirektor, wurde in T. geboren.

Kunn (Kühn), Heinrich (lebte Ende des 16. Jahrhunderts); überliefert ist das Schauspiel »Die Belagerung Samariae« (1588) in einer Abschrift von 1604; K. wurde in T. geboren.

Procopius von Templin (um 1609 – 22. 11. 1680), Kapuziner (Konvertit), bedeutender Kanzelredner und Dichter geistlicher Lieder (u.a. »Mariae Hilf Ehrenkränzel«, 1642; »Gnadenlustgarten«, 1661), stammt aus T.

Teupitz (E 5)

Fontane, Theodor (30. 12. 1819 – 20. 9. 1898), Erzähler, Publizist, Lyriker; beschreibt T. in seinen »Wanderungen« im Band »Havelland«; am ehemaligen Gasthaus »Zum Goldenen Stern« erinnert eine Tafel an seine Aufenthalte.

Thyrow (DE 5)

Stoll, Heinrich Alexander (8. 12. 1910 – 4. 3. 1977), Erzähler (»Die Höhle am toten Meer«; »Der Junge aus Penzlin«; »Der Löwe von Eutin«; »Tod in Triest«), studierte Geschichte und Kunstgeschichte, zeitweises Rede- und Publikationsverbot durch die Nationalsozialisten, ab 1937 Aufenthalt in Dänemark, Holland, der Schweiz und Italien, Studium der Archäologie und Journalistik; wohnte ab 1956 in T. im »Haus Ithaka«, Wilhelmstraße 1; sein Grab befindet sich auf dem Friedhof an der Dorfkirche.

Trebatsch (F 5)

Leichhardt, Ludwig (23. 10. 1813 – 1848), Forschungsreisender, Naturwissenschaftler und Philologe, beim Versuch, den Kontinent Australien von Ost nach West zu durchqueren, verschollen; schrieb u.a. das »Tagebuch einer Landreise in Australien« (1851), von dem sich der australische Schriftsteller Patrick White zu seinem Roman »Voss« anregen ließ; L. wurde in T. geboren, wo ein Museum an ihn erinnert (sh. Cottbus).

Trebbin (DE 5)

Krüger, Bartholomäus (um 1540 – nach 1597), Schuldramatiker und Schwankdichter der Reformationszeit (»Hans Clawerts Werckliche Historien«, 1587; »Eine schöne vnd lustige newe Action Von dem Anfang vnd Ende der Welt…«, 1579; »Ein Newes Weltliches Spiel, Wie die Pewrischen Richter, einen Landsknecht unschuldig hinrichten lassen, Und wie es ihnen so schrecklich hernach ergangen...«, 1580); K. war von 1580 – 97 Stadtschreiber in T. und starb hier; seine Figur des Hans Clauert (»der märkische Eulenspiegel«) diente Klabund (4. 11. 1890 – 14. 8. 1928) als Vorlage für seinen »Bracke«-Roman; Johannes Bobrowski (9. 4. 1917 – 2. 9. 1965) hat die Clauert-Geschichten 1956 für Kinder neu erzählt (sh. Sperenberg).

Treuenbrietzen (D 5)

Chemnitz, Martin (9. 11. 1522 – 8. 4. 1586), Reformator, Theologe, beteiligt an der Gründung der Universität Helmstedt (1576), verfaßte u.a. eine kritische Darstellung des Konzils zu Trient; C. wurde in T. geboren.

Luther, Martin (10. 11. 1483 – 18. 2. 1546) soll einst vor St. Marien gepredigt haben, da ihm der Einlaß in die Kirche verwehrt worden war; die Linde am Eingang der Kirche ist nach dem Reformator benannt (»Lutherlinde«).

Schernack, Michael (17. 2. 1622 – 7. 2. 1675), Verfasser geistlicher Lieder und deutscher Gelegenheitsdichtung (»Cupido Libejagd In welcher Er in das Lib- und Ehgarn glücklich einbracht und fellte...«, 1656), wurde in T. geboren.

Triglitz (Ostprignitz) (BC 2)

Jenkel, Johann (29. 10. 1851 – nach 1915), Gelegenheitsdichter in Prignitzer Mundart (»Plattdütsche Geriemels«, 1906), wurde in T. geboren und lebte hier bis 1897 (sh. Pritzwalk).

Uebigau (DE 7)

Schönberg, Johann (Hans) Friedrich von (28. 2. 1543 – 24. 3. 1614), Jurist, mutmaßlicher Verfasser des »Schildbürgerbuchs« (1598), einer Bearbeitung des »Lalebuchs« (1597), wurde 1586 mit einem Rittergut in U. belehnt und hielt sich um 1595 nachweislich hier auf; eine Gedenktafel erinnert seit 1998 an S. (Straße »Hinterm alten Schloß«).

Uetz (D 4)

Belitz, Georg (Psdn. Bellamintis) (um 1700 – ?, genaue Lebensdaten nicht zu ermitteln), Theologe, Schriftsteller (»Das Itztblühende Potsdam«, 1727), war 1726 – 27 »Informator« (Hauslehrer) der Kinder des Herrn von Hacke in U. und später Diakon zu sh. Niemegk.

Vetschau (F 6)

Bocatius, Johannes, eigentl. Jan Bock (1569 – 1621), Lyriker (»Olympias Carceraria«, 1611), studierte in Dresden und Wittenberg, 1594 Rektor der Stadtschule in Eperjes (Prsov) in Ungarn, 1599 Stadtrichter und Bürgermeister in Kaschau (Kosice), 1605 als Spion denunziert und verhaftet, nach einer abenteuerlichen Befreiung duch seine Frau im Jahre 1610 Arbeit als Bibliothekar und königlich ungarischer Historiograph, wurde in V. geboren.

Vierraden (Uckermark) (F 2-3)

Staegemann, Friedrich August von (7. 11. 1763 – 17. 12. 1840), preußischer Geheimer Staatsrat, Literat (Gedichte in den »Berlinischen Musenalmanachen« 1791 – 94 und im »Deutschen Musenalmanach« für das Jahr 1839; »Preußische Kriegsgesänge«, 1816), wurde in V. geboren.

Waldsieversdorf (bei Buckow) (F 4)

Fallada, Hans (eigentl. Rudolf Ditzen) (21. 7. 1893 – 5. 2. 1947) hielt sich nach seiner Inhaftierung durch die SA in Berkenbrück, wo er vom Hausbesitzer wegen eines politischen Witzes denunziert worden war, im Frühjahr 1933 zur Behandlung einer Nervenkrise im »Märkischen Sanatorium« in W. auf (sh. Berkenbrück, Neuenhagen).

Wallmow (bei Prenzlau) (F 2)

Ziemendorf, Ernst (22. 8. 1878 – nach 1915), Mundartautor (»Vertellsel in uckermarksch Platt«, 1908; »Gedichte«, o.J.), Präparand in Ducherow, Gärtnerlehrling in sh. Prenzlau, Ausbildung zum Amtssekretär in Halle/Saale, seit 1900 Anstellung beim Magistrat von Prenzlau, wurde in W. geboren.

Werben (Spreewald) (F 6)

Kosyk, Mato (18. 6. 1853 – 22. 11. 1940), Lyriker, Erzähler (»Die sorbische Hochzeit im Spreewald«,

1880), nach Gymnasiumsbesuch ab 1873 bei der Dresden-Leipziger Eisenbahn, 1878 erste Gedichtveröffentlichungen, Mitarbeit in der Redaktion der »Bramborske Nowiny« (Brandenburgische Zeitung), emigrierte 1883 in die USA, dort als Pfarrer und Farmer tätig, 1887 gescheiterter Rückkehrversuch; in W., dem Geburtsort von K., befindet sich vor dem Haus der Gemeindeverwaltung eine Gedenktafel für den Dichter; 1880 bis 1883 lebte K. als freischaffender Autor in W. (sh. Cottbus).

Witkojc, Mina (28. 5. 1893 – 11. 11. 1975), sorbische Erzählerin, Lyrikerin, Publizistin (u.a. »Das Mädchen und der Wassermann«, 1923; »Ein Kranz von Spreewaldblumen«, 1934; »Niedersorbische Gedichte«, 1925; »Erfurter Erinnerungen«, 1947), wird vor der Schule in W. mit einem Denkmal geehrt.

Werder/ Havel (D 4-5)

Grabner, Hasso (21. 10. 1911 – 3. 4. 1976), Lyriker (»Der Takt liegt auf dem linken Fuß«, 1958; »Fünfzehn Schritte gradaus«, 1959; »Am Baugerüst der Welt«, 1960) und Romanautor (»Die Zelle«, 1969; »Kopfsteinpflaster«; »VEB Arche Noah«), 1930 KPD, nach 1933 – 45 Zuchthaus Waldheim, KZ Buchenwald, Strafbataillon, 1945 Wirschaftsfunktionär, nach meheren Parteistrafen arbeitslos, lebte von 1968 bis zu seinem Tod in W., Am Plessower See 159.

Kellermann, Bernhard (4. 3. 1879 – 17. 10. 1951), Erzähler (u.a. »Der Tunnel«, 1913; »Der 9. November«, 1920; »Totentanz«, 1948), nach Studium und

Weltreisen Übersiedlung von München nach Berlin, im Ersten Weltkrieg Berichterstatter für das Berliner Tageblatt, nach 1933 unter Gestapoaufsicht, Rückzug nach W., später Wohnung in sh. Potsdam; kaufte in W. 1921 das Grundstück Scheunhornweg 37; 1932 verpachtete er das Haus und wohnte wieder in Berlin; K. mußte das Haus in W. 1939 aus finanziellen Gründen aufgeben und zog ins Gärtnerhaus (sh. Potsdam).

Morgenstern, Christian (6. 5. 1871 – 31. 3. 1914) Lyriker (u.a. »Galgenlieder«, 1905; »Palmström«, 1910), Übersetzer, Studium der Nationalökonomie, Kunstgeschichte und Archäologie, Umzug nach Berlin, Anschluß an den Friedrichshagener Kreis, begleitet den Anthroposophen Rudolf Steiner auf Vortragsreisen; die Galgenlieder von M. gehen wahrscheinlich auf den Galgenberg bei W. zurück, wohin der Dichter häufig Ausflüge mit seinen Freunden (u.a. Georg Hirschfeld und Friedrich Kayßler) unternahm (sh. Birkenwerder).

Werder (bei Rehfelde) (EF 4)

Heimann, Moritz (19. 7. 1868 – 22. 9. 1925), Essayist, Erzähler, Dramatiker, Lektor, wurde in dem Dorf W. unweit von Rehfelde geboren (sh. Kagel).

Werneuchen (E 4)

Jung, Gustav (15. 3. 1796 – 4. 7. 1892), Mundartautor (»Gedichte in plattdeutscher Mundart«, 1849/54), Studium der Theologie in Berlin, Rektor in P., Pfarrer in Groß Machnow, lebte von 1836 – 76 in W. (sh. Pritzwalk).

Grabstätte von Schmidt von Werneuchen. Der Idyllen-Dichter war mehr als vier Jahrzehnte Pfarrer im Ort.

Schmidt, Friedrich Wilhelm August (gen. Schmidt von Werneuchen) (23. 3. 1764 – 26. 4. 1838), Idyllendichter (»Gedichte«, 1797; »Neueste Gedichte, der Trauer um geliebte Tote gewidmet«, 1815), 1796/97 Herausgeber des »Kalenders der Musen und Grazien« (von Goethe in »Musen und Grazien in der Mark« verspottet); S. wirkte seit 1795 als Pfarrer in W.; vor Ort erinnern sein Grabkreuz auf dem Friedhof sowie eine Gedenkfafel am Pfarrhaus an den Dichter.

Wiepersdorf (bei Jüterbog) (DE 6)

Arnim, Achim (Ludwig Joachim) (26. 1. 1781 – 21. 1. 1831) und Bettina von (4. 4. 1785 – 20. 1. 1859) lebten seit 1811 abwechselnd in W. und in Berlin, in W. empfingen Sie Besuch u.a. von Wilhelm Grimm (24..2. 1786 – 16.12. 1859) und Friedrich Karl Savigny (21. 2. 1779 – 25. 10.1861); im Park befindet sich das Arnimsche Familiengrab; nach 1945 diente Schloß W. als Schriftsteller-Erholungsheim; hierher kamen Anna Seghers (1900 – 1983), Arnold Zweig (1887 – 1968) u.v.a.; Schloß W. ist heute Stipendienhaus und Veranstaltungsort der Stiftung Kulturfonds (sh. Anhang).

Arnim, Maximiliane Marie Catherina von (genannt Maxe) (1818 – 1894), älteste Tochter von Bettina und Achim von Arnim, besuchte 1843 das Gut der Eltern und schrieb darüber in ihren Aufzeichnungen.

Brentano, Clemens (8. 9. 1778 – 28. 7. 1842), spätromantischer Dichter (»Godwi«, 2 Bde., 1801), Bruder von Bettina von Arnim, Herausgeber der Liedsammlung

»Des Knaben Wunderhorn« (gemeinsam mit seinem Schwager Achim von Arnim, 3 Bde., 1806 – 08), 1817 Rekonversion zum katholischen Glauben, seitdem Verzicht auf weltliches Dichtertum; besuchte seine Schwester auf dem Gut W.

Günter Eich (1. 2. 1907 – 20. 12. 72), Peter Huchel (3. 4. 1903 – 30. 4. 81) und Eberhard Meckel (22. 3. 1907 – 7. 6. 1969) besuchten Mitte der dreißiger Jahre Wiepersdorf und vereinbarten, je ein Gedicht über ihren Ausflug nach W. zu schreiben; überliefert sind die Gedichte von Eich (»Wiepersdorf – die Arnimschen Gräber«) und Huchel (»Wiepersdorf«) (sh. Lebus).

Wiesenburg (bei Belzig) (C 5)

Boßdorf, Hermann (29. 10. 1877 – 24. 9. 1921), plattdeutscher Dramatiker (»De Fährkrog«, 1919; »Klaus Störtebecker«, 1928) und Balladendichter (u.a. »Eichen im Sturm«, 1919), wurde in W. geboren.

Wildberg (bei Neuruppin) (C 3)

Lütkemüller, Samuel Christoph Abraham (30. 11. 1769 – 9. 9. 1833), Pfarrer, Schriftsteller (»Mamsell Unschuld«, »Aimar und Lucine«, 2 Bde., 1788; »Magister Skriblerus«, 1803; »Die Revue«, 1804) und Übersetzer (Ariost, »Der Rasende Orlando«, 2 Bde., 1797/98), von 1793 – 1803 Vertrauter und Bibliothekar Christoph Martin Wielands in Weimar, wirkte bis 1832 als Pfarradjunkt und von 1832 bis zu seinem Tod als Pfarrer in W.; liegt auf dem Friedhof von W. begraben; nach örtlicher

Überlieferung war es noch bis zum Beginn unseres Jahrhunderts Brauch, daß frischvermählte Brautpaare am Grab von L., der für seine Freigebigkeit bekannt war, Blumen niederlegten.

Wilhelmshorst (D 4-5)

Arendt, Erich (15. 4. 1903 – 25. 9. 1984), Lyriker (»Trug doch die Nacht den Albatros«, 1951; »Gesang der sieben Inseln«, 1957; »Über Asche und Zeit«, 1957; »Flug – Oden«, 1959; »Memento und Bild«, 1976), Kindheit und Jugend in sh. Neuruppin, 1926 KPD, Erstveröffentlichungen im »Sturm«, 1933 Emigration in die Schweiz, 1936 – 39 Beteiligung am spanischen Bürgerkrieg auf Seiten der Republikaner, 1939 – 41 in Frankreich, 1941 – 50 Kolumbien, seither in Ost-Berlin; lebte von 1972 bis 1984 abwechselnd in Ost-Berlin und in W. , im Haus Hubertusweg 41, das ihm von Peter Huchel zur Nutzung überlassen worden war.

Huchel, Peter (3. 4. 1903 – 30. 4. 1981), Lyriker (»Gedichte«, 1948; »Chausseen Chausseen«, 1963; »Gezählte Tage«, 1972; »Die neunte Stunde«, 1979), 1948 – 62 Chefredakteur der Literaturzeitschrift »Sinn und Form«; verbrachte seine Kindheit z.T. in sh. (Alt-) Langerwisch, lebte von 1953 bis zu seiner Ausreise nach Rom 1971 in W., Hubertusweg 43 – 45 (heute 41), von 1971 – 1981 in Staufen (Breisgau); das Haus in W. ist heute Sitz des Peter-Huchel-Vereins (sh. Anhang) und der Geschäftsstelle »Märkische Dichterlandschaft« (sh. Anhang); an das Wirken von Huchel erinnert eine Gedenktafel im Garten sowie eine ständige Ausstellung im Haus (sh. Anhang).

Köppen, Edlef (1. 3. 1893 – 22. 2. 1939), Erzähler (u.a. »Heeresbericht«, 1930; »Vier Mauern und ein Dach«, 1934), studierte in Kiel und München Philologie, Philosophie und Kunstgeschichte, meldete sich 1914 freiwillig zum Kriegsdienst, nach einer schweren Lungenverletzung 1918 Dienstverweigerung, Aufenthalt in einer Irrenanstalt, ab 1919 Studium in Berlin und München, ab 1921 Arbeit als Lektor im Kiepenheuer Verlag, 1925 Mitarbeiter der literarischen Abteilung der »Funkstunde« beim Berliner Rundfunk, 1933 fristlose Entlassung, Rehabilitierung nach etwa zwei Jahren, Chefdramaturg bei der »Tobis«; lehnte Gestaltung eines pronazistischen und antisemitischen Filmprogramms ab; K. lebte von 1930 bis zu seinem Tode 1939 in W., sein Grab befindet sich auf dem dortigen Friedhof (sh. Potsdam).

Steinhoff, Carl (24. 11. 1892 – 19. 7. 1981), Erzähler und Übersetzer (»Sieben Italienische Novellen«, posth. 1997), nach dem Gymnasium Jurastudium, 1921 am Justizministerium in Berlin große juristische Staatsprüfung, Arbeit als Hilfskraft im Reichsinnenministerium, 1926 – 28 Landrat in Zeitz, ab 1928 Regierungsvizepräsident in Gumbinnen, bis 1932 Vizeoberpräsident der Provinz Ostpreußen in Königsberg, Beurlaubung, 1933 wegen politischer Unzuverlässigkeit aus dem Staatsdienst entlassen, Arbeitslosigkeit, Übersetzung italienischer Novellen, 1945 Präsident der Provinz Mark Brandenburg, 1949 bis 1952 erster Innenminister der DDR, abermals Verlust des Amts aus politischen Gründen, philosophische Studien; lebte von 1932 bis 1981 in W., An den Bergen 29. ; sein Grab befindet sich auf dem Friedhof von W.

Wittenberge (B 3)

Wiese, Ernst August (1902 – 1945), Schriftsteller, Verfasser von Gedichten, Erzählungen und Spielen im plattdeutschen Dialekt Nordwestbrandenburgs (»Een Hüsung«, Gedichte, 1939; »Amtmann is besopen west«, 1939; »För tein Penning Blömers«, o.J.), wurde in W. geboren.

Wittstock (C 2)

Grimmelshausen, Hans Jakob Christoffel von (um 1622 – 17. 8. 1676), bedeutendster deutscher Erzähler des 17. Jahrhunderts (»Der Abentheuerliche Simplicissimus Teutsch«, 1669), beschreibt im »Simplicissimus« aus eigenem Erleben eine Schlachtszene, die sich am 4. 10. 1636 südlich von W. abgespielt hat.

Hauckenthal, Velten (Valens Accidalius) (1567 – 25. 5. 1595), Humanist, Philologe, neulateinischer Dichter (u.a. »Epica. Rosae. Elegiae. Odae. Epigrammata«, 1603), Verfasser philologischer, medizinischer und philosophischer Schriften, wurde in W. geboren.

Wernicke, Paul (21. 8. 1849 – nach 1902), Mundartdichter, Mitarbeiter an der plattdeutschen Monatsschrift »De Eekbom«, Lehrer in Berlin, wurde in W. geboren.

Woltersdorf (E 4)

Fidus (eigentl. Hugo Höppner) (8. 10. 1868 – 23. 2. 1948), Maler, Jugendstil-Illustrator von Büchern zahlreicher zeitgenössischer Autoren, während des Kunststudiums in

München Anschluß an den Maler und Naturapostel Diefenbach, dann Umzug nach Berlin, Anschluß an den Theosophen Hübbe-Schleiden, 1895 bis 1905 gefragter Werbegrafiker und Illustrator, 1932 Eintritt in die NSDAP, von 1933 bis 1945 kaum Publikationsmöglichkeiten; lebte in W. in der Köpenicker Straße 46; von F. stammt das Kriegerdenkmal in W. (Flachrelief, 1928); sein Grab befindet sich auf dem Friedhof von W.

Wriezen (F 4)

Bornitz, August Leopold (20. 8. 1806 – nach 1839), Schriftsteller und Arzt (»Klänge der Erinnerung«, 1829; »Europa«, Gedichte, 1849), wurde in W. geboren.

Wusterhausen an der Dosse (C 3)

Brümmer, Franz Karl Wilhelm (17. 11. 1836 – 30. 1. 1923), Lehrer, Lexikograph, Verfasser bedeutender biographischer Nachschlagewerke (»Lexikon der deutschen Dichter und Prosaisten von den ältesten Zeiten bis zum Ende des 18. Jahrhunderts«, 1884; »Lexikon der deutschen Dichter und Prosaisten vom Beginn des 19. Jahrhunderts bis zur Gegenwart«, 1913), Herausgeber der Lyrik-Anthologie »Hausschatz deutscher Dichtung«; wurde in W. geboren.

Cämmerer, August Friedrich (1767 – 1837), Missionar, Gelegenheitsschriftsteller (»Tirnwalluver, Gedichte und Denksprüche«, 1803), wurde in W. geboren.

Kleist, Heinrich von (18. 10. 1777 – 21. 11. 1811) wurde 1807 unter dem Verdacht der Spionage gegen Frankreich von der französischen Besatzungsmacht verhaftet; bei der Überstellung wurde in W. Halt gemacht, wo der Delinquent über Nacht in ein unterirdisches Gefängnis eingesperrt wurde, das, wie K. an seine Schwester schrieb, »nicht abscheulicher gefunden werden kann«.

Schwartzkopf, Joachim (1593 – 1669), Prediger, veröffentlichte mehr als 20 theologische Schriften, zumeist Kasual- und Leichenpredigten (u.a. »Allgemeine Klage der evangelischen Kirche über den Tod Gustav Adolfs, Königs von Schweden, am Bußtage, dem 5. Dezember 1632, in Neuruppin«), Diakonus und Inspektor in Neuruppin, wurde in W. geboren.

Wittstock, Friedrich Albert (1837 – 1903), Gymnasiallehrer (u.a. in Genf, London, Paris), Schriftsteller (»Golgatha«, Dichtung; »Der Turm zu Babel«; »Die Bine«) und pädagogischer Fachautor (»Pädagogische Wanderungen«; »Geschichte der deutschen Pädagogik«), stammt aus W.

Wuthenow (bei Neuruppin) (D 3)

Harich, Walther (1888 – 1931), Schriftsteller (u.a. die Romane »Angst«; »Der Schatten der Susette«; »Die drei um Edith«; »Primaner«; »Der Prinzenhof«) und Literaturwissenschaftler, lebte in W.

Zäckericker Loose (F 3-4)

Kurth, Johanna (7. 7. 1910 – 19. 1. 1976) Mundartdichterin, wurde in Z. L. geboren (sh. Heinrichsdorf).

Zehdenick (E 3)

Brandenburg, (Julius) Eduard (24. 12. 1798 – nach 1836), Schriftsteller (»Spaziergänge und Wanderungen im Vaterlande, oder Beschreibung des preußischen Staates in gereimten Versen«, 2 Bde., 1827; »Plattdeutsche Parodien«, 1827), wurde in Z. geboren.

Frölich (auch Fröhlich), Henriette (28. 7. 1768 – nach 1814), Schriftstellerin (»Virginia oder Die Kolonie von Kentucky«, 1820 unter dem Psdn. »Jerta« erschienen); wurde in Z. geboren.

Zepernick (E 4)

Layh, Willi (12. 10. 1903 – 25. 12. 1977), Verfasser von Reportagen, agitatorischen Liedern und Gedichten (»Vorwärts, unser Weg ist gut«, Gedichte, 1953; »Ich mache mit – du auch«, Gedichte, 1953), wirkte von 1949 – 51 als Schuldirektor in Z. und lebte hier bis zu seinem Tod.

Zeuthen (E 4-5)

Fontane, Theodor (30. 12. 1819 – 20. 9. 1898) verbrachte in einer Gaststätte am Zeuthener See (»Hankels

Ablage«) die Tage vom 12. – 26. 5. 1884 und schrieb hier nicht weniger als acht Kapitel der »Irrungen – Wirrungen« (1888); ein Gedenkstein erinnert an den Aufenthalt des Dichters in Z. (vom S-Bahnhof ca. 2 km in Richtung Wildau/ Königs Wusterhausen); außerdem hat der Fontane-Kreis Z. (sh. Anhang) F. zwei kleinere Ausstellungen gewidmet (Bahnstr. 1 und Platanenallee 6).

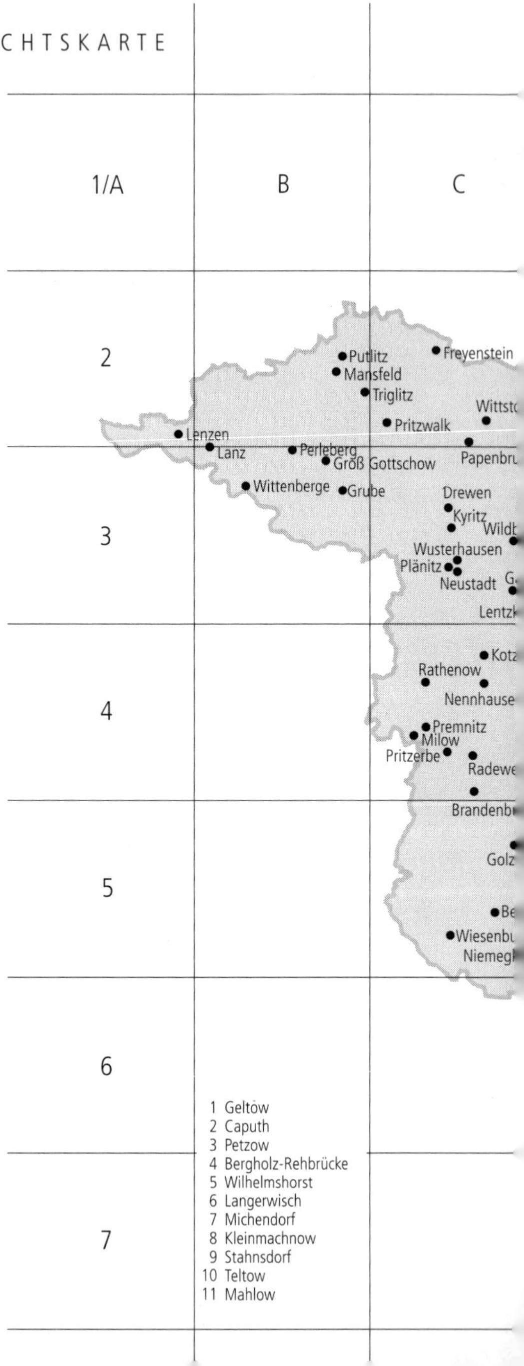
1/A
B
C
2
3
4
5
6
7
Putlitz
Freyenstein
Mansfeld
Triglitz
Pritzwalk
Lenzen
Lanz
Perleberg
Groß Gottschow
Wittenberge
Grube
Drewen
Kyritz
Wusterhausen
Plänitz
Neustadt
Rathenow
Premnitz
Milow
Pritzerbe
1 Geltow
2 Caputh
3 Petzow
4 Bergholz-Rehbrücke
5 Wilhelmshorst
6 Langerwisch
7 Michendorf
8 Kleinmachnow
9 Stahnsdorf
10 Teltow
11 Mahlow

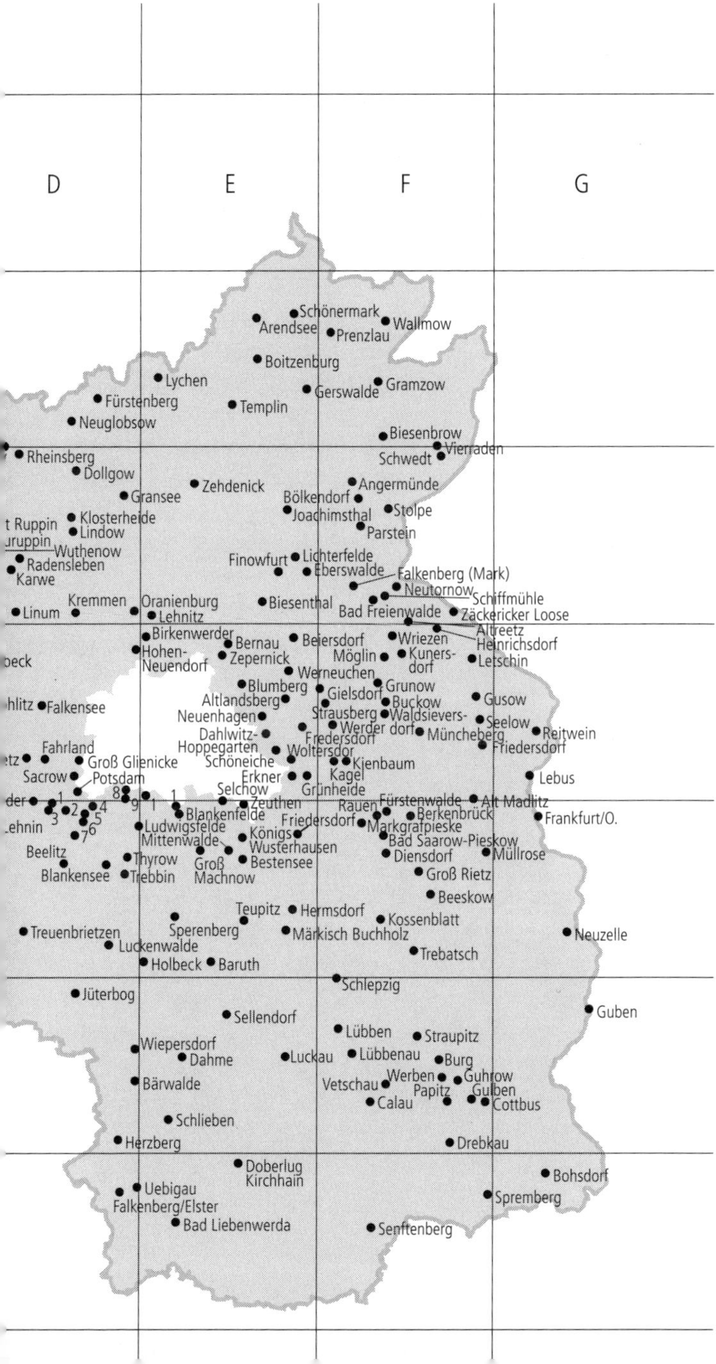
D
E
F
G
Schönermark
Arendsee
Prenzlau
Wallmow
Boitzenburg
Lychen
Fürstenberg
Templin
Gerswalde
Gramzow
Neuglobsow
Biesenbrow
Vierraden
Schwedt
Rheinsberg
Dollgow
Zehdenick
Angermünde
Gransee
Bölkendorf
Joachimsthal
Stolpe
t Ruppin
Klosterheide
Lindow
Parstein
uruppin
Wuthenow
Radensleben
Karwe
Finowfurt
Lichterfelde
Eberswalde
Falkenberg (Mark)
Neutornow
Schiffmühle
Linum
Kremmen
Oranienburg
Lehnitz
Biesenthal
Bad Freienwalde
Zäckericker Loose
Altreetz
Heinrichsdorf
Birkenwerder
Bernau
Beiersdorf
Wriezen
beck
Hohen-
Neuendorf
Zepernick
Möglin
Kuners-
dorf
Letschin
Werneuchen
Blumberg
Grunow
hlitz
Falkensee
Altlandsberg
Gielsdorf
Buckow
Gusow
Neuenhagen
Strausberg
Waldsievers-
dorf
Seelow
Dahlwitz-
Hoppegarten
Werder
Fredersdorf
Müncheberg
Reitwein
Friedersdorf
Fahrland
Woltersdorf
tz
Groß Glienicke
Schöneiche
Kienbaum
Sacrow
Potsdam
Erkner
Kagel
Lebus
8
Selchow
Grünheide
der
1
9
1
1
Zeuthen
Rauen
Fürstenwalde
Alt Madlitz
2
3
4
5
Blankenfelde
Berkenbrück
Frankfurt/O.
Lehnin
6
7
Ludwigsfelde
Friedersdorf
Markgrafpieske
Mittenwalde
Königs
Wusterhausen
Bad Saarow-Pieskow
Beelitz
Müllrose
Thyrow
Groß
Machnow
Bestensee
Diensdorf
Blankensee
Trebbin
Groß Rietz
Beeskow
Teupitz
Hermsdorf
Kossenblatt
Treuenbrietzen
Sperenberg
Märkisch Buchholz
Neuzelle
Luckenwalde
Trebatsch
Holbeck
Baruth
Schlepzig
Jüterbog
Guben
Sellendorf
Lübben
Straupitz
Wiepersdorf
Dahme
Luckau
Lübbenau
Burg
Werben
Guhrow
Vetschau
Papitz
Gulben
Bärwalde
Calau
Cottbus
Schlieben
Herzberg
Drebkau
Doberlug
Kirchhain
Bohsdorf
Uebigau
Falkenberg/Elster
Spremberg
Bad Liebenwerda
Senftenberg

Literatur in Brandenburg

Ein Überblick
von Peter Walther

Vorbemerkung

Eine brandenburgische Literaturgeschichte im Sinne von Josef Nadlers »Literaturgeschichte der deutschen Stämme und Landschaften« gibt es aus gutem Grund nicht. Die Bezüge, die für die Bewertung von Autoren und Werken von Bedeutung sind, greifen stets über das Regionale hinaus. In der folgenden Darstellung ging es eher darum, die Überlieferung in chronologischer Folge zu sichten und wichtige Personen, Ereignisse und Orte herauszuheben, um einen ersten Überblick über die Entwicklung der Literatur in der Mark zu ermöglichen. Die Schilderung beschränkt sich – ungeachtet des historischen Wandels der Topographie – im wesentlichen auf das Gebiet des heutigen Landes Brandenburg. Die Frage nach der Bedeutung Berlins für die Entwicklung der Literatur in der Mark wird nur gestreift – sie bedarf, in einem anderen Rahmen, einer gesonderten Darstellung.

Von den Anfängen bis zur Reformation

Die frühesten erhaltenen Zeugnisse der Literatur in Brandenburg reichen zurück auf die Zeit der Askanier, die das Land zwischen dem Mittellauf der Elbe und der Oder seit dem 12. Jahrhundert regierten. In dem Landstrich, der von den Germanen im Verlauf der Völkerwanderung verlassenen worden war, hatten sich slawische Stämme angesiedelt, deren Sprache und Kultur während der verschiedenen Phasen der Ostkolonisation jedoch weitgehend ver-

drängt wurden. Heute erinnert die sorbische Minderheit in der Lausitz ebenso wie mancher Ortsname an die frühe slawische Besiedlung Brandenburgs. In einer ersten Welle der Kolonisation und Christianisierung drang Markgraf Gero bis zur Oder und Peene vor. 946 wurde das Bistum Havelberg und 948 das Bistum Brandenburg gegründet. Nach dem großen Wendenaufstand von 983 mußten die deutschen Kolonisatoren sich wieder hinter die Elbe zurückziehen. Erst Albrecht der Bär aus dem Haus der Askanier, der 1134 mit der Mark belehnt worden war, gelang die Zurückeroberung eines Teils der an die Wenden verlorenen Gebiete. Mit der Befestigung seiner Herrschaft und der planvollen Besiedlung der Mark dies- und jenseits der Oder ging der wirtschaftliche Aufschwung des Landes einher, der sich unter seinen Nachfolgern fortsetzte.
Kulturelle Blüten trug diese Entwicklung am Hofe Otto IV., der einer der letzten großen Markgrafen während der Herrschaftszeit der Askanier war. Otto, der die Mark von 1266-1309 regierte, trug den Beinamen »mit dem Pfeile«, da es längere Zeit nicht gelang, einen Pfeil zu entfernen, der ihn am Kopf getroffen hatte. Nicht dieses martialische Detail, sondern die Pflege von Dichtkunst und Musik an seinem Hofe hat das Bild der Nachwelt vom Askanier geprägt. Der Herrscher war zu seiner Zeit als Minnesänger bekannt und hat – als einer von wenigen Dichtern aus dem norddeutschen Raum – Aufnahme in die Manessische Liederhandschrift gefunden. Dort ist er, umgeben von Spielleuten, als jugendlicher Fürst beim Schachspiel mit seiner Frau Hedwig von Holstein abgebildet. Im Codex Manesse sind auch die einzigen erhaltenen Verse des Kurfürsten überliefert. Dabei handelt es sich um sieben mittelhochdeutsche Lieder, die um die Themen »Jahreszeiten« und »Minne« kreisen. Obwohl Otto in der poeti-

schen Originalität hinter den Größen seiner Zeit zurücksteht, lassen die überlieferten Strophen erkennen, daß die Dichtung des Markgrafen mehr als die zufällige Frucht einer Herrscherlaune ist. Ein Lied Ottos (übertragen von Franz Xaver Seidl) belegt stilistische Sicherheit und Konventionalität gleichermaßen:

Winterüberdruß

Winter, deiner trüben Stunden
Deine Herrschaft, streng und kalt
Hab' ich nun genug empfunden.
Hätt' ich über dich Gewalt

O gewiß, zum Opfer brächte
Ich wohl manche lange Nacht,
Wo ich nicht ans Minnen dächte,
Das mir so viel Freude macht.

Brandenburg war im 13. Jahrhundert nur ein Nebenschauplatz der literarischen Entwicklung, die kulturellen Zentren im deutschsprachigen Raum lagen zu jener Zeit weiter südlich, am Hof in Meißen und am böhmischen Hof. Außer den erwähnten Liedern sind aus jener Epoche – wenn es um den geographischen Bezug zur Mark geht – nur noch einige Preisgedichte auf die Markgrafen von Brandenburg überliefert. Sie stammen vom dem Spruchdichter Hermann von Damen (der vermutlich aus Dahme in der Mark kommt), vom Goldener, von Leupold von Hornburg, von Frauenlob, vom Tannhäuser (»Von Brandenburk der hof stet wol/ dem ist also ze muote,/ das siu sint wishit vol,/ diu wisheit stet nach guote«) und vom Meißner (u.a. auf Otto IV.: »Ein eren bilder eren vol, ein minner der zuht,/ der tugent ein ueber vluezzik brunne...«). Ein Zeitgenosse des dichtenden Markgrafen war der Graf

Burchard von Lindow und Ruppin, auf den – sieht man von anonymen Zeugnissen ab – die früheste Überlieferung einer lateinischen Dichtung in der Mark zurückgeht. Dabei handelt es sich lediglich um drei Verse einer Strophe, in der Burchard seine Frau Elisabeth als »die glänzendste unter den Schönheiten« preist. Überliefert sind außerdem lateinische Inschriften an Gebäuden, auf Geräten, in Gruften oder auf Glocken. Die früheste Inschrift dieser Art, ein leonischer Vers, war im Kloster Himmelpfort (bei Lychen) zu lesen:

O felix Lenin et tua filia Chorin
Ex te est orta Nova Cella et Coeli porta

(O glückliches Lehnin und deine Tochter Chorin
Von dir stammen die Orte Neuzelle und Himmelpfort ab)

Zu den wenigen lateinischen Inschriften, die aus vorhumanistischer Zeit erhalten sind, gehört auch die Strophe auf einer Glocke in Jüterbog (»Jesu magne/ Dei agne,/ Tu dignare/ Nos salvare!«). Aus derselben Zeit wie diese Inschrift stammen zwei gereimte Einträge im Berliner Stadtbuch (um 1360). Dabei handelt es sich um Rechtstexte, die aus verschiedenen Quellen (u.a. dem »Sachsenspiegel« und der »Visio Philiberti«) für die speziellen Berliner Zwecke zusammengestellt wurden. In den folgenden Jahrzehnten begann die Doppelstadt Berlin-Cölln, sich als politisches Zentrum der Region zu etablieren. Seit 1431 war die Stadt Haupt des Mittelmärkischen Städtebündnisses, 1443 begannen die Hohenzollern gegen den Widerstand der Stadt mit dem Bau ihres Schlosses. Zunehmend nahm Berlin die Aufgaben einer Residenzstadt wahr, wodurch es in der Folge die übrigen märkischen Städte als wirtschaftlicher und kultureller Mittelpunkt hinter sich lassen konnte.

Davon war allerdings noch wenig zu spüren, als um 1490

ein beeindruckendes Zeugnis spätmittelalterlicher Stadtkultur entstand: ein 22 Meter langer Wandfries in der Vorhalle der Marienkirche – der Berliner Totentanz. Vierzehn Vertreter eines geistlichen und ebenso viele eines weltlichen Standes der mittelalterlichen Gesellschaft bilden – gemeinsam mit einer Todesgestalt – je ein Paar. Unter den Tanzpaaren stehen Verse in mittelniederdeutscher Sprache, in denen der Tod den zum Sterben Gerufenen einen Spiegel ihrer Sünden vorhält, während die Opfer ein letztes Mal sich auflehnen, um Aufschub bitten oder sich einsichtig in ihr Schicksal ergeben. Die Struktur der Dichtung ist ganz der europäischen Tradition des Totentanzes verpflichtet, die nach der verheerenden Pestepidemie von 1348 vermutlich in Spanien oder in Frankreich ihren Ausgang nahm. Bei der Charakterisierung der Figuren hat sich der Dichter in Berlin jedoch einige Freiheiten erlaubt, so etwa, wenn er dem vom Tod zum Mitkommen aufgeforderten Bauern einen Bestechungsversuch in den Mund legt:

spare dannen noch myner junghen ioghet
unde ghef my ghummen dat rete tho
ik gheve dy vorwar eine vette ko

(Schone fortan meiner Jugend
und gib mir, Freund, den Rest dazu:
Ich biete dir, fürwahr, eine fette Kuh)

Heute stellt der Totentanz in der Marienkirche das am vollständigsten erhaltene vorreformatorische Kunstwerk dieser Art in Europa dar und ist zugleich die älteste überlieferte Dichtung für Berlin. Das Wandbild in der Marienkirche markiert den Schlußpunkt spätmittelalterlicher Stadtkultur in Berlin, das fortan wegen seiner exponierten politischen, wirtschaftlichen und kulturellen Stellung in dieser Überblicksdarstellung nicht weiter berücksichtigt werden soll.

Auch wenn die niederdeutschen Volkslieder in der Mark Brandenburg erst reichlich zweihundert Jahre später schriftlich fixiert worden sind, reicht ihre Überlieferung bis ins 14. Jahrhundert zurück. Sie beziehen sich zumeist auf den Verlauf und Ausgang von kriegerischen Ereignissen. Dazu gehören das Lied auf die Schlacht von Kremmen (1331), das Lied auf den Tod Herzogs Kasimir von Pommern (1372), das Lied auf den Fall der Quitzows (1414) wie auch das auf den Sieg Friedrichs I. bei Angermünde (1420). Diese Lieder spiegeln die großen historischen Umwälzungen wider, die das Land nach dem Ende der Askanierherrschaft (1320) erfaßt hatten. Die Mark verkam zum Spielball fremder Mächte, Wittelsbacher und Luxemburger stritten um das Land, Raubritter machten die Gegend unsicher. In diese Zeit fällt auch das Auftreten des »falschen Waldemar«. Vermutlich ein Müller namens Jakob Rehbock gab sich als der letzte große Askanierherrscher Waldemar aus, der in Wirklichkeit schon 30 Jahre zuvor gestorben war. Die meisten Städte fielen auf den Schwindel herein und huldigten dem falschen Askanier, bis er 1350 enttarnt wurde. Allein die Stadt Brietzen hielt zu den Wittelsbachern und durfte sich fortan als Lohn für die Treue »Treuenbrietzen« nennen. 1373 wurde Brandenburg im Vertrag von Fürstenwalde von Otto dem Faulen aus dem bayerischen Königshaus an den Kaiser verkauft. Mit der Belehnung von Friedrich aus dem Haus der Hohenzollern mit der Mark begann die längste Zeit einer stabilen Herrschaft in der Geschichte des Landes, die länger als fünfhundert Jahre dauern sollte.

Die Lieder auf den Fall der Quitzows und auf den Sieg Friedrichs I. bei Angermünde thematisieren den Gründungsmythos der Hohenzollernherrschaft. Friedrich wurde mit einem Land belehnt, das sich in desolatem Zustand befand. Der über Jahrzehnte an keine Autorität mehr gewöhnte Landadel versagte dem Hohenzollern die Anerkennung. Das Lied vom »Fall der Quitzows« entstand vor dem Hintergrund der erfolgreichen Bemühungen Friedrichs, sich den Landadel untertan zu machen:

Plawe, Frisick und Rathenow
di hulden den heren, des weren si frow,
darto di van Buten und Goltzow,
recht so dat wesen scholde.

Das Volkslied auf den Sieg in »Ketzer-Angermünde«, das von dem Chronisten Zacharias Garcaeus (1544-1586) überliefert worden ist, bezieht sich auf die Niederschlagung der Pommern, die die Lehnsansprüche Friedrichs bestritten hatten und 1420 in die uckermärkische Stadt eingefallen waren.

Noch weiter zurück als die historischen Volkslieder reichen die Sagen, in denen oftmals noch die wendische Vorzeit der Mark nachklingt. Jede Landschaft und jede Kleinstadt hat in der mündlichen Überlieferung einen reichen Schatz an Sagen hervorgebracht, der vereinzelt schon seit der Reformationszeit, systematisch jedoch erst seit Mitte der 19. Jahrhunderts schriftlich überliefert wurde. Neben den Familiensagen der märkischen Geschlechter und den Herrschersagen um die brandenburgischen Kurfürsten und preußischen Könige sind dies vor allem Sagen um die Entstehungsgeschichte oder den Namen von Orten, um untergegangene Städte und Dörfer und um historische Ereignisse wie den Einfall der Hussiten, die Schlacht von Fehrbellin oder die Regierungszeit Kaiser Karls in Tangermünde. Viele dieser Sagen gehörten – als historische Legenden – zum Hausschatz brandenburg-preußischen Geschichtsbewußtseins, etwa die Geschichte der Anna Sydow, Witwe

eines Gießers und Geliebte von Kurfürst Joachim II., die Sage vom Mittelpunkt der Welt, der – dem Ergebnis lokaler Berechnungen zufolge – in Pappau gewesen sein soll, oder die spät entstandene Sage von der Bittschriften-Linde, zu der Bittsteller aus dem ganzen Land kamen, um Friedrich II. ihr Gesuch zu übermitteln.
Ein frühes Musterbeispiel von politischem Pragmatismus beschreibt die Geschichte vom »Straßenpflaster in Potsdam«. Um 1540 war die Stadt mit zwei Plagen gleichzeitig geschlagen: Die Wege waren unbefestigt und daher oft nicht passierbar, und die Bürger schimpften unentwegt über jede Nichtigkeit. Prompt stiftete der Magistrat per Dekret einen sinnvollen Zusammenhang zwischen beiden Phänomenen: Fortan konnte, wer durch Schimpfen auffiel, je nach Schärfe des Vergehens zur Bepflasterung des kommunalen Straßennetzes herangezogen werden. Nach und nach wurden die Wege befestigt, und schon bald entspannte sich der Verkehr zwischen den Menschen ebenso deutlich wie der auf den Straßen. In manchen Sagen haben sich die Hoffnungen und Ängste des Volkes zu eindrucksvollen poetischen Bildern verdichtet, etwa in der Sage vom Krebs im Mohriner See (Neumark), der auf dem Grund des Wasser angekettet ist und jährlich ein Opfer verlangt. Gelingt es ihm aber, sich freizumachen, so ist die Stadt vom Untergang bedroht. Eine andere Version der Geschichte besagt, das die Befreiung des Krebses den zeitlichen Rücklauf aller Dinge auf Erden zur Folge hat, da auch der Krebs sich nur rückwärts bewegt. Bedeutende Autoren haben Sagenmotive als Vorlage für ihre literarischen Werke genutzt: Mit dem »Werwolf«-Roman von Willibald Alexis, mit Kleists »Michael Kohlhaas« und Fontanes »Herr von Ribbeck auf Ribbeck im Havelland« gehören einige der märkischen Sagenmotive heute zum Gemeingut der deutschen Literatur.

Neulateinische Dichtung

Eine Zäsur in der Geistesgeschichte der Region bildete 1506 die Stiftung der hauptsächlich als landesfürstliche Rechtsschule ins Leben gerufenen Universität Viadrina (»Viadrus« lat. »Oder«) in Frankfurt an der Oder durch Kurfürst Joachim I., der damit ein lange gehegtes Vorhaben seines Vaters, Johann Cicero, in die Wirklichkeit umsetzte. Zuvor bestand das Bildungswesen in der Mark Brandenburg vor allem aus einer Vielzahl von Lateinschulen (Anfang des 16. Jahrhunderts waren es ungefähr 80), die bei den Pfarrkirchen der Städte angesiedelt waren, sowie den Domschulen in Brandenburg, Havelberg und Lebus; später kamen die Fürstenschulen im Grauen Kloster in Berlin und das Gymnasium in der gerade gegründeten Stadt Joachimsthal (1607-1636, ab 1688 in Berlin) hinzu.

Obgleich die Gründung der Viadrina bereits im Zeichen von Humanismus und Renaissance stand, stellte sich die Universität in der Reformationszeit auf die Seite der Amtskirche. Ein Jahr nach Luthers Thesenanschlag in Wittenberg promovierte der Ablaßprediger Johann Tetzel 1518 in Frankfurt zum Dr. theol. – deutlicher läßt sich die Abwehrstellung der Viadrina gegen die kirchliche Erneuerung kaum beschreiben. Der Stifter der Universität, Joachim I., war ein strikter Gegner der Reformation und hat deren Einführung in der Mark seinen Söhnen sogar per Testament untersagt. Das konnte die Ausbreitung der Lutherschen Lehre freilich nicht aufhalten: 1535 wurde die östliche Mark unter Hans von Küstrin und 1539 das Gebiet diesseits der Oder unter Joachim II. evangelisch.

Beinahe alle Dichter, die im 16. und 17. Jahrhundert für die Mark Brandenburg und darüber hinaus von Bedeutung waren, haben eine Zeitlang in Frankfurt studiert oder gelehrt. Das mag nicht weiter verwundern, da die Dichtkunst spätestens seit der zweiten Hälfte des 15. Jahrhunderts eine Domäne der humanistisch gebildeten Gelehrten war. Überdies hatte der Markgraf per Dekret den Besuch der Frankfurter Universität als Voraussetzung für die Übernahme in die höhere Verwaltung bestimmt. Gedichtet wurde – in Anlehnung an die klassischen Vorbilder – fast ausnahmslos in lateinischer Sprache. Der junge Ulrich Hutten (1488-1523) studierte im Gründungsjahr der Universität in Frankfurt, wo er zum Baccaleaurus promovierte. Der spätere Mitstreiter Luthers verfaßte in dieser Zeit sein »Carmen in laudem Marchiae«, sein »Lied zum Preise der Mark«, das als wohlmeinende Stilübung des Studenten zu lesen ist (Übertragung von Ernst Münch):

Markland unter dem träg sich bewegenden Bären gelegen,
läßt an Üppigkeit weit Gargaras Trift hinter sich.
Äpfel schenkt den Bewohnern der Herbst und saftige Birnen,
während der Sommer ihm reich spendet der Ernten Ertrag.
Kaum verspürt es des Boreas Frost bei den pechenden Fackeln,
wimmelt von Blüten, daraus Honig ihm fließet, im Lenz.
Rechne dazu die Zahl der Ochsen, die hier wohl in Unzahl
grasen, wie kaum sie der Strand bietet des Ionischen Meers;
rüstige Pferd' auch besitzt es und lastengehärtete Esel;
zahllos zur Weide treibt Herden von Schafen der Hirt;
aber stille von dem; den Reichtum mehrend durch Fische
strömet die Oder hier breit durch das fröhliche Land.

(...)
Waren werden durch Tausch von fremden Zonen gewonnen,
welche Arabien uns, welche Indien uns beut.
Herrliche Städte besitzt es und hoch erhabene Burgen,

Tempel auch, welche gebaut du von den Himmlischen glaubst.
Fürst Joachim, des fürstlichen Szepters Erbe, – damit auch
dieser Ruhm dem Lande nicht fehle, worüber er herrscht, -
führt eine Hochschule auf, mit hochanstrebenden Säulen,
da, wo Frankfurt emporragt, die gewaltige Stadt.
(...)

Ein anderer bedeutender neulateinischer Dichter, Haupt des Erfurter Humanistenkreises und gleichfalls Mitstreiter Luthers, war 1513 für kurze Zeit an die Frankfurter Universität gekommen: Eobanus Hessus (1488-1540). Neben zahlreichen Eklogen und Heroiden hat Hessus vor allem Gelegenheitsdichtung geschrieben, darunter auch ein Trauergedicht auf Hutten. In den kommenden Jahrzehnten hat eine Vielzahl von Dichtern der neulateinischen Literatur in der Mark zur Blüte verholfen, so etwa Johann Schoffer (1534-1585), poeta laureatus, der in einem 1558 gedruckten Buch die Anfänge des Hohenzollernschen Fürstenhauses in Distichen besingt. »Historia de origine et incrementis illustrissimae et inclytae familias marchionum Brandenburgensium« heißt sein ausführliches Werk, dem eine Epistel von Melanchthon vorangestellt ist. Die ersten geographischen Schriften über die Mark Brandenburg verdanken wir dem gebürtigen Altlandsberger Nikolaus Leutinger (1554-1612), der unter anderem an der Viadrina studierte. Sein rastloses Leben führte ihn durch halb Europa, erst kurz vor seinem Tod kehrte er wieder in die Heimat zurück. Neben seinen Büchern zur Geographie und Geschichte der Mark (»Scriptorum De rebus Marchiae Brandenburgensis«) schrieb Leutinger auch Gelegenheitsdichtung. Das dritte Buch seiner Carmina ist den brandenburgischen Markgrafen gewidmet, die in lateinischen Distichen mit den römischen Herrschern verglichen werden.

»Unter den Sängern der Deutschen bist du, Sabinus, der erste; / Eines schöneren Sterns kann sich die Mark nicht erfreuen!« schrieb Batholomäus von Bülow über seinen Zeitgenossen Georg Schuler (1508-1560), der sich selbst den Namen Sabinus gab. Der gebürtige Brandenburger hatte während seines Studiums in Wittenberg im Hause Melanchthons verkehrt, wo er seine spätere Frau kennenlernte, die Tochter des Humanisten. 1532 wurde Sabinus Rektor der jungen Frankfurter Universität. Er trat mit philologischen und historischen Arbeiten, einer Fragment gebliebenen Poetik und einer Vielzahl von Gelegenheitsdichtungen hervor. Dazu gehört auch ein Lobgedicht auf die Stadt Frankfurt, das von einer frühen Blüte der Oderstadt zeugt (Übertragung von Amdohr):

(...)
Reich auch ist sie, die Stadt, an dem mancherlei Gut, das man herführt
Flink auf dem Flusse von fern, der hier von Schiffen belebt.
Dazu man füge die Bildung des Volkes, das, wohnt´s auch im Norden,
Rauheit nicht trägt hier zur Schau, sondern italischen Schliff.
Hohe und prächtige Häuser bewohnt der gebildete Städter.
Nirgends ist hier Verfall, wie man ihn anderswo sieht.
Hochauf streben zum Himmel die Zinnen der schönen Gebäude,
Wie einst der Fürsten Palast, die die Geschichte uns rühmt.
Franken trojanischen Stammes begründeten einst diese Mauern:
Davon der Name der Stadt, den sie bis heute noch trägt.

Ein Schüler des Sabinus war der Frankfurter Student Christoph Stummel (auch Stymmel, 1525-1588), der mit 19 Jahren die seinerzeit populäre lateinische Komödie »Studentes« schrieb, in der es um die Versuchungen des studentischen Lebens geht. Statt mit Fleiß den Vorlesungen zu folgen, ergibt sich ein Student gemeinsam mit zwei Kommilitonen einem Saufgelage, stellt einem Mädchen nach und wird von den Eltern der Betroffenen mit den Folgen seines unsittlichen Tuns konfrontiert. Seinem juvenilen Erfolgsstück stellte der Autor dreißig Jahre später eine »Comoedia sacra« zur Seite (»Der geopferte Isaak«), die er dem Kurfürsten Johann Georg von Brandenburg im Andenken an dessen Frankfurter Studienzeit widmet.

Nicht selten waren die Grenzen zwischen gelehrter Übung und Poesie fließend, so etwa bei dem Wittstocker Pfarrerssohn Valens Accidalius (1567-1595), der nicht nur Apuleis und Plautus herausgab, sondern auch seine Heimatstadt Wittstock in lateinischen Distichen besang (»Ad Wistochium Patriam«). Ein Wunderkind war der aus Küstrin stammende Caspar Barth (1587-1658), der früh mit allen griechischen und lateinischen Versformen vertraut war, mit 7 Jahren die Werke von Terenz auswendig kannte und zwanzigjährig seinen ersten Gedichtband »Juvenilia« herausgab. Barth gilt als der fruchtbarste neulateinische Dichter seiner Zeit, seine Beziehung zur Mark beschränkt sich allerdings auf den biographischen Zufall seiner Geburt in Küstrin.

Eine Ausnahme in der Reihe lateinschreibender Dichter bildet der Küstriner Joachim Frisichius (1638-1684), gleichfalls ein Gelehrter, der in Königsberg Mathematik und in Riga Jurisprudenz lehrte. Von Frisichius ist unter anderem eine Zusammenstellung eigener Gedichte in deutscher Sprache mit dem klingenden Titel »Poetisches Blumenfeld« (1672) überliefert. Tatsächlich handelt es sich dabei eher um einen locker gebundenen Strauß beherzigenswerter Sinnsprüche als um eine ernsthafte Kunstbemühung:

Wer kräftig lehren will,
Der tu nach seiner Lehre;
Der Lehre gibt man Lob,
Die Werke geben Ehre!

Zu den wenigen Dichtern, die neben ihren Werken in lateinischer Sprache zugleich in deutscher Sprache schrieben, gehört auch der gekrönte Poet Georg Strube (1640-1702), der über Jahrzehnte Rektor der Domschule zu Havelberg war. Von Strube stammt – neben einem Preisgedicht auf den Großen Kurfürsten und einer Autobiographie – das »Epos memorabile«. Fürwahr ein »denkwürdiges Epos«, das neben einem chronikalischen Teil, in dem die Bischöfe von Havelberg aufgelistet sind, auch ein Bekenntnis des Dichters zu den Triebkräften seiner Poesie enthält, das nicht so recht zum später geprägten Bild des märkischen Sandpoeten passen will:

(...)
Denn es trägt den Poeten der Wein, einem Rosse vergleichbar,
Eh' er es merket, davon, Wein mindert den Durst, er verscheuchet
Sorgen, es mehret der Wein wie des Körpers Kraft, so die Freundschaft.
Freilich, zu reichlicher Weinesgenuß mag schaden dem Geiste;
Doch, wenn mit mäßigem Trunk er geschöpft, über Lippen und Gaumen
fließt, macht er jeden, der trägeren Sinns, bald hell und gewitzigt.
(...)

Den Schlußpunkt neulateinischer Lyrik in Brandenburg markieren die sogenannten Lehninschen Weissagungen, die erstmals 1708 in der Berliner Monatsschrift »Curieuse Natur-Kunst-Staats- und Sitten-Präsente« erschienen sind. Dabei handelt es sich um hundert leonische Hexameter,

die ein Lehniner Mönch namens Hermann im 13. Jahrhundert verfaßt haben soll. Vorausgesagt wird darin der Sieg des Papismus in Deutschland, der Untergang des Hohenzollern-Hauses und die Unterwerfung des Landes unter einen katholischen Monarchen. Wenige Jahre nach der ersten Veröffentlichung der Lehninschen Weissagungen wurde das Poem als durchsichtige Fälschung entlarvt, die zum Ziel hatte, das nach dem Tod des Großen Kurfürsten politisch geschwächte Brandenburg wieder in die Arme der katholischen Kirche zu treiben. Eine philologische Untersuchung des Textes brachte Erkenntnisse über die Quellen der Weissagungen (Werke von A. Angelus und Johann Wolfgang Rentsch) und den wahrscheinlichen Entstehungszeitpunkt (um 1690) zutage, konnte jedoch keinen sicheren Aufschluß über die Person des Verfassers geben. Als einer von vier mutmaßlichen Verfassern kommt der evangelische Prediger Andreas Fromm (1615/21–1683) in Frage, der aus dem märkischen Plänitz stammt. Trotz der frühen Entlarvung des Werks als Fälschung tauchten die Lehninschen Weissagungen in den folgenden anderthalb Jahrhunderten immer wieder einmal auf, wenn es politischen oder konfessionellen Gegenspielern darum ging, Stimmung gegen den preußischen Staat zu machen.

Volksbuch, geistliches und weltliches Spiel

Viel eher als die gelehrte Versdichtung in lateinischer Sprache haben die geistlichen und weltlichen Spiele sowie die Volksbücher den Weg zu einem breiteren Publikum gefunden. Die volkstümlich-didaktischen Inhalte mit satirischem oder religiös-politischem Akzent und der zunehmende Gebrauch der Volkssprache haben diese Entwicklung wechselseitig begünstigt. Zu den bekanntesten deutschen Volksbüchern gehört das Schildbürgerbuch, eine Bearbeitung des »Lalebuchs«. Sie stammt vermutlich von Johann Friedrich von Schönberg (1543 – 1614), der seit 1613 bis zu seinem Tod in Falkenberg/Ester lebte. Die Stadt, in der heute mit einer »Von-Schönberg-Gasse« und einer Gedenktafel an den Dichter und Juristen erinnert wird, gehört heute zum Land Brandenburg, lag damals jedoch auf kursächsischem Gebiet.

Bartholomäus Ringwaldt (1532 – 1599), der aus Frankfurt (Oder) stammt und später als Pfarrer in Lengfeld in der Neumark wirkte, hat in seinen Werken als einer der ersten Gebrauch vom Dialekt und von sprichwörtlichen Wendungen gemacht. Sein bekanntestes Stück ist der »Speculum mundi« (1590), eine Komödie, »nuetzlich zu lesen/ und im agiren beweglich«, wie es im Titel heißt. Ein Zeitgenosse Ringwaldts war der gebürtige Bernauer Georg Rollenhagen (1542 – 1609), der nach dem Besuch der Lateinschule in Bernau und der Universität in Wittenberg zunächst Rektor in Halberstadt und später Prediger und Prorektor in Magdeburg war. Rollenhagen schrieb seine Stücke zumeist auf der Grundlage älterer Vorlagen, so auch den »Froschmäuseler« (1571), ein politisch-satirisches Epos von 20000 Verse, dem ein antik-griechischer Text und der »Reinke de Vos« von 1498 zugrunde liegen. Im besten Willen nimmt Froschkönig Bausback den Mäuseprinzen Bröseldieb auf seinen Rücken und schwimmt mit ihm durch einen Fluß, um ihm sein Reich zu zeigen. Beim Abtauchen vor einer Schlange ertrinkt der Mäuseprinz, und es kommt zum Krieg zwischen Fröschen und Mäusen, bei dem letztere unterliegen. Rollenhagen beschreibt das Tierreich im Sinne einer allegorischen Weltdeutung und bezieht das aktuelle Zeitgeschehen vom Standpunkt des Lutheraners mit in die Handlung ein.

Zu den bedeutendsten satirisch-didaktischen Dichtern des Späthumanismus zählt der gebürtige Sperenberger und spätere Trebbiner Stadtschreiber Bartholomäus Krüger (ca. 1540 – nach 1597), von dem zwei Dramen und das Schwankbuch mit »Hans Clawerts wercklichen Historien« überliefert sind. Den ganzen Lauf der menschlichen Geschichte vom Sündenfall bis zum Jüngsten Gericht umfaßt Krügers geistliches Spiel »Eine schöne und lustige newe Action Von dem Anfang und Ende der Welt«. Im weltlichen Spiel »Wie die Pewrischen (bäurischen) Richter, einen Landsknecht unschuldig hinrichten lassen, Und wie es ihnen so schrecklich hernach ergangen« malt der Dichter die Anekdote eines bayerischen Zeitgenossen aus: Ein Landskecht wird von vier Bauernrichtern, die es auf dessen Geld abgesehen haben, zum Tode verurteilt. Die Strafe für die beuteseligen Justizmörder folgt auf dem Fuße: einer der Bauern kommt durch den Blitz um, ein anderer stirbt beim Gelage, ein dritter wird gehängt, und den letzten ereilt der Tod durch Fieber. Dabei geht es allzeit handfest und volkstümlich zu. Der gleiche Sinn für das realistische Detail findet sich in dem Volksbuch, in dem Krüger 35 Episoden aus dem Leben seines Trebbiner Mitbürgers Hans Clauert (ca. 1506-1560) nacherzählt. Clauert treibt sich als Schlosser, Kriegsknecht, Ackerbürger und Viehhändler in der Welt herum und führt nicht nur das gemeine Volk, sondern gleich auch den brandenburgischen Kurfürsten an der Nase herum. Mit seiner Nacherzählung der Geschichten des Hans Clauert, die auch in der mündlichen Überlieferung weiterlebten, schuf Krüger die Figur eines märkischen Eulenspiegel.

Hofdichtung im Zeitalter des Barock, die neue Subjektivität in Kirchenlied und Prosa

Die Universität in Frankfurt (Oder) blieb auch im 17. Jahrhundert ein Zentrum des literarischen Lebens in der Mark. Zunehmend bekam sie jedoch Konkurrenz durch den Hof des brandenburgischen Kurfürsten in Berlin, wo sich zu jener Zeit – abgesehen von Canitz, dessen Wirksamkeit als Dichter zu Lebzeiten begrenzt war – mit den Hofdichtern Peucker und Besser ein neues literarisches Zentrum etablierte. Die literarischen Pole jener Zeit lassen sich jedoch nicht mit den Stichworten »Gelehrtendichtung« auf der einen und »Hofdichtung« auf der anderen Seite fassen. Die taktiererische Politik von Kurfürst Georg Wilhelm hatte dazu beigetragen, daß im Verlauf des 30jährigen Kriegs die Söldnerheere fast aller Parteien nacheinander plündernd und mordend durch die Mark gezogen waren. Die alltägliche Erfahrung von Gewalt, Zerstörung und Tod schlug sich in der damals entstandenen Literatur – unabhängig vom sozialen Ort ihrer Entstehung – auf zwei sehr verschiedene Weisen nieder: einerseits in der Flucht ins bukolische Idyll und die lyrische Konvention, andererseits im realistischen, zuweilen veristischen Ton im Roman und einer neuen Subjektivität im Kirchenlied. Zwischen der Schäferdichtung, die sich an den antiken Vorbildern Theokrit und Vergil geschult hatte, und der Weiterentwicklung des picardischen Romans durch Grimmelshausen oder dem protestantischen Kirchenlied gab es in dieser Hinsicht kaum Berührungspunkte.

Der einflußreichste Dichtungstheoretiker des 17. Jahrhunderts, das Haupt der Ersten Schlesischen Dichterschule,

Martin Opitz (1597-1639), studierte 1618 an der Viadrina. Er repräsentiert mit den rigiden Vorgaben seiner Poetik die klassizistische Frühzeit des barocken Zeitalters in der Literatur. Wenige Jahre später, 1625, kommt Friedrich von Logau (1604-1655) nach Frankfurt. Der nachmals bedeutendste deutsche Epigrammdichter seiner Zeit (»Deutscher Sinn- Getichte Drey Tausend«) hielt sich in seinem Werk streng an die Regeln, die Opitz in seiner Poetik aufgestellt hatte. Beide, Opitz und von Logau, waren den Zielen der »Fruchtbringenden Gesellschaft« verpflichtet, als deren Mitglieder sie sich den von Grobianismus, Fremd- und Dialektwörtern freien Gebrauch der deutschen Sprache zur Aufgabe gemacht hatten. Geichfalls Mitglied des Palmenordens, wie die »Fruchtbringende Gesellschaft« auch genannt wurde, war der Lyriker und Satiriker Rudolf von Dieskau (1593-1656), der auf dem Schloß seiner Familie in Fürstenwalde aufwuchs und mit bukolischen »Frühlingsgedichten« (1637) hervorgetreten ist.

»Die Leute, die an Höfen leben, / Sind nur des Glückes Fangeball, / Je höher sie am Brette schweben, / Je näher sind sie ihrem Fall (...)«, hatte einst der Leipziger Gelehrte Johann Burkhard Mencke (1674-1732) gedichtet. Für Friedrich Rudolf Ludwig von Canitz aus Blumberg (nordöstlich von Berlin) gelten diese Verse nur bedingt, denn nicht als beamteter Hofdichter, sondern als Staatsmann und Diplomat trat er in die Dienste des Großen Kurfürsten. Seine posthum veröffentlichten Gedichte – vor allem bukolische Dichtungen, aber auch geistliche Lieder und Satiren – wurden zum Vorbild für die übrigen Hofdichter, und noch Friedrich II. fand die Gedichte von Canitz »supportabel«. Johann von Besser (1654-1729) war Oberzeremonienmeister und gutbesoldeter Hofdichter im Dienste des brandenburgischen Kurfürsten Friedrich III., der sich nach seiner Krönung als »König in Preußen« (1701) Friedrich I. nannte. Von Besser hat vor allem Gelegenheitsdichtung geschrieben, die ihre Anlässe aus dem Leben am Hof bezieht. Sein Vorgänger als Hofdichter im Dienst des Großen Kurfürsten war der Kammergerichtsadvokat Nikolaus Peucker (um 1620-1674), der 1642 in den Matrikeln der Viadrina auftaucht. Auch von Peucker ist allerhand Kasualdichtung überliefert, die 1646 unter dem Titel »Wol klingende lustige Paucke...« gesammelt erschien. Das Wirken von Benjamin Neukirch (1665-1729) markiert bereits den Übergang vom Barock zur Aufklärung. Neukirch, der ab 1691 in Frankfurt über Poesie und Rhetorik las, wandte sich in der Spätphase seines Schaffens unter dem Einfluß von Canitz rationalistischen französischen Vorbildern wie Nicolas Boileau zu.

Charakteristisch für die Lyrik aller genannten Hofdichter ist, daß es sich hierbei nicht um Erlebnisdichtung handelt, sondern um Texte, die im hohen Maße den stilistischen und semantischen Regeln der Emblematik verpflichtet sind. Ganz anders sieht es zur selben Zeit in der Prosa und bei den Dichtern des protestantischen Kirchenlieds aus. In Sprache, Stil und Motiv an die Tradition der deutschen Volksbücher und des spanischen Schelmenromans anknüpfend, in der literarischen Gestaltung und Ausdruckskraft jedoch ungleich stärker als die Vorbilder ist »Der Abentheuerliche Simplicissimus Teutsch« des Hans Jakob Christoffel von Grimmelshausen (um 1622 – 1676). In dem berühmten Roman beschreibt Grimmelshausen unter anderem die Szenerie der Schlacht bei Wittstock in der Prignitz (die er 1636 vermutlich selbst miterlebt hat), indem er das Geschehen durch die Verwendung plastische Bilder in bedrohliche Nähe rückt und es durch den Einsatz rhetorischer Kunstgriffe im gleichen Zug ironisch verfremdet:

»Die Erde, deren Gewohnheit es ist, die Toten zu bedecken, war damals an selbigem Ort selbst mit Toten überstreut, welche auf unterschiedliche Manier gezeichnet waren. Köpf lagen dorten, welche ihre natürlichen Herren verloren hatten, und hingegen Leiber, die ihren Köpf mangleten (...) Da sahe man, wie die entseelte Leiber ihres eigenen Geblüts beraubet und hingegen die lebendige mit fremdem Blut beflossen waren. Da lagen abgeschossene Ärm, an welchen sich die Finger noch regten, gleichsam als ob sie wieder mit in das Gedräng wollten; hingegen rissen Kerles aus, die noch keinen Tropfen Bluts vergossen hatten.«

Zum »Bildungsopfer« seiner literarischen Passion wurde Christian Reuter (1656-1712), der seine Wirtin in Leipzig als »Frau Schlampampe« und deren Sohn als »Schelmuffsky« verspottet hatte und deshalb zunächst für zwei Jahre, später auf Lebenszeit vom Studium ausgeschlossen wurde. Immerhin brachte es Reuter noch zum Gelegenheitsdichter für den brandenburg-preußischen Hof, der ihm Gedichte wie »Die frohlockende Spree«, »Das glückselige Brandenburg« oder »Das frohlockende Berlin« zu verdanken hat. Die literaturgeschichtliche Leistung Reuters liegt jedoch darin, mit seinem Lügenroman um Schelmuffskys »kuriose und sehr gefährliche Reise zu Wasser und zu Land« den ersten bedeutenden Schelmenroman in der deutschen Literatur hinterlassen zu haben.

Eine singuläre Erscheinung unter den Lyrikern des 17. Jahrhunderts stellt der Dichter Johann Christian Günther (1695-1728) dar, der 1715 sein Medizinstudium in Frankfurt begann, aber schon wenige Wochen später nach Wit-

Denkmal für Paul Gerhardt vor der Kirche in Lübben. Der Kirchenlieddichter war seit 1669 Archidiakonus an der Nikolaikirche, die später nach ihm benannt wurde.

PAUL
GERHARDT
BEFIEHL DU DEINE WEGE UND WAS DEIN HERZE KRAENKT
DER ALLERTREUSTEN PFLEGE DES DER DEN HIMMEL LENKT
DER WOLKEN LUFT UND WINDEN GIBT WEGE LAUF UND BAHN
DER WIRD AUCH WEGE FINDEN DA DEIN FUSS GEHEN KANN

tenberg wechselte. Günthers poetischer Genius reicht weit über die zur geistreichen Formelhaftigkeit erstarrten Lyrik seiner Zeit hinaus. Aus der Frankfurter Zeit ist ein Gedicht des Zwanzigjährigen an seine Braut Magdalena Eleonora Jachmann erhalten:
An seine Magdalis

Mein Kind, ich bin der Huld nicht wert,
Die mir von deiner Hand so häufig widerfährt.
Drum zürne nicht, wenn ich
Mich in dies seltne Glücke
Nicht, wie ich sollte, schicke,
Und glaube sicherlich:
Würdiget dein Gnadenstrahl
Meine Lippen noch einmal,
Deinen schönen Mund zu küssen,
So werd ich fürchten müssen,
Daß nicht die Wollust dieser Zeit
Durch ihre Süßigkeit
Mir die Lust zum Himmel raube
Und ich der Gegenwart mehr als der Zukunft glaube.

Auch die protestantischen Kirchenlieder des 17. Jahrhunderts stehen mit ihrer schlichten, liedhaften Sprache und dem subjektive Ton religiöser Innigkeit im schroffen Kontrast zur Konventionalität der Hofdichtung. Der nach Luther bedeutendste evangelischer Kirchenlieddichter, Paul Gerhardt (1607-1676), kam 1651 als Probst nach Mittenwalde in die Mark und wirkte seit 1669 – nach einem von Konfronation mit dem Kurfürsten geprägten Zwischenspiel in Berlin – als Archidiakon in Lübben. Einige der über 130 Lieder, die Gerhardt geschaffen hat, sind zu wirklichen Volksliedern geworden – etwa »Nun ruhen alle Wälder«, »O Haupt voll Blut und Wunden« oder auch »Befiel du deine Wege«:

Mach End, o Herr, mach Ende
An aller unser Not!
Stärk unser Fuß und Hände
Und laß bis in den Tod
Uns allzeit deiner Pflege
Und Treu empfohlen sein,
So gehen unsre Wege
Gewiß zum Himmel ein.

Zur gleichen Zeit wie Gerhardt haben Johann Franck (1618-1677) und Martin Heinsius (1611-1667) als Kirchenlieddichter gewirkt. Franck, der aus dem damals kursächsischen Guben stammt und in Cottbus (einer brandenburgischen Exklave) das Gymnasium besucht hatte, wurde erst Mitte des 19. Jahrunderts als Kirchenlieddichter wiederentdeckt. Der Historiker Heinsius war seit 1640 – mit einem Intermezzo als Stiftspfarrer in Brandenburg – bis zu seinem Tod Professor für Philosophie in Frankfurt. Von ihm stammen eingängige, von tiefer Frömmigkeit geprägte Strophen, wie etwa die auf den Tod seiner Frau:

Ach nimm mich auf mit allen Gnaden
Wie meiner Liebsten auch geschach.
Getrew ist, der Mich hat geladen,
Der wird woll fodern meine sach,
Vnd mich zu seinem lob und Preiß
Verhelfen in das Paradeiß.

Die Profession als Historiker teilte Heinsius mit Gottfried Arnold (1666-1714), dem bedeutenden pietistischen Theologen, Kirchenhistoriker und Kirchenlieddichter, der 1707 als Inspektor nach Perleberg in die Prignitz kam. Seine »Unparteiische Kirchen- und Ketzerhistorie« (1699) gilt als das erste systematisch aufgebaute Geschichtswerk in Deutschland. In dem Buch, das bis auf Thomasius und

Goethe gewirkt hat, sieht Arnold die ganze Geschichte der Kirche einschließlich der Reformation als Abfall vom wahren Christentum, das allein im Wirken der Mystiker und Ketzer verwirklicht sei.

Für die Geschichtsschreibung in der Mark war das 17. Jahrhundert ein besonders fruchtbares Saeculum. Hatten schon Zacharias Garcaeus aus Pritzwalk (»Folgen der Geschlechter und Taten der Markgrafen von Brandenburg«, 1582) und Andreas Angelius aus Strausberg (»Annales Marchiae Brandenburgicae«) die Grundlagen für die neuzeitliche Historiographie in der Mark gelegt, so folgten ihnen nun wichtige Geschichtsschreiber und Sammler wie Martin Friedrich Seidel (1621-1693), der ein erstes Verzeichnis märkischer Schriftsteller und Gelehrter anlegte (1657), der Dichter und Historiker Heinrich Anselm von Zi(e)gler und Kliphausen (1663-1696) oder der Theologe und historische Schriftsteller Friedrich Lucä (1644-1708) – sie alle haben an der Viadrina in Frankfurt studiert. Auch der Geschichtsprofessor und Zeitungsvorleser des preußischen Königs, Paul Jakob von Gundling (1673-1731), ist mit seiner »Geschichte der Chur-Mark Brandenburg...bis zum Absterben Albrechts II.« an dieser Stelle zu nennen.

Daneben verdanken wir den Stadt- und Heimatchronisten die Überlieferung der lokalen Ereignisse: Ganze sieben Bände umfaßt die »Beschreibung der Königlichen und Churfürstlichen Brandenburgischen mittelmärkischen Stadt Bernau« von Tobias Seiler (1681-1741), dessen Werk, was Umfang und Gründlichkeit angeht, aus der Fülle lokaler Chroniken herausragt. Zur Fachliteratur von literarischem Wert gehört die erste Flora der Mark Brandenburg, die von dem gebürtigen Frankfurter und Hofarzt des Großen Kurfürsten, Johann Sigismund Elsholtz (1623-1688), verfaßt wurde. Als Pionierleistung auf dem Gebiet der Publizistik sei noch die Gründung der ersten wissenschaftlichen Zeitschrift in Deutschland (»Freymüthige Lustige und Ernsthaffte iedoch Vernunfft-und Gesetz-Mäßige Gedancken oder Monats-Gespräche über allerhand, fürnehmlich aber Neue Bücher...«, 1688) durch Christian Thomasius (1655-1728) erwähnt, der sein Studium in Frankfurt 1679 mit der Promotion zum Dr. jur. abschloß. Das Wirken dieses bedeutenden Rechtsgelehrten markiert den Übergang zur Epoche der Aufklärung.

Literatur im Zeichen der Aufklärung

Im 18. Jahrhundert verlagerte sich der Schwerpunkt der kulturellen Entwicklung in der Region endgültig nach Berlin sowie – besonders ab Mitte des Jahrhunderts – an den Hof Friedrichs II. in Potsdam. In Berlin wird im Jahre 1700 auf Anregung von Sophie Charlotte, der Gemahlin des preußischen Königs, die »teutsch gesinnte Societät der Scientien« gegründet, die spätere Preußische Akademie der Wissenschaften. Die preußische Hauptstadt entwickelte sich – neben den Städten Leipzig, Hamburg und Zürich – zu einem bedeutenden Zentrum der bürgerlichen Aufklärung. Die Mark Brandenburg, deren Geschichte nun allmählich in der Historie des preußischen Staates aufgeht, wird im 18. Jahrhundert weitgehend von der Regentschaft zweier Könige geprägt: von 1713-1740 regierte Friedrich Wilhelm I., der Soldatenkönig, von da ab lenkte bis zu seinem Tod 1786 über vier Jahrzehnte Friedrich II., der Große, die Staatsgeschäfte. Beide Regenten verhielten sich bekanntlich sehr unterschiedlich zu den Künsten. Während der Hof Friedrichs II. schon früh ein Anziehungspunkt für alle möglichen Philosophen, Künstler und Lebenskünstler war (auch Casanova war am Hofe Fried-

richs zu Gast), verbot sein Vater zu dessen Regierungszeit per Dekret – nur ein Beispiel pars pro toto – die damals beliebten dramatischen Schulspiele, »weil sie die Gemüter vereitelten und nur Unkosten verursachten«.
Auch wenn die Universität in Frankfurt zunehmend an Bedeutung verlor und 1811 schließlich geschlossen wurde, bot sie in dieser Zeit dennoch eine Heimstatt für bedeutende Philosophen und Wissenschaftler, die das Zeitalter der Aufklärung in Deutschland im »Juste-Milieu zwischen Philosophen und Belletristik«, wie Heine es treffend beschrieben hat, mitgeprägt haben. Zu ihnen gehört an erster Stelle – neben dem schon erwähnten Christian Thomasius – der Frankfurter Philosophie-Professor Alexander Gottlieb Baumgarten (1714-1762). Baumgarten, ein Schüler Christian Wolffs, des einflußreichsten deutschen Philosophen in der Frühzeit der Aufklärung, begründete die Ästhetik als eigenständige philosophische Disziplin in Deutschland. Gleichfalls als Philosophieprofessor wirkten Joachim Georg Darjes (1714-1791), der Stifter der »Königlich Preußischen Gelehrten Gesellschaft«, und der Moralphilosoph Gotthilf Samuel Steinbart (1738-1809), der in seiner »Glückseligkeitslehre des Christentums« die Grundbegriffe der Wolffschen Philosophie popularisierte. Den universellen Bildungsanspruch der Aufklärung lösten Werke wie die »Oeconomische Enzyklopädie« des Frankfurter Artztes Georg Krünitz (1728-1796) oder die »Kosmologischen Unterhaltungen für junge Freunde der Naturerkenntniß« des Frankfurter Mathematik- und Physik-Professors Christian Ernst Wünsch (1744-1828) ein – letzteres übrigens ein Buch, das zur bevorzugten Lektüre Heinrich von Kleists gehörte. In die Ausgangsphase der Aufklärung fällt das Wirken des Schweizer Schriftstellers Heinrich Daniel Zschokke (1771-1848), der von 1790-1795 – zunächst als Student, dann als Privatdozent – in

der Oderstadt lebte und späterhin als Erzähler mit volkserzieherischer Tendenz hervorgetreten ist.
Im Jahr des Regierungsantritts Friedrich II. 1740 kam der Dichter Johann Wilhelm Ludwig Gleim (1719-1803) als Hauslehrer nach Potsdam. Er ist als Haupt zweier Dichterkreise (in Halberstadt und Halle), als führender deutscher anakreontischer Lyriker und als Verfasser der »Preußischen Kriegslieder« in die Literaturgeschichte eingegangen. Für einige Jahre lebte Anna Louisa Karsch (1722 – 1791) in Potsdam. Die Karschin, wie sie auch genannt wurde, stammte aus einem Dorf in der Neumark, wo sie unter ärmlichen Verhältnissen aufwuchs. Sie wurde 1760 durch den Baron von Kottwitz als »Naturtalent« für die Literatur entdeckt und in Berlin von Sulzer, Ramler, Mendelssohn und Lessing gefördert. In ihrer Literatur, die zum großen Teil aus anakreontischer Lyrik und Gelegenheitsdichtung im preußisch-patriotischen Stoffkreis besteht, wurde sie den Erwartungen ihrer literarischen Umwelt nach der Natürlichkeit und Ursprüglichkeit einer »deutschen Sappho« (Gleim) gerecht. Erst spät ist die Bedeutung der Karschin als eine der fruchtbarsten Briefeschreiberin ihrer Zeit erkannt worden – korresponierte sie doch mit fast allen namhaften Dichtern ihrer Zeit, von Bodmer über Gottsched und Goethe bis hin zu Wieland. An der Heiliggeistkirche in Potsdam amtierte 1776 der Aufklärungspädagoge und Jugendschriftsteller Joachim Heinrich Campe (1746-1818). Bekannt geworden ist Campe durch seine erzieherische Bearbeitung von Defoes »Robinson Crusoe«, die in zahlreiche Sprachen übersetzt wurde. Die Bedeutung Friedrich II. für die deutsche Literaturgeschichte ist ambivalent: Einerseits ist der kunstsinnige König, der Voltaire und La Mettrie an seinen Hof nach Potsdam holte, Adressat zahlloser Huldigungsverse von bedeutenden und weniger bedeutenden Dichtern (ein viel-

zitiertes Wort von Goethe lautet: »Der erste wahre und höhere eigentliche Lebensgehalt kam durch Friedrich den Großen und die Taten des siebenjährigen Krieges in die deutsche Poesie«). Andererseits hat Friedrich diese Liebe nicht gerade erwidert. Mit seiner Schrift »De la littérature allemande« (1780) bekundete er, wie selbst wohlwollende Beobachter bescheinigen, »zum mindesten befremdliche Unkenntnis des nationalen geistigen Lebens seiner Gegenwart«. Die wichtigsten Dichter seiner Zeit – Lessing, Klopstock und Wieland – tauchen in der Schrift des Königs erst gar nicht auf, was denn auch argen Widerspruch hervorgerufen hat, etwa von Justus Möser (1720 – 1794) in »Über die deutsche Sprache und Literatur«. Friedrich, der noch im Alter meinte, es wäre »nichts rühmlicher für einen Deutschen als rein Deutsch (zu) sprechen und (zu) schreiben«, hat es selbst in dieser Kunst nicht besonders weit gebracht. Seine umfangreiche schriftliche Hinterlassenschaft ist durchweg in französischer Sprache abgefaßt. Von seiner eigenen Literatur haben eher die militärtheoretischen als die poetischen Schriften über die Zeit des Königs hinaus gewirkt.

Nur episodisch waren die Auftritte Johann Joachim Winckelmanns in Potsdam (1752), Lessings in Frankfurt und Potsdam (1755) und Mendelssohns in Baruth (1776). Die geistigen Auseinandersetzungen in der Epoche der Aufklärung spielten sich fast ausschließlich in den Städten ab. Freilich gab es auch Ausnahmen: Johann Christian Blum (1739-1790), der in Frankfurt studiert hatte, wirkte als Mittelpunkt eines Gelehrtenkreis abseits von Hof, Universität oder Hauptstadt im havelländischen Rathenow, wo die meisten seiner Gedichte und Schauspiele entstanden sind. In Gielsdorf bei Strausberg amtierte bis zu seiner Suspendierung 1791 der Pfarrer und Moralphilosoph Johann Heinrich Schulz (1739-1823), der sich auf atheistische Positionen vorgewagt hatte. Schulz war das einzige Opfer jenes Religionsedikts von 1788, mit dem der preußische Kultusminister unter Friedrich Wilhelm II., Johann Christoph von Wöllner, den Einfluß des Rationalismus in Unterricht und Predigt zurückzudrängen suchte. Das Wöllnersche Religionsedikt ist – vor allem wegen starker öffentlicher Proteste und auch wegen des Boykotts durch einen Teil der friderizianischen Bürokratie – nur halbherzig in die Praxis umgesetzt worden. Der Nachfolger Friedrich Wilhelm II. entließ Wöllner wenige Jahre später und verschaffte dem suspendierten Pfarrer, der zwischenzeitlich nach Altlandsberg verzogen war, eine Anstellung im preußischen Manufakturdepartment.

Kleist, Idyllendichtung, Romantik auf dem Lande

1737 veröffentlichte der gebürtige Cottbusser Immanuel Jakob Pyra, der damals in Halle studierte, sein Lehrgedicht »Der Tempel der wahren Dichtkunst«, eines der frühen Zeugnisse in der Dichtung der Empfindsamkeit, die in Deutschland parallel zur Aufklärung auf dem Boden des Pietismus gewachsen war. In dem Gedicht, das starken Eindruck auf den jungen Klopstock machte, entwirft Pyra den Typus des sehenden Dichters, dessen poetische Fähigkeit jenseits von Talent und Können als eine besondere Daseinsgabe zu verstehen sei. Damit schuf er einen ideellen Anknüpfungspunkt für die Auffassung von der Geniedichtung als Naturdichtung, die das Zeitalter des Sturm und Drang prägte. In Potsdam wirkte von 1777-1778 Karl Phillip Moritz (1756-1793) als Lehrer am Militärwaisenhaus. Moritz schuf mit seinem vom Pietismus inspirierten autobiographischen Roman »Anton Reiser« (1785 – 90) das psychologisch-tiefgründigste

Selbstzeugnis seiner Zeit. Als »die schönste Vorstadt Berlins« bezeichnete Jean Paul Potsdam: Der Autor des »Titan« und des »Siebenkäs« besuchte die Stadt öfter während seiner Berliner Zeit 1800 – 1801.
Berührungspunkte mit der Klassik sind eher marginal, wie etwa der Besuch Goethes in Potsdam 1778 oder der Aufenthalt Schillers in Potsdam 1804, der auf der Durchreise nach Berlin (wo er wegen eines Umzugs in die preußische Hauptstadt vorfühlte) eine Nacht im Massenbachschen Haus zubrachte. Im wesentlichen spielte sich das literarische Geschehen in Deutschland zu jener Zeit – sieht man von Berlin ab – außerhalb der märkischen Grenzen ab. Fernab der literarischen Gesellschaft, in Papenbruch in der Prignitz und später in Wildberg, hatte sich Samuel Christoph Abraham Lütkemüller (1768 – 1833) als Pfarradjunkt niedergelassen. Lütkemüller war bis 1803 Vertrauter und Bibliothekar Wielands in Weimar gewesen und ist selbst als Schriftsteller und Übersetzer hervorgetreten. Gleichfalls aufs Land zog es den Idyllendichter Friedrich Wilhelm August Schmidt (1764 – 1838), der seit 1786 als Feldprediger in Berlin gewirkt hatte und 1795 der erlösenden Berufung auf eine Pfarrstelle in Werneuchen gefolgt war. Schmidts Idyllendichtung in der Nachfolge von Johann Heinrich Voß hat in der literarischen Welt seiner Zeit vielfältige Reaktionen hervorgerufen: sie wurde von Wieland gelobt, von Tieck verworfen, von Goethe verspottet und von August Wilhelm Schlegel verhöhnt. Gleich ein halbes Dutzend Parodien auf seine Verse sind zu Lebzeiten des Dichterpfarrers erschienen. Reizpunkt war vor allem der Ton einer als platt und einfältig empfundenen Naturschilderung, in der es von »unpoetischen Gegenständen« wie quakenden Fröschen und meckernden Lämmern nur so wimmelt (»Werneuchen. An Friederike Brendel«):

Wenn's künftig Jahr um diese Zeit
Vom blauen Himmel nicht mehr schneit,
Wenn vor der Pfarre kleinen Zellen
Der Lindenbäume Knospen schwellen,
Schon hie und da die Frösche quäckern,
Die ersten jungen Lämmer meckern,
Der lockern Erde Frühlingssaft
Steigt in der Birk' und Erle Schaft,
Und Vögel in den Ahornhecken
Die weißen Eierchen verstecken:
Dann kommst du, unsers Glückes froh,
Im Hute von geflochtnem Stroh,
Zu athmen hier voll Veilchenduft
Werneuchens reine Frühlingsluft.
(...)

Goethe, der Schmidt in seinem Gedicht »Musen und Grazien in der Mark« parodiert hatte, nahm im Alter einen Gutteil seines Spotts zurück, als er schrieb: »Schmidt von Werneuchen ist der wahre Charakter der Natürlichkeit. Jedermann hat sich über ihn lustig gemacht, und das mit Recht; und doch hätte man sich über ihn nicht lustig machen können, wenn er nicht als Poet wirkliches Verdienst hätte, das wir an ihm zu ehren haben.« (»Maximen und Reflexionen«)

Heinrich von Kleist, der bedeutendste Dichter, den die Mark Brandenburg hervorgebracht hat, wurde 1777 als Sohn einer preußischen Offiziersfamilie in Frankfurt (Oder) geboren, wo er auch seine Kindheit verbrachte. Unterrichtet wurde der junge Kleist von den Hauslehrern Christian Ernst Martini und Johann Friedrich Christian Löffler. Letzterer beherbergte übrigens die Brüder Alexander und Wilhelm von Humboldt während ihres Studiums an der Viadrina 1784/ 85. Mit dem Tod des Vaters war die Kindheit Kleists 1788 früh beendet. Der Elfjährige wurde zu seiner weiteren Erziehung nach Berlin gebracht und trat vier Jahre später als Gefreiter-Korporal in das Potsdamer Garderegiment ein, wo er bald schon zum Fähnrich und später zum Secondelautnant befördert wurde. 1799 bat Kleist um seine Entlassung und begann in seiner Heimatstadt Frankfurt ein Studium mit den Schwerpunkten Mathematik und Physik, das die Familie als Vorbereitung für die Aufnahme in den Staatsdient sah. Dies sind die Ausgangspunkte einer in der Tradition des preußischen Adels wurzelnden Biographie und einer Vorbestimmung, mit der Kleist zeit seines kurzen Lebens im Widerstreit lag.

Die Briefe, die Kleist an seine Verlobte Wilhelmine von Zenge, die Tochter eines Generalmajors, nach Frankfurt schrieb, geben Einblick in den Seelenzustand des angehenden Dichters: »Wie viele Menschen genießen mit wenigem, vielleicht ein paar Hundert Talern das Glück der Liebe – und wir sollen es entbehren, weil wir von Adel sind? Da dachte ich – weg mit allen Vorurteilen, weg mit dem Adel, weg mit dem Stande – gute Menschen wollen wir sein und uns mit der Freude begnügen, die die Natur uns schenkt.« Es versteht sich, daß der junge Rousseau-Anhänger auf wenig Gegenliebe bei seiner Verlobten rechnen konnte. Das unstete Leben und die tiefen Krisen in den folgenden Jahren (»Kant-Krise« 1801, Krise um das Mißlingen des »Guiskart«-Entwurfs) liegen vor allem in der Unbedingtheit und der letztlich selbstzerstörerischen Konsequenz begründet, mit der er seiner Berufung gefolgt ist. Kleist, der vielfach um seine Anerkennung als Dichter bemüht war (an Wilhelmine: »Shakespeare war ein Pferdejunge und jetzt ist er die Bewunderung der Nachwelt... warte zehn Jahre und du wirst mich nicht ohne Stolz umarmen«), hat zu seiner Zeit weitgehend auf diese Bestäti-

gung verzichten müssen. Zwar glaubte Goethe, den jungen Dichter mit einer Aufführung des »Zerbrochenen Krugs« protegieren zu können, doch verunglückte das Unternehmen und zeitigte den gegenteiligen Effekt.
Thematisch am stärksten von der brandenburgischen Herkunft des Dichters geprägt ist – neben dem »Prinzen von Homburg« – Kleists Novelle »Michael Kohlhaas«. Der historisch verbürgte Streitfall um die Beschlagnahme zweier Pferde und die daraus folgenden Schadenersatzforderungen gegen den sächsischen Adligen Günter von Zaschwitz ist in den Aufzeichnungen des Chronisten Peter Hafftiz aus der zweiten Hälfte des 16. Jahrhunderts und in Nicolaus Leutingers »Commentarii de Marchia et rebus Brandenburgicis« (um 1600) überliefert. Nachdem Kohlhase vor Gericht leer ausgegangen war und auch die Vermittlung Martin Luthers keinen Erfolg gebracht hatte, erklärte der Geprellte dem Land Sachsen die Fehde. Nach dem Überfall auf einen Silbertransport des brandenburgischen Kurfürsten endete Kohlhase auf dem Rad. Kleist soll die Geschichte 1804/05 durch einen Freund kennengelernt haben. Mit der dramaturgisch und sprachlich eindrucksvollen Gestaltung dieses Stoffs bezieht der Dichter in seiner Novelle zugleich Stellung in einer aktuellen philosophischen Auseinandersetzung: Das Selbsthelfertum von Kohlhaas trifft auf den Macchiavellismus des sächsischen Herrschers und des Kaisers, die protestantisch-lutherische Staatsauffassung auf das Rousseausche Naturrecht.
Daneben besaß die Schilderung der brandenburgischen gegenüber der sächsischen Position im Rechtsfall Kohlhaas eine seinerzeit aktuelle politische Dimension. Die Parteinahme des brandenburgischen Kurfürsten für Kohlhaas ist angesichts der Katastrophe von 1806, des französischen Siegs über Preußen bei Jena und Auerstedt, und

angesichts des zum Rheinbund gehörenden sächsischen Staates ein deutliches Signal, die kaum versteckte Aufforderung zum Handeln. Auch die Problemkonstellation in Kleists »Der Prinz von Homburg« war, im historischen Gewand der Ereignisse um die Schlacht bei Fehrbellin, durchaus auf die aktuelle Situation gemünzt. Die Frage nach dem Wert selbständigen Handelns in einem militärisch organisierten Gemeinwesen zählte zu den zentralen Diskussionspunkten in der preußischen Reformzeit (»Als Poesie gut« notierte Friedrich Wilhelm III., als Gneisenau bemerkte, ein Aufstand gegen die Franzosen würde Volk und Staat zu einer unlöslichen Einheit verrschmelzen lassen). Kleist ging es, wie vielen seiner dichtenden Zeitgenossen, letztlich darum, die Kräfte gegen die französische Besetzung Preußens zu mobilisieren – die geistige Erhebung sollte den militärischen Freiheitskampf einleiten. Im Freitod des Dichters 1811 fällt die in seinem Werk vorgezeichnete äußerste Konsequenz des poetischen Genies mit der Enttäuschung über die Unentschlossenheit des preußischen Königshauses zusammen. »O tempora! o mores!!« notierte der Pfarrer, der die Nachricht vom Mord und Selbstmord am nahegelegenen Wannsee im Stahnsdorfer Kirchenbuch festhielt.

In Berlin hatte sich während der achtziger Jahre des 18. Jahrhunderts eine Salonkultur entwickelt, die jenseits von Standesgrenzen all jene einschloß, die in der Welt des Geistes Rang und Namen hatten: »Gelehrte, Juden, Offiziere, Geheime Räte, Edelleute, kurz alles, was sich an andern Orten (Weimar ausgenommen) die Hälse bricht, fället einander um diese, und lebt wenigstens freundlich an Tee- und Eßtischen beisammen«, schreibt Jean Paul, der sich zu Beginn des neuen Jahrhunderts in Berlin aufhielt. Diese Kultur strahlte auf das flache Land aus, bekam aber umgekehrt auch von dort Impulse. Über die ganze Mark verstreut lagen die Landsitze märkischer Adelsfamilien, die vor allem in der Zeit der Romantik zu wirklichen Musenhöfen wurden: Adlige besannen sich auf ihre Mäzenatenrolle, traten selbst als Künstler hervor und führten zugleich ein gastfreies Haus, in dem die Beschäftigung mit den Künsten, der Wissenschaft und dem Zeitgeschehen im unterschiedlichen Maß zum Alltag gehörte.

Abwechselnd in Berlin und auf ihrem Gut in Nennhausen bei Rathenow lebten Friedrich Baron de la Motte Fouqué, der aus einer hugenottischen Emigrantenfamilie aus der Normandie stammt, und seine Frau Caroline, eine geborene von Briest und geschiedene von Rochow (nicht zu verwechseln mit der gleichnamigen Witwe des preußischen Innenministers, einer geborenen v. d. Marwitz). Fouqué hatte vor allem mit seinem romantischen Kunstmärchen »Undine« (1811) und dem dreibändigen Roman »Der Zauberring« (1813) Erfolg. Beide Bücher umreißen die Leitthemen Fouquéscher Dichtung: Ist es in »Undine« die mit moderner psychologischer Erzählkunst geschilderte Doppelrolle der Frau als Wesen der Reinheit und der Verführung, die das zentrale Thema der Märchennovelle ausmacht, so beschwört Fouqué im »Zauberring« die Ideale mittelalterlicher Ritterherrlichkeit. Arno Schmidt entdeckte mit seiner Fouqué-Biographie das Werk des Barons für unsere Zeit wieder. Caroline von Rochow ist besonders durch ihre autobiographischen Romane (»Die Frau des Falkensteins«, 1810; »Feodora«, 1814) und durch ihren Anti-Revolutionsroman »Die Magie der Natur« (1812) bekannt geworden. Zu den Freunden und Gästen des Schriftsteller-Ehepaars gehörten Literaten und Philosophen wie August Wilhelm Schlegel, E. T. A. Hoffmann, Karl August und Rahel Varnhagen van Ense, Fichte und Eichendorff.

1811 heiratet Achim von Arnim (1781 – 1831), der Her-

ausgeber der Goethe gewidmeten Liedersammlung »Des Knaben Wunderhorn«, Bettine Brentano (1785-1859), die Schwester seines Freundes und Mitherausgebers Clemens Brentano. 1814 bezieht das Paar, vor allem aus wirtschaftlichen Gründen, das Gut in Wiepersdorf (bei Jüterbog). In Berlin war für den angehenden Dichter kein standesgemäßes Auskommen zu finden, mit dem die wachsende Familie hätte ernährt werden können. Bettine, der die Lebensumstände auf dem Lande nicht behagten, verließ Wiepersdorf mit den Kindern bald schon wieder und kehrte nach Berlin zurück, um über längere Zeit nur noch zu Besuch hierher zu kommen. Achim, dem die ländliche Existenz mehr lag, verbrachte jeweils einige Monate im Jahr auf den Gütern in Wiepersdorf und Bärwalde. Die Zeit der Trennung überbrückte das Paar mit intensiver Korrespondenz – ein Briefwechsel, der zum Wertvollsten in der deutschen Literatur gehört. Das Leben in Wiepersdorf war durchaus bodenständig und ließ kaum Freiheit für geistige Beschäftigung. Dennoch hat Achim von Arnim einen Großteil seines literarischen Werks (das zu seinen Lebzeiten kaum Beachtung fand) in dieser Zeit verfaßt. Bettine zog sich nach dem Tode Achims, dessen Werk sie gemeinsam mit Wilhelm Grimm herausgab, wieder öfter aufs Land zurück.
Was ihrem Mann weitgehend verwehrt geblieben ist, hat Bettine zur Fülle genossen: literarischen Ruhm und den Zuspruch berühmter Zeitgenossen: »Überschütten Sie alles mit Blumen, lassen Sie Funken und Blitze herausleuchten und nennen Sie´s Bettine«, schrieb Karl August Varnhagen van Ense; Brahms, Beethoven und Schuhmann widmeten ihr Kompositionen und Goethe, von ihr schwärmerisch verehrt, nannte sie »allerliebste Bettina«. Die Publikation ihres frühen Briefwechsels mit Goethe (1835) machte sie schnell berühmt. Dem preußischen König

Friedrich Wilhelm IV., mit dem Bettine laufend korrespondierte, widmete sie die sozialkritische Schrift »Dies Buch gehört dem König« (1843); ein zweiter Band, an dem sie unter anderem in Wiepersdorf schreibt, erschien 1852 unter dem Titel »Gespräche mit Dämonen«. Die Faszination, die von Bettine von Arnim ausgeht, ist bis heute ungebrochen: Autorinnen wie Ricarda Huch, Ingeborg Drewitz, Sarah Kirsch und Christa Wolf haben sich essayistisch oder literarisch dem Leben und Werk dieser bedeutenden Frau angenähert.

Die Topographie märkischer Musenhöfe in dieser für die Literatur in Brandenburg wohl fruchtbarsten Zeit wäre nicht vollständig, ohne wenigstens noch das Knesebecksche Gut in Karwe erwähnt zu haben, wo der preußische Feldmarschall Karl Friedrich Freiherr von dem Knesebeck (1768-1848), selbst Verfasser von Sinn- und Lehrgedichten, Haus hielt. In Madlitz (heute Alt Madlitz) zwischen Frankfurt und Fürstenwalde, auf dem Gut der Finckensteins, kam Ludwig Tieck (1773-1853) für einige Zeit unter, um dann über anderthalb Jahrzehnte in Ziebingen zu leben, und in Kunersdorf, auf den Besitzungen der von Itzenplitz am Rande des Oderbruchs, schrieb Adelbert von Chamisso (1781-1838) im Sommer und Herbst 1813 die Geschichte vom verlorenen Schatten des Peter Schlemihl. Im Schloß Branitz (heute zu Cottbus) residierte der Theoretiker und Praktiker der Gartenkunst, Fürst Hermann Pückler-Muskau (1785-1871), der bis heute vor allem wegen seines extravaganten Lebensstils bekannt ist. Daß Pückler einer der meistgelesenen Schriftsteller seiner Zeit war und mit den Reisebriefen an seine geschiedene Frau »Schnucke« (»Briefe eines Verstorbenen«, 1830/ 32) eine der größten Buchauflagen des 19. Jahrhunderts erzielte, ist kaum ins Bewußtsein der Nachwelt gedrungen. Erst seit dem Wiener Kongreß 1815 gehörte die Gegend um Lübben als Teil der Provinz Brandenburg zum preußischen Staat. Hier, in Neuhaus bei Lübben, lebte seit 1821 der Schriftsteller Ernst Frhr. von Houwald (1778-1845), der in seiner Studienzeit mit zahlreichen romantischen Schriftstellern (u.a. Tieck, Wackenroder, Novalis und Brentano) in Kontakt gekommen war. Houwald konnte eine Zeitlang mit biedermeierlichen Dramen schriftstellerischen Erfolg verbuchen. Während der Zeit am Pädagogium in Halle lernte er Carl Wilhelm Salice-Contessa (1777-1825) kennen, der später in Berlin dem Kreis um E.T.A. Hoffmann, Fouqué und Chamisso angehörte. Hoffmann hat ihm in seinem Erzählzyklus »Die Serapionsbrüder« ein literarisches Denkmal gesetzt. Salice-Contessa, der als Lustspieldichter und Novellist hervorgetreten ist, zog nach dem Tod seiner zweiten Frau gemeinsam mit seinem Sohn auf das Gut von Houwald, wo er den Freund zur schriftstellerischen Arbeit ermutigte und sich um die Verbreitung von dessen Schriften bemühte. Der Großteil seines eigenen Werks erschien erst posthum, herausgegeben in neun Bänden von Ernst von Houwald.

Das preussische Selbstbewußtsein in der Literatur

Preußen war – wenn nicht wirtschaftlich, so doch politisch – gestärkt aus den Befreiungskriegen hervorgegangen. Die im wesentlichen seit 1807 vorbereiteten Staatsreformen wurden nun auch auf das hinzugewonnene Staatsgebiet ausgedehnt. Auf Anregung Wilhelm von Humboldts (1767-1835) und nach seinem Konzept war 1810 die Berliner Universität gegründet worden, die 1828 den Namen ihres Stifters Friedrich Wilhelm III. erhielt. Von 1809-1819 leitete Humboldt, ein gebürtiger Potsdamer, die Kultus- und Unterrichtsabteilung im preußischen Innenministerium. Sein jüngerer Bruder, Alexander von Humboldt (1769 – 1859), fungierte seit 1827 als Ratgeber Friedrich Wilhelms III. und lebte auf dessen Einladung hin im Ostflügel des Potsdamer Stadtschlosses. Auch der kunstsinnige Monarch Friedrich Wilhelm IV., der die Romantiker wie Fouqué, Arnim, Tieck und Wackenroder gelesen hatte, versicherte sich nach seinem Regierungsantritt 1840 der Dienste Alexander von Humboldts.

Die preußische Residenz an der Havel hatte zu jener Zeit der Stadt Frankfurt an der Oder, die mit der Schließung der Universität 1811 zu einer reinen Beamtenstadt geworden war, in ihrer Bedeutung für die Kultur des Landes längst den Rang abgelaufen. Die Nähe zum Hof und zur preußischen Hauptstadt zog – oft nur für kurze Zeit – auch den einen oder andern Schriftsteller an. Balduin Möllhausen (1825 – 1905), ein Abenteurer, der seine Amerikareisen in erfolgreiche Bücher umgemünzt hatte, war bis 1886 ständiger Gast an der Tafelrunde Prinz Friedrich Karls in Dreilinden; Möllhausen diente Karl May als lebendes Vorbild für seine Figur des Old Shatterhand. Im Hause des Wirtschaftspolitikers Hermann Schulze-Delitzsch verkehrte Bertholt Auerbach (1812-1882), der seinerzeit populärste deutsche Schriftsteller. In unmittelbarer Nachbarschaft zum Dichterpaar Charlotte und Heinrich Stieglitz wohnte Heinrich Heine während seines Potsdamer Aufenthalts im Frühsommer 1829. Der spätromantische Erzähler und Lyriker Franz von Gaudy (1800 – 1840) verbrachte einen Teil seiner Offizierszeit in der preußischen Residenz, und schließlich lebte auch die Herzberger Erzählerin Marie Louise von François (1817 – 1893) sieben Jahre lang in Potsdam.

In der Havelstadt wurde zu Beginn des Jahres 1832 die »Litterarische Gesellschaft zu Potsdam« gegründet, in der es um die Litteraria im weiteren Sinne ging. Sie hatte wenig gemein mit den großbürgerlichen Salons der Rahel Levin und der Henriette Herz in der Hauptstadt. Die Gesellschaft in Potsdam besaß vielmehr den Charakter eines bürgerlichen Bildungsverein, in dem sich die Honoratioren der Stadt – Gymnasialprofessoren und Apotheker, Kreisgerichts- und Stadt-Baurat, Ärtzte und Buchhändler – über die neuesten Entwicklungen in der Wissenschaft und in den Künsten informierten. Getagt wurde seit 1852 im Palais Barberini. Trotz des eher provinziellen Zuschnitts der Männerrunde (Frauen durften nur bei öffentlichen Vorträgen zugegen sein) sind hier doch die geistigen Ereignisse der Zeit wachsam verfolgt und diskutiert worden. 1869 hält der aus Potsdam stammende Darwinist Ernst Haeckel (1834 – 1919) einen Vortrag vor der Gesellschaft, 1873 ist der Dramatiker Ernst von Wildenbruch (1845 – 1909) zu Gast, und am 6. Oktober 1865 liest Hofprediger Grisson aus Fontanes »Wanderungen« über das Itzenplitzsche Kunersdorf.

Es ist die Zeit des sich formierenden preußischen Selbstbewußtseins, dessen Ausgangspunkt in der Zeit der Staatsreformen und der Befreiungskriege zu suchen ist. Allerorten wurden Geschichtsvereine gegründet und Heimatkalender ins Leben gerufen. In der Literatur machte sich diese Entwicklung zum einen im Rückgriff auf Themen der preußischen Geschichte und zum andern in der verstärkten Hinwendung zur Geschichte und Kultur der engeren Region bemerkbar. Theodor Fontanes (1819 – 1898) Werk, dessen herausragende literarische Bedeutung erst nach seinem Tod erkannt wurde, reicht weit über diesen historistischen Zug des preußischen Zeitgeistes hinaus. Dennoch ist die zeitgenössische Aufnahme, die besonders seine frühen Balladen (etwa »Der alte Ziethen«, 1847) oder später auch seine »Wanderungen« (ab 1862) erfahren haben, nicht ohne diesen Hintergrund zu denken. Die Familie Fontanes stammt von Hugenotten ab, die im Zuge des Edikts von Potsdam 1685 Zuflucht in Berlin gefunden hatten. Aufgewachsen in Neuruppin und Swinemünde, kam der Dreizehnjährige nach einem Intermezzo auf dem Gymnasium in Neuruppin 1833 nach Berlin, wo dem Abschluß der Gewerbeschule eine Lehre als Apotheker in der beruflichen Nachfolge des Vaters folgte. Fontane übte den Beruf des Apothekers – mit Unterbrechung durch den einjährigen Militärdienst – bis 1849 an verschiedenen Orten aus, ehe er die ungeliebte Tätigkeit endgültig aufgab, um sich als freier Schriftsteller zu etablieren. Wirklich gelang dies jedoch erst ab 1876. Dazwischen lag eine Zeit, die von wirtschaftlichen Problemen und der Notwendigeit zur Brotarbeit geprägt war – u.a. als Diätar in Ministerialdiensten, als preußischer Pressebeauftragter in England, als Mitarbeiter an der »Kreuz-Zeitung« (seit 1860) und als Theaterkritiker bei der »Vossischen Zeitung« (seit 1870). 1844 war Fontane in den Berliner literarischen Sonntagsverein »Tunnel über der Spree« eingeführt worden und gehörte seit 1852 dessen exklusiver Abzweigung, dem »Rütli«, an. Hier begegnete er auch Theodor Storm (1817-1888), der im selben Jahr von Husum nach Berlin übergesiedelt war und wenig später nach Potsdam zog.

Zweifel an der eigenen poetischen Begabung haben Fontane lange nicht verlassen. 1858 schrieb er an seine Frau: »Ich bin gewiß eine dichterische Natur, mehr als tausend andre, die sich selber anbeten, aber ich bin keine große und reiche Dichternatur. Es drippelt nur so. Der einzelne Tropfen mag ganz gut und klar sein; aber es ist und bleibt nur ein Tropfen, kein Strom (...)«. Im literarischen Werk Fontanes bildet die Geschichte Preußens wahlweise Thema, Kulisse und Lebensraum der Akteure, angefangen mit den Feldherrnballaden (»Männer und Helden. Acht Preußenlieder«, 1850) über die »Wanderungen« bis hin zu den sozialkritischen Altersromanen und den autobiographischen Büchern. Seine Gesellschaftsromane sind von unpathetischer Wirklichkeitsdarstellung und fein abgestufter Zeichnung der Charaktere geprägt. Im Alter mußte sich Fontane, der nicht als märkischer Heimatdichter vereinnahmt werden wollte, der Umarmungsversuche diverser Heimatvereine erwehren. Doch auf die Rolle des Chronisten hat sich der Verfasser der »Wanderungen« niemals beschränkt. Gerade weil er Landschafts- und Menschenbilder, volkskundliche und historische Erkundungen miteinander verknüpfte, konnte er der Mark Brandenburg mit den »Wanderungen« ein einmaliges literarisches Denkmal schaffen, das weit über seine Zeit und die Region hinaus Geltung besitzt.

An Vorgängern, Vorbildern und Nachahmern hat es Fontanes und seinen »Wanderungen« nicht gefehlt: Mehr noch als Eduard Brandenburgs Versepos »Spatziergänge und Wanderungen im Vaterlande. Beschreibung des preußischen Staates« (1827) dürften dem Romancier die Bücher von Walter Scott und – trotz kritischer Distanz – Willibald Alexis vor Augen gestanden haben. Beinahe gleichzeitig mit Fontanes »Wanderungen« und in bewußter Konkurrenz zum Kollegen veröffentlichte der Reiseschriftsteller August Trinius (1851 – 1919) seine »Märkischen Streifzüge« (2 Bände, 1884/87), denen der breite Erfolg jedoch verwehrt geblieben ist. Dagegen ist der gebürtige Breslauer Willibald Alexis (1798 – 1871), der gleich Fontane einer französischen Refugié-Familie entstammt, als Autor historischer Romane über die Mark Brandenburg bis heute beliebt. Bücher wie »Der Roland von Berlin« (1840), »Der falsche Woldemar« (1842) oder »Die Hosen des Herrn von Bredow« (1846), deren Inhalte im Brandenburg des 14.-16. Jahrhunderts angesiedelt sind, finden bis in die Gegenwart stets neue Leser. Begonnen hatte Alexis als bekennender Walter-Scott-Epigone: Er gab seine ersten Bücher sogar als Übersetzungen Scottscher Romane aus. Das Erfolgsrezept seiner Bücher bestand vor allem in der geschickten, spannungsgeladenen Handlungsführung, die er mit romantischen Elementen und der anschaulichen Beschreibung kulturhistorischer Details verband.

Als Dramatiker und Erzähler, dessen Stoffe zumeist historischen Themenkreisen entstammen, ist Ernst von Wildenbruch (1845 – 1909) im letzten Viertel des 19. Jahrhunderts bekanntgeworden. Wildenbruch, ein Enkel Prinz Louis Ferdinands von Preußen, wuchs als Sohn des Diplomaten Louis von Wildenbruch in Syrien, Griechenland und der Türkei auf, absolvierte seine Militärzeit in Potsdam und ging nach dem Abschluß seines Jurastudiums als Referendar nach Frankfurt (Oder), später nach Eberswalde und Berlin. Dichtungen wie die Novelle »Das Riechbüchschen« (1885) oder das Drama »Die Quitzows« (1888) beziehen sich auf die brandenburgische bzw. preußische Geschichte; die pathetische Behandlung der Stoffe, die zuweilen schwülstige Sprache und die starke Bindung an die formale Überlieferung haben Wildenbruch den Vorwurf des Epigonentums eingebracht und sein Werk als Zeiterscheinung der wilhelminischen Epoche in Vergessenheit geraten lassen.

Exkurs: Die Literatur der Sorben in der Niederlausitz

Die Verschriftlichung der sorbischen Literatur fällt in die Zeit der Reformation. Jener Teil des sorbischen Siedlungs- und Sprachgebiets, auf den sich unsere kurze Betrachtung konzentrieren soll, die Niederlausitz, gehörte zum großen Teil bereits seit Mitte des 15. Jahrhunderts zur Mark Brandenburg, während die Oberlausitz kursächsisches Gebiet war und auch heute wieder zum Land Sachsen zählt. Die Entwicklung der sorbischen Literatur ist von mehreren Besonderheiten geprägt: Das Sorbische bildet eine Sprachinsel, die in sich noch einmal sprachlich (Nieder- und Obersorbisch), administrativ (Preußen und Sachsen) und seit der Reformation auch konfessionell zersplittert war. Hier lebten vor allem Angehörige der unteren Schichten, deren einziger Zugang zu höherer Bildung das Studium der Theologie darstellte. In der mündlich überlieferten älteren Volksdichtung der Sorben finden sich alle üblichen Genres wie Sage und Märchen, Zauberspruch, Rätsel und Sprichwort, die großen Formen der Dichtung fehlen jedoch aufgrund der erwähnten historischen und soziologischen Eigenarten. Die ältesten überlieferten Zeugnisse sorbischer Literatur bestehen – abgesehen von der mündlichen Überlieferung – in Übersetzungen theologischer Texte.
Der Pfarrer Andreas Tharaeus (Handros Tara, um 1570 – um 1638) gab 1610 eine Übersetzung von Luthers Katechismus, Gebeten und Psalmen in sorbischer Sprache heraus (»Enchiridion Vandalicum. Sorbisches Handbuch«). Tharaeus hatte seit 1588 an der Viadrina in Frankfurt studiert und war 1595 als Verfasser eines Gutachtens über sorbische Dialekte in Erscheinung getreten, das der brandenburgische Kurfürst in Auftrag gegeben hatte. Schon

1574 gab Albin Moller (1541 – 1618), Pfarrer in Straupitz, ein Gesangbuch mit kleinem lutherischen Katechismus heraus – dies war das erste in sorbischer Sprache gedruckte Buch überhaupt. Eine erste Grammatik des Sorbischen wurde 1650 von Jan Choijnan (1600 – 1666) verfaßt, der Prediger an der Nikolaikirche in Lübbenau war. Einer seiner Nachfolger im Amt, der Prediger Johann Gottlieb Hauptmann (1712 – 1782), schrieb eine niedersorbische Grammatik und publizierte ein sorbisches Gesangbuch. Erste Proben sorbischer Dichtung, die über die Übersetzung theologischer Texte als Medium literarischer Gestaltung hinausgingen, entstammen dem Kreis um den Pfarrer Michal Frencel, wobei es sich – im Stil der Zeit – um Gelegenheitsdichtung handelt.
Das Zentrum der sorbischen Kulturbewegung lag von je her im obersorbischen Raum. In Leipzig als dem Hauptstudienort der Obersorben wurde 1716 ein »Wendisches Priestercollegium« eingerichtet, 1767 erschien Christian Knauthes Kirchengeschichte der Obersorben. Student in Leipzig war Jurij Mjen, der Teile von Klopstocks »Messias« ins Sorbische übertrug und dabei ein eigenes Gedicht hinzufügten, das den Beginn der eigenständigen (ober-) sorbischen Literatur markiert. Von seinem Sohn, Rudolf Mjen, sind drei längere Gedichte überliefert, die an der Lyrik der deutschen Frühromantik geschult sind. Gleichfalls in Leipzig studierte der Dichter und Philologe Handrij Zejler, der gemeinsam mit seinem Freund Hendrich Krygar eine erste, noch handschriftliche sorbische Zeitung herausgab. Es folgte ab 1842 ein obersorbisches Wochenblatt und 1848 die niedersorbische Wochenzeitung »Bramborski Casnik« (»Brandenburger Zeitung«).
Im preußischen Teil des sorbischen Sprachgebiets wirkte sich die Germanisierungspolitik hemmend auf die Entwicklung der Literatur aus. Den eigentlichen Beginn der

niedersorbischen Literatur markiert das Epos »Die drei tüchtigen Posaunen« (1859/63) des Pfarrers und Altphilologen Kito Fryco Stempel (1787 – 1867). Erst 1880 wurde die niedersorbische Abteilung des Bildungsvereins »Masica Serbska« ins Leben gerufen. Begründet wurde sie von Mato Kosyk (1853 – 1940), dem Verfasser der über tausend Hexameter umfassenden Verserzählung »Die sorbische Hochzeit im Spreewald« (1880). Kosyk emigrierte 1883 in die USA, wo er nach einem gescheitertem Rückkehrversuch 1887 bis zu seinem Tod als Pfarrer und Farmer lebte. Mina Witkojc (1893 – 1975) ist während ihrer Tätigkeit bei der »Serski Casnik«, der Nachfolgerin der »Brandenburger Zeitung«, in den Jahren 1923 – 1933 mit zeitkritischen Artikeln bekannt geworden. Nach dem Machtantritt der Nazis (1937 wurden alle sorbischen Kultureinrichtungen verboten) erhielt Mina Witkojc Berufsverbot und seit 1941 Aufenthaltsverbot in ihrer Heimat. Ihre Kriegserlebnisse fließen in das lyrische Tagebuch »Erfurtske spomnjesa« (»Erfurter Erinnerungen«, 1945) ein. Die Nachkriegsentwicklung in der Literatur ist mit der Hinwendung der Autoren zur Zweisprachigkeit verbunden. Heute gehen die Impulse für die sorbische Gegenwartsliteratur vor allem von Autoren aus, die im obersorbischen Sprachraum verwurzelt sind.

Heimat- und Mundartliteratur

Das Genre der Heimatdichtung im 19. Jahrhunderts, dessen märkische Variante hier mit wenigen Beispielen vorgestellt werden soll, ist ein Kind der patriotischen Bewegung nach 1806. Vorreiter und einer der Protagonisten dieser Bewegung war Friedrich Ludwig (»Turnvater«) Jahn (1778 – 1852), der in Lanz in der Prignitz geboren wurde. Seine erste Veröffentlichung galt der »Beförderung des Patriotismus im Preußischen Reiche« (1800). Eher nüchtern-bieder ist dagegen der Ton des »Freienwalder Hans Sachs«, wie Fontane den Heimatdichter Karl Weise (1813 – 1888) nannte. Weise lebte seit 1848 in Freienwalde am Rande des nördlichen Oderbruchs. Hier hat er die stillen Freuden des Handwerks und die Schönheit der Landschaft in schlichten Versen besungen. In seine Fußstapfen als Heimatdichter trat Gustav Schüler (1868 – 1938), der wie Weise als Lehrer in Freienwalde gewirkt hat und mit stimmungsvoller Naturlyrik hervorgetreten ist. Auch Anna Karbe (1852-1875), die Heimat- und Kirchenlieddichterin, brachte einige Jahre in Freienwalde zu. Seit 1881 war Julius Dörr (1850 – 1930) Leiter der örtlichen Sparkasse, ein Amt, das er über vier Jahrzehnte ausfüllte. Der Sparkassendirektor, der aus Prenzlau stammt, hat in uckermärkischer Mundart (Teile des Romans »De Göderschlächter«, 1888) und in hochdeutscher Sprache geschrieben. Während sein Freienwalder Mitbürger Gustav Schüler 1914 »Deutsche Kriegslieder« herausgab, notierte Dörr:

Nun schafft der Krieg mehr als genug
Mir hochgebildeten Besuch
Die Fäulnis in der Oberschicht
Kommt allerliebst ans Tageslicht (...)

Die ganze Suite und Elite
Beehren mich mit der Visite
Sie kommen, ganze Trupps und Schwärme
Und bitten um gelinde Wärme.

In der Prignitz sammelten sich einige Mundartautoren um die plattdeutsche Monatsschrift »De Eekbom«, so etwa Karl Post und Paul Wernicke. Gleichfalls in Priegnitzer

Mundart schrieben Hermann Graebke (1833-1909) und der in Pritzwalk lebende Eisenbahnarbeiter Johann Jenkel (1851 – nach 1915). In Joachimsthal in der Schorfheide wirkte seit den 30er Jahren Friedrich Brunold (1811 – 1894) als Lehrer. Brunold, dessen Balladen wie »Das Wunder von Zehdenick« oder »Das Mitteltor zu Prenzlau« zum Bleibenden in der Heimatliteratur der Mark gehören, hatte während seiner Ausbildung in Berlin Kontakt zu den Romantikern bekommen. Wie schon vor ihm Schmidt von Werneuchen, so verteidigt auch Brudold seine Entscheidung für das Leben in der Provinz in einem Gedicht (»Den Freunden«):

Was fraget ihr mich täglich:
Wirst du denn nicht satt,
Zu leben in dem Städtchen,
Das nichts des Schönen hat?

Und hörest nie Konzerte,
Und Schauspiel hast du nicht –
Wie kannst du dort nur leben,
Je schaffen ein Gedicht? (...)

Und ebenso wie Schmidt hält Brunold den Vorzügen urbaner Zivilisation die verborgene Schönheit der Natur entgegen:

Den Höhenrauch, den Nebel
Durchbricht der Sonne Schein!
Der See glänzt morgengolden –
Sollt' es kein Schauspiel sein?

Und wenn nun abends wieder
Mondlicht durch Wolken bricht,
Die Bäume leise rauschen –
Ist es nicht ein Gedicht?

Max Lindow (1875-1950), der Mundartdichter aus Fahrenwalde, hat seine Ausbildung als Lehrer in Joachimsthal absolviert. Er schrieb neben historischen Dramen, Lustspielen und Kurzprosa auch Gedichte in uckermärkischer Mundart:

Heidsee

Van färn – so sacht – een Klockenschlag!
De Sunn gung still to Roh.
Ganz liesen möckt de leewe Dag
De möden Ogen to.
Nu liggt de See in d' Heid so still,
Mit Ogen, blog und wiet;
't is grod, as ow he drömen will
Von oltvergohn'ne Tied!
De Bläder in den Eekenbom
Un in de Strük an'n See,
De tuscheln lies', du hörst et kum,
De Segg von Zwerg und Fee.
Süss is 't in d' Heid so still, so still –
Un twischen Busch un Bom
Is 't grod, as ow keen stören will
Den See in sinen Drom.

»Dir gilt mein Singen, o Spreewaldland,/ Smaragdene Perle im märkischen Sand« dichtete Ewald Müller (1826 – 1932), der Lehrer und Volkskundler aus Cottbus. Neben solch euphorischer Anrufung seiner Heimat (»O Spreewalddom«) hat Müller Gedichte geschrieben, in denen das Leben der Spreewaldbewohner, die Landschaft in den verschiedenen Jahreszeiten und die wendische Vorgeschichte der Gegend poetisch Gestalt annehmen. Das Lob des Ländlich-Schlichten im Vergleich zur Naturferne oder gar Verdorbenheit der städtischen Lebensweise ist in zahl-

reichen Gedichten der Heimatliteratur zu finden. Ebenso häufig wird die Kargheit des Landes, das seine Bewohner nur mühsam ernährt, gegen die Schönheit südlicher Landschaften in Schutz genommen. Gerade in der vermeintlichen Armut lägen die wirklichen Reize der Landschaft verborgen, die jedoch nur dem Eingeweihten aufgingen: »Drum schweig' ich Mark, von deinen Reizen still / Nur heimlich lächelnd, anstatt sie zu neiden, / Die ihren Blick an Fels und Meere weiden, / Die ich mit dir doch nicht vertauschen will« dichtete Helene von Hülsen.
Die Palette der Ausdrucksformen in der märkischen Heimatdichtung reicht von unfreiwillig-komischer Reimerei (Anna Platow: »Wieder komm' ich zu dir, / Meine märkische Heide; / Freundlich lächelst du mir, / wir verstehen uns beide«) und poetisierender Überhöhung (ein Aar gleitet über rauschende Föhren, ein Nachen schwimmt auf dem stillen See) über die Nacherzählung von Sagenmotiven in Balladen (einige der schönsten stammen von August Kopisch) bis hin zu den poetischen Bekenntnissen eines Fontane, eines Richard Dehmel oder einer Ina Seidel. Dehmel (1863-1920) war in Hermsdorf (bei Märkisch-Buchholz) als Sohn eines Försters aufgewachsen und ist 1891 mit einem ersten Gedichtband an die Öffentlichkeit getreten. Im Gedicht »Lied an meinen Sohn« klingen Erinnerungen an seine Kindheit im Försterhaus an:

> Der Sturm behorcht mein Vaterhaus
> mein Herz klopft in die Nacht hinaus,
> laut; so erwacht' ich vom Gebraus
> des Forstes schon als Kind.

Am Ende des Jahrhunderts galt der Mitbegründer der Kunstzeitschrift »Pan« und Freund Detlev von Liliencrons als einer der bedeutendsten deutschen Lyriker. Freilich war Dehmels Popularität stark zeitgebunden, nach seinem Tod ist sein Werk schnell in Vergessenheit geraten.

In Eberswalde lebten von 1914 – 1923 Heinrich Wolfgang Seidel (1876 – 1945), Sohn des Schriftstellers Heinrich Seidel (»Leberecht Hühnchen«), und Ina Seidel (1885 – 1974). Deren gemeinsamer Sohn Georg (Christian Ferber) hat 1979 unter dem Pseudonym Simon Glas die Geschichte dieser Schriftstellerfamilie aufgezeichnet (»Die Seidels«). Ina Seidel, nachmals Erfolgsautorin in der jungen Bundesrepublik, hat in ihrer Eberswalder Zeit Lyrik in neoromantischem Stil geschrieben, die nicht frei von Blut-und-Boden-Metaphern war und früh Eingang in die Schulbücher gefunden hat: (»Das Land sind wir«)

(...)
Geschlechter starben und sanken in dich hinab,
der Väter heiliger Staub durchschichtet dicht gut:
Und unser Blut quillt golden aus ihrem Grab.
Land, wir sind eins, verschmolzen in Fleisch und Blut.

Für politischen Wirbel hatte ein bereits 1923 von Gustav Büchsenschütz gedichtetes Lied gesorgt. Das über die Wandervogel-Bewegung schnell populär gewordene »Märkische Heide, märkischer Sand« war von der in der Weimarer Republik verbotenen SA aufgegriffen worden: Anlaß genug für die Kommunisten, im Brandenburgischen Landtag 1930 die Abschaffung des Landeswappens mit dem roten Adler zu fordern. Das heute wieder populäre Lied markiert für Brandenburg den Endpunkt des Genres »Heimatliteratur«, das in seinen Entstehungs- und Verbreitungsbedingungen weitgehend an die Zeit vor dem letzten Weltkrieg gebunden war.

Potsdam und die Dichterstätten im Berliner Umland

Im 20. Jahrhundert war die kulturelle Sogwirkung der Metropole Berlin stärker denn je. Die bedeutenden Schriftsteller zogen in der ersten Jahrhunderthälfte, wenn sie vom Lande kamen, früh in die Großstadt; jene Autoren, die aus Berlin wegzogen, ließen sich zumeist im näheren Umland nieder. Einzig Potsdam blieb – nicht zuletzt wegen der Nähe zu Berlin – ein literarisches Zentrum mit beachtlicher Anziehungskraft. Zu den Schriftstellern, die aus der Mark Brandenburg stammen, das Land aber bald verlassen haben, gehören Gottfried Benn (1886 – 1956), Richard Dehmel (1863-1920), Günter Eich (1907 – 1972), Paul Gurk (1880-1953), Moritz Heimann (1868 – 1925), Klabund (1890-1928) und Ehm Welk (1884 – 1966). Benn hat von seinem Geburtsort Mansfeld in der Westprignitz keine Erinnerungen behalten können, da die Familie schon bald nach Sellin in der Neumark zog. Sein Abitur absolvierte er am Friedrichs-Gymnasium in Frankfurt (Oder), um dann in Marburg und Berlin zu studieren. Am selben Gymnasium legte wenige Jahre später der gebürtige Crossener Alfred Henschke das Abitur ab. Henschke schrieb in seiner kurzen Schaffenszeit – er starb schon früh an Tuberkulose – unter dem Namen Klabund nicht weniger als 76 Bücher. Sein bekanntestes Buch ist – neben dem Gedichtband »Die Harfenjule« (1927) – der Eulenspiegel-Roman »Bracke« (1918), bei dem ihm das Clauert-Buch des Trebbiner Stadtschreibers Batholomäus Krüger als Vorlage diente. Auch Klabund verließ Frankfurt nach dem Abitur, um in München und Lausanne zu studieren. Den Kleist-Preisträger von 1921, Paul Gurk, verbindet nur der biographische Zufall der Geburt mit Frankfurt

(Oder) – schon fünf Jahre später, nach dem Tod des Vaters, zieht die Familie nach Berlin.
Der Lyriker und Hörspielautor Günter Eich wurde in Lebus (auf der heute polnischen Uferseite der Oder) geboren und verbrachte seine frühe Kindheit hier – bereits 1918 zog die Familie nach Berlin. In einigen Gedichten Eichs klingt die frühe Prägung durch die Landschaft an der Oder an. Im Dörfchen Kagel, östlich von Berlin, ist der Novellist, Essayist und Lektor Moritz Heimann aufgewachsen, der ab 1886 in Berlin studierte und dort durch Vermittlung von Gerhart Hauptmann den Verleger Samuel Fischer kennenlernte. Noch im selben Jahr wurde Heimann Cheflektor des Fischer Verlags und später einer der angesehensten deutschen Literaturkritiker. In jüngster Zeit hat sich besonders Günter de Bruyn um die Verbreitung von Heimanns Werk verdient gemacht. Die Straße in Kagel, in der das Wohnhaus Heimanns steht, ist heute übrigens nach Gerhart Hauptmann benannt. In Biesenbrow bei Angermünde (Uckermark) wurde Ehm Welk geboren, der nach einer kaufmännischen Lehre als Journalist, Dramaturg und seit 1928 als Chefredakteur von Ullsteins »Grüner Post« in Berlin arbeitete. Wegen eines Leitartikels (»Herr Reichsminister, ein Wort, bitte!«), in dem er Goebbels kritisierte, wurde Welk 1934 für einige Tage in das Konzentrationslager Oranienburg eingeliefert und erhielt danach ein beschränktes Schreibverbot. In seinen »Kummerow«-Büchern, die seit 1937 in hoher Auflage erschienen und auch heute noch zu den beliebten Jugendbüchern gehören, schildert Welk anhand autobiographischer Aufzeichnungen seines Vaters und eigener Erinnerungen anschaulich das Leben in einem uckermärkischen Dorf.
Rings um die Großstadt Berlin lagen die Refugien der Dichter, Verleger und Publizisten, die im Laufe der Jahr-

zehnte aus den unterschiedlichsten Gründen aus der Stadt flohen: Gerhart Hauptmann (1862 – 1946) haben gesundheitliche Probleme bewogen, sich in Erkner anzusiedeln; Hans Fallada (1893 – 1947), der sich für ein halbes Jahr in Berkenbrück bei Fürstenwalde niederließ, mußte sich aus der Schußlinie der Nazi-Kulturbürokratie bringen; Gertrud Kolmar (1894 – 1943) versuchte, sich in Falkensee vor der rassistischen Verfolgung durch die Nazis in Sicherheit zu bringen. Dagegen haben Georg Kaiser (1878 – 1945) und der Verleger Ernst Rowohlt (1887 – 1960) am Stadtrand in Grünheide sowie der naturalistische Dramatiker Hermann Sudermann (1857 – 1928) im weiter abgelegenen Blankensee vor allem das Privileg genossen, im Grünen zu wohnen und dennoch das kulturellen Leben und die Kontaktmöglichkeiten der Großstadt nicht entbehren zu müssen. Sudermann hatte 1902 in Blankensee (bei Trebbin) dem überschuldeten Viktor von Thümen ein Schlößchen abgekauft, in dem er schon seit 1897 gelegentlich zur Miete wohnte. 1918 zog Paul Zech, der in diesem Jahr den Kleist-Preis erhielt, mit seiner Familie nach Bestensee, wo er bis 1922 lebte. In jener Zeit entstanden mehrere Antikriegsbücher, der Gedichtband »Der Wald« (1920) und das Stück »Verbrüderung« (1921).
In Freienwalde hatte sich seit 1909 der Industrielle und Intellektuelle Walther Rathenau (1867 – 1922), von Februar 1922 bis zu seiner Ermordung deutscher Außenminister, ein Sommerdomizil geschaffen. Hier waren des öfteren Dichter wie Gerhart Hauptmann oder Fritz von Unruh zu Gast. Als Beteiligter an der Ermordung Rathenaus wurde Ernst von Salomon (1902 – 1972) in einer Gaststätte in Grünheide verhaftet. Salomon, der nach Verbüßung seiner Haft zu schreiben begonnen hatte (»Die Geächteten«, 1930), ist später vor allem mit seinem umstrittenen autobiographischen Nachkriegsbuch »Der Fra-

gebogen« (1951) bekannt geworden, das zu den ersten Bestsellern in der jungen Bundesrepublik gehörte. Seit 1921 lebte Georg Kaiser in Grünheide – als meistgespielter expressionistischer Dramatiker eine zeitgenössische Berühmtheit, die überdies durch einen Skandal auf sich aufmerksam gemacht hatte: Kaiser, der trotz hoher Einnahmen zeitlebens Geldprobleme hatte, war im Jahr zuvor wegen Unterschlagung zu einem Jahr Haft verurteilt worden. Dank der treuen Fürsorge seines Freunds und Verlegers Gustav Kiepenheuer, der für Kaisers Schulden bürgte, mußte der Dramatiker nur für wenige Wochen ins Gefängnis. In Grünheide begann Kaisers produktivste Schaffensphase (es entstanden allein 19 Stücke) und zugleich, wie er später bekannte, seine glücklichste Lebenszeit. 1938 emigrierte der Dramatiker, dessen Stücke seit 1933 in Deutschland nicht mehr aufgeführt werden durften, in die Schweiz.

In der einstigen Residenzstadt Potsdam gab es in der ersten Jahrhunderthälfte eine bildungsbürgerlich geprägte Salonkultur. In den verschiedenen Häusern, etwa beim Politiker und Schriftsteller August Winnig, im Hause des Verlegers Gustav Kiepenheuer, beim Verleger Alfred Protte, nicht zuletzt in Albert Einsteins Sommerdomizil in Caputh, bekamen Literaten, Künstler, Philosophen und Wissenschaftler Gelegenheit zum geistigen Austausch. Daneben besaßen Vereine wie die »Künstlergilde Potsdam« und – seit 1927 – die Ortsgruppe der Kantgesellschaft große Bedeutung für das kulturelle Leben der Stadt. Potsdam war Druckort der linksliberalen »Weltbühne«, Kurt Tucholsky und Carl von Ossietzky kamen ins »Druckhaus Stein«, um die Fahnen der aktuellen Ausgabe zu korrigieren. In und um Potsdam lebten bedeutende Autoren wie Hermann Kasack (1896 – 1966), Edlef Köppen (1893 – 1939), Reinhold Schneider (1903 – 1958), Jochen Klep-

per (1903-1942) oder der Kulturphilosoph Constantin Brunner (1862-1937). Hermann Kasack, der aus einer alten Potsdamer Familie stammt, debütierte 1918 mit einem Band expressionistischer Gedichte. Nach dem Studium trat er als Lektor in den Kiepenheuer Verlag ein und arbeitete hier zuletzt als Direktor. Kasack, der den jungen Brecht entdeckt und gefördert hatte, war zugleich ein Pionier des deutschen Hörspiels: Bereits seit 1925 (der Sendebetrieb war im Oktober 1923 aufgenommen worden) war er an der Gestaltung literarischer Rundfunkprogramme beteiligt. Bis in die Studienzeit reicht Kasacks Freundschaft mit dem Lyriker Oskar Loerke zurück, um dessen Werk er sich zeitlebens bemüht.
Auch Edlef Köppen begann seine literarische Karierre als Lektor bei Gustav Kiepenheuer, seit 1925 arbeitete er für die Berliner Funkstunde. Als Schriftsteller wurde Koeppen mit dem Roman »Heeresbericht« (1930) bekannt, einem Antikriegsbuch mit autobiographischen Zügen, das wegen seiner erzähltechnisch modernen Montagetechnik von der Kritik mit Begeisterung aufgenommen wurde. 1939 starb Köppen an den Folgen einer Verletzung, die er im ersten Weltkrieg erlitten hatte. Von 1932-1937 lebte der Dichter und Geschichtsphilosoph Reinhold Schneider in Potsdam, um hier an seinem Hohenzollern-Buch zu schreiben. Schneider notierte in sein Tagebuch: »Heute zog ich in Potsdam ein. Es ist kalt, und der Wind fährt ungestüm in die frommen beharrlichen Töne des Glockenspiels. Diese Stadt ist die verlassene Schulstube der gebrochenen deutschen Macht.« Mit dem Glockenspiel war natürlich das »Üb' immer Treu' und Redlichkeit« der Garnisonkirche gemeint. Hier eröffneten die Nazis am 21. März 1933, am »Tag von Potsdam«, den neugewählten Reichstag. Der Ort des Geschehens und die wohlinszenierte Propagandaveranstaltung mit dem Händedruck

zwischen Hindenburg und Hitler sollten den Traditionsrahmen deutlich machen. Reinhold Schneider, der in seinem Buch »Die Hohenzollern. Tragik und Königtum« 1933 die preußische Tradition durchaus kritisch beurteilt hatte, ist in den folgenden Jahren zu einer der Hauptfiguren des christlichen Widerstands geworden. Nachdem er 1941 ein Schreibverbot erhalten hatte, kursierten seine Schriften in Schwarzdrucken und Abschriften unter Soldaten und in Widerstandskreisen.

Mit dem Beginn des Dritten Reichs gerieten die meisten bedeutenden Autoren – soweit sie nicht ohnehin geflohen waren – ins Abseits, viele von ihnen wurden zu Opfern von Rassenwahn und politischer Verfolgung. Das für den 14. März 1933 vorgesehene und bereits fertiggestellte Heft der »Weltbühne« konnte nicht mehr erscheinen, der Herausgeber Ossietzky befand sich zu dieser Zeit schon in Haft. Der Anarchist und Schriftsteller Erich Mühsam (1878-1934) war bereits Ende Februar 1933 ins KZ Oranienburg eingeliefert worden, wo er im Juli 1934 ermordet wurde. Die Schriftstellerin Lotte Brunner (1883-1943), die Stieftochter Constantin Brunners, folgte ihrer Mutter ins Vernichtungslager Sobibor, wo beide 1943 ermordet wurden. Die Lyrikerin Gertrud Kolmar, eine Cousine Walter Benjamins, wurde im Februar 1943 nach Auschwitz deportiert und ermordet. Der Lyriker, Romancier und bedeutende Kirchenlieddichter Jochen Klepper, der 1933 mit dem »Kahn der fröhlichen Leute« bekannt geworden war, ist 1933 wegen seiner jüdischen Frau beim Rundfunk entlassen worden. Klepper hat sich 1942 gemeinsam mit seiner Frau und seiner Tochter, die von der Deportation bedroht waren, das Leben genommen.

Kasack, der seine Arbeit beim Rundfunk 1933 hatte aufgeben müssen, war nach dem Tod Loerkes 1941 dessen Nachfolger als Cheflektor im S. Fischer Verlag geworden.

Der Verlag wurde damals schon von Suhrkamp geleitet und firmierte ein Jahr später unter dem Namen »Suhrkamp Verlag, vormals S. Fischer«. Im April 1944 war Peter Suhrkamp verhaftet und im Januar 1945 ins KZ Sachsenhausen bei Oranienburg eingeliefert worden. Von dort wurde er kurz vor Kriegsende todkrank entlassen. Er kam zunächst bei Kasack unter, der während Suhrkamps Haftzeit die Leitung des Verlags übernommen hatte, und wohnte in den folgenden Monaten bei dem Verleger und Drucker Werner E. Stichnote (dem späteren Vorsteher des Frankfurter Börsenvereins) in Potsdam. Auf die Zeit um 1942 gehen erste Entwürfe für einen Roman Hermann Kasacks zurück, der eines der meistdiskutierten Bücher im Nachkriegs-Deutschland werden sollte: »Die Stadt hinter dem Strom«. Kasack beschwört die düstere Vision eines Zwischenreiches zwischen Leben und Tod, in dem der Orientalist Robert Lindhoff als Chronist agiert. Zurückgekehrt ins Leben, verkündet der Chronist die Lehren aus dem Jenseits. Mit gutem Recht ist der philosophiehaltige Roman, in dem fernöstliche Weisheit, christliche Hagiographie und Existentialismus verarbeitet sind, bei seinem Erscheinen im Suhrkamp Verlag 1947 als Plädoyer für eine geistige Erneuerung verstanden worden.

Literatur in Brandenburg nach 1945

Im Frühjahr 1946, dreizehn Jahre, nachdem Kasack beim Rundfunk entlassen worden war, sitzt der Autor wieder vor einem Mikrophon. Er wird dem Hörpublikum in der Reihe »Autorenstunde« als ein Potsdamer Schriftsteller präsentiert, der die Nazi-Zeit überstanden hatte, ohne sich korrumpiert zu haben. Sein Gesprächspartner, Dramaturg und Lektor beim Berliner Rundfunk, ist gleichfalls

kein Unbekannter: Peter Huchel (1903-1981). Die beiden waren sich erstmals 1935 auf einer Veranstaltung der Potsdamer Kantgesellschaft begegnet. Huchel stammt aus dem nahen Lichterfelde, das heute zu Berlin gehört. Den prägenden Teil seiner Kindheit hat er jedoch auf dem Hof seines Großvaters in Alt-Langerwisch nahe Potsdam zugebracht. Nach dem Abitur in Potsdam studierte er in Freiburg, Wien und Berlin, wurde 1930 mit Willy Haas bekannt und publizierter in dessen renommierter Wochenzeitung »Literarische Welt«. 1932 hatte Huchel einen ersten schriftstellerischen Erfolg: Ihm wurde der Lyrikpreis der »Kolonne«-Gruppe zugesprochen – einer der Juroren war Edlef Köppen. In der Nazi-Zeit hält sich der Lyriker, ebenso wie sein Freund Günter Eich, mit dem Schreiben von Hörspielen über Wasser. Er wird 1941 eingezogen, desertiert im Mai 1945 und gerät in russische Kriegsgefangenschaft. Schon im September 1945 beginnt Huchels Tätigkeit beim Berliner Rundfunk, wo er für das literarische Programm des Senders verantwortlich ist.
Noch einmal, im Januar 1949, saßen sich Huchel und Kasack im Rundfunkstudio gegenüber, doch diesmal waren die Rollen vertauscht: Kasack sprach mit Huchel als dem Chefredakteur der neuen Literaturzeitschrift »Sinn und Form«. Die Zeitschrift war, was ihre Herstellung angeht, anfänglich ein Potsdamer Unternehmen. Beteiligt waren (neben den nominellen Herausgebern Johannes R. Becher und Paul Wiegler) der Geschäftsführer der Potsdamer Verlagsgesellschaft, Ulrich Riemerschmidt, und der Verleger Eduard Stichnote, der die typographische Konzeption für die Zeitschrift übernommen hatte. Erschienen ist »Sinn und Form« im Potsdamer Verlag »Rütten & Loening«. In einer der ersten Nummern veröffentlichte Huchel neben einer Erzählung Kasacks auch Gedichte von Gertrud Kolmar. Susanne Kerkhoff, die Halbschwester des Philoso-

phen Wolfgang Harich, kritisierte die Publikation und warf der in Auschwitz ermordeten Dichterin einen »kranken Symbolismus« vor. Hier klangen bereits jene Töne an, die ein Ende der relativen Freizügigkeit auf kulturellem Gebiet in der Ostzone signalisierten. Nur wenige Wochen nach dem besagten Rundfunkauftritt trat Kasack die Flucht in den Westen an. Huchel blieb noch für dreizehn Jahre Chefredakteur von »Sinn und Form«. Für das literarische Leben in der späteren DDR war dies zweifellos ein Glücksfall.

Als 1945 der brandenburgische »Kulturbund zur demokratischen Erneuerung Deutschlands« gegründet wurde, engagierten sich hier zwei Autoren, die bereits vor dem Dritten Reich prominent gewesene waren: der Volksaufklärer und Wissenschaftspublizist Bruno H. Bürgel (1875 – 1948), der seit Anfang der zwanziger Jahre in Potsdam lebte, sowie der Schriftsteller Bernhard Kellermann (1879 – 1951), der in Werder lebte und 1946 nach Potsdam kam. Der Arbeiter-Astronom Bürgel, der das Kriegsende nur um drei Jahre überlebte, schrieb eine Vielzahl populärwissenschaftlicher Bücher, die mit einer Gesamtauflage von über zwei Millionen Exemplaren und Übersetzungen in zahlreiche Sprachen große Verbreitung gefunden hatten. Bernhard Kellermann war mit seinem utopischen Roman »Der Tunnel« (1913) und dem Revolutionsroman »Der 9. November« (1920) bekanntgeworden. Brachte ihm der erste Roman die Annäherungsversuche der Nazis ein (Hitler schwärmte nach dem Zeugnis Albert Speers von Kellermanns »Tunnel«, der zwischen 1933 und 1945 sieben Auflagen erlebte, als einem seiner großen jugendlichen Leseeindrücke), so machte ihn das zweite Buch, das die Nazis verbrannt und verboten hatten, in der Sowjetunion bekannt, wo bis zum Kriegsende elf weitere Bücher von ihm erschienen waren.

1933 war Kellermann aus der Preußischen Akademie der Künste ausgeschlossen worden, obgleich er sich zur »loyalen Mitarbeit... im Sinne der veränderten geschichtlichen Lage« verpflichtet hatte. Aus dem offiziellen Literaturbetrieb verbannt, aber nicht verboten, konnte der Schriftsteller von Nachauflagen seiner Bücher und neuen Publikationen leben. Zwei Wochen nach dem Einmarsch der Roten Armee schrieb er dem Berliner Stadtkommandanten Bersarin: »Als einer der ersten deutschen Männer beeile ich mich, Ihnen in Ihrer aufopfernden Tätigkeit meine Dienste zur Mitarbeit anzubieten.« 1948 erschien Kellermanns Roman »Der Totentanz«, das Buch über einen unpolitischen Rechtsanwalt, der zum Mitläufer und Karrieristen wird. Im gleichen Jahr kehrte der Autor von einer Reise aus der Sowjetunion zurück und schrieb über das Land, in dem zu jener Zeit mehr als zwei Millionen Menschen in Straflagern einsaßen: »Das russische Volk ist heute in Wahrheit das einzige Volk der Erde, das ohne Furcht leben kann.« Kellermann wurde mit einem Professorentitel bedacht und erhielt zu seinem siebzigsten Geburtstag von der russischen Kulturabteilung einen neuen BMW geschenkt. Zwei Jahre später starb das vielgeehrte Mitglied der DDR-Volkskammer, der (ostdeutscher) Akademie der Künste und der (westdeutschen) Akademie der Wissenschaften und der Literatur.

Wenige Stichworte belegen die Vielfalt des literarischen Geschehens im Potsdam der Nachkriegszeit, das 1947, nach der von den Alliierten verfügten Auflösung des preußischen Staates, zur Hauptstadt des neugegründeten Landes Brandenburg wurde: Werner Wilk (1900 – 1970) lebte hier als Lektor des Verlags »Rütten & Loening«; sein Roman »Wesenholz« (1949) gehört zu den vieldiskutierten Büchern der Nachkriegszeit. 1951 flüchtete Wilk nach West-Berlin und wurde hier Leiter der Literaturabteilung beim RIAS. Nicht in Potsdam, sondern in Darmstadt erschien 1950 »Vom großen Welt- und Gartenspiel«, das Hauptwerk des Gartenkünstlers und philosophischen Schriftstellers Karl Foerster (1874 – 1970), der im nahen Bornim (heute zu Potsdam) lebte. Hugo Hartung (1902 – 1972), später bekannt geworden mit seinem Roman »Ich denke oft an Piroschka« (1954), kam zum Kriegsende aus Schlesien nach Potsdam und lebte hier bis zu seinem Weggang in Richtung Westen 1950. Gleichfalls in Potsdam wohnte der bekannte Kunstwissenschaftler Ludwig Justi (1876 – 1957), von 1909 – 1933 und dann wieder seit 1946 Direktor der Berliner Nationalgalerie.

Ende der vierziger Jahre folgte mit dem Beginn des Kalten Krieges auf eine Zeit relativer Offenheit eine Phase der offenen Repression. Die »bürgerlichen« Kräfte wurden nicht mehr um jeden Preis umworben, ging es doch von Beginn an darum, sie ersetzbar zu machen. Die Verhaftung des CDU-Bürgermeisters im Frühjahr 1950 (er wurde im Februar 1951 erschossen) war der Auftakt einer ganzen Welle von Festnahmen, der fast alle Mitglieder des CDU-Kreisvorstandes zum Opfer fielen, sofern sie sich nicht nach West-Berlin absetzen konnten. So verschwand etwa der Stadtverordnete Erich Ebert, der seine Buchhandlung in der Potsdamer Stadtmitte mit Lesungen und Gesprächen zu einem geistigen Zentrum der Stadt gemacht hatte, für sieben Jahre im Zuchthaus Bautzen. Der angehende Schriftsteller Horst H. Bienek (1930-1990), der seit 1946 in der alten russischen Kolonie in Potsdam lebte, wurde 1951 festgenommen und kam erst Ende 1955 aus Workuta zurück. Die Aufzählung ließe sich fortsetzen, etwa mit dem Fall des Germanisten Joachim G. Boeckh, der aus Heidelberg nach Potsdam gekommen war und Mitte der fünfziger Jahre verhaftet wurde.

Tonangebend im literarischen Betrieb Potsdams wurden in den kommenden Jahren kommunistische Autoren wie Eduard Claudius (1911-1976) und Hans Marchwitza (1890-1965). Beide kannten sich bereits aus dem Schweizer Exil. Claudius war 1947 aus dem Ruhrgebiet nach Potsdam gekommen, zuvor hatte er als Pressechef der Entnazifizierungsstelle in München gearbeitet. 1945 war sein Buch über den Spanischen Bürgerkrieg »Grüne Oliven und nackte Berge« in Zürich erschienen, 1951 kam der Roman »Menschen an unserer Seite« heraus, der als Musterbeispiel für die Durchsetzung des sozialistischen Realismus in der erzählenden Literatur galt. Dieser Roman entspricht einem Funktionsverständnis vom Autor und von der Literatur, das Hans Marchwitza einmal in dem Satz zusammengefaßt hatte: »Wir schreiben ja nicht, um die Bourgeosie zu unterhalten, sondern für das revolutionäre Proletariat, für den Klassenkampf«. Der Arbeiterschriftsteller Marchwitza, der 1947 aus Stuttgart nach Potsdam kam, hatte bereits 1934 im Exil den ersten Teil seiner »Kumiak«-Trilogie vorgelegt, in dem er die Geschichte eines Bergarbeiters beschreibt. In den fünfziger Jahren erschienen zwei weitere Bände der »Kumiaks« und der Betriebsroman »Roheisen«, gleichfalls ein »realistischer« Roman mit stark schematisierter Figurenschilderung und überschaubarer Problemkonstellation. Diese als neuartig propagierte und geförderte Literatur war in der Konventionalität ihrer ästhetischen Mittel und ihren erzieherisch-propagandistischen Absichten freilich alles andere als revolutionär, sondern bedeutete eher einen Rückschritt in die literarische Vormoderne.

Zu den Zeichen einer wiederum »veränderten geschichtlichen Lage« gehörte auch die Verwaltungsreform von 1952, in der das gerade erst gegründete Land Brandenburg in gesichtslose Wirtschaftsterritorien aufgeteilt wurde.

*Helene Weigel und Bertolt Brecht
nutzten seit 1952 zwei benachbarte Häuser
in Buckow am Schermützelsee als Sommerdomizil.
In einem der Häuser, der Eisernen Villa,
ist heute das Brecht-Weigel-Haus
mit einer Ausstellung zu Leben und Werk
der einstigen Bewohner untergebracht.*

Die Schriftsteller wurden ab 1950 im »Deutschen Schriftstellerverband« (seit 1952 eigenständig) zusammengefaßt, der – im Unterschied zum Gesamtberliner »Schutzverband Deutscher Autoren« – kein berufsständischer Verband war, sondern eine vom Staat alimentierte politische Organisation, deren Statut den Schriftstellern ein Bekenntnis zur »schöpferischen Methode des sozialistischen Realismus« abverlangte. Anliegen des DSV war die »ideologische Erziehung unserer Schriftsteller«, wie es in einem Bericht von 1951 heißt. Man unterhielt einen hauptamtlichen Apparat (1955 mit 62 Stellen), zwei Schriftsteller-Erholungsheime in Petzow und in Wiepersdorf, und bot seinen Mitgliedern zahlreiche Sozialleistungen. Kehrseite dieser großzügigen Versorgung war ein faktisches Berufsverbot für alle, die sich zur Ableistung der vom Verband geforderten politischen Bekenntnisse nicht entschließen konnten. Diese Praxis wurde Jahrzehnte später im »Gesetz zum Schutz der Berufsbezeichnung *Schriftsteller*« (1981) fixiert, ein Gesetz, das alle außerhalb des Verbands tätigen Autoren damit bedrohte, »auf der Grundlage der bestehenden Gesetze durch die jeweiligen Ämter für Arbeit und Löhne geregelten Arbeitsverhältnissen zugeführt (zu) werden«.

1953 war Peter Huchel nach Wilhelmshorst bei Potsdam gezogen. Hier wirkte er als autokratischer Chefredakteur von »Sinn und Form« und machte die Zeitschrift mit seinem unbestechlichen Sinn für literarische Qualität, den er trotz gelegentlicher Kompromisse durchsetzen konnte, zu einer der führenden deutschen Literaturzeitschriften. Unter den Bedingungen verschärfter ideologischer Indoktrination in den fünfziger Jahren ist das eine kaum noch nachvollziehbare Leistung. Das Haus der Huchels wurde nicht nur deshalb zu einem Ort der Literatur, weil der Dichter Peter Huchel hier wohnte. In Wilhelmshorst waren oft auch Literaten zu Gast, die Rang und Namen hatten in der deutschen Literatur: Hans Mayer und Stephan Hermlin, Max Frisch und Heinrich Böll, Ernst Bloch und Hans Henny Jahnn, Uwe Grüning und Wolf Biermann. 1962 mußte Huchel die Chefredaktion der Zeitschrift abgeben, nachdem er sich wiederholt ideologischer Gängelei widersetzt hatte. Mit ihm kündigte die ganze Redaktion. Es begann die Zeit kleinlicher Repressalien und permanenter Überwachung. Gottfried Bermann Fischer, Schwiegersohn des Verlagsgründers Samuel Fischer, bot Huchel die Mitarbeit an der »Neuen Rundschau« an, jener Zeitschrift, die einst Suhrkamp und Kasack betreut hatten, doch der Weg in den Westen war versperrt. Erst 1971 konnte die Familie ausreisen.

Das lyrische Werk Huchels ist wie kein anderes mit der Landschaft und den Bewohnern der Mark Brandenburg verbunden. Das trifft nicht nur für die naturmagischen Gedichte seines Frühwerks zu, sondern auch für sein späteres Werk, für das die Synthese von »politischem Gedicht« und »Naturlyrik« charakteristisch ist. Polnische Schnitter, Zigeuner, Knechte und Mägde bevölkern in den frühen Gedichten Huchels die Landschaft der Zauche, die »wendische Heide«. Später erscheinen Naturbilder als Chiffren für Bedrohung, für politische Desillusionierung und soziale Erstarrung: Etwa der »Traum im Tellereisen« (»Und die Träume flogen wie Spreu, / warfen ins Haar die duftende Klette«, hieß es noch in »Kindheit in Alt-Langerwisch); ein Vers in »Der Garten des Theophrast« lautet: »Sie gaben Befehl, die Wurzel zu roden«, und im Gedicht »Brandenburg« versinkt die preußische Kalesche im Wasserschierling. Eins seiner beeindruckendsten Gedichte steht am Ende von Huchels Lebenswerk:

Todtmoos

In Todtmoos
sah ich in weißer leuchtender Schneeluft
schneepflückende Wesen fliegen.
Ich griff in den Flockenfall
Und fing nur Kälte.

Schneenarben an den Felsen,
Wegzeichen wohin? Schriftzeichen,
nicht zu entziffern.

Mit der Nachfolge Huchels als Chefredakteur von »Sinn und Form« wurde der Schriftsteller Bodo Uhse (1904 – 1963) beauftragt, der diese Stellung nur widerstrebend übernahm. Uhse, der in Groß Glienicke nördlich von Potsdam lebte, ist durch seine Romane »Leutnant Bertram« (1943) und »Wir Söhne« (1948) bekanntgeworden. Beide Bücher kreisen um das autobiographisch motivierte Thema der Selbstfindung von Figuren, die sich aus den Verstrickungen militaristischer und nationalistischer Prägung befreien. Uhse stammt aus einer preußisch-schlesischen Offiziersfamilie, beteiligte sich 1920 auf Seiten der Putschisten am Kapp-Putsch, trat 1927 der NSDAP, drei Jahre später der KPD bei und nahm am spanischen Bürgerkrieg teil. Nach der Rückkehr aus dem mexikanischen Exil wurde er Chefredakteur der Literaturzeitschrift »Aufbau«. Die Leitung von »Sinn und Form« hatte er nur kurz in der Hand, da er bereits wenige Monate nach Übernahme der Chefredaktion verstarb. Gleichfalls in Groß-Glienicke lebten seit 1956 der Schriftsteller Friedrich Schlotterbeck (1909 – 1979) und seine Frau, die Dramatikerin und Hörspielautorin Anna Schlotterbeck (1902 – 1972). Friedrich Schlotterbeck war als Kommunist 1934 verhaftet und über zehn Jahre in verschiedene Konzentrationslager verschleppt worden; 1944 gelang ihm die Flucht in die Schweiz. Nach dem Krieg lebte Schlotterbeck zunächst in der amerikanischen Besatzungszone, siedelte jedoch 1948 in die SBZ über. 1953 wurde er hier gemeinsam mit seiner Frau wegen »staatsfeindlicher Betätigung« für drei Jahre inhaftiert. Der Großteil seines schriftstellerischen Werks, so auch »Im Rosengarten von Sanscoussi« (1968), eine polemische Abrechnung mit der preußischen Geschichte, ist erst in den kommenden Jahren entstanden.

Noch bevor überhaupt eine reguläre Nummer von »Sinn und Form« erschien, hatte Huchel im Winter 1948 ein Heft mit Beiträgen von und über Bertolt Brecht (1898 – 1956) zusammengestellt. Der Dramatiker war im selben Jahr über die Schweiz aus dem amerikanischen Exil zurückgekehrt. In Buckow in der Märkischen Schweiz hatten Helene Weigel und Brecht sich 1952 zwei benachbarte Häuser am Schermützelsee als Sommersitz ausbauen lassen. Hier entstanden 1953 unter dem Eindruck des Aufstands vom 17. Juni die »Buckower Elegien«, vom Dichter in einem Brief an seinen Verleger Suhrkamp »Buckowliche Elegien« genannt. Eines der Gedichte, die er hier schrieb, heißt »Lebensmittel zum Zweck« und handelt von der Völkerwanderung, die einsetzte, als die Amerikaner 1953 in (West-)Berlin Lebensmittelpakete an DDR-Bürger verteilten. Über die Beschenkten heißt es: »Wenn das Kalb vernachlässigt ist/ Drängt es zu jeder schmeichelnden Hand, auch / Der Hand seines Metzgers.« Brecht selbst war sozialistischer Realist genug, um seine Rechte vorrangig durch einen Verlag im Westen wahrnehmen zu lassen und sich im Staate Ulbrichts mit einem österreichischen Paß abzusichern. In Buckow entstand auch Brechts berühmt gewordenes Gedicht »Die Lösung«, in dem er der Regierung den Rat gibt, das Volk aufzu-

In diesem Haus in Bohsdorf (bei Spremberg)
befand sich der Laden, den die Familie Strittmatter
in den zwanziger Jahren unseres Jahrhunderts betrieb.
Er hat der Romanfolge von Erwin Strittmatter
den Namen gegeben.

lösen und ein anderes zu wählen. Dieses Gedicht gehörte freilich nicht zur Auswahl aus den »Buckower Elegien«, die in »Sinn und Form« erschienen ist, es wurde in der DDR überhaupt erst 1988 gedruckt, kurz vor Toresschluß.

Ein Schüler Brechts war der gebürtige Spremberger Erwin Strittmatter (1912 – 1994), der seit 1957 auf dem Schulzenhof in Dollgow im Norden Brandenburgs lebte. Von seiner frühen dramatischen Arbeit (»Katzgraben«, 1953) hat er sich später distanziert. Populär geworden ist Strittmatter in erster Linie durch sein erzählerisches Werk, wobei es – wie bei kaum einem anderen bekannten Autoren – ein auffälliges Gefälle in der Rezeption zwischen Ort und West gab. In der ehemaligen DDR haben die drei Bände des »Wundertäter« und die autobiographische »Laden«-Trilogie, Bücher, in denen der Alltag auf dem Lande in lebensnahen Geschichten geschildert wird, Strittmatter zu einem wahren Volksschriftsteller gemacht. Im Westen blieb der Autor dagegen beinahe unbekannt, wozu auch sein anfänglich unkritisches Engagement für den DDR-Staat beigetragen haben mag, das im Laufe der Jahre einer wachsenden Distanz zu den herrschenden Verhältnissen wich.

Am Berliner Stadtrand, in Grünheide, wohnte der Naturwissenschaftler, Philosoph und Publizist Robert Havemann (1910 – 1982). Er war 1932 der KPD beigetreten, hatte im Widerstand gearbeitet und war 1943 zum Tode verurteilt worden. Das Urteil wurde nur deshalb ausgesetzt, weil man den Häftling für kriegswichtige Forschungen brauchte. Nach Kriegsende wurde Havemann Ordinarius an der Humboldt-Universität in Berlin und 1949 Abgeordneter der DDR-Volkskammer. Mitte der fünfziger Jahre begann für den Naturwissenschaftler der Ablösungsprozeß von der stalinistischen Doktrin seiner Partei

(»Ja, ich hatte Unrecht. Warum ich Stalinist war und Antistalinist wurde«, 1965), der ihn zum prominentesten Kritiker der DDR-Verhältnisse aus sozialistischer Perspektive werden ließ. In seinem Buch »Morgen. Die Industriegesellschaft am Scheideweg« (1980) hatte Havemann, der nach der Biermann-Ausbürgerung unter Hausarrest stand, die Alternative einer sozialistischen Demokratie als einzige Möglichkeit verfochten, die sozialen und ökologischen Probleme der modernen Gesellschaften zu lösen. Havemann starb sieben Jahre vor dem Zusammenbruch des ostdeutschen Staates und wurde auf dem Waldfriedhof in Grünheide beigesetzt.
In Kleinmachnow nahe der Berliner Stadtgrenze lebte der Verleger und Spielfilm-Dramaturg Walter Janka (1914 – 1994), der erst nach dem Zusammenbruch der DDR auch als Schriftsteller hervorgetreten ist. Janka war 1933 wegen kommunistischer Betätigung verhaftet worden, kämpfte 1936 auf Seiten der Republikaner im spanischen Bürgerkrieg und leitete im mexikanischen Exil den Verlag »El Libro Libre«. In Ost-Berlin übernahm er 1952 die Leitung des Aufbau-Verlags. Hier wurde er 1956 verhaftet und wegen »konterrevolutionärer Verschwörung« im Jahr darauf in einem Schauprozeß zu fünf Jahren Zuchthaus verurteilt. 1960 ist der einstige Verlagsleiter aufgrund anhaltender internationaler Prozesse (u.a. von der Familie Mann, Lion Feuchtwanger, Leonhard Frank und Halldór Laxness) aus dem Zuchthaus entlassen worden. In seinem Erinnerungsbuch »Schwierigkeiten mit der Wahrheit« (1989) schildert Janka die Vorgeschichte und die Umstände des Prozesses von 1957 – der Bericht wurde zu einem der meistgelesenen Bücher in der Zeit des politischen Umbruchs in der DDR. Gleichfalls in Kleinmachnow lebten Fred und Maxi Wander, die 1958 aus Österreich in die DDR übergesiedelt waren. Maxi Wander

(1933 – 1977) arbeitete als Fotografin, Drehbuchautorin und Journalistin. Sie wurde im Jahr ihres Todes mit dem aufsehenerregenden Protokollband »Guten Morgen, Du Schöne. Frauen in der DDR« bekannt, in dem siebzehn Frauen aus allen Alters- und Gesellschaftsgruppen über ihren Alltag in der DDR und ihre Lebensansprüche Auskunft geben.
Als Vaganten hat er sich selbst bezeichnet, einen »lockeren Zeisig« nannte ihn Peter Huchel. Die Rede ist vom Lyriker Erich Arendt (1903 – 1984), der nach dem Fortgehen Huchels 1971 abwechselnd in dessen Haus Wilhelmshorst und in seiner Berliner Wohnung lebte. Arendt stammt aus Neuruppin, wo ihn nach dem Besuch eines Lehrerseminars und gescheiterten Versuchen, sich eine bürgerlicherliche Existenz aufzubauen, nichts mehr hielt. Er ging nach Berlin, veröffentlichte erste am Expressionismus geschulte Gedichte in Herwarth Waldens »Sturm« und trat 1926 der KPD bei. Der Machtantritt der Nazis zwang Arendt zur Emigration in die Schweiz. Er nahm am spanischen Bürgerkrieg teil und floh nach der Niederlage der Republikaner nach Kolumbien. Von hier kehrte er erst 1950 nach Ost-Berlin zurück. Die kommende Zeit, die Arendt in relativer materieller Sicherheit verbringen konnte, war auch seine produktivste Schaffensphase. In kurzen Abständen veröffentlichte er eine Reihe eigener Bücher und Übersetzungen von Autoren wie Pablo Neruda und Raffael Alberti. Die Anregung von der Sprachkreativität des Expressionismus hat für Arendts Werk zeitlebens Bestand. Den Raum seiner Poesie bilden die südlichen Gegenden seines Exils. Soziale Konflikte werden im Gedicht an die Natur delegiert. So kommt es, daß sich die Metaphorik in Arendts Lyrik im Laufe der Jahre verdunkelt. Ein frühes Zeugnis davon findet sich in dem Band »Flug Oden« (1959):

Erdenkahl,
wie es dich anweht! stumm
aus dem tiefen Alter der Welt: gesichtslos,
ein Denken, öd,
von Fels und mondleerer Flut!
Und vor dem hartbeflügelten Licht,
undurchdringbare Himmel mauernd,
die Weltengewoge von Stein: Du
Zeitloses: starres
Grauen! wo nie ein Mensch
seine Stunde litt
noch aufsah einer, hoffend.

Bereits Mitte der fünfziger Jahre hatte sich der Schriftsteller Franz Fühmann (1922 – 1984) in Märkisch Buchholz südöstlich von Berlin eine am Ortsrand gelegene Garage zur Sommerunterkunft ausgebaut. Fühmanns Biographie ist von tiefen Brüchen geprägt. Mit sechzehn Jahren trat der Gymnasiast aus dem böhmischen Rochlitz in die Reiter-SA ein, meldete sich freiwillig zur Wehrmacht und geriet gegen Ende des Kriegs in sowjetische Gefangenschaft. Hier wandelte sich der gläubige Nationalsozialist zum überzeugten Antifaschisten, der nach seiner Entlassung in die DDR als Funktionär der Blockpartei NDPD arbeitete. Erste literarische Versuche Fühmanns reichen zurück in die Kriegszeit, als er 1942 einige Gedichte veröffentlichte, die in der Wochenzeitung »Das Reich« nachgedruckt wurden. Schulbuchautor wurde Fühmann mit seiner Novelle »Kameraden« (1957), in der er die Verstrickung der jungen Generation in die deutschen Kriegsverbrechen thematisiert. Die sechziger Jahre brachten für die Literatur des Autors, der sich 1958 als freier Schriftsteller etabliert hatte, eine verstärkte Hinwendung zur Mythologie, zur literarischen Gestaltung von Träumen und zum Sprachspiel. Zugleich war in Fühmann die Distanz zum herrschenden politischen System gewachsen. Seit der Biermann-Ausbürgerung verstärkter Überwachung ausgesetzt, setzte sich Fühmann vehement für jüngere Kollegen ein und wurde zu Beginn der achtziger Jahre zu einem Fürsprecher der Friedensbewegung in der DDR. In Fühmanns eindrucksvollstem Werk, dem Essay über Georg Trakl »Vor Feuerschlünden« (1982, im Westen u. d.T. »Der Sturz des Engels«), geben ihm die Gedichte Trakls Anlaß für eine schonungslose Bilanz seines Lebens im Bann der Ideologien.

Beim Rückblick auf sieben Jahrhunderte Literaturgeschichte ist deutlich geworden, daß die literarische Überlieferung in der Mark Brandenburg alles andere als dürftig ist. Provinzielle Heimatseligkeit, nationale Überheblichkeit und ihr Gegenteil, die Verleugnung jeder Tradition, haben die kulturellen Identität des Landes in den letzten Jahrzehnten arg beschädigt. Doch letztlich wird es der Literatur in Brandenburg so gehen wie den zwei Eseln bei Christian Morgenstern, der sich auf dem Galgenberg bei Werder zu seinen »Galgenliedern« inspirieren ließ: »Ein finstrer Esel sprach einmal/ zu seinem ehlichen Gemahl:/ Ich bin so dumm, du bist so dumm,/ wir wollen sterben gehen, kumm!/ Doch wie es kommt so öfter eben:/ Die beiden blieben fröhlich leben.«

Anhang

Bibliographische Hinweise zur Literatur in Brandenburg

1. Bibliographien

Brandenburg-Bibliographie, hrsg. von der Stadt- und Landesbibliothek Potsdam (zuletzt Folge 23, Berichtsjahr 1993, Potsdam 1997) (wertet u.a. alle landeskundlichen Periodika, Kreis-, Heimatkalender und zahlreiche regionale Publikationen aus)

Berlin-Bibliographie, hrsg. von der Senatsbibibliothek Berlin, München, New Providence, London, Paris 1995 (zuletzt Band 7, 1985-89)

Deutscher Biographischer Index, 2. kumulierte und erweiterte Ausgabe, 8 Bände, München 1998

2. Landeskundliche und historische Gesamtdarstellungen

Brandenburg. Historische Landeskunde Mitteldeutschlands, hrsg. für die Stiftung Mitteldeutscher Kulturrat Bonn von Hermann Heckelmann, Würzburg 1991

Landeskunde der Provinz Brandenburg in fünf Bänden, hrsg. von Ernst Friedel und Robert Mielke, Berlin 1916

Fontane, Theodor, Wanderungen durch die Mark Brandenburg. Unbekannte und vergessene Geschichten aus der Mark Brandenburg, Berlin 1992

Die Sorben in Deutschland – sieben Kapitel Kulturgeschichte, hrsg. v. Dietrich Scholze (darin: Christiane Piniekowa, Die sorbische Literatur, S. 115 – 145)

Trinius, August, Märkische Streifzüge, Berlin 1884-87

3. Biographische und bibliographische Nachschlagewerke

Adelung, Johann Christoph, Fortsetzung und Ergänzung zu Christian Gottlieb Jöchers allgemeinem Gelehrten-Lexikon, Leipzig, Delmenhorst, Bremen 1784-1897

Böttcher, Kurt u.a. (Hrsg.), Lexikon deutschsprachiger Schriftsteller. Von den Anfängen bis zur Gegenwart, 2 Bde., Hildesheim 1993 ff.

Brandenburgische Persönlichkeiten, im Auftrag des Ministeriums für Wissenschaft, Forschung und Kultur des Landes Brandenburg zusammengestellt von Gabriele Baumgartner, Potsdam 1992

Brauneck, Manfred, Autorenlexikon deutschsprachiger Literatur des 20. Jahrhunderts, Reinbek 1995

Brinker-Gabler, Gisela u.a., Lexikon deutschsprachiger Schriftstellerinnen 1800-1945, München 1986

Brümmer, Franz, Lexikon der deutschen Dichter und Prosaisten von den ältesten Zeiten bis zum Ende des 18. Jahrhunderts, Leipzig 1884

Brümmer, Franz, Lexikon der deutschen Dichter und Prosaisten vom Beginn des 19. Jahrhunderts bis zur Gegenwart, Leipzig 1913

Deutsches Literatur-Lexikon, hrsg. von Bruno Berger, Heinz Rupp u.a., München, Stuttgart 1968 ff.

Friedrichs, Elisabeth, Literarische Lokalgrößen 1700-1900, Stuttgart 1967

dies., Die deutschen Schriftstellerinnen des 18. und 19. Jahrhunderts. Ein Lexikon, Stuttgart 1981.

Goedeke, Karl, Grundriß zur Geschichte der deutschen Dichtung. Aus den Quellen, Berlin 1884-1966.

Grawe, Christian, Führer durch die Romane Theodor Fontanes, Frankfurt/M, Berlin, Wien 1980

Hamberger, Georg Christoph; Meusel, Johann Georg, Das gelehrte Teutschland oder Lexikon der jetzt lebenden deutschen Schriftsteller, 1796-1834

Hennicke, Karl August, Beiträge zur Ergänzung und Berichtigung des Jöcherschen Allgemeinen Gelehrten-Lexikons und des Meuselschen Lexikons der von 1750 bis 1800 verstorbenen teutschen Schriftsteller, 1811-1812

Hillesheim, Jürgen, Michael Elisabeth, Lexikon nationalsozialistischer Dichter, Würzburg 1993

Jöcher, Christian Gottlieb, Allgemeines Gelehrten-Lexikon (...), Leipzig 1750-1897

Jördens, Karl-Heinrich, Lexikon deutscher Dichter und Prosaisten, Leipzig 1806-1811

Kosch, Wilhelm, Deutsches Literatur-Lexikon. Biographisches und bibliographisches Handbuch, 1949-1958

Kürschners Deutscher Literatur-Kalender, Berlin 1897 ff. (neueste Ausgabe von 1988, Nekrologe 1901-1935 und 1936-1970)
Literatur-Lexikon. Autoren und Werke deutscher Sprache, hrsg. von Walter Killy unter Mitarbeit von Hans Fromm, München 1988-1993
Luther, Arthur, Deutsches Land in deutscher Erzählung. Ein literarisches Ortslexikon, 1936
Meusel, Johann Georg, Lexikon der vom Jahre 1750 bis 1800 verstorbenen deutschen Schriftsteller, Leipzig 1802-1816
Noack, Lothar, Splett, Jürgen, Bio-Bibliographien. Brandenburgische Gelehrte der Frühen Neuzeit, Berlin-Cölln 1640-1688, Berlin 1997
Sowinski, Bernhard, Lexikon deutschsprachiger Mundartautoren, Hildesheim 1997
Vogt-Leppla, Andreas, Grabstätten der Dichter und Schriftsteller deutscher Zunge, St. Michael 1981/82
Wer schreibt? Autoren und Übersetzer im Land Brandenburg, hrsg. v. Brandenburgischen Literaturbüro, Redaktion Ursula Höntsch, Potsdam 1998
Wilpert, Gero von, Deutsches Dichterlexikon, Stuttgart 1988

4. Literarische Reiseführer mit Bezug zum Land Brandenburg

Albrecht, Günter u.a., Literaturführer Sachsen, Thüringen, Brandenburg, Sachsen-Anhalt, Mecklenburg-Vorpommern, Berlin 1990
Bellmann, Günther, Märkische Dichterwege, Berlin 1995
Berger, Joachim, Mark Brandenburg freiheitlich und rebellisch, Lese-Wander-Buch, Band 1 (Süd und West) Berlin 1992; Band 2 (Nord und Ost) Berlin 1993
Deutsche Literaturlandschaften. Reiseziele aus der Welt der Literatur, Nordhorn 1997
Dietel, Günther, Reiseführer für Literaturfreunde (Brandenburg, Mecklenburg-Vorpommern, Sachsen, Sachsen-Anhalt, Thüringen), Frankfurt/M und Berlin 1993
Greiner-Mai, Herbert; Schneider, Wolfgang; Müller, Horst H., Tourist-Literaturführer, Berlin, Leipzig 1988
Liersch, Werner, Dichters Ort. Ein literarischer Reiseführer, Rudolstadt 1985
Literarische Museen und Gedenkstätten in der DDR, Berlin 1981

Schwedt, Georg, Literatur-Museen, Wohnhäuser, Sammlungen, Literatenkabinette, München 1995
Voss, Karl, Potsdam-Führer für Literaturfreunde, Berlin 1993

5. Textsammlungen und Lesebücher

Eichberg, Fritz, Mark Brandenburg in Sage und Lied, Berlin 1894
Fabian, Franz; Fabian, Wolfgang, Märkische Heide, märkischer Sand. Literarische Streifzüge durch die Mark Brandenburg, Halle 1992
Haupt, Rudolf (Hrsg.), Stimme der Heimat. Märkische Dichtung, Leipzig 1935
Lorenc, Kito (Hrsg.), Sorbisches Lesebuch, Leipzig 1981
Mein Brandenburg: ein Lesebuch, hrsg. von Utta Danella, Erlangen 1990
Nase, Karl, Die Mark. Meine Heimat im Gedicht, Berlin 1962
Nohl, Walther, Unsere märkische Heimat, Berlin o.J.
ders., Unsere Mark Brandenburg, 4 Bde., Berlin 1912-14
Schäfer, Gustav, Die Mark und Berlin im Spiegel der Dichtung, Berlin 1926

6. Sammelwerke märkischer Sagen und Lieder

Drewitz, Ingeborg (Hg.), Märkische Sagen, Reinbek 1995
Grässe, Johann Georg Theodor, Sagenbuch des preußischen Staates, Glogau 1868
Handtmann, Eduard, Neue Sagen der Mark Brandenburg, Berlin 1883
Krügel, Gerhard, Märkische Sagen, Berlin 1926
Kuhn, Adalbert; Schwartz, Wilhelm, Märkische Sagen und Märchen, Berlin 1843
Kunzendorf, Paul, Sagen der Provinz Brandenburg nach Stadt- und Landkreisen gesichtet und hrsg. von Paul Kunzendorf, Cottbus 1911
Lemmer, Konrad, Sagen und Märchen aus Berlin und der Mark Brandenburg, Berlin 1968
Schwartz, Wilhelm, Sagen und alte Geschichten der Mark Brandenburg, Berlin 1922
Temme, J.D.H., Volkssagen aus der Mark Brandenburg, Berlin 1839
Ziehnert, Widar, Preußens Volkssagen, Mährchen und Legenden, 2 Bde., Leipzig 1839/ 40

7. Biographische und bibliographische Materialsammlungen zur regionalen Literaturgeschichte Brandenburgs (Auswahl)

Bormann, Alexander von, Quer zu jeder Gegenwart: Spiegelungen der Mark Brandenburg in der Literatur, in: Brandenburg-Preußen und die Niederlande, Amsterdam 1993, S. 2-19
Demmel, Karl, Die Mark – ein Dichterland, in: Beilage des »Senftenberger Anzeigers« 8 (1934), Nr. 5, S. 4
Demmel, Karl, Dichter aus dem Flämingland, Belzig 1936
Demmel, Karl, Ruppinscher Parnaß – Eine kleine Literaturgeschichte des Kreises Ruppin, in: Ruppiner Beiträge, Festgabe für Wilhelm Teichmüller, Neuruppin 1940, S. 16-28
Dill, Hans O.; Stecher, Gerta, Die unernste Geschichte Brandenburgs, Leipzig 1995
Fischer, Bernd Erhard; Fischer, Angelika, Sudermanns Schloß und Park. Blankensee. Eine Spurensuche, Berlin 1991
Flach, Heinz, Die Mark in der Literatur, in: Die Mark 7 (1910), Berlin 1910
Fricke, Hermann, Die Dichter der Mark. Ein Überblick, Berlin 1939
Geschichte der literarischen Gesellschaft zu Potsdam seit ihrer Gründung im Jahre 1830 bis zum Februar 1866, Potsdam 1866
Heyne, Marga, Das dichterische Schrifttum der Mark Brandenburg bis 1700. Eine Bücherkunde, Potsdam/Berlin 1939 (Brandenburgisches Jahrbuch 13)
Iven, Mathias (Hrsg.), Hoffnung und Erinnerung. Literatur in Potsdam 1945-1950, Milow 1998
Jülicher, R., Berlin und die Mark in der Prosa-Dichtung, in: Die Mark 4 (1907/08), S. 155f., S. 162 f., S. 167
Merbach, Paul, Literaturgeschichtliche Entwicklung der Mark Brandenburg, in: Landeskunde der Provinz Brandenburg, Band IV, Berlin 1915, S. 195-367
Möbis, Emil, Das literarische Ruppin, in: Ruppiner Kreiskalender 11 (1920), S. 78-97, Neuruppin 1920
Nadler, Josef, Literaturgeschichte der deutschen Stämme und Landschaften, Band II (Sachsen und Neusiedelland), Regensburg 1923
Pescheck, Christian Adolf, Geschichte der Poesie in der Lausitz, in: Neues Niederlausitzisches Magazin 14 (1836), Nachträge ebd., 26 (1848) und 50 (1862)

Schmidt, Rudolf, Uckermärkische Dichter und Schriftsteller des 19. Jahrhunderts, in: Eberswalder Heimatblätter, 1920, S. 2187 f.
Schulze, Johann Daniel, Erster Versuch eines vollständigen Verzeichnisses der niederlausitzischen Schriftsteller und Künstler seit der Reformation, Lübben 1820
Schultze, Christa, Stormstätten in Potsdam, in: Schriften der Theodor-Storm-Gesellschaft 36 (1987), S. 83-89, Heide 1987
Seelmann, Wilhelm, Die plattdeutsche Literatur des 19. Jahrhunderts. Bibliographische Zusammenstellung, in: Jahrbuch des Vereins für niederdeutsche Sprachforschung 22 (1897), S. 49-131; 28 (1902), S. 59-105; 41 (1915), S. 1-96
Seidel, Martin Friedrich, Bilder-Sammlung, in welcher hundert gröstentheils in der Mark Brandenburg gebohrne (...) wohlverdiente Männer vorgestellet werden, mit (...) derselben Lebens-Umstände und Schrifften, hrsg. von George Gottfried Küster, Berlin 1751
Sowinski, Bernhard, Literatur, in: Brandenburg. Historische Landeskunde Mitteldeutschlands, hrsg. für die Stiftung Mitteldeutscher Kulturrat Bonn von Hermann Heckelmann, Würzburg 1991, S. 249-269

8. Publikationen der Literaturgedenkstätten in Brandenburg

Brandenburgisches Literaturbüro:

Imre Kertész, Eine Zurückweisung. Buch und CD, Potsdam 1997
«Im Geist bleibe ich bei Euch«. Texte und Dokumente zum 100. Geburtstag von Hermann Maaß, Potsdam 1997
Katalog Carl Laszlo, Facetten der Moderne, hrsg. von Ines Geipel und Maren Ulbrich, Potsdam 1998
Wer schreibt? Autoren und Übersetzer im Land Brandenburg, hrsg. v. Brandenburgischen Literaturbüro, Redaktion Ursula Höntsch, Potsdam 1998

Brecht-Weigel-Haus Buckow:

Brademann, Merk, Scharrf, Weniger, Unter Bäumen am See – Baugeschichte der Eisernen Villa in Buckow, hrsg. v. Landkreis Märkisch-Oderland, 1995
Hecht, Werner, Am Wasser des Schermützelsees. – Bertolt Brecht in Buckow, hrsg. v. Landkreis Märkisch-Oderland, 1994

ders., Die Kennerin der Wirklichkeit – Helene Weigel – Schauspielerin und Intendantin, hrsg. v. Landkreis Märkisch-Oderland, 1995

Ehm-Welk-Literaturmuseum Angermünde:
Uckermärkische Literaturblätter, hrsg. von der Uckermärkischen Literaturgesellschaft e. V. :
Heft I, Symposium Heimatliteratur, Ehm-Welk-Literaturpreis 1992
Heft II, »Angekommen in Deutschland? – DDR-Literatur in Deutschland«
Heft III, Ehm-Welk-Literaturpreis 1994, Vortrag v. Carsten Gansel zum 110. Geburtstag von E. Welk
Heft IV, »Die armen Wörter – Schreiben und Lesen anno 1996« (Beiträge des III. Uckermärkischen Literatursymposiums)

Fontane-Archiv Potsdam:
Fontane-Blätter, hrsg. v. Fontane-Archiv und der Theodor Fontane Gesellschaft e.V.
Theodor-Fontane-Archiv Potsdam 1935-1995. Berichte, Dokumente, Erinnerungen, hrsg. v. M. Horlitz, Potsdam 1995
Theodor Fontane aus transatlantischer Sicht. Prof. Dr. Henry H. Remak zum 80. Geburtstag. Im Auftrag des Fontane-Archivs hrsg. v. M. Horlitz, Potsdam 1995

Friedrich-Wolf-Gedenkstätte Lehnitz:
Einspruch. Zeitschrift der Friedrich-Wolf-Gesellschaft, ersch. jährl., 1993-97

Fürst-Pückler-Museum Branitz:
Hermann Fürst von Pückler, Gartenkünstler, Schriftsteller, Weltenbummler. Edition I
Der Branitzer Park. Gartenparadies des Fürsten Pückler (24 Beiträge aus der Zeit von 1804-1939), Edition II

Gerhart-Hauptmann-Museum Erkner:
Erdmann, Gustav, Das Gerhart-Hauptmann-Museum in Erkner, Berlin 1994

Kleist-Gedenk- und Forschungsstätte Frankfurt (Oder):
Frankfurter Buntbücher/ Literarische Miniaturen, hrsg. von Wolfgang Barthel, Frankfurt (Oder): Förderkreis des Kleist-

Museums e.V., je 16 S., mit Abb., Lageplänen und Kurzbiographien der Autoren. Bisher sind erschienen:

Nr. 1: Wolfgang Barthel, Der Traum vom Nationaldenkmal. Gottlieb Elsters Denkmal für Heinrich von Kleist in Frankfurt an der Oder (1991)

Nr. 2: Lutz Patitz, Joachim Georg Daries (1714 – 1791). Universitätslehrer in Frankfurt an der Oder (1991)

Nr. 3: Hans-Jürgen Rehfeld, Gottfried Benn und Klabund am Frankfurter Friedrichs-Gymnasium (1991)

Nr. 4: Gustav Erdmannn, Das Haus am Hange. Carl und Gerhart Hauptmann in Schreiberhau (1991; deutsch und polnisch)

Nr. 5: Ute Werner, Das Fidus-Haus in Schönblick. Woltersdorf, Mark (1992)

Nr. 6: Rolf Lang, Wilhelm Bölsche und Friedrichshagen (1992)

Nr. 7: Jürgen Barber, Bettina von Arnim (1783-1839) zu Wiepersdorf. Aus Briefen (1992)

Nr. 8: Jürgen Huseris, Moritz Heimann (1868 – 1925) und Kagel (1992)

Nr. 9: Lonny Neumann, Hermann Kasak (1896 – 1966) in Potsdam (1993)

Nr. 10: Gesa M. Volk, Georg Kaiser (1878 – 1945) in Grünheide 1921 – 1938 (1993)

Nr. 11: Ingrid Patitz, Ewald von Kleists letzte Tage und sein Grabdenkmal in Frankfurt an der Oder (1994)

Nr. 12: Kai-Uwe Scholz, Bernhard Kellermann (1879 – 1951). Seine Beziehungen zu Werder/ Havel und Potsdam 1921 – 1951 (1994)

Nr. 13: Wolfgang Barthel, Heinrich von Kleist und Brandenburg – Schauplätze. Erinnerungen (1994)

Nr. 14: Horst Häker, Friedrich de la Motte Fouqué (1777 – 1843) und Nennhausen (1995)

Nr. 15: Elisabeth Emter, Paul Gurk (1880 – 1953). Ein vergessener Dichter aus Frankfurt an der Oder (1995)

Nr. 16: Marion Brandt, Gertrud Kolmar (1894 – 1943) in Falkensee-Finkenkrug bei Berlin (1995)

Nr. 17: Harald Riebe, Die Uraufführung von Lessings »Miß Sara Sampson« 1755 in Frankfurt an der Oder (1996)

Nr. 18: Peter Goldammer, Theodor Storm in Potsdam 1853 – 1836 (1996)

Nr. 19: Hans-Jürgen Rehfeld, Hermann Sudermann und Blankensee (1997)

Nr. 20: Horst Mühleisen, Ernst Jünger in Berlin 1927 – 1933 (1998)

Nr. 21: Reinhard Schmook, Walther Rathenau als Schriftsteller in Freienwalde (1998)

Beiträge zur Kleist-Forschung, hrsg. von Wolfgang Barthel und Rudolf Loch (1990-96) bzw. Wolfgang Barthel und Hans Jochen Marquardt (seit 1997), Frankfurt (Oder), Kleist-Gedenk- und Forschungsstätte

Samuel, Richard, Heinrich von Kleists Teilnahme an den politischen Bewegungen der Jahre 1803-1809, dt. von Wolfgang Barthel, Frankfurt (Oder), Kleist-Gedenk- und Forschungsstätte 1995

Erlebtes und Gedachtes. Aphorismen und Sentenzen von Heinrich von Kleist, Frankfurt (Oder), Kleist- Gedenk- und Forschungsstätte 1992

Heinrich von Kleist, 2. Grafikfolge: Dramen, im Auftrag der Kleist-Gedenk- und Forschungsstätte hrsg. von Rudolf Loch, Frankfurt (Oder) 1984 (Mappe mit 8 Bl., Nr. 1-50)

Heinrich von Kleist, Der Große Bekenntnisbrief an Adolphine von Werdeck, Paris, 28./29. Juli 1801, mit Faksimile und einem Kommentar von Rudolf Loch, Berlin o.J.

Heinrich von Kleist und Achim von Arnim. Zwei Autographen aus dem Jahre 1810, mit Faksimile und einem Kommentar von Horst Häker, Frankfurt (Oder), Kleist-Gedenk- und Forschungsstätte 1996

Kleist-Museum Frankfurt (Oder). Eine Hinführung, bearbeitet von Wolfgang Barthel und Rudolf Loch, Frankfurt (Oder), Kleist-Gedenk- und Forschungsstätte 1992

Kusch, Reinhard, Leopold von Braunschweig 1752-1783. Herkommen. Leben und Tod, Porträtskizze eines fürstlichen Philanthropen, Frankfurt (Oder), Kleist-Gedenk- und Forschungsstätte 1995

Literaturmuseum. Facetten. Visionen. Im Auftrag der Kleist-Gedenk- und Forschungsstätte hrsg. von Wolfgang Barthel, Frankfurt (Oder) 1996

Politik. Öffentlichkeit. Moral – Kleist und die Folgen. Internationales Kolloquium 1996 in der Kleist-Gedenk- und Forschungsstätte Frankfurt (Oder), hrsg. von Hans Jochen Marquardt, Stuttgart 1998

Drei Briefe Friedrich de la Motte Fouqués aus den Jahren 1823, 1824 und 1829, mit Faksimiles und einem Kommentar von Horst Häker, Frankfurt (Oder), Kleist-Gedenk- und Forschungsstätte 1997

Kultur- und Sportamt Landkreis Oder-Spree:
Burgschreiber erzählen. Fünf Jahre Burgschreiberei in Beeskow 1993-1997, hrsg. von Wolfgang de Bruyn, Beeskow 1998

Künstlerhaus Schloß Wiepersdorf:
Schloß Wiepersdorf – Künstlerhaus in der Mark Brandenburg, hrsg. v. Verena Nolte u. Doris Sossenheimer, Wallstein Verlag, Göttingen 1996

Kurt-Tucholsky-Gedenkstätte Rheinsberg:
Rheinsberger Bogen 1-6, Broschüren der Rheinsberger Stadtschreiber, je 16 S.:
(Giwi Margwelaschwili, Ein Stadtschreiber hinter Schloß und Riegel; Barbara Köhler, Rheinsberger Tristien; Bert Papenfuß, SBZ; Wolfgang Hilbig, Preis- und Dankrede; Judith Kuckart; Rajvinder Singh)

Peter-Huchel-Haus:
Katalog zur Ausstellung »Am Tage meines Fortgehns«. Peter Huchel 1903-1981, hrsg. v. P. Walther, Buch und CD, DM 29,95
Literaturzeitschrift »moosbrand«. neue texte, hrsg. v. B. Dahlke, L. Seiler u. P. Walther, Berlin 1996 ff., Heft 4 und 5

Literaturgedenkstätten im Land Brandenburg

Ehm Welk-Literaturmuseum Angermünde

Anschrift
Puschkinallee 10
16 278 Angermünde
Tel.: (03331) 3 33 81

Öffnungszeiten
Di.-Do. 9-12 u. 14-16 Uhr (vom 1.4.-31.8. auch So. 14-17 Uhr)

Eintritt (voll/ ermäßigt) 3,00 bzw. 1,00 DM

Leitung: Felicitas Borchardt

Führungen nach Anmeldung im Haus (für Gruppen auch außerhalb der Öffnungszeiten).

Im Haus ist eine Daueraustellung mit Texten, Fotos, persönlichen Gegenständen, Erstauflagen sowie Erinnerungsstücken aus der Jugendzeit Ehm Welks zu sehen. Die Ausstellung vermittelt einen Überblick über das Werk und die wichtigsten Lebensstationen des Angermünder Ehrenbürgers. Begleitend dazu eröffnen sich für den Besucher in der Ausstellung »Naturschutz in der Uckermark« zahlreiche thematische Bezüge zum Werk des Schriftstellers. Im Veranstaltungsraum finden neben Vorträgen, Lesungen und musikalisch-literarischen Veranstaltungen sechs Sonderausstellungen im Jahr statt. Am Geburtstag Ehm Welks (29.8.) wird jährlich an Jugendliche aus dem Heimatkreis des Dichters das Ehm-Welk-Stipendium vergeben. Das Museum ist Sitz der Uckermärkischen Literaturgesellschaft e.V. , die im Abstand von zwei Jahren Symposien zu verschiedenen literarischen Themen durchführt und den vom Landrat der Uckermark gestifteten Ehm-Welk-Literaturpreis vergibt.

Empfehlungen für Ausflüge in die nähere Umgebung:

Nach Anmeldung im Ehm Welk-Literaturmuseum kann eine Führung durch den Geburtsort des Schriftstellers, Biesenbrow bei Angermünde, vereinbart werden (»Auf den Spuren E. Welks in Kummerow«).

*Ehm-Welk-Literaturmuseum in Angermünde.
Das Haus beherbergt eine Ausstellung über den
uckermärkischen Schriftsteller, der im
nahegelegenen Biesenbrow geboren wurde.*

Walther Rathenau Stift GmbH in Bad Freienwalde

Anschrift
Schloß Freienwalde
16 259 Bad Freienwalde
Tel.: (03344) 3407

Öffnungszeiten
vom 1.11.-31.3.: Mi.-So. 11-16 Uhr, 1.4.-30.10.: Mi.-So. 11-17 Uhr

Eintritt (voll/ ermäßigt)
3,00 DM, mit Führung 5,00 DM bzw.
1,50 DM, mit Führung 3,00 DM; Familienkarte 7,00 DM

Leitung: Geschäftsführer Dr. Reinhard Schmook

Führungen können vereinbart werden (s.o.).

Im Schloß Freienwalde wird in einer ständigen Ausstellung des Industriellen, Zeitkritikers, Publizisten und Politikers Walther Rathenau (1867 – 1922) gedacht. Der einstige deutsche Außenminister, der 1922 Opfer eines Attentats wurde, hatte das Anwesen 1909 erworben und als großbürgerlichen Landsitz herrichten lassen. In sechs Räumen werden anhand von Fotos, Briefen, Büchern und Kunstgegenständen Leben und Werk Rathenaus mit besonderer Rücksicht auf seine Beziehung zum Schloß Freienwalde dokumentiert. Zur Ausstellung gehören außerdem Reste des Schloßinventars, Kunst aus Rathenaus Sammlung sowie von ihm selbst gemalte Bilder. Ein sachbezogenes Archiv und eine Bibliothek sind im Aufbau begriffen.

Brecht-Weigel-Haus in Buckow

Anschrift
Bertolt-Brecht-Str. 29
15 377 Buckow
Tel.: (033433) 476

Öffnungszeiten
Sommer: Mi.-Fr. 13-17 Uhr, Sa./So. 13-18 Uhr
Winter: Mi.-Fr. 10-12, 13-16 Uhr, So. 11-16 Uhr

Eintritt (voll/ ermäßigt) 3,00 bzw. 1,50 DM

Leitung: Margret Brademann

Führungen nach Voranmeldung für Gruppen
(je Person 5,00 DM, ermäßigt 3,00 DM).

Das Haus direkt am Schermützelsee wurde 1910 als Atelierhaus errichtet und diente seit 1952 Helene Weigel (1900 – 1971) und Bertolt Brecht (1898 – 1956) als Sommersitz. Brecht im Februar 1952: »mit heli in buckow in der märkischen schweiz landhäuser angesehn. finden auf schönem grundstück am wasser des schermützelsees unter alten großen bäumen ein altes, nicht unedel gebautes häuschen mit einem andern geräumigeren aber ebenfalls einfachen haus daneben, etwa 50 schritt entfernt, etwas derart wäre erschwinglich, auch im unterhalt. in das größere haus könnte man leute einladen.« Seit 1977 ist das Sommerhaus, in dem Helene Weigel lebte, Gedenkstätte und Veranstaltungshaus. In der Wohnhalle ist die originale Einrichtung erhalten, ein Raum beherbergt wechselnde Sonderausstellungen. 1998 wurde zum 100. Geburtstag Brechts eine neue Dauerausstellung mit Fotos, Journaltexten und Kommentaren zur Biographie und Theaterarbeit des Dichters eröffnet. Im Garten sind Kupfertafeln mit fünf Gedichten aus Brechts »Buckower Elegien« von 1953 zu sehen.

Fürst-Pückler-Museum
Park und Schloß Branitz

Anschrift
Kastanienallee 11
03 042 Cottbus-Branitz
Tel.: (0355) 75 15 21

Öffnungszeiten
1.4.-31.10: Di.-So. 10-12.30, 13-18 Uhr
1.11.-31.03.: Di.-So. 10-12.30, 13-17 Uhr

Eintritt (voll/ ermäßigt) 3,50 bzw. 2,00 DM

Leitung: Dipl. Hist. Berthold Ettrich

Hermann von Pückler (1785 – 1871), der Lebenskünstler, Landschaftsarchitekt, Reise- und Fachschriftsteller, hat hier gelebt und maßgeblich Einfluß auf die Gestaltung des Parks genommen. Das Schloß war bis 1945 Adelssitz, danach Museum in wechselnder Trägerschaft und wird heute von einer kommunalen Stiftung getragen. In Stilräumen aus dem 18. und 19. Jahrhundert wird eine ständige Ausstellung zu Leben und Werk Fürst Pücklers sowie eine Carl-Blechen-Ausstellung präsentiert. Außerdem befindet sich hier ein Pückler-Archiv mit umfangreichen Beständen zu Leben und Werk des Fürsten.

Gerhart-Hauptmann-Museum Erkner

Anschrift
Gerhart-Hauptmann-Str. 1-2
15 537 Erkner
Tel.: (03362) 3663

Öffnungszeiten
Di.-So. 11-17 Uhr

Eintritt (voll/ ermäßigt)
3,50 bzw. 2,00 DM (Gruppenermäßigung 1,50 DM)

Leitung: Manfred Wolter

Verschiedene Führungen werden angeboten.

Das zum 125. Geburtstag des Autors 1987 eröffnete Gerhart-Hauptmann-Museum Erkner, aus einer seit 1962 bestehenden kleinen Gedenkstätte hervorgegangen, befindet sich in der im Gründerzeitstil erbauten Villa Lassen, in der Gerhart Hauptmann mit seiner Familie von 1885-1889 zur Miete wohnte; die Wohnräume konnten mit originaler Ausstattung der Erknerzeit und aus dem Agnetendorfer Haus Wiesenstein, Hauptmanns Wohnsitz von 1901 bis zum Tod 1946, wiederhergestellt werden. In den Anbauten des Hauses informiert eine biographisch-kulturhistorische Ausstellung mit zahlreichen authentischen Sachzeugen und Dokumenten umfassend über Leben, Werk und Wirken Hauptmanns. Angeschlossen ist eine Forschungssammlung mit weit über 20 000 Bestandseinheiten. In der Einheit von Literaturmuseum und Forschungs- und Kommunikationszentrum ist das Gerhart-Hauptmann-Museum in Deutschland einmalig.

Empfehlungen für Ausflüge in die nähere Umgebung:

Georg-Kaiser-Wanderweg in Grünheide (ca. 5 km östlich
von Erkner)

Kleist-Gedenk- und Forschungsstätte Frankfurt (Oder)

Anschrift
Faberstr. 7
15 230 Frankfurt (Oder)
Tel.: (0335) 53 11 55
Fax: (0335) 5 00 49 45

Öffnungszeiten
Di.-So. 10-17 Uhr (Ausstellung)
Mo.-Fr. 9-16 Uhr (Bibliothek/ Archiv)
Di. 9-16 Uhr sowie nach Absprache (Minde-Pouet-Nachlaß)

Eintritt (voll/ ermäßigt)
4,00 bzw. 3,00 DM, für Schüler 1,00 DM

Leitung: Dr. phil. habil. Hans-Jochen Marquardt, Direktor

Verschiedene Führungen werden angeboten.

Die Kleist-Gedenk- und Forschungsstätte ist ein Literaturmuseum zu Leben, Werk und Wirkung Heinrich von Kleists (1777 – 1811). Zum Haus mit seiner ständigen Ausstellung gehören eine Bibliothek und ein Archiv. Das Museum widmet sich neben dem Sammeln, Bewahren, Dokumentieren und Ausstellen vor allem wirkungsgeschichtlicher Zeugnisse auch der Forschung. Das Haus präsentiert wechselnde literarische und künstlerische Ausstellungen und veranstaltet seit 1991 gemeinsam mit dem Kleist-Theater jährlich im Oktober die Kleist-Festtage der Stadt Frankfurt (Oder). Neben dem Besuch der regelmäßigen Veranstaltungsreihen ist die Nutzung von Bibliothek und Archiv (bei vorheriger Anmeldung) möglich. Das Archiv enthält Autographen u.a. von Christian Ewald von Kleist, Heinrich von Kleist, Achim von Arnim und Friedrich de la Motte Fouqué. Die Kleist-Gedenk- und Forschungsstätte besteht seit 1969 als eigenständige Einrichtung, heute wird sie von einem Verein getragen, der seine Arbeit aus Mitteln von Bund, Land und Kommune finanziert. Vom Haus werden u.a. drei Publikationsreihen herausgegeben, die »Beiträge zur Kleist-Forschung«, die Reihe »Frankfurter Kleist-Kolloquium« sowie die »Frankfurter Buntbücher/ Literarische Miniaturen«.

Heimatstube Lebus

Anschrift
Kietzer Chaussee 1
15 326 Lebus
Tel.: (033604) 230

Öffnungszeiten
Di.-Mi. u. Fr. 8-14 Uhr, Do. 12-18 Uhr, Sa.-So. 14-18 Uhr

Eintritt frei

Leitung: Bernd Tillack

Führungen können verabredet werden.

In der Heimatstube Lebus, die 1995 eröffnet wurde, wird neben einer ständigen heimatgeschichtlichen Ausstellung und einer Ausstellung mit Bildern des Schweizer Malers Karl Lukas Honegger ein Raum mit Exponaten präsentiert, der dem Gedenken Günter Eichs (1907 – 1972) gewidmet ist. Eich ist in Lebus (allerdings auf der heute polnischen Oderseite) geboren worden: »Oder, mein Fluß/ eine Breite, um Holüber zu rufen/ ein November für Regen/ Schleier, über die Rübenäcker gezogen/ nicht unterscheidbar Wiesenufer und Berg/ Stimmen auf Buhnen und Treidelweg/ bei den strähnigen Weiden und dem Schilfrohr/ Glocken aus Frankfurt und die Sagen der Reitweiner Berge/ die Fähre in Lebus und das Haus/ rechts der Oder, wo ich geboren bin.«

Friedrich-Wolf-Gedenkstätte in Lehnitz

Anschrift
Kiefernweg 5
16 565 Lehnitz
Tel./Fax: (03301) 52 44 80

Öffnungszeiten:
Mo.-Fr. 9-17 Uhr und nach Vereinbarung

Eintritt (voll/ ermäßigt) 3,00 bzw. 1,50 DM

Leitung: Dr. Werner Jehser
(Vorsitzender der Friedrich-Wolf-Gesellschaft e.V.)

Führungen werden von den Mitarbeitern des Hauses durchgeführt.

Die Ausstellung im Haus ist dem Gedenken an das literarische Werk Friedrich Wolfs (1888 – 1953) und zugleich der Erinnerung an sein naturärztliches Wirken gewidmet. Neben Wolfs persönlicher Bibliothek ist sein vollständig erhalten gebliebenes Arbeitszimmer zu besichtigen. Der Schriftsteller und Arzt lebte (mit Unterbrechungen) von 1948-1953 hier. Nach seinem Tod richtete seine Frau, Else Wolf, im Haus das Friedrich-Wolf-Archiv ein, das später in den Besitz der Akademie der Künste der DDR überging. Inzwischen sind Haus und Grundstück in den Besitz des Landes Brandenburg übergegangen. In der Gedenkstätte befindet sich seit 1992 der Sitz der Friedrich-Wolf-Gesellschaft.

Letschiner Heimatstuben
Haus Birkenweg

Anschrift
15 324 Letschin
Tel.: (033475) 50797

Öffnungszeiten
Di. u. Fr. 9-12 u. 14-18 Uhr, Do. 9-12, Sa. u. So. 14-17 Uhr

Eintritt (voll/ ermäßigt) 3,00 bzw. 1,50 DM

Leitung: Sigrid Strenge, Marga van Tankeren

Führungen können vereinbart werden.

Die Heimatstuben in Letschin beherbergen eine bereits 1976 angelegte Sammlung zur Heimatgeschichte. Neben den Zeugnissen der Letschiner Dorfgeschichte zur Separation der Landwirtschaft, zu Handel, Handwerk und Gewerbe ist eine Dauerausstellung zu »Theodor Fontane und andere Persönlichkeiten in Letschin« zu sehen. Die Apotheke seines Vaters, wo Theodor Fontane einen Teil seiner praktischen Apothekerausbildung absolvierte, befand sich von 1838-1850 in Letschin. Viele literarische Bezüge zum Ort (»Unterm Birnbaum«) und zum Oderbruch (»Vor dem Sturm«; »Wanderungen«, Band »Oderland«) lassen sich von hier aus verfolgen. Im Haus finden regelmäßig Ausstellungen von Künstlern und literarische Veranstaltungen statt.

Empfehlungen für Ausflüge in die nähere Umgebung:

Das neogotische Schloß Gusow beherbergt das erste Zinnfigurenmuseum in Brandenburg (Adresse: Schloßstr. 7, 15 306 Gusow, Tel.: (03346) 8725). Nicht weit entfernt liegt das Marwitzsche Friedersdorf mit sehenswerter Kirche und Kunstspeicher.

Franz-Fühmann-Begegnungsstätte in Märkisch Buchholz

Anschrift
Münchehofer Str. 1
15 748 Märkisch Buchholz

Öffnungszeiten
nach Vereinbarung

Eintritt frei

Leitung: Irmgard Pöche, Tel.: (033765) 8 07 77

Führungen können vereinbart werden.

Die Begegnungsstätte, die im Januar 1997 eröffnet wurde, hat es sich zur Aufgabe gemacht, die literarischen Arbeiten Franz Fühmanns (1922 – 1984) lebendig zu erhalten. In einer Ausstellung wird Fühmanns enge Beziehung zur Schule in Märkisch Buchholz, zu den Kindern und zum Ort dokumentiert. Der Schriftsteller hatte seit 1959 in Märkisch Buchholz einen Ort gefunden, der ihm die notwendige Ruhe für seine Arbeit bot. In der Ausstellung werden neben Fotos und Briefen auch Ton- und Bilddokumente präsentiert. Die Begegnungsstätte ist auf dem Gelände der Schule untergebracht. Am Ortsrand kann man die Sommerunterkunft Fühmanns besichtigen. Das Grab von Fühmann auf dem Friedhof in Märkisch Buchholz trägt die Inschrift: »Ich grüße alle jungen Kollegen, die sich als obersten Wert ihres Schreibens die Wahrheit gewählt haben.«

Heimatmuseum Neuruppin

Anschrift
August-Bebel-Str. 14/15
16 816 Neuruppin
Tel.: (03391) 3308

Öffnungszeiten
Di.-Fr. 10-17 Uhr, Sa./So. 10-18 Uhr

Eintritt (voll/ ermäßigt)
Erwachsene 4,00 bzw. 2,00 DM, Kinder 1,00 DM

Leitung: Dr. Irina Rockel

Führungen werden auf Anmeldung durchgeführt
(je Gruppe 30 DM).

Im Museum ist – neben den ständigen Ausstellungen zur Ur- und Frühgeschichte, zu Karl Fr. Schinkel und den Neuruppiner Bilderbogen – ein Ausstellungskomplex Theodor Fontane (1819 – 1898) gewidmet, der in Neuruppin geboren wurde. Die Exposition behandelt das Thema »Theodor Fontane und die Grafschaft Ruppin«. Ein Interieur mit der originalen Standuhr aus Fontanes Besitz, biographische Materialien und Texte vermitteln einen Einblick in Leben und Werk des bedeutenden deutschen Romanschriftstellers. Eine Auswahl von Fontanes Werken, darunter Erstausgaben und sein originales Handlexikon, sind in einem zeitgenössischen Bücherschranks zu sehen.

Empfehlungen für Ausflüge in die Umgebung:

Für Wanderungen in das Umland von Neuruppin bietet sich der Teil »Die Grafschaft Ruppin« aus Fontanes »Wanderungen durch die Mark Brandenburg« als Führer an. Besonders sehenswert sind dabei das Schloß und der Ort Wustrau sowie die Drei-Seen-Stadt Lindow mit romantischer Klosteranlage.

Bürgel-Gedenkstätte im Astronomischen Zentrum »Bruno H. Bürgel« in Potsdam

Anschrift
Im Neuen Garten 6,
14 469 Potsdam
Tel: (0331) 29 24 47

Öffnungszeiten
Mo.-Fr. 9-10.30, Di.-Do. 12.30-14.00

Eintritt (voll/ ermäßigt) 3,00 bzw. 1,00 DM

Leitung: Rolf König

Führungen können vereinbart werden.

Die Gedenkstätte für den Schriftsteller und Astronomen Bruno H. Bürgel (1875 – 1948) befindet sich im Potsdamer Planetarium im Neuen Garten, das 1971 dort eingerichtet wurde. Neben zahlreichen Einrichtungsgegenständen sind die Bibliothek und die astronomischen Beobachtungsinstrumente Bürgels zu besichtigen. Das Archiv umfaßt etwa 2500 Briefe sowie zahlreiche Fotos und publizistische Beiträge von Bürgel.

Empfehlungen für Ausflüge in die nähere Umgebung:

Nur wenige Minuten zu Fuß vom Planetarium entfernt befindet sich Schloß Cecilienhof.

Theodor-Fontane-Archiv in Potsdam

Anschrift:
Am Bassin 4
14 467 Potsdam
Tel.: (0331) 29 29 83
e-mail: wolzo@rz.uni-potsdam.de

Öffnungszeiten
Mo.-Do. 9-16 Uhr, Fr. 9-15 Uhr

Leitung: Dr. Hanna Delf von Wolzogen

Die Aufgabe des Archivs besteht darin, Handschriften, Literatur und andere Medien zu Fontane und seiner Zeit zu sammeln, zu erschließen und durch seine Präsenzbibliothek, durch Publikationen und Veranstaltungen ebenso der Forschung wie der interessierten Öffentlichkeit zugänglich zu machen. Das Archiv steht allen offen, die sich für Literatur und Fontanes Werk interessieren. Die Präsenzbibliothek bietet die Möglichkeit, die umfangreiche Literatursammlung ohne lange Wartezeiten zu benutzen. Die Einsichtnahme in Handschriften zu wissenschaftlichen Zwecken unterliegt besonderen Bedingungen. Neben zahlreichen Original-Handschriften, Abschriften und Kopien von zum Teil verschollenen Handschriften und einigen Bänden aus der Bibliothek Fontanes findet sich in den Beständen des Archivs eine Fülle von Sekundärliteratur. Das Fontane-Archiv besteht seit 1935, nach dem Verlust eines Großteils der Bestände im Zweiten Weltkrieg wurde es seit 1947 als Teil der Brandenburgischen Landesbibliothek wiederaufgebaut. Heute arbeitet die Einrichtung als selbständige wissenschaftliche Institution des Landes Brandenburg. Gemeinsam mit der Fontane-Gesellschaft e.V. gibt das Archiv halbjährlich die »Fontane-Blätter« heraus.

Kurt-Tucholsky-Gedenkstätte im Schloß Rheinsberg

Anschrift:
Schloß Rheinsberg
16831 Rheinsberg
Tel. (033931) 3 90 07

Öffnungszeiten:
Di. – So. 9.30 – 17 Uhr

Eintritt (voll/ ermäßigt) 2,00 bzw. 1,00 DM
(oder enthalten im Eintrittspreis für die Besichtigung des Schlosses)

Leitung: Dr. Peter Böthig

Führungen können vereinbart werden.

»Ein Bilderbuch für Verliebte« hat Tucholsky seine berühmte Novelle genannt, in der er von einem Ausflug nach Rheinsberg erzählt. Heute beherbergt das Schloß die Gedenkstätte mit einer Dauerausstellung zu Leben und Werk Kurt Tucholskys (1890 – 1935). Gleichzeitig finden hier im monatlichen Rhythmus Lesungen statt. In der angeschlossenen Galerie für zeitgenössische Kunst werden wechselnde Ausstellungen präsentiert. Das Archiv der Gedenkstätte enthält neben zahlreichen Fotos, Briefen und Dokumenten in Kopie auch einige Autographen. In Regie der Gedenkstätte wird eine Stadtschreiberstelle ausgeschrieben. In den Heften der Reihe »Rheinsberger Bogen« haben die bisherigen Stadtschreiber Texte vorgestellt, die hier entstanden sind oder auf andere Weise mit dem Ort zusammenhängen. Träger der Tucholsky-Gedenkstätte ist die Stadt Rheinsberg.

Künstlerhaus Schloß Wiepersdorf

Anschrift
Bettina-von-Arnim-Str. 13
14 913 Wiepersdorf
Tel. (033746) 699-0
e-mail: Schloss.Wiepersdorf@t-online.de

Öffnungszeiten des Museums
Sa./So. und feiertags 14-16.30 Uhr (Gruppenbesuche außerhalb der Öffnungszeiten nach Vorabsprache). Der Park ist ganzjährig geöffnet.

Eintritt (voll/ ermäßig) 2,50 DM, Kinder bis 12 Jahre frei

Leitung: Doris Sossenheimer

Gruppenführungen nach Vereinbarung mit
Frau Roswitha Karbaum, Tel.: (033746) 699-15

Schloß Wiepersdorf ist ein Ort mit literarischer Tradition. Das Dichterpaar Ludwig Achim und Bettina von Arnim zog 1814 von Berlin nach Wiepersdorf. Zu DDR-Zeiten diente Schloß Wiepersdorf als Arbeits- und Erholungsstätte für Schriftsteller und Künstler. Mit der Wiedereröffnung des Hauses 1992 als Künstlerhaus der Stiftung Kulturfonds wurde an die literarische Tradition angeknüpft. Schloß Wiepersdorf fördert Schriftsteller, bildende Künstler, Komponisten, Geisteswissenschaftler und Publizisten aus dem In- und Ausland mit Stipendienaufenthalten und Arbeitsmöglichkeiten. In Lesungen, Vorträgen, Ausstellungen, Performances und Konzerten stellt das Haus die Arbeiten der Künstler vor. Die Geschichte des Schlosses sowie Leben und Werk des Dichterpaares Bettina und Achim von Arnim werden heute in einer Ausstellung dokumentiert. Die Sammlung umfaßt darüber hinaus Bilder des Malers Achim von Arnim und gibt Auskunft über den damaligen Gesprächskreis der Arnims, zu dem Friedrich Carl von Savigny, Clemens Brentano und die Gebrüder Grimm gehörten.

Peter-Huchel-Gedenkstätte Wilhelmshorst

Anschrift:
Hubertusweg 41
14 557 Wilhelmshorst
Tel.: (033205) 62 963
Fax: (033205) 62 964
Internet:
http://home.t-online.de/home/maerkische-dichterlandschaft
Öffnungszeiten:
Sa. u. So. 10-13 u. 14-17 Uhr

Leitung: Lutz Seiler

Im Oktober 1997 ist die Peter-Huchel-Gedenkstätte im einstigen Wohnhaus des Dichters eröffnet worden. Peter Huchel (1903 – 1981) hat hier beinahe drei Jahrzehnte mit seiner Familie gelebt, davon acht Jahre lang unter ständiger Bewachung durch die Staatssicherheit. Nach ihrer Ausreise überließen die Huchels dem befreundeten Dichter Erich Arendt (1903 – 1984) das Haus, der bis zu seinem Tod abwechselnd in Berlin und in Wilhelmshorst wohnte. Monica Huchel, die Witwe des Dichters, hat dem Verein »Peter-Huchel-Gedenkstätte e.V.« Haus und Grundstück übereignet. In den Räumen der unteren Etage ist eine Dauerausstellung zu Leben und Werk Peter Huchels zu sehen, in der auch an Erich Arendt erinnert wird. Ausgestaltet wurde auch der ehemalige »Sinn und Form«-Redaktionsraum, in dem Huchel die Zeitschrift redigierte. Die oberen Etagen beherbergen das Ludvík-Kundera-Institut, die Redaktion der Literaturzeitschrift »moosbrand« sowie die Geschäftsstelle der »Märkischen Dichterlandschaft«. Ziel des Huchel-Vereins ist es, an diesem Ort einen Treffpunkt für Literaten, Wissenschaftler und für andere Kunstinteressierte zu etablieren. Geplant sind literarische Werkstätten, Lesungen, Ausstellungen und Kolloquien.

Adressen weiterer literarischer Einrichtungen und Vereine

Die folgende Aufstellung enthält – ohne Anspruch auf Vollständigkeit – die Adressen wichtiger Ansprechpartner in Sachen Literatur im Land Brandenburg.

AG Literarische Gesellschaften
Christiane Kussin
Am Sandwerder 5
14 109 Berlin
Tel.: (030) 81 69 96 – 18
Fax: (030) 81 69 96 – 19

Akademie der Künste Berlin-Brandenburg
Abteilung Literatur
Hanseatenweg 10
10 557 Berlin
Tel.: (030) 39 00 07-24
Fax: (030) 39 00 07-71

Berlin-Brandenburgischer Märchenkreis
Frau Edith Stange
Berliner Str. 56
03 130 Spremberg

Brandenburgisches Literaturbüro
Dr. Sigrid Grabner, Hendrik Röder
Hegelallee 53
14 467 Potsdam
Tel.: (0331) 2 80 41 03
Fax: (0331) 24 08 84
e-mail: Brandenburg.Literaturbuero-@t-online.de
http://home.t-online.de/home/-Brandenburg.Literaturbuero

Burg Beeskow
Frankfurter Str. 2
15 848 Beeskow
Tel.: (03366) 2 05 79
Fax: (03366) 2 11 17

Deutsch-Polnisches Literaturbüro Oderregion e.V.
Hans-Joachim Nauschütz (Geschäftsführer)
Lindenstr. 7
15 230 Frankfurt (Oder)
Tel./Fax: (0335) 23782

Einstein-Haus
Am Waldrand 15-17
14548 Caputh
(Führungen Sa./So. und feiertags von 13-16 Uhr)

Erwin-Strittmatter-Verein
Dr. Noack
Senftenberger Str. 18
03 130 Spremberg

Förderverein Fontane-Haus Schiffmühle e.V.
Am Fährkrug 4
16 259 Schiffmühle

Fouqué-Gesellschaft Berlin-Brandenburg e.V.
Dr. Bettina Götze (Vors.)
Rathenower Str. 28
14 715 Knoblauch

Friedrich-Bödecker-Kreis im Land Brandenburg e.V.
Dr. Edda Eska (Geschäftsf.)
Johannes-Kepler-Platz 1
14 480 Potsdam
Tel. (0331) 61 53 64

Havelländische Autorengruppe im Brandenburgischen Kulturbund e.V.
Schulstr. 10
14 778 Wollin

Kulturgesellschaft Falkensee e.V.
Dieter Masuhr
Daimlerstr. 2
14 612 Falkensee
Tel.: (03322) 35 10

Kulturlandschaft Spree e.V.
Michael Brack
Lindenallee 17 a
15 528 Hartmannsdorf
Tel.: (033633) 4 55

Kulturlandschaft Uckermark e.V.
Beate Schwigon
Kirchstr. 11
16 278 Greiffenberg
Tel.: (033334) 7 04 16

Kunst- und Literaturverein Luckau »Günther Weisenborn e.V.«
Dr. Wels
Am Anger 8
15 926 Luckau

Lepold-Schäfer-Literaturgesellschaft der Lausitz e.V.
Görlitzer Str. 5
03 046 Cottbus
Tel.: (0335) 42 30 84

Literatur-Freunde, Ortsgruppe des Brandenburgischen Kulturbund e.V.
Struves Hof, Haus 9
14 974 Luckenwalde

Literatur-Kollegium Brandenburg e.V.
Prof. Dr. Karl-Friedrich Wessel (Vors.)
Am Alten Markt 9
14 467 Potsdam
Tel./Fax: (0331) 29 14 88

Literaturkreis Prignitz
Rosenweg 57
19 322 Wittenberge

Literaturkreis Wittenberge
Elsternweg 5
19 322 Wittenberge

Literaturkreis der Luckenwalder Heimatfreunde
Heimatmuseum
Am Markt 11
14 943 Luckenwalde

Literaturverein »Georg Kaiser«
Jörg Lüderitz
Waldeck 7
15 537 Grünheide

Ludwig-A.-Meyer-Haus Deutsch-Slawisches Kulturzentrum
Uferstr. 11
03 561 Guben
Tel.: (03561) 43 26 31

Märkische Dichterlandschaft
Hubertusweg 41
14 557 Wilhelmshorst
Tel.: (033205) 629 64
Fax: (033205) 629 65
e-mail: maerkische-dichterlandschaft@t-online.de

Niederbarnimer Kulturbund e.V.
Freundeskreis Literatur
Breitscheidstr. 43 a
16 321 Bernau

Sacrower Kreis Literarische Gesellschaft Berlin-Brandenburg
Dietrich Hohmann (Vors.)
Friedrich-Ebert-Str. 61
14 467 Potsdam

Stadt- und Landesbibliothek Potsdam
Am Kanal 47
14 467 Potsdam
Tel.: (0331) 2842-101
Fax: (0331) 2842-102

Stiftung Kulturfonds
Prof. Dr. Dietger Pforte
Chausseestr. 128/129
10 115 Berlin
Tel.: (030) 30 88 74 – 0
Fax: (030) 2 80 70 42

Theodor-Fontane-Gesellschaft
Prof. Dr. Helmuth Nürnberger (Vors.)
Am Alten Gymnasium
16 816 Neuruppin
Tel.: (03391) 65 27 72

Uckermärkische Literaturgesellschaft
Wolfram Otto
Puschkinallee 10
16 278 Angermünde
Tel.: (03331) 333 81

Verband der Verlage und Buchhandlungen Berlin-Brandenburg e.V.
Detlef Bluhm (Geschäftsf.)
Lützowstr. 105
10 785 Berlin
Tel.: (030) 2 62 10 49/ 40
Fax: (030) 2 62 96 42

Verband deutscher Schriftsteller Landesverband Brandenburg
Dietrich Hohmann (Vors.)
Am Alten Markt 9
14 467 Potsdam
Tel./Fax: (0331) 29 14 88

Adressen der Fremdenverkehrsämter

Tourismusverband Land Brandenburg e.V.
Schlaatzweg 1
14 473 Potsdam
Tel.: (0331) 27 52 80
Fax: (0331) 2 75 28 10

Fremdenverkehrs- und Kulturverein Prignitz e.V.
Hamburger Str. 47
19 348 Perleberg
Tel.: (03876) 61 69 73
Fax: (03876) 61 69 74

Tourismusverband Ruppiner Land e.V.
Postfach 21
16 812 Neuruppin
Tel./Fax: (03391) 51 11 41

Fremdenverkehrsamt Uckermark e.V.
Am Markt 12
17 268 Templin
Tel.: (03987) 521
Fax: (03987) 25 49

Regionaler Fremdenverkehrsverband Potsdam-Havelland-Fläming e.V.
August-Bier-Str. 9
14 482 Potsdam
Tel.: (0331) 747 57 76
Fax: (0331) 747 57 77

Potsdam Tourismus Marketing GmbH
Gutenbergstr. 89
14 467 Potsdam
Tel.: (0331) 29 86 00
Fax: (0331) 298 60 10

Fremdenverkehrsverband Teltow-Fläming e.V.
Am Kloster 6
14 913 Kloster Zinna
Tel.: (03372) 40 46 18
Fax: (03372) 40 46 20

Fremdenverkehrsverband Havelland e.V.
Goethestr. 59/60
14 641 Nauen
Tel.: (03321) 40 31 09
Fax: (03321) 40 35 55

Fremdenverkehrsverband Märkische Seenlandschaft Wandlitz e.V.
Prenzlauer Chaussee 157
16 348 Wandlitz
Tel./Fax: (033397) 66 31

Fremdenverkehrsverband Märkische Tourismuszentrale e.V.
Berliner Str. 30
15 848 Beeskow
Tel./Fax: (03366) 2 29 49

Tourismusverband Dahmeland e.V. (Dahme-Seengebiet)
Am Bahnhof
15 711 Königs Wusterhausen
Tel.: (03375) 2 52 00
Fax: (03375) 25 20 11

Tourismusverband Spreewald e.V.
Lindenstr. 1
03 226 Raddusch
Tel.: (035433) 7 74 33
Fax: (035433) 7 74 34

Tourismusverband Niederlausitz e.V.
Schloßbezirk 3
03 130 Spremberg
Tel.: (03563) 5 72 20 00
Fax: (03563) 5 72 20 02

Tourismusverband Elbe-Elster Land e.V.
Markt 16
04 924 Bad Liebenwerda
Tel./Fax: (035341) 3 06 52

Danksagung

Der vorliegende Band ist mit Unterstützung des Ministeriums für Wissenschaft, Forschung und Kultur des Landes Brandenburg aus den Konzessionsabgaben der Land Brandenburg LOTTO GmbH entstanden. Mein Dank gilt allen Personen und Institutionen, die durch Bereitstellung von Material, durch Auskünfte und technische Unterstützung zur Entstehung des Bandes über die »Märkische Dichterlandschaft« beigetragen haben:

Dr. Klaus Peter Anders (Wilhelmshorst); I. Augustin, B. Grimberg, M. Scharfenberg (Varia GmbH Heinersdorf); Wolfgang Barthel (Frankfurt [Oder]); Bibliothek Neustadt/ Dosse; Dr. Frank Böttcher; Felicitas Borchardt (Angermüde); Wolfgang de Bruyn (Beeskow); Dr. E.-O. Denk (Bad Freienwalde); Ines Geipel (Berlin); Dr. Bettina Götze (Fouqué-Gesellschaft); Dr. Sigrid Grabner (Potsdam); Petra Gut (München); Marion Haase (Stadtbibliothek Herzberg); Gabriele Hammer (Landesfremdenverkehrsverband Brandenburg); Andreas Hanslock (Weißgerbermuseum Doberlug-Kirchhain); Ursula Höntsch (Berlin); Jürgen Israel (Neuenhagen); Prof. Dr. Knut Kiesant (Potsdam); Dr. Joachim Kleine (Theodor-Fontane-Gesellschaft e.V. Zeuthen); Ursula Kosche, Luckenwalder Heimatfreunde e.V.; Kreisergänzungsbibliothek Uckermark; Steffen Krestin (Kulturhistorische Museen und Sammlungen Cottbus); Roland Lampe (Berlin); Dr. Rudolf Loch, (Frankfurt [Oder]); Landkreis Dahme-Spreewald, Amt für Schulverwaltung, Kultur und Denkmalschutz; Sieghard Lang (Heimatmuseum Müllrose); Dr. Noack (Erwin-Strittmatter-Verein Spremberg); Hendrik Röder (Potsdam); Peter Schäfer (Fontane-Archiv Potsdam); Schulverwaltungs- und Kulturamt Landkreis Potsdam-Mittelmark; Bertholt Schirge (Papenbruch); D. Schmidt (Kreisbibliothek Landkreis Spree-Neiße); Ilse Schulz (Stadtbibliothek Lübben); Stadtarchiv Ludwigsfelde; Stadtbibliothek Falkenberg; Stadtbibliothek Guben; Stadtbibliothek Herzberg; Stadtbibliothek Königs Wusterhausen; Sigrid Strenge (Letschin); S. Völz (Prenzlauer Kulturverein e.V.); Klaus Wackernagel (Falkenberg/ Elster); Prof. Dr. Günter Wirth (Berlin); Dr. Hanna Delf von Wolzogen (Potsdam); Renate Wullstein (Potsdam).

Personen- und Ortsregister

(Orte sind kursiv markiert)